कविता का अशोक-पर्व

कविता का अशोक-पर्व

प्रकाश

वाणी प्रकाशन

वाणी प्रकाशन
4695, 21-ए, दरियागंज, नयी दिल्ली 110 002

शाखा

अशोक राजपथ, पटना 800 004

फ़ोन : +91 11 23273167 फ़ैक्स : +91 11 23275710

www.vaniprakashan.in
vaniprakashan@gmail.com
KAVITA KA ASHOK-PARV
by Prakash

ISBN : 978-93-5072-914-4
Criticism

प्रथम संस्करण 2015

मूल्य : ₹ 495

थॉमसन प्रेस, नयी दिल्ली-110 020 में मुद्रित

वाणी प्रकाशन का लोगो मक़बूल फ़िदा हुसेन की कूची से

आदरणीय डॉ. रमेश कुंतल मेघ
और
मातृतुल्य डॉ. सुखविंदर कौर बाठ
के लिए
आलोचना की यह पहली किताब

अनुक्रम

पूर्वकथन

असहमति का अछूतवाद

मेरी पहली ही गद्य पुस्तक संयोग या दुर्योग से, आधुनिक हिन्दी कविता के सम्भवतः सबसे विवादास्पद कवि-आलोचक अशोक वाजपेयी की कविता एवं उनके आलोचना-कर्म पर केन्द्रित है। यह पुस्तक उनके बहुआयामी सर्जक और विचारक व्यक्तित्व के अन्यान्य पहलुओं की तरफ़ भी दृष्टिपात करती है।

अशोक वाजपेयी के रचना-कर्म का 'पाठ' करते हुए मेरा इरादा कतई किसी दो-टूक निर्णय या निष्कर्ष को दूसरों पर थोपने और उस पर दृढ़ होने का नहीं है। अशोक वाजपेयी के सृजन-कर्म के सन्दर्भ में ऐसी इच्छा करना भी खुद अशोक-साहित्य के उस विशिष्ट मूल्य के ख़िलाफ होगा, जिसके अन्तर्गत साहित्य-संस्कृति और कलाओं की लोकतान्त्रिक व्यवस्था अपने अलावा भी दूसरों के विचारों एवं दृष्टियों की उपस्थिति और उनके सत्य होने के आग्रह का सम्मान करती है।

अतिशय पाठ-कुपाठ के बीच दोलायमान अशोक वाजपेयी के सृजन-कर्म पर सहज रूप से लिखना-पढ़ना एक जोख़िम भरा काम है। उनके साहित्य का पाठ कम, अक़्सर कुपाठ ज़्यादा होता आया है। इसके पीछे का कारण उनको ठीक से न पढ़ा जाना है। कई वजहों से इस समय एक साथ कई पीढ़ियों के लेखक-बुद्धिजीवी अशोक वाजपेयी को धिक्कारते और दुत्कारते हुए एकजुट हैं। वे उन पर हुंकार और फूत्कार रहे हैं। वे उनसे संवाद और विचार की भाषा में न उलझकर अपना आपा खोकर गालियों की भाषा में 'निपट' रहे हैं। उनकी मूल्यवान और मनुष्यधर्मी विचारधारा ने उन्हें तनिक भी विवेकशील और सहिष्णु नहीं बनाया, बल्कि लंपटों और उचक्कों की श्रेणी में ला खड़ा कर दिया है। ऐसे हिंसक और पगलाये लोगों के बीच स्वभावतः अशोक वाजपेयी के 'कवि-आलोचक' को नहीं, उनके 'व्यक्ति' को ही पढ़ा जायेगा। हिन्दी के वैचारिक लोकतन्त्र के लिए यह स्थिति बेहद दुर्भाग्यपूर्ण है।

दो-टूक निर्णय और निष्कर्ष नहीं, किन्तु कुछ हद तक वैचारिक पूर्वग्रह आलोचना-कर्म के लिए ज़रूरी है—ऐसा अशोक वाजपेयी का मत है। मैं उनके इस विचार से सहमत हूँ। उनके इस दूसरे विचार के समानान्तर कि अन्यों के पूर्वग्रह भी समान महत्त्व के हैं और अपने तईं सच और सही होने का उनका दावा उपेक्षणीय नहीं है।

अशोक वाजपेयी की शिनाख़्त हिन्दी में एक 'नीचट कलावादी' के रूप में की गयी है। 'विचारधारा' के अनुयायियों द्वारा अशोक वाजपेयी के रचना-कर्म की आलोचना ऐसे ही कतिपय पूर्वग्रहों के अधीन होकर की जाती रही है। अशोक वाजपेयी ने हिन्दी में दीर्घ समय से चली आ रही पूर्वग्रहयुक्त आलोचना की प्रणाली के प्रतिवाद में पूर्वग्रहयुक्त आलोचना की अपनी अलग विधि विकसित की। इसकी शुरुआत उन्होंने अपनी पहली आलोचना पुस्तक 'फिलहाल' से की। बाद में इस सिलसिले को आगे अपनी दूसरी आलोचना पुस्तकों और सम्पादित पत्र-पत्रिकाओं के द्वारा जारी रखा। वास्तव में अशोक वाजपेयी का 'पूर्वग्रहयुक्त' आलोचना का अपना उद्यम साहित्य में 'मुख्य पूर्वग्रह' के अधिनायकत्व के विरुद्ध तुच्छ और हीन मान लिए गये उनके अपने पूर्वग्रह की सत्ता और अधिकार के लिए न्यायोचित 'सत्याग्रह' की तरह है जो पिछले लगभग पचास वर्षों से अनथक जारी है।

अशोक वाजपेयी को हिन्दी में कलावाद का 'लगभग प्रधान सेनापति' माना गया है। उन्होंने कलावाद का 'भोपाल स्कूल' बनाया, 'पूर्वग्रह मंडली' बनाई और देश भर के 'कलावादियों' को एक साझे मंच पर इकट्ठा कर साहित्य और संस्कृति के नाम पर 'कला-कला' का 'घिनौना खेल' खेला। वे इस खेल को जीवन के हर क्षेत्र में दाखिल-शामिल करने की 'नापाक मंशा' रखते हैं। उन्होंने अपनी कुख्यात मंडली के साथ इतना ज़्यादा 'कला कला' किया कि हिन्दी का पूरा माहौल ही 'कलामय' हो गया, 'ख़राब' हो गया। लेकिन जहाँ एक ओर समसामयिक हिन्दी साहित्य का लगभग पूरा संसार उन्हें 'कुख्यात' अर्थों में कलावादी मानकर अपनी तथाकथित विचारधारा के प्रति कमिटमेंट का हवाला देकर उनसे और उनके रचना-कर्म से एक दूरी-सा बनाये रखने की कोशिश करता पाया जाता है, वहीं खुद अशोक वाजपेयी अपने कलावादी न हो पाने का अफ़सोस करते हैं। सुरेश शर्मा को दिये गये एक साक्षात्कार में उन्होंने कहा है कि "हिन्दी में सच्चा कलावाद कभी आया ही नहीं। अगर आया होता तो वैचारिक ध्रुवीकरण के लिए एक वास्तविक आधार होता। व्यक्तिगत रूप से मुझे खेद है कि मैं कलावादी नहीं हुआ।" ('मेरे साक्षात्कार' में संकलित, किताबघर, दिल्ली।)

एक आदमी अफ़सोस करता है कि वह कलावादी नहीं हुआ, होना चाहता था, नहीं हुआ। होता तो ठीक होता। और दूसरे प्रमाणित कर रहे हैं कि तुम वही हो। वे जबरन मनवाना चाहते हैं और अशोक पछताते हैं कि अफ़सोस!

वास्तव में हिन्दी में उस वैचारिक ध्रुवीकरण की निहायत ज़रूरत रही है जिसका ज़िक्र अशोक वाजपेयी कर रहे हैं, और जिसके अभाव में हिन्दी का एकध्रुवीय वैचारिक जगत अभी ठंडा और निठल्ला पड़ा हुआ खोखले शब्दों और अवधारणाओं की जुगाली कर रहा है। वह या तो विमर्श के लिए कुछ कल्पित मुद्दों की ईजाद

कर रहा है या अपनी ही तथाकथित ठोस वैचारिकी को अपनी नीति और नीयत के खोट से लगातार अवमूल्यित कर रहा है। वह अपनी ही वैचारिकी पर दृढ़ नहीं है और उसकी अधिकांश ऊर्जा अपनी बिरादरी के साथ तू-तू मैं-मैं और गाली-गलौज़ की हिंसक परिणति में ढल जाती है। परिदृश्य में उसके एकमेव आधिपत्य के कारण उसको किसी प्रकार की कोई ठोस चुनौती इस समय नहीं मिल पा रही है। बौद्धिक खुमारी और जांगरचोरी का एक लक्षण यह है कि एक तय समय के बाद जांगरचोरी खुद जांगरचोर में असह्य बेचैनी और कुलबुलाहट पैदा कर देती है। उसे कुछ न कुछ सक्रियता की दरकार होने लगती है चाहे वह किसी खुराफात की शक्ल में क्यों न हो! ऐसे ही किन्हीं खफ़राफातों में मशगूल जोशीलों को हिन्दी में कलावाद के प्रेत के आगमन का दिवास्वप्न सताता है। अशोक वाजपेयी की प्रेत-छाया के रूप में एक परिकल्पित शत्रु हिन्दी के पुरुषार्थियों को अन्ततः मिल ही जाता है। सिर्फ़ एक 'व्यक्ति' के रूप में अशोक वाजपेयी को 'पढ़ने-गुनने' के कारण यह दुर्भाग्यपूर्ण घटना हिन्दी के साहित्य-पटल पर घट जाती है।

अशोक वाजपेयी आधुनिक हिन्दी कविता के लगभग सौ सालों के इतिहास में अकेले ऐसे कवि हैं जिन्होंने जीवन की आभा और देह की पदार्थमय कामना से लबरेज़ सबसे ज़्यादा प्रेम कविताएँ लिखी हैं : इसी तरह मृत्यु पर भी। और दोनों पर उनकी कविताओं का स्रोत भौतिक और ठोस जीवन-जगत है। उनकी कविताओं का मूल स्वर उपस्थिति, आसक्ति, उल्लास, अवसाद और नश्वरता का है। वह कहीं से भी पलायन और 'सरेंडर' की कविता नहीं है। वह जगत की माया-काया में भागीदारी करती कविता है। उनके यहाँ प्रेम का उल्लास अनन्त है और मृत्यु भी अनन्त तक प्रक्षेपित जीवन। उनके यहाँ मृत्यु मनुष्य को पूरा मारती नहीं, थोड़ा-सा कहीं किसी कोने में बचा लेती है जिसका छोर थामकर एक और जीवन जनमता और विकसता है। अशोक वाजपेयी को निषेधात्मक अर्थ में चालू ढंग से 'कलावादी' कहकर ख़ारिज करने से पहले उनकी प्रेम और मृत्यु विषयक कविताओं का गम्भीर पाठ कर लेना चाहिए।

अशोक वाजपेयी कलावाद की अनुषंग भाववादी चिन्तनधारा के साँचे में भी एक कवि-चिन्तक के रूप में फिट नहीं बैठते। भाववादी दर्शन का रहस्यवादी सौन्दर्यशास्त्र उनकी कविता को बहुत कम जगहों पर प्रभावित करता है। अशोक वाजपेयी का कवि अपने-आप को 'नास्तिक' कहता है। उसने 'ईश्वर' ही नहीं, उसके प्रतिनिधि देवताओं की मंडली को भी अपनी कविता से बाहर खदेड़ दिया है। देवताओं की जगह कवि ने पूर्वजों को सौंप दी है। पूर्वज उसकी विरासत है। अशोक का कवि पूर्वजों से अपनी विरासत स्मृति की शक्ल में पुनरुपलब्ध करता है और कृतकृत्य होता है।

स्मृति की तरह अशोक वाजपेयी हमारे समय में, हमारे आस-पास लगातार छीजते, नष्ट होते जाते पड़ोस के भी अनन्य कवि हैं। उनकी कविताओं में पूर्वज पड़ोस में बसते हैं, जीवित उपस्थिति की तरह स्मृति में निरन्तर सक्रिय। यह पड़ोस भी बिल्कुल ठोस और विशुद्ध भौतिक है।

यह बड़ी हैरान करने वाली बात है कि अशोक वाजपेयी की ऐसी जीवनधर्मी और ठोस पदार्थमय कविताओं को एक ज़माने में पश्चिम की कविता में चले घोर जीवन-विरोधी और अब मृत निषेधात्मक कलावादी आन्दोलन का हिन्दी-संस्करण प्रमाणित करने का बेहूदा प्रयास किया गया है। शायद इसका एक बड़ा कारण अशोक वाजपेयी का शब्द और भाषा के परिष्कार, उसकी अनुगूँजों और अन्तर्ध्वनियों के प्रति अतिरिक्त आग्रह है। जिसे समग्रतः शिल्प के प्रति अतिरिक्त आग्रह कहा जा सकता है। अशोक भाषा की अभिधा शक्ति से आगे की बात और माँग करते हैं। उन्हें उसकी थोड़ी-बहुत व्यंजकता से सन्तोष नहीं, उन्हें भाषा की व्यंजकता की अनन्त अनुगूँजों की दरकार है। वे भाषा में 'बारीक कातना' महीनी और गझिनता को कविता के वैभव के लिए ज़रूरी मानते हैं। साथ ही वे 'बौद्धिक टफ़नैस' के भी आग्रही हैं।

क्या बुरा है? क्या किसी भी भाषा-भाषी समाज का एक दरिद्र और विपन्न भाषा का मालिक और उत्तराधिकारी होना उसके लिए गौरवपूर्ण बात है? कौन समाज चाहेगा कि उसकी भाषा में रचा गया साहित्य सौन्दर्य, सौष्ठव और कला के उच्च प्रतिमानों से हीन और रहित हो? क्या किसी भाषा का प्रयोक्ता यह नहीं चाहेगा कि उसकी भाषा में रची गयी साहित्य की कोई अभिव्यक्ति अर्थ और निर्मिति की विविध छवियों से समृद्ध हो? एक समाज की भाषा के साहित्य का वैभव ही उस भाषा को अन्य समृद्ध भाषाओं के साहित्य की समकक्षता का गौरव दिला सकता है। यह क्लैसिक्स में भी होता है और लोक में भी।

कुछ लोगों को अशोक वाजपेयी और उनकी कविता की कलाओं की संगत रास नहीं आती। इस वजह से उन्हें 'नचैये-गवैये' की टोली में शामिल और हिकारत से देखे जाने योग्य मान लिया जाता है। अशोक वाजपेयी की साहित्य और कला-दृष्टि के 'टफ़नैस' से निपटने का बूता न रखने वाले चालूमगज़ लोगों को अशोक से निपटने का एक ही तरीका सबसे आसान मालूम पड़ता है। एक गाली की तरह उचारो—'कलावादी'—और अशोक वाजपेयी ख़ारिज! उनको पढ़ने-गुनने और समझने की ज़रूरत नहीं।

ललित कलाओं के प्रति अपने विशेष अनुराग के कारण अशोक वाजपेयी ने साहित्य के साथ उनके छीजते जाते रिश्तों और साहित्य को उनकी संगत की नितान्त ज़रूरत पर अपने आलोचना-कर्म में विस्तार से लिखा है। कलाओं पर एकाग्र उनकी पुस्तक 'समय से बाहर' जैसी दूसरी कोई पुस्तक कम से कम समसामयिक हिन्दी में नहीं लिखी गयी।

यह एक विचारणीय प्रश्न है कि विचारधारा के तुमुलनाद से अँटे पड़े हमारे कविता-समय में अशोक वाजपेयी जैसे 'विचारधारा विरोधी' कवि-आलोचक की उपस्थिति कैसे सम्भव होती है? हमारे कविता-समय की 'केन्द्रीय विचारधारा' को सीधी चुनौती देता हुआ अशोक वाजपेयी जैसा 'धुर विचारधारा विरोधी' लेखक कैसे अपनी एक महत्त्वपूर्ण जगह बना लेता है? और एक हद तक केन्द्रीयता भी हासिल कर लेता है। इस हद तक कि उनके बिना न तो तथाकथित कलावादियों की बहस पूरी हो पाती है और न ही तथाकथित प्रगतिशील उनका ज़िक्र किये बग़ैर अपनी चर्चा पूरी कर पाते हैं। न सही विचार-विमर्श के लिए, आक्षेप-आरोप-प्रत्यारोप के लिए ही, अशोक वाजपेयी सभी जमात के लेखकों के लिए एक लगभग अनिवार्य-सी ज़रूरत बन गये हैं। इस स्थिति को देखते हुए उनका महत्त्व असन्दिग्ध है।

हिन्दी में अशोक वाजपेयी की एक 'व्यक्ति', एक 'विचारधारा' के रूप में मौजूदगी दुर्भाग्यपूर्ण है, अवांछित है—ऐसा मानने वाले तमाम लेखकों-बुद्धिजीवियों को क्या इस मुद्दे पर एक गम्भीर बहस आहूत नहीं करनी चाहिए कि अशोक वाजपेयी की मौजूदगी ने—'विचारधारा और व्यक्ति'—दोनों रूपों में जिस 'खाली जगह' को भरा है, वह 'खाली-जगह', वह 'वैक्यूम' क्या है? उस 'वैक्यूम' को किन्होंने दुर्भाग्यपूर्ण ढंग से सम्भव होने दिया? उस 'वैक्यूम' को भरने के लिए 'अशोक वाजपेयी' की ज़रूरत ही क्यों पड़ी? जिन लोगों ने वह 'वैक्यूम' क्रियेट किया, 'अशोक वाजपेयी' के सम्भव होने में उनकी जवाबदेही सबसे पहले क्यों तय नहीं की जानी चाहिए?

वह 'वैक्यूम' क्या है जिसे अशोक वाजपेयी ने अपनी उपस्थिति से भर दिया है? वह 'वैक्यूम' विचारधारा के संकट से जुड़ा है। हिन्दी के बुद्धिजीवी-जगत ने इस सीधे से प्रश्न को भीषण रूप से समस्याग्रस्त कर दिया है। 'एक विशिष्ट विचारधारा' को विचारधारा का पर्याय मान लिए जाने भर से यह प्रश्न समस्याग्रस्त नहीं हुआ। समस्या आगे चलकर शुरू होती है जब एक और एकमात्र विचारधारा मान ली गयी 'विचारधारा' को बुद्धिजीवी होने की एकमेव सनद के रूप में देखा जाने लगा, जिसको हासिल किये बग़ैर कोई अति प्रतिभाशाली भी बुद्धिजीवी और लेखक-बिरादरी में दाखिल नहीं हो सकता। और जिसे येन-केन-प्रकारेण हथियाकर और उसका मन्त्र जाप कर कोई लम्पट और उचक्का भी रेडिकल लेखकों-कलाकारों और बुद्धिजीवियों की महफिल में रात की दावत में शामिल होने का सौभाग्य प्राप्त कर सकता है।

इस तरह एक लेखक-बुद्धिजीवी 'विचारधारा' की मूल शपथ से च्युत होकर न केवल अपनी लेखकीय गरिमा को 'रिड्यूस' करता है बल्कि उस 'विचारधारा' के मानवीय सरोकारों को भी अवमूल्यित कर उसे सन्दिग्ध बनाता है। हिन्दी के कविता-समय में यह धतकरम बड़े पैमाने पर चल रहा है। 'विचारधारा' के अधिकांश

हिन्दी अनुयायियों का चरित्र कहीं से भी विपन्न और दमित मनुष्य के बुनियादी सरोकारों से विन्यस्त नज़र नहीं आता। मौक़ापरस्ती उसका सबसे बड़ा गुण है। कुल मिलाकर 'विचारधारा' उसके अनुयायियों की वाणी, व्यवहार और परिधान में शोभा की वस्तु की तरह अन्तरित हुई है।

ऐसी दशा में एक 'वैक्यूम' बनता है। विचार और विचारधारा का वैक्यूम यानी शून्यता। और इस शून्यता को घेरते, उसको भरते हुए अशोक वाजपेयी दृश्य में आते हैं। वे 'विचारधारा' से असहमति जताते हैं और उसकी ख़ाली की हुई जगह में निर्मित हुए शून्य को भरते हैं। वे अपने 'विचार' और 'विचारधारा' से इस शून्य को भरते हैं–जो ऊपर से दिखने में जीवन-विरोधी लगती है लेकिन अपने मूल चरित्र में खोखली बना दी गयी एक बेहतर विचारधारा के समानान्तर मानवीय सरोकारों से सम्पन्न एक दूसरी बेहतर विचारधारा का प्रस्ताव रखती है। निश्चय ही अशोक वाजपेयी की विचारधारा की अपनी सीमाएँ हैं लेकिन एक के द्वारा पैदा किये गये शून्य को किसी को तो भरना ही है। अशोक वाजपेयी को कठघरे में खड़ा करने वाले पहले खुद से यह सवाल ज़रूर पूछें कि 'विचारधारा' के प्रश्न पर आख़िरकार जो शून्य पैदा हुआ, उस शून्य को पैदा करने के पीछे खुद उनकी कितनी ज़िम्मेदारी है? वे जवाबदेह हैं कि 'विचारधारा' के नाम पर अपने मानवीय सरोकारों से उन्होंने छल क्यों किया?

'विचारधारा' के नाम पर प्रहसनकर्ताओं के एक बड़े समुदाय द्वारा पैदा कर दिये गये शून्य को अशोक वाजपेयी ने भरने की भरसक कोशिश की। सौभाग्य से हिन्दी के लोकतान्त्रिक और बहुलतावादी मिजाज़ के कारण उसे विकल्प के तौर पर अशोक वाजपेयी जैसा ही लोकतान्त्रिक और विचारों और दृष्टियों की बहुलता में आस्था रखने वाला कला-साहित्य-संस्कृति-कर्मी नसीब हुआ। हिन्दी की रचनाशीलता की यह सीरत ही नहीं कि उसमें कलावाद जैसी जड़ और जीवनरोधी विचारधारा पैदा हो सके, पल और पुस सके।

यहाँ हमें यह भी नहीं भूलना चाहिए कि हिन्दी में प्रतिक्रियावादी ताकतों ने जब कभी भी सिर उठाने की कोशिशें की हैं उनको सबसे प्रतिरोधी चुनौती हिन्दी की प्रगतिशील और लोकतान्त्रिक ताकतों की ओर से मिली है। विचारधारा के संकट के जारी दौर में यदि प्रतिगामी ताकतों को प्रतिरोध दुर्भाग्यवश एक विचार-दृष्टि से मिलना सम्भव न हो पा रहा है, तब दूसरी विचार-दृष्टियों की प्रतिरोधक और लोकतान्त्रिक सीरत पर अल्प काल के लिए ही सही, भरोसा आपद्धर्म के रूप में करना ही चाहिए। ये दृष्टियाँ गुण-माप में उतनी प्रतिरोधी और प्रगतिशील न भी दिखें, तब भी 'विचारधारा' के संकट के इस दौर में इनका महत्त्व कम करके नहीं आँकना चाहिए।

बहरहाल, हिन्दी के एक बड़े बुद्धिजीवी समुदाय ने संसार की एक महान और मूल्यवान विचारधारा के बुनियादी सरोकारों का अवमूल्यन कर हमारे रचना-समय

के भीतर-बाहर जो भीषण शून्य निर्मित किया है वह हिन्दी की सर्जक-चेतना के लिए एक अपूरणीय क्षति है। अशोक वाजपेयी एक वैकल्पिक दृष्टि के साथ जारी हिन्दी-समय से मुखातिब हैं। अगर हमें दृष्टियों की बहुलता और उनकी सम्भाव्यता के जनतान्त्रिक विचार पर थोड़ा भी भरोसा है तो हमें अशोक वाजपेयी की बात थोड़े धीरज से सुनना चाहिए।

आख़िर में दो-तीन घटनाओं के ज़िक्र के साथ अपनी बात ख़त्म करूँगा। कुछ वर्ष पहले जब अशोक वाजपेयी पर विस्तार से लिखने की योजना बनी थी, मेरी बातचीत एक दिन जनवादी कहे और व्यापक रूप से मान लिए गये एक वयोवृद्ध कवि से हो रही थी। बातचीत के दौरान मैंने उन्हें बताया कि अशोक वाजपेयी पर लिखने जा रहा हूँ। उन्होंने तुरन्त मना करते हुए कहा कि उन पर काम मत करना, नहीं तो हमारा रिश्ता ख़त्म हो जायेगा।

दूसरी घटना देश के अन्तर्राष्ट्रीय ख्याति प्राप्त एक विश्वविद्यालय में पढ़ रहे एक छात्र से सम्बन्धित है। वे इधर उभरे नये कवि हैं और मेरे अच्छे साथी भी। उन्होंने इस प्रकरण पर अपनी व्यावहारिक राय देते हुए सच्चे मित्र का कर्तव्य निबाहने की कोशिश की। कहा कि ऐसा न करो। किसी विश्वविद्यालय में नौकरी में नहीं लिए जाओगे। सब जगह प्रगतिशील बैठे हैं।

तीसरी और आख़िरी बात। पुस्तक रूप में तैयार होने से पहले पुस्तक के कुछ आलेख पत्र-पत्रिकाओं में प्रकाशित हो चुके हैं। उसके बाद से ही कुछ वामपन्थी मित्रों ने संवाद लगभग तोड़-सा लिया है। कइयों ने इस हद तक मुँह फेर लिया कि फ़ोन तक नहीं उठाते, काट देते हैं। एसएमएस और ई-मेल से सम्पर्क करने का दसियों बार किया गया प्रयास भी विफल रहा है।

विचारधारा और जन-प्रतिबद्धता के नाम पर वैचारिक असहिष्णुता और बुद्धि के दलिद्दरपन का हिन्दी रचना-दृश्य स्तम्भित करने वाला और अभूतपूर्व है। वैचारिक असहमति के कारण 'वाद-विवाद-संवाद' में आस्था खो देने वाला समाज अन्ततः अपने भीतर सर्वसत्तावाद और अधिनायकवाद के अंकुर को फूटने का मौक़ा देता है। इस सम्भावित ख़तरे से सावधान रहना ज़रूरी है। अशोक वाजपेयी को आजीवन असहमति के इस अछूतवाद का सामना करना पड़ा है। वे इससे लोहा लेते रहे हैं कल भी, आज भी और आगे भी...

प्रकाश

कलावादी होने का सौभाग्य

(1)

हिन्दी साहित्य में विचारधारा का आतंक बहुत गहरा है। यहाँ 'विचारधारा' से आशय सुचिन्तित रूप से 'एक और एकमात्र' मान ली गयी एक विशिष्ट विचारधारा से है। इस विचारधारा के दायरे में लोकतान्त्रिक और बहुलतावादी स्पेस की गुंज़ाइश बहुत कम है। साहित्य के मूल्यांकन की प्रायः रूढ़ और कठोर कसौटी इस्तेमाल करने के कारण 'विचारधारा' कभी-कभी अधिनायकवादी रवैया अख़्तियार कर लेती है। साहित्य को तुरत-फुरत एक ख़ास विचार या विचारधारा में रिड्यूस करके उसे ही उसका सारांश आसानी से मान लिया जाता है। अशोक वाजपेयी के अनुसार ऐसा करने के पीछे हिन्दी के बुद्धिजीवी वर्ग में एक किस्म का 'मूर्ख उत्साह' सक्रिय है।

अशोक वाजपेयी का रचना-कर्म किसी एक सुचिन्तित और अन्तिम मान लिए गये विचार अथवा विचारधारा का प्रतिरोधी कर्म है। विचारधारा हो या व्यक्ति, एक लोकतान्त्रिक स्पेस में किसी का भी एकमेव वर्चस्व साफ़ तौर पर अधिनायकवादी एजेंडे के अन्तर्गत आता है, चाहे वह जितने रूप बदले, जिस किसी शक्ल में सामने आये, अशोक उससे सहमत नहीं। कविता का काम किसी एक विचार या विचारधारा की सेवा-टहल करना नहीं है। विचारधारा का लक्ष्य कविता का लक्ष्य भी नहीं हो सकता। बेशक अशोक विचार को "अपने समय की सच्चाई को उसकी पूरी जटिलता और प्रामाणिकता में समझने और व्यक्त करने का अनिवार्य साधन" मानते हैं पर उन्हीं के शब्दों में "कविता विचारों का अनुवाद और अनुगमन नहीं है।" ('कुछ पूर्वग्रह', पृ. 13) दुर्भाग्य से अशोक के समय की अधिकांश कविता यही करती रही है। वह विचारधारा के सहारे सामाजिक परिवर्तन की राजनीति करती हुई खुद राजनीति के षड्यन्त्रों का शिकार हो जाती है। ऐसी कविता खुद ही नहीं, अन्यों की कविता को भी प्रलोभन देकर दिशाहीन करने का प्रयास करती है। जबकि प्रत्येक कवि की कविता को स्वतन्त्र निर्णय और कर्म की पूरी छूट होनी चाहिए। कवि का विवेक ही उसकी कविता की दिशा तय करने के लिए पर्याप्त है। स्व-विवेक कवि की आँख है, बाहर की चीख-पुकार न भी हो तो भी उसका काम हो जायेगा। अशोक की कविता चीख-पुकार मचाने वाली कविता से गुरेज करती है।

अशोक वाजपेयी 'विचारधारा' के प्रतिपक्ष को साहित्य के विमर्श-क्षेत्र में उतारना

चाहते हैं। उनके अनुसार "विचारधारा मात्र का विरोध स्वयं में एक सुनिश्चित विचारधारा है जिसके राजनीतिक-सामाजिक लक्ष्य भी हैं।" ('कुछ पूर्वग्रह', पृ.161) यहाँ उनके शब्दों पर ध्यान देने की ज़रूरत है। तथाकथित एकमात्र विचारधारा, जिसने मनुष्य की समस्त राजनीतिक-सामाजिक गतिविधियों, लक्ष्यों और निर्णयकारी क्षमताओं पर बेजा ढंग से लगभग क़ब्ज़ा-सा जमा रखा है, उसको अपदस्थ करके मनुष्य के राजनीतिक-सामाजिक आदि लक्ष्यों को मनुष्य के सहज बोध और विवेक की छाया में मुक्त किया जाना ज़रूरी है। इसी छाया में उसकी सक्रियताएं जारी रहनी चाहिए। इसी प्रकार उसकी निर्णयकारी क्षमताओं को राजनीतिक-सामाजिक दिशाओं की ओर मोड़ा जा सकता है। अर्थात् मनुष्य के सार्वजनिक क्रियाकलापों और उसके परिवर्तनकामी लक्ष्यों का ठेका किसी 'एकमात्र विचारधारा' के पास सुरक्षित नहीं है, वह अन्य विचार (-धाराओं) के साथ गमन कर भी सही अर्थों में उतना ही सामाजिक और मानवीय हो सकता है, जितना कि ऐसा दावा करने वाली अन्य कोई विचारधारा।

यह सवाल ज़रूर किया जा सकता है कि 'विचारधारा' के प्रतिपक्ष की विचारधारा, जिसे अशोक वाजपेयी प्रस्तावित कर रहे हैं, और जिसके लक्ष्यों को राजनीतिक और सामाजिक दृष्टि से अर्थपूर्ण हो सकना बता रहे हैं, अपनी बुनियाद में कितना विधायक और ठोस है। उसकी विधेयात्मकता मानवीय सन्दर्भों से कितनी संपृक्त और समृद्ध है, इस पर आगे चर्चा की जायेगी। रही बात एक बहुस्वीकृत तथा महाकाय विचारधारा के प्रतिपक्ष में खड़े होने की, तो यह किसी भी गम्भीर बुद्धिजीवी के लिए हँसी-खेल की बात नहीं है। अशोक वाजपेयी के पास इस व्यापक विचारधारा के विरोध में खड़े होने के बुनियादी रूप से ठोस कारण हैं। हमें यह जान लेना चाहिए कि उनका विचारधारा-विरोध साहित्य के लोकतन्त्र में वैचारिक अधिनायकवाद के प्रति एक कवि की अनिवार्य असहमति की अभिव्यक्ति है। दूसरे, अशोक वाजपेयी के यहाँ एकमात्र विचारधारा की अनिवार्य रूढ़ि के बरक्स एक बेहतर विचारधारा का विकल्प मौजूद है, जिसके साथ स्वतन्त्रता, समानता और बन्धुत्व जैसे मानवीय और जनतान्त्रिक मूल्यों की संपृक्ति है। इसमें स्वतन्त्रता का मूल्य सबसे प्रथम है जो मनुष्य को अपनी मनुष्यता का आशय स्वयं निर्धारित करने की निर्बाध छूट देता है।

बावजूद 'विचारधारा-विरोध' के, कविता में कला के अथक प्रवक्ता अशोक वाजपेयी किसी भी विचार या विचारधारा को अपदस्थ करने की बात को उचित नहीं मानते। इसी प्रकार किसी भी विचार या विचारधारा को केन्द्रीय रूप से पदस्थ करने की कोशिश को भी ग़लत मानते हैं। वे कहते हैं, "हमारी सारी परम्परा और संस्कृति बहुलता पर आधारित रही है।"—इसलिए हिन्दी में किसी एक विचार या विचारधारा की केन्द्रीयता की बात सोचना व्यर्थ है। अशोक के अनुसार बीसवीं सदी विचारों के टकराव की सदी रही है। और "साहित्य विचारों के टकराव से

अपने को अलग-थलग रखकर महत्त्वपूर्ण बल्कि मानवीय नहीं हो सकता।" अशोक विचारों के जिस टकराव की बात करते हैं, वह परस्पर असहमतियों का टकराव है। साहित्य में असहमति भिन्न-भिन्न मानवीय आग्रहों के कारण हो सकती है और यह टकराव एक लोकतान्त्रिक भूमि पर घटित होता है। इस भूमि पर किसी भी आग्रह को अधिनायकवादी केन्द्रीयता पाने और दूसरों को आतंकित करने की अनुमति नहीं होनी चाहिए।

अशोक वाजपेयी ने अपने समय में हिन्दी में 'विचारधाराओं के संघर्ष' पर गम्भीर विमर्श किया है। यह 'संघर्ष' हटिंग्टन के 'सभ्यताओं के संघर्ष' की तरह का कुत्सित साम्राज्यवादी संघर्ष नहीं है, जहाँ दुर्बल आवाज़ें अनसुनी रह जायें, बल्कि यह संघर्ष एक व्यापक मुक्तिदायी संघर्ष का हिस्सा है, जिसके भीतर सबल-दुर्बल सभी आवाज़ों की निश्चित पहचान है। इसलिए अशोक का रचनाकार किसी भी विचार या विचारधारा के महत्त्व को कम करके नहीं आंकता, लेकिन उसके साथ और उसके भीतर भी 'कला के व्याकरण' और उसके विचार पर ज़ोर देना चाहता है। क्योंकि कला भी अन्ततः एक विचार है। (तरुण कुमार)

चालू विचारपद्धति और विचारधारा के समानान्तर अशोक वाजपेयी ने कविता में कला को भी एक विचार के रूप में प्रस्तुत किया है। लेकिन यह कैसा विचार है जो कला के आवरण में कविता के सामाजिक-राजनीतिक लक्ष्यों को धारण कर दृश्य में नमूदार होता है? समाज के विचार का यह कैसा सामाजिक प्रतिपक्ष है जो अशोक वाजपेयी प्रस्तावित कर रहे हैं? वस्तुतः कतिपय चिर-परिचित प्रत्ययों के बारे में अशोक की व्याख्याएँ कुछ अलग किस्म की हैं। जैसे समाज के प्रत्यय की वही व्याख्याएँ निर्धारित हैं जैसा कि एक प्रभुत्वशाली बौद्धिक वर्ग ने एक लम्बे ऐतिहासिक दौर से निश्चित कर रखा है। अशोक इस सुनिश्चित प्रत्यय को चुनौती देते हैं, कहते हैं, "जो आप जैसे समाज की अवधारणा न रखे उसे ज़रूरी तौर पर समाज विरोधी मानना बुद्धि का दिवालियापन है.....।" समाज के निर्धारित प्रत्यय से असहमति रखना अनिवार्य तौर पर लोकतान्त्रिक असहमति है। इसे ख़ारिज करने की कोशिश को अशोक 'बौद्धिक फ़ासीवाद' की संज्ञा देते हैं। अशोक विचार के बरक्स जिस कला के विचार की बात करते हैं; उसमें भी समाज का विचार अनिवार्यतः शामिल है, ठीक उसी तरह, जिस तरह समाज के विचार में समाज का विचार शामिल है।

(2)

कला को भी अन्ततः एक विचार का दर्ज़ा दिलाने की कोशिश में अशोक वाजपेयी का मुश्किल में पड़ना स्वाभाविक है। जीवन और समाज के सभी क्षेत्रों में रेडिकल परिवर्तन का स्वप्न देखने और दिखाने वाली किसी स्वीकृत और ठोस विचारधारा के

समानान्तर अशोक वाजपेयी के कला-विचार के सामने भी जीवनधर्मी और सामाजिक होने की सनद प्रस्तुत करने की कड़ी चुनौती है।

अशोक वाजपेयी जिस विचारधारा की बात करते हैं वह सीधे-सीधे सामाजिकता और उसका ढोल पीटने वाली विचारधारा से भिन्न है। क्या कविता का विषय मात्र सामाजिक होने से कविता अनिवार्यतः सामाजिक हो जाती है? अशोक वाजपेयी इससे इनकार करते हैं। वे अधिकांश तथाकथित सामाजिक सच्चाई वाली कविता को ''आत्मसंघर्षहीन नियोजन'' मानते हैं, जो ''बहुत चतुराई और बारीकी से दुनिया को नरक बनाने के लिए दूसरों को, अन्य शक्तियों को कोसती'' है, ''जैसे (उनकी) इन सबमें कोई हिस्सेदारी और भूमिका ही न हो।'' ('पाव भर जीरे में ब्रह्मभोज', ललित कार्तिकेय से बातचीत में, पृ. 139)

और वास्तव में बात यही है। अशोक के समय की बहुलांश कविता में स्वयं अपने प्रति कोई संशय-भाव नहीं है। वह ख़ुद को आलोचक-दृष्टि से नहीं देखती और दूसरों की आलोचक-दृष्टि के प्रति घोर रूप से असहिष्णु है। इस कविता के यहाँ कोई पाप और अपराध-बोध और उसकी बेझिझक स्वीकारोक्ति का साहस नहीं है। दूसरों की व्यथा से अत्यन्त व्यथित यह कविता उनकी व्यथा में अपनी विशुद्ध हिस्सेदारी से क्यों बचती फिरती है? इस कविता का समूचा कर्म-कर्तव्य शाब्दिक नायकत्व तक ही महदूद क्यों है? ये कुछ ऐसे सवाल हैं जिनका जवाब दिये बिना अशोक वाजपेयी के समय की कविता अशोक की कविता के जीवनधर्मी और सामाजिक होने पर उँगली नहीं उठा सकती। इस कविता को अशोक की कविता से सवाल पूछने से पहले नैतिक अधिकार अर्जित करना होगा।

एक और स्तर पर यह कविता अपने व्यक्तित्व को सामाजिक धारा से संपृक्त दिखाने की कोशिश में अपने निजी तथाकथित दुख का अतिरिक्त प्रदर्शन करती है, जबकि इस कविता का व्यक्तित्व और उसका अन्तर्लोक ही सन्दिग्ध और कृत्रिम है। अशोक इस व्यक्तित्वहीन कविता को आईना दिखाते हैं, कहते हैं ''यह एक ऐसी दुनिया है, जो इकहरी, अन्तर्ध्वनिहीन और स्मृतिहीन किस्म की दुनिया है।'' ('पाव भर जीरे में ब्रह्मभोज', पृ. 109) व्यक्तित्व के भीषण क्षरण के कारण इस कविता की भाषा भी क्षरित और विकृत हुई है। जटिल, सूक्ष्म और बारीक अभिव्यक्तियाँ इस कविता के बहुलांश से प्रायः नदारद हैं। अशोक वाजपेयी इसे शुद्ध अभिधा में लिखी गयी अख़बारी कविता कहते हैं।

अशोक वाजपेयी की कविता का जो लोक है, वह शब्द और भाषा की ध्वनियों और व्यंजनाओं के जरिए उद्घाटित हुआ मनुष्य का अन्तरंग संसार है। अशोक की कविता को कलाधर्मी और असामाजिक सिद्ध करने के लिए शब्द और भाषा के प्रति उनके अतिरिक्त आग्रह को हथियार बनाया जाता है। लेकिन ऐसा करने वाले लोग अक़सर भूल जाते हैं कि ''सच्ची कविता अपने अर्थ में सामाजिक होती

है, भले ही उसका विषय निहायत निजी क्यों न हो।'' (अशोक वाजपेयी) अशोक कविता में भाषा की व्यंजक शक्तियों के माध्यम से निजी विषयों को चुनते और उन्हें आलोकित करते हैं इससे उनकी सामाजिकता सन्दिग्ध नहीं हो जाती। बल्कि भाषा पर अतिरिक्त आग्रह उनके लिए प्रकारान्तर से मनुष्यता पर अतिरिक्त आग्रह है। अशोक रचना के विषय पर पुनः कहते हैं कि ''रचना का विषय ही उसका अर्थ नहीं है और विषय समझ में आ जाने से अर्थ समझ में नहीं आ जाता। बल्कि विषय और अर्थ के बीच गहरा अन्तराल होता है। यह अन्तराल शिल्प पैदा करता है।'' ('पाव भर जीरे में ब्रह्मभोज', पृ. 43)

अशोक की कविता के पाठ में विषय और अर्थ के बीच शिल्प ही वह विभेदक बिन्दु है, जो कविता में तनाव पैदा करता है। इस तनाव को आसानी से नहीं भेदा जा सकता। इस कारण उनकी कविता के विषय से होकर उसके अर्थ तक पहुँचने में बाधा उत्पन्न होती है। दूसरी ओर कविता में यह तनाव जटिल और बारीक निर्मितियों को उद्‌भूत करता है, जिसमें स्मृतियों के अन्तहीन संसार की बुनावट भी शामिल होती है, जिसको भाषा और शब्दों की गोधूलि और भी सघन और गझिन बना देती है। कविता की यह पूरी निर्मिति जब बोध के दायरे में नहीं आ पाती, तब अशोक के समय की कविता का अधिकांश संसार अशोक की कविता को जीवनद्रोही, समाज-विरोधी और हेय अर्थों में कलावादी घोषित कर देशनिकाला दे देने का प्रयास करता है।

अशोक की कविता कई स्तरों पर अपने विषय में भी सामाजिक है और अर्थ में भी। लेकिन ज़रूरी नहीं कि यह यथा-अर्थ के बहुस्वीकृत आशय में ही सामाजिक हो। क्योंकि अधिकांशतः यथार्थ वही नहीं होता जो 'यथार्थवाद' परिभाषित कर हमें बताता है। अशोक 'यथार्थवाद' को ''यथार्थ का समतुल्य या पर्याय'' नहीं मानते। वे परिभाषित यथार्थवाद की सीमा से बाहर एक वृहद् स्पेस में अपनी कविता के सामाजिक सरोकार ढूँढ़ते हैं। ललित कार्तिकेय को दिये एक साक्षात्कार में उन्होंने कहा है कि ''आप जिन्हें सामाजिक सरोकार कहते हैं मैं उनके अलावा प्रेम, भाषा, शब्द की प्राथमिकता और रक्षा, पड़ोस, परिवार आदि को भी उतना ही सामाजिक सरोकार मानता रहा हूँ।...'' प्रेम, परिवार जैसे अनेक निजी विषय अशोक की कविता में वृहद् सामाजिक अर्थ में विस्तार पाते रहे हैं। पड़ोस, परिवार, शब्द और भाषा आदि जैसे विषय तो उनकी कविता के मानो बीज विषय रहे हैं। कविता को तो वे भाषा में जीने और उसकी स्मृति में होने का कारण ही कहते हैं। अपनी कविता में सामाजिक बोध के कम या विरल होने के पूरे प्रसंग में तमाम आरोपों का जवाब देते हुए अशोक कहते हैं कि ''मैं सचमुच समाज को जानने का कोई दावा नहीं करता।... मैं तो बचपन से अपने पड़ोस को जानता आया हूँ और समाज के बजाय पड़ोस का कवि हूँ। एक ऐसे समय में जब सभी लोग समाज और समय पर,

सामाजिक संघर्ष और सम्बन्धों पर कविता लिखते हों, पड़ोस और समयातीत पर, अपने शब्द-संघर्ष और निजी सम्बन्धों की कविता लिखना चालू प्रवृत्ति पर टिप्पणी है और राजमार्ग या जनपथ में अलग अपनी पगडंडी की तलाश करना भी है। यह एक तरह का अघोषित प्रतिपक्ष बन जाना है।'' ('पाव भर जीरे में ब्रह्मभोज', पृ. 80)

अशोक अपनी कविता में अपने सामाजिक सरोकारों को फैलाते नहीं, बल्कि कुछ ख़ास जगहों पर उन्हें गहरा करते हैं। इसलिए उनकी कविता जहाँ पर है वहीं 'डीप' में है और जहाँ नहीं है उसको लेकर कोई चालू टिप्पणी नहीं करती। उनकी कविता अगर प्रेम जैसे अत्यन्त निजी मान लिये गये विषय पर ठहरती है तो वहीं उसी विषय में इतने 'डेप्थ' में उतरती है कि उसके वृहद् सामाजिक आशय के रेशे-दर-रेशे खुलने लग जाते हैं। ठीक इसी तरह मृत्यु, समय, समयातीत, पड़ोस, घर, परिवार, पूर्वज आदि विषय हैं; जिनमें से अधिकांश दूसरों की कविता में प्रत्यक्ष अर्थों में सामाजिक विषय न होने के बावजूद अशोक की कविता में सामाजिक आशय के साथ गहराई में डूबकर प्रकट होते हैं। इन कविताओं में भी द्वन्द्व और सामाजिक संघर्ष आता है लेकिन अन्तःसलिल रूप से। फिर भी ये कविताएँ अपने संघर्ष को बार-बार गाती नहीं, क्योंकि उनके कवि की नज़रों में यह ''भावनात्मक कमज़ोरी की निशानी'' है।

अशोक को समाज जिस शक्ल में मिला है, उन्होंने उसे पुनः रचा है। वह अशोक की पुनर्रचना है। एक सच्चा कवि अपने आस-पास और समाज को पुनः रचता ही है। यथातथ्य समाज और उसके यथार्थ से अन्यान्य अनुशासन गढ़े जा सकते हैं, सार्थक कविता की रचना नहीं हो सकती। अशोक वाजपेयी ने अपने कवि को मिले हुए समाज से कुछ निर्मितियों का चयन कर उनकी अन्तरंग पुनर्रचना की है और यही उनकी कविता का समाज है, उनका समाज-बोध। प्रेम और मृत्युबोध को समाज से बाहर का तत्त्व कौन कह सकेगा? घर, पड़ोस, परिवार, पूर्वज—इन सबको सामाजिक दायरे से कैसे बाहर किया जा सकेगा? और क्या भाषा भी जीवन से बाहर होगी, जिस पर अशोक की कविता बार-बार इसरार करती है?

अशोक की कविता समाज-विमुख नहीं है। वह इसी समाज के समानान्तर, उसके प्रतिपक्ष में भी, 'एक अन्य समाज' रचती है, वह उसके सम्मुख है। इसलिए उनकी कविता को समाज-विमुख समझना नासमझी है। लेकिन अशोक की कविता समाज-सम्मुख होने के साथ-साथ आत्मसम्मुख भी है। विशुद्ध रूप से समाजोन्मुख साहित्य स्वयं अपने से भी दूर हो जाता है। दूसरी ओर समाज भी साहित्य से उतना ही दूर हो जाता है। अशोक वाजपेयी की यह चिन्ता गम्भीर है। वे कहते हैं, ''अब साहित्य जितना समाजोन्मुख हो गया है—समाज उतना ही साहित्य से दूर चला गया है। हमने ऐसा समाज बना दिया है कि उसमें साहित्य के लिए कोई जगह ही न बची।'' (संजीव श्रीवास्तव को दिये गये साक्षात्कार में, वही, पृ. 206)

आत्म और पर के बोध से रहित ऐसी नकली सामाजिकता का वर्चस्व साहित्य के लिए घातक है। अशोक वाजपेयी ने ऐसी सामाजिकता पर हमेशा सवाल उठाया है जो सामाजिकता "विराट से अपने को जोड़ने, मनुष्य की नियति और स्थिति, मानवीय अस्तित्व का आशय, नश्वरता और अनश्वरता, समयातीत से जुड़ने के प्रश्नों से दूर करती है।" (अरविन्द त्रिपाठी और बोधिसत्व से बातचीत में, वही, पृ. 196) अशोक के अनुसार कविता हमेशा एक "मानवीय घटना" है। इससे बढ़कर उसकी कोई सामाजिकता नहीं। वह समाज में हमारी हिस्सेदारी ज़रूर बढ़ाती है। लेकिन अन्ततः वह एक 'जटिल मामला' है और "उसे आसानी या निरे वाक्चातुर्य से नहीं निपटाया जा सकता है।"

अशोक वाजपेयी की कविता की समाजोन्मुखता खुद अशोक की शर्तों पर तय होती है। कविता की समाजोन्मुखता के हमेशा से कुछ विशिष्ट प्रयोजन रहे हैं। अशोक वाजपेयी ने अपनी कविता को समाजोन्मुख मनवाने के कुछ ख़ास कारण गिनाये हैं। ओम निश्चल को दिये गये एक साक्षात्कार में अशोक ने विस्तार से बताया है, जिसे यहाँ उद्धृत करना प्रासंगिक होगा—"कविता का एक प्रयोजन नहीं है...(पहले) वह भाषा की सर्जनात्मक रक्षा, विस्तार और जिजीविषा की जगह है। दूसरी तरफ़, कविता की एक सामुदायिक ताकत है। वह हमको दूसरों से जोड़ती है।... दूसरों तक जाने का माध्यम कविता है। तीसरा, कविता कुछ बदलती है, दुनिया कुछ बदलती है। जो कविता से प्रतिकृत होते हैं शायद उनकी दुनिया भी बदलती है। उनको विचलित करती है—और कठिन से कठिन समय में अँधेरे समय में उम्मीद, कुछ उजाले की लकीर आदमी के मन में बनाये रखती है—यह भी उसका एक प्रयोजन है—और बहुत कठिन परिस्थितियों में, भौतिक परिस्थितियों से गुजरते हुए, उनसे जूझते हुए, एक तरह का सहारा, एक तरह की बचत की पगडंडी भी कविता रही है।" ('पाव भर जीरे में ब्रह्मभोज', पृ. 124)

ज़ाहिर है कि अशोक वाजपेयी द्वारा वर्णित कविता के सामाजिक सरोकारों का वितान कितना व्यापक है। यह अलग बात है कि उनकी कविता इन सरोकारों को मुखर ढंग से व्यक्त नहीं करती, ये सरोकार उसमें अन्तःसलिल हैं और शायद यही अशोक की कविता की ताकत है और उसका अलगपन भी।

अशोक वाजपेयी सत्ता और शक्ति के गठजोड़ के इस महाबली समय में कविता की सामर्थ्य भी समझते हैं और सीमा भी। उन्हें बखूबी मालूम है कि राजनीति तथा अन्यान्य अनुशासनों के नियमन से बँधे हमारे समय में कविता एक सीमा से ज़्यादा सामाजिक परिवर्तन की राजनीति में सफल नहीं हो सकती। उनके अनुसार हमारे समाज की सामाजिक-आर्थिक और सांस्कृतिक संरचना में जो फाँकें हैं उनके रहते कविता से हर तरह का काम लेना सम्भव नहीं है। वे कविता के सीमित प्रभाव को स्वीकार करते हैं। लेकिन स्थिति पूरी तरह निराशाजनक नहीं है। बेशक "संसार

जिन महाशक्तियों से बदला जाता है उनमें साहित्य या कविता शामिल नहीं है," किन्तु "कविता का सौभाग्य है कि वह महाशक्ति नहीं है : वह शक्ति है जो कुछ लोगों के संस्कार और संवेदना को, समझ और सहानुभूति को किसी हद तक बदल सकती है।" अपनी सीमा और सामर्थ्य की लघुता में कविता की यही सामाजिकता कविता को भी प्राणवान् रखेगी और मानवीय संवेद्यता को भी।

(3)

अशोक वाजपेयी पर कलावादी होने का गम्भीर आरोप है। कलावाद के निषेधात्मक अर्थों में उनकी कविता पर यह आरोप चस्पां है। जैसे मनुष्य-विरोध, समाज-निरपेक्षता, जीवन-विमुखता और अपने समय की उपेक्षा जैसे आरोप। अशोक को हिन्दी में कलावादियों का अगुआ भी माना गया है। यदा-कदा भोपाल के उनके कुछ सहयोगी-मित्रों और 'पूर्वग्रह' के लेखक-कलाकारों के समूह का उन्हें 'लगभग प्रधान सेनापति' मानकर अशोक के साथ-साथ हिन्दी के महत्त्वपूर्ण लेखकों के एक बड़े वर्ग को भी अपमानित-लांछित किया गया है।

पश्चिम में कलावाद के उदय और उत्कर्ष के समय भी उसकी जो मूल शपथ थी यानी कि कला का जीवन से कोई अनिवार्य सम्बन्ध नहीं, यानी कि कला में शिल्प और भाषा का सौष्ठव प्राथमिक है अर्थात् कला का ऐकांतिक लक्ष्य ही कला है—अशोक वाजपेयी की कविता और विचारधारा का इस मसले से कोई सम्बन्ध नहीं है। यह बात बिल्कुल समझ के बाहर है कि जीवन-जगत और मनुष्य से इतना टूटकर प्यार करने वाला अशोक जैसा संवेदनशील कवि क्यों और कैसे जीवन-विमुख निपट कलावादी मान लिया गया। यह कवि किस तर्क से समकालीन हिन्दी कविता का सबसे बड़ा कलावादी और इस कारण 'खल'-कवि घोषित कर दिया गया और उसकी विचारधारा मनुष्यद्रोही वैचारिकी के खाते में डाल दी गयी। अशोक का कवि हमेशा से अपना रसायन जीवन की वस्तुपरकता से पाता रहा है। उनके अनुसार जीवन से उनका आशय "निरा मानवीय जीवन भर नहीं पर वह भी जो चीज़ों, प्रकृति, ब्रह्माण्ड आदि का जीवन है।" अशोक की कविता का जीवन वायवीय नहीं, पदार्थमय है। वह जीवन के छोटे-छोटे ब्योरों में जाकर उनसे शक्ति अर्जित करता है। वह समस्त ब्रह्माण्ड को वस्तुपरक दृष्टि से देखता-जानता है। लेकिन चीज़ों को देखने-समझने का कोई 'एक और एकमात्र' नजरिया नहीं हो सकता, नहीं होना चाहिए। अशोक का कवि जीवन, प्रकृति और ब्रह्माण्ड को उसकी पदार्थमयता में भी आश्चर्य भाव से देखता है। वह उसकी वस्तुपरकता की व्यक्तिनिष्ठता में पहचान करता है। मनुष्य और जीवन के छोटे-छोटे ब्योरों की पड़ताल के उपकरणों की खोज में वह शब्द और भाषा की सूक्ष्म जटिलता के पास जाता है। अन्यों की दृष्टि में शब्द और भाषा की जटिल और सूक्ष्म बुनावट में होकर कविता

प्रायः शुद्ध सौन्दर्यशास्त्रीय मानकों से गुजरती हुई जीवन-निरपेक्ष कला के संसार में प्रविष्ट कर जाती है। अशोक वाजपेयी की कविता को लेकर भी सुधीजन ऐसी ही शंका प्रकट करते हैं, क्योंकि बाज दफ़ा उनकी कविता भी शब्द और भाषा के सूक्ष्म और जटिल व्यापार में शामिल होकर सौन्दर्यशास्त्रीय मानकों के अनुकूल कलात्मक प्रभाव उत्पन्न करती है।

लेकिन यह सिर्फ़ एक इल्यूज़न (विभ्रम) है। अशोक साफ़ कहते हैं कि "भाषा पर आग्रह मनुष्यता पर आग्रह है।" आगे कहते हैं, "कलावाद का जो विधेयात्मक अर्थ है उसमें भाषा और शिल्प के प्रति सजगता आती है जिस पर कवि और आलोचक दोनों ही रूपों में मैं इसरार करता रहा हूँ। XXX विडम्बना यह है कि भयानक शब्द-संकोच, लापरवाह शिल्प, स्मृतिहीन भाषा को आज कविता का नार्म बताया-मनवाया जा रहा है।" हिन्दी कविता के ऐसे भाषाई परिवेश के प्रति अशोक के मन की कडुवाहट मदन मोहन जोशी को दिये गये उक्त साक्षात्कार में नज़र आती है जब आगे इसी क्रम में वे कहते हैं कि "इसका (इस परिवेश का) सजग विरोध अगर कलावाद है तो मैं कलावादी हूँ—दिन-दहाड़े और डंके की चोट पर।" वस्तुतः अशोक के समय की हिन्दी कविता तथाकथित सामाजिक बोध से इतनी ज़्यादा आक्रान्त है कि कविता में शब्द, भाषा, सौन्दर्य जैसे पदों के ज़िक्र मात्र से 'कलावादी' घोषित कर दिये जाने का ख़तरा सिर पर मँडराने लगता है। इसी वजह से उनके समय की कविता में सौन्दर्य-बोध का तीव्रता से क्षरण हुआ है और वह उबा देने की हद तक इकहरी और सपाट हुई है। अशोक साफ़ तौर पर इस कविता को 'अभिधा के आतंक' और 'शब्द-संकोच' से ग्रस्त देखते हैं। वे अफ़सोस करते हैं कि "कविता भाषा के प्रति ज़िम्मेदारी के बजाय तथाकथित समाज के प्रति ज़िम्मेदारी के वश लिखी जा रही है।" साथ ही चेताते भी हैं कि "कवि भाषा के प्रति ज़िम्मेदार होकर ही सामाजिक ज़िम्मेदारी निभा सकता है।" (विजय कुमार से बातचीत में, उद्‌भावना, 1997)

ज़ाहिर है कि अशोक वाजपेयी कविता में सामाजिक ज़िम्मेदारी को भाषा के प्रति ज़िम्मेदारी की शर्त पर स्वीकार करते हैं। भाषा-बोध के बिना कोई कविता मूल्यवान नहीं हो सकती। साथ ही अशोक कविता में भाषा का परिष्कार और उसका जटिल संगुम्फन भी ज़रूरी मानते हैं। अशोक मानते हैं कि "बारीक कातना, परिष्कार, सूक्ष्मता और जटिलता मूल्यवान कला के अनिवार्य गुण हैं।" अशोक के अनुसार इन पर आग्रह करना कलावादी होना नहीं है बल्कि ऐसा मानना 'बौद्धिक विपन्नता का प्रमाण' है। स्वयं अशोक अपनी कविता में इन गुणों का होना स्वीकार करते हैं अपने 'कलावादी' होने के आरोप को ख़ारिज करते हुए।

एक 'नीचट कलावादी' कहलाकर भी भाषा और शब्द को इतना प्यार करने वाला शायद दूसरा कोई कवि अशोक का समकालीन नहीं हुआ। लेकिन कवि को

मालूम है कि "ऐसे लांछन से सच्चाई अप्रभावित ही रहती है।" अशोक शब्द और भाषा पर अपने भरोसे को "मनुष्य पर भरोसे का ही संस्करण" मानते हैं। कहते हैं, ..."शब्द हमारे होने का सबसे अदम्य अनुष्ठान है, एक निरन्तर उत्सव है ...मेरी कविता का एक काम, इस अनुष्ठान, इस उत्सव को अपने गठन में सम्भव बनाने का रहा है।" ('पाव भर जीरे में ब्रह्मभोज', पृ. 33) अशोक बार-बार शब्द और भाषा पर अपनी आस्था दोहराते हैं। निराला व्याख्यानमाला (इलाहाबाद विश्वविद्यालय, 1990) में उन्होंने यही बात जोर देकर कही थी, "शब्द को बचाना, उसे कल्पना और सच के बीच अपनी आभा और जीवनाभा से द्योतित रखना कलावादी होना नहीं है बल्कि मनुष्य के एक कालजयी आविष्कार को बचाना है; उसकी जिजीविषा और मौलिकता को सँजोना है। शब्द नहीं बचेगा तो मनुष्य का जीवन नहीं बचेगा।" ('कविता का गल्प', पृ. 18-19)

अशोक वाजपेयी की काव्य-भाषा को उसके शिल्प-सौष्ठव के कारण नवछायावादी भी कहा गया है। अशोक को इस पर कोई आपत्ति नहीं है। बल्कि इस बहाने उन्हें अपने समय की चालू भाषा से बाहर जाने का एक मौक़ा मिल जाता है। कविता को भाषा की स्मृति मानने वाले अशोक वाजपेयी अपनी भाषा के जरिए अपने पूर्वज काव्य की स्मृति के करीब होने को अपना सौभाग्य मानते हैं। वे छायावादी काव्य-भाषा की ऐन्द्रियता, बिम्ब-सघनता और क्लासिकल औदात्य को आयत्त कर अपने समय के पक्ष के विरुद्ध एक सबल काव्य का प्रतिपक्ष रचते हैं। वरिष्ठ कवि रघुवीर सहाय अशोक वाजपेयी की भाषा और शिल्प के पीछे आधुनिक कविता की समृद्ध भाषा की परम्परा की ठीक ही शिनाख़्त करते हैं। नन्दकिशोर आचार्य तो इस परम्परा को छायावाद से आगे बढ़ाकर अज्ञेय और शमशेर के काव्य-लोकों की स्मृतियों तक खींच ले आते हैं। कुल मिलाकर आधुनिक काल में प्रसाद, निराला, पन्त आदि से शुरू हुई एक समृद्ध काव्य-भाषा की परम्परा अशोक के काव्य में आकर विराम लेती है बल्कि नन्दकिशोर आचार्य के अनुसार यह परम्परा अशोक के काव्य में विराम न लेकर आगे के रास्तों को भी खोलती है। इसके लिए यह "भाषा के घटाटोप अँधेरे के माहौल में शब्दों से लौ की तरह काम" लेती है। ('शब्दों की लौ जगाते हुए', 'अशोक वाजपेयी : पाठ-कुपाठ', पृ. 231-232)

अशोक की कविता शब्द और भाषा के शिल्प से रची गयी कला को जीवन के समान ही ज़रूरी मानती है। अशोक का कहना है कि "कला भी जीवन को परिष्कार देती है।... अगर भरपूर आदमी बनना या बने रहना है तो कम से कम किसी एक से काम नहीं चलेगा... ।" सुरेश शर्मा को दिये गये इसी साक्षात्कार में वे अपनी इच्छा स्पष्ट करते हैं–"...मुझे भरपूर जीवन भी चाहिए और भरपूर कला भी।" (नवभारत टाइम्स, 1992, 'मेरे साक्षात्कार')। हिन्दी कविता में सामाजिकता बोध के शोर के बीच, उसके समानान्तर और प्रतिपक्ष में भी कलावाद की वैचारिकी का होना

निहायत ज़रूरी है। यह वैचारिक सन्तुलन के लिए ज़रूरी है। जबकि हिन्दी में ऐसा हुआ नहीं। ''भाषायी और शिल्पगत लापरवाही के इस अधीर युग में यह आग्रह एक रेडिकल काम'' होता, अशोक दृढ़ स्वर में ऐसा मानते हैं। क्योंकि उनके अनुसार इससे ''हिन्दी में वैचारिक ध्रुवीकरण के लिए एक वास्तविक आधार होता।'' वास्तव में हिन्दी में जो कविता लिखी जा रही है, उसे साफ़-साफ़ रूप और उसके प्रतिपक्षी तत्त्वों में विभाजित नहीं किया जा सकता। ख़ासकर अशोक वाजपेयी की कविता के प्रसंग में ऐसा कोई विभाजन सम्भव नहीं। अशोक की कविता भाषा, शिल्प, विचार, जीवन-जगत और मनुष्यता बोध से एक जटिल संरचना में कुछ इस प्रकार संगुम्फित है कि उसे आसानी से मोटे-मोटे हिस्सों में बाँटा नहीं जा सकता। ''वह एक तरह की समग्रता की माँग करती है और उसका रसायन ही ऐसा है कि किसी तत्त्व की प्रमुखता को लेकर सामान्यीकरण करना लगभग एक कविता-विरोधी बात है।'' (शिवेन्द्र सिंह से बातचीत में अशोक वाजपेयी, 'मेरे साक्षात्कार', पृ. 28)

बावजूद इसके अशोक रूप-तत्त्व की स्पष्ट उपस्थिति के अभाव में कविता को सम्भव नहीं मानते। रूप-तत्त्व के प्रति सजग होने को वे सहज कवि धर्म मानते हैं। हालाँकि वे स्वयं को रूपवादी नहीं मानते और न ही यह कि हिन्दी में इस वाद का नेतृत्व उन्होंने किया। बल्कि कई बार तो वे अफ़सोस करते हैं कि वे व्यक्तिगत रूप से कलावादी नहीं हुए। वे इस बात पर भी अफ़सोस ज़ाहिर करते हैं कि हिन्दी में सच्चा कलावाद नहीं आया, जबकि वैचारिक स्पष्टता और संवाद के लिए यह ज़रूरी होता। शायद यही वजह है कि वे रूप-तत्त्व के प्रति सजग होने को सहज कविधर्म मानते हैं। कम से कम इसी बहाने हिन्दी कविता में वैचारिक ध्रुवीकरण और स्पष्ट संवाद का माहौल बनता। इसी बहाने हिन्दी में वैचारिक अधिनायकत्व के बरक्स उसका प्रतिपक्ष उठ खड़ा होता। किसी दो-टूक फ़ैसले से पहले वाद-विवाद-संवाद की स्वस्थ शुरुआत होती।

अशोक यदि किसी एक ऐसे वाद या विचार पर आग्रह करते हैं जो हिन्दी कविता में निर्बल है और उपेक्षित तो गहरे अर्थों में वे एक लोकतान्त्रिक एजेंडे पर काम कर रहे हैं, भले ही उस वाद या विचार से उनकी सीधी सहमति नहीं है। शायद वे इस बहाने मनुष्य और उसके अन्य संस्करण शब्द और भाषा की जीवनाभा को भी सुरक्षित रखने का प्रयास कर रहे हैं। और उनकी इस कोशिश में कोई विचार किन्हीं हेय अर्थों में उन पर चस्पाँ कर दिया जाये तो यह अन्यायपूर्ण है।

अशोक वाजपेयी की कविता दृश्य पर जो हावी है उसके एकाधिकार और शक्ति के दम्भ के स्पष्ट प्रतिरोध की कविता है। भले ही यह प्रतिरोध तथाकथित रूप से ऐकान्तिक, अपने समय से बाहर और शब्द और भाषा के ऐश्वर्य के बीच सीमित है। अशोक वाजपेयी ने 'कला कला के लिए' सिद्धान्त में भरोसा कभी नहीं किया और न कभी इसका प्रतिपादन किया। महेश दर्पण से एक बातचीत में यह स्वीकारोक्ति

देते हुए उन्होंने मनुष्य की सच्चाई को जटिल और बहुल मानने पर इसरार किया है जो किसी एक ख़ास वाद या विचारधारा अथवा दृष्टि तक सीमित नहीं रह सकती। उस सच्चाई को जानने के अनेक रास्ते हैं जो साहित्य का जनतन्त्र हमें सुलभ कराता है। कला का विचार साहित्य के इसी जनतन्त्र का एक हिस्सा है।

(4)

अशोक वाजपेयी की कविता को कलावादी कहकर निन्दित और ख़ारिज कर दिये जाने का एक बड़ा कारण यह भी है कि उन्होंने अपनी कविता और आलोचना-कर्म में विभिन्न कलाओं को प्राथमिक मानते हुए उनकी भरपूर सराहना और महत्त्व-स्थापना की है। उन्होंने संस्कृति को मात्र साहित्य-केन्द्रित मानने से इनकार कर दिया, उसे कला-केन्द्रित मानने का प्रस्ताव रखा। साहित्य के साथ-साथ उनका ठोस आग्रह कलाओं पर भी है। हिन्दी में साहित्य और कलाओं के बीच एक कृत्रिम विभेद सृजित किया गया है जिसमें संस्कृति पर साहित्य का एकाधिपत्य है और कलाएँ हाशिए की वस्तु। अशोक वाजपेयी इसे हिन्दी की सामन्ती मानसिकता वाले लेखकों का 'वर्णवाद' कहते हैं, जो उनके अनुसार "न तो वैज्ञानिक है, न ही प्रजातान्त्रिक।"

अशोक वाजपेयी ने कविता या साहित्य को जिन मानकों से परखने का प्रयत्न किया है वे लोकतान्त्रिक बहुलता, समानता और बन्धुत्व के मानक हैं। दूसरी ओर संस्कृति की मूल्यवत्ता को परखने के उनके यही मानक हैं। किसी भी जाति या समुदाय का साहित्य या कविता उसकी जातीय संस्कृति का 'कम्पोजिट' रूप है और संस्कृति एकाधिक तत्त्वों से निर्मित होती है। इनमें कलाओं का तत्त्व प्रधान है। स्वभावतः कलाओं को साहित्य की सरहद से बाहर नहीं किया जा सकता, अन्यथा साहित्य को एक दरिद्र संस्कृति के साथ निर्वाह करना होगा। हमारे यहाँ कलाओं से सम्पन्न संस्कृति और साहित्य की एक समृद्ध परम्परा रही है, लेकिन यान्त्रिक सभ्यता के विकास के साथ धीरे-धीरे यह मूल्यवान परम्परा विरल होती गयी। हिन्दी समाज भी व्यापक रूप से इस 'सांस्कृतिक दायवंचन' का शिकार हुआ है। अशोक वाजपेयी इस सांस्कृतिक क्षरण के पीछे का एक कारण हिन्दी में 'कुत्सित समाजशास्त्र' का विकास मानते हैं। यह वही 'कुत्सित समाजशास्त्र' है जो तथाकथित परिवर्तनकामी विचारधारा की बुनियाद पर पनपा-पला और विकसित हुआ है। हालाँकि यह भी सच है कि परिवर्तन की यह विचारधारा अपने उद्देश्य और नीयत में दुनिया की बेहतरीन और मानवीय विचारधारा है, बावजूद इसके बहुलांश अनुयायियों ने इस विचारधारा की आड़ में प्रायः सभी आधुनिक ज्ञानानुशासनों के भीतर अपना एक ऐसा एकाधिकारी साम्राज्य रच डाला है जिसका लक्ष्य इस विचारधारा की सैद्धान्तिकी

के प्रति समर्पित हो यथार्थ संघर्ष करना न होकर इसके बहाने अवसरानुकूल अपने निहित स्वार्थों की पूर्ति करना हो गया। ज्ञान की विविध विधाओं में ऐसे विचारों का जिस रूप में प्रवेश हुआ, उसका अपना स्वतन्त्र समाजशास्त्र निर्मित हो गया और अशोक वाजपेयी इसी को उनका 'कुत्सित समाजशास्त्र' कहते हैं। इस 'शास्त्र' ने कलाओं को अभिजन-वृत्ति बताकर उन्हें आमजन से क्रमशः दूर किया है। विभिन्न रूपों में साहित्य के व्यापक हिस्से ने इस समाजशास्त्र के आगे आत्मसमर्पण किया है। यह एक भीषण मूर्खतापूर्ण कृत्य है और विचार भी, कि कलाएँ अभिजन-समाज का सृजन और उसकी थाती है। जबकि सच्चाई यह है कि हमारी अधिकांश कलाएँ हमारे लोक-जीवन की उपज हैं। संगीत, नृत्य, विभिन्न लोक-रूपों में नाट्यकला—इन सबका उद्‍गम लोक से है। चित्रादि अन्य कलाएँ भी लोक में विभिन्न रूपों में दिखाई पड़ती हैं। अशोक वाजपेयी लोक के भीतर से उद्‍भूत और विकसित अनेक कला-रूपों की ओर हमारा ध्यान आकर्षित करते हैं। बल्कि उनको उनमें हमारी कलाओं का चरम उत्कर्ष भी दिखाई देता है। वे आदिवासियों की कलाओं का भी ज़िक्र करते हैं। इन जन-कलाओं में उन्हें एक प्रकार का आभिजात्य भी दिखाई पड़ता है। जन-कलाओं की सराहना करते हुए अशोक वाजपेयी यतीन्द्र मिश्र से बातचीत में कहते हैं—"उनमें अक़्सर सूक्ष्म परिष्कार और अद्‍भुत अमूर्तन है जो कि कलात्मक उत्कृष्टता का ही आयाम है।" ('पाव भर जीरे में ब्रह्मभोज', पृ. 168)। अगर दूसरों की नज़र में यह भी आभिजात्य है तो अशोक के शब्दों में "इसकी उपेक्षा अक्षम्य और कलाविरोधी है।" (वही)

वस्तुतः कलाएँ न तो जन-विरोधी हैं और न आभिजात्य। वे साहित्य और संस्कृति का स्वाभाविक रूप से अभिन्न अंग हैं। फिर भी यदि कलाओं के साथ होना अभिजन होना है तो साहित्य और कलाओं के हित में अभिजन होना ज़रूरी है। अशोक कहते हैं कि अभिजन न होना हमारे 'बौद्धिक दैन्य' का प्रमाण है। वे कहते हैं कि "...संसार का कोई साहित्य, संसार की कोई भाषा, संसार की कोई संस्कृति श्रेष्ठ मानी ही नहीं गयी है अगर उसमें आभिजात्य का अंश और अंग न हो।... बिना आभिजात्य या बिना परिष्कार के महान कला सम्भव नहीं है। जनोन्मुखी भी नहीं होगी।" (महेश दर्पण से बातचीत में, वही, पृ. 247) कालिदास, भवभूति, जयदेव, तुलसीदास, सूरदास, ग़ालिब, अज्ञेय, प्रसाद, निराला—इस सभी मूर्धन्यों के साहित्य में विन्यस्त आभिजात्य को अशोक वाजपेयी नोट करते हैं, यह दिखलाते हुए कि 'बिना बुद्धि और संवेदना के आभिजात्य' के इनका महान साहित्य सम्भव नहीं था और इसी तरह संसार का प्रभूत संगीत और अन्यान्य कलाएँ भी।

कविता में कलाओं का संयोग-सहकार वस्तुतः सुरुचि का मामला है और सौन्दर्य-दृष्टि का भी। सुरुचि और सौन्दर्य-दृष्टि मनुष्य की स्वभावजात वृत्ति है। इस भाव को किसी भी बहाने से निरस्त नहीं किया जा सकता। दूसरी ओर कलाएँ सच्चाई

का भी हिस्सा है। अशोक वाजपेयी एक पूर्वग्रह की तरह इन्हें हमेशा जीवनदायी और सृजनक्षम मानते रहे हैं। उन्होंने लिखा है, ''जीवन और लोगों ने जब-तब निराशा किया हो, कलाओं ने कभी साथ नहीं छोड़ा। वे हमारी जिजीविषा का स्थायी स्थापत्य रही हैं...।'' जिन कलाओं ने अशोक को जीवन जीने और उसे झेलने का विकट हौसला दिया हो, उन्हें वे अपनी कविता से बाहर कैसे रख सकते हैं। कलाएँ उनकी कविताओं में 'निष्कम्प दीपशिखा'-सी जलती हैं, जिसके इर्द-गिर्द एक पवित्र उत्सव मनाया जाता है, निरन्तर एक अनुष्ठान जारी है। ऐसी ऐश्वर्यमयी कविताओं की आभा देखकर उनके कवि को कलावादी नहीं तो और क्या कहा जायेगा। जो कविता के वैभव और उसके बोध से सम्पन्न है, वह कवि कलावादी ही होगा। जो इस सम्पदा से रिक्त और दरिद्र हैं उनका कहना ही क्या!

(5)

अशोक वाजपेयी हमारे समय के सबसे सौभाग्यशाली कवियों में एक हैं। संसार की पदार्थमयता के प्रति उत्कट अनुरागी इस कवि ने कविता में कलावाद के बहुनिन्दित मायने ही बदल दिये। उनकी कविता के 'कलावाद' को ठीक से समझें तो जीवन के निकट और उससे अनुरक्त दूसरी कोई विचार-दृष्टि समकालीन हिन्दी कविता में शायद दूसरी कोई नहीं। वैसे हिन्दी में जीवन-दृष्टियों और विचारधाराओं का कोई अकाल नहीं, लेकिन उनकी विश्वसनीयता और प्रामाणिकता प्रायः सन्दिग्ध रही है। उनकी मनुष्यधर्मिता की प्रतिज्ञा और दावों में कोई हिचक नहीं, लेकिन उनकी नीयत सन्देह से परे नहीं। ऐसे अराजक और सन्दिग्ध परिवेश में अशोक वाजपेयी साहित्य में जिस 'विचार' और जीवन-दृष्टि का प्रस्ताव करते हैं वह अपने लोकतान्त्रिक बहुलतावाद, वृहदाकार सत्यों के एकाधिकार के बरक्स छोटे-छोटे सचों की विनम्र उपस्थिति, जीवन-जगत की पदार्थमयता के बीच अनन्त में जाने और वापिस लौट आने की शाश्वत कामना, उपस्थिति के बीच अनुपस्थिति और अनुपस्थिति के बीच उपस्थिति का निरन्तर उत्सव मनाने की चाहत, अपनी वेध्यता और दूसरों पर अभियोग लगाने से पहले आत्माभियोग के लिए तत्परता, मानवीय गरिमा और स्वतन्त्रता तथा अधिकार और उसके सम्मान के प्रति सदा सन्नद्ध रहने की विकट आकांक्षा के कारण अतुलनीय है। अशोक के सन्दर्भ में 'कलावाद' बहुत कुछ उस दृश्यात्मक प्रत्यय की तरह है जैसे हज़ार साल पुराना कोई खँडहर किसी वीराने में मौजूद हो और एक आधुनिक आदमी की तरह अशोक का समृद्ध 'विचार' उस खँडहर में रहने आया हो। दूर से देखने पर ज़ाहिर तौर पर यह कल्पना की जायेगी कि खँडहर में कोई प्राचीन प्राणी वास करता होगा। या फिर उसके जर्जर अवशेष बिखरे होंगे। जिस तरह खँडहर के पास, उसके भीतर जाने पर उसके अन्तरंग का

वास्तविक साक्षात् सम्भव हो सकेगा, उसी प्रकार अशोक की कविता के पास, उसके भीतर जाने पर उस कविता के वास्तविक अर्थ उद्घाटित होंगे। निश्चय ही एक भौतिक खँडहर अपने भीतर जर्जर और प्राचीन अवशेषों को ही सँजोए होगा लेकिन अशोक की कविता के साथ इसके उलट घटना घटित होती है। इस अनहोनी घटना के कारण ही अशोक एक सौभाग्यशाली कवि के रूप में अपने समय की कविता के दृश्य में नमूदार होते हैं। अशोक ने एक लगभग 'मानवद्रोही' मान ली गयी जीवन-दृष्टि और विचार को घृणा और उपेक्षा के पंक से बाहर निकाल कर उसे जीवनधर्मी नवीन विचारों से संपृक्त और समृद्ध किया है। एक मनुष्य-रागी कलावादी के रूप में अपनी समर्थता के कारण अशोक वाजपेयी हिन्दी के सौभाग्यशाली कवि हैं।

कविता की अदालत में एक आत्माभियोगी अभियुक्त

(1)

'फ़ैसला मत दो, क्योंकि तुम पर भी फ़ैसला लिया जायेगा।'—यह बाइबिल का एक कथन है, जिसे अशोक वाजपेयी अपने एक साक्षात्कार में उद्धृत करते हैं। यह एक परम नैतिक वाक्य है जिसकी ओट में एक धर्म-विशेष की धार्मिक दृष्टि मौजूद है। वैसे यह प्रायः सभी प्रमुख धर्म-दृष्टियों का परम मूल्य है। अशोक वाजपेयी इस मूल्य-चेतना को कविता के परिसर में ले आना चाहते हैं।

हर समय की मुखर और बड़बोली कविता ने हमेशा दूसरों की नीति और नीयत पर दो टूक राय देने में कोताही नहीं बरती है। ऐसी तमाम कविता ने दूसरों की कविता पर बेझिझक अपना निर्णय देकर उसे कविता की भूमि में दाखिल-ख़ारिज करने की कोशिश की है। लेकिन किस तर्क से? किन प्रतिमानों से कविता को जाँचने-परखने, उसे स्वीकारने अथवा उसका निषेध करने का विधान किया गया है? ये प्रतिमान किनके हाथों के औजार हैं? कविता पर अन्तिम निर्णय देने के इन प्रयासों के पीछे का असली मकसद क्या है? क्या कोई भी कविता किसी भी ऐसे एक या एकाधिक सुनिश्चित कर दिये गये, मनमाने ढंग से सुनिश्चित कर दिये गये, प्रतिमानों के दायरे में रखकर मूल्यांकित और निर्णीत की जा सकती है? और क्या ऐसा कोई उपक्रम कविता को विधायक दिशा दे पाने में सक्षम हो सकता है?—ये कुछ ऐसे सवाल हैं जिनके जवाब सच्ची कविता के पक्ष में, सच्ची कविता की सच्ची ज़मीन के पक्ष में, ढूँढ़े जाने ज़रूरी हैं।

जब कोई अतिवाचाल कविता धीर-गम्भीर और मौन-मन्थर गति कविता को कविता की भूमि से एकबारगी ख़ारिज करने की कोशिश करती है तो उसके पीछे वाचाल कविता का भोंडा तर्क सक्रिय होता है। यह कविता, दूसरी कविता के मूल्य-निर्णय के लिए जिन 'सार्वभौमिक' प्रतिमानों का उपयोग करती है, उनमें ठोस मानवीय सन्दर्भों को स्पष्टतः अथवा अति मुखरता से प्रस्तुत करने का प्रतिमान प्रमुख होता है। आम तौर पर हर अच्छी कविता को मानव-मूल्यों की कसौटी पर कसा जाता है। एक अच्छी कविता में मनुष्य के जीवन और जगत के बुनियादी सरोकारों को शामिल होना ही चाहिए। वह मनुष्य और उसके समाज के प्रति सदैव उत्तरदायी

है इसलिए वह उसकी पीड़ा-यन्त्रणा, हर्ष-विषाद, संघर्ष-द्वन्द्व, उत्सव-उल्लास सबमें बराबर की भागीदारी करती है। यही वे लगभग सार्वभौमिक प्रतिमान हैं जिन पर कसी जाकर किसी कविता की ठोस मानवीय स्थिति का निर्धारण किया जाता है। जो कविता ऐसी कसौटियों में खरी न उतरे वह बेशक ख़ारिज कर दिये जाने लायक है। कविता का 'वाचाल सम्प्रदाय' हमेशा से इन प्रतिमानों को अपनी ही तर्ज़ पर अत्यन्त मुखर या 'लाउड' रूप में पेश करता रहा है। उनके 'लाउडनेस' के सामने शान्त-संयत स्वर में की गयी कोई भी अभिव्यक्ति बेमानी है। यह 'लाउड' कविता तो धीर स्वर में स्वीकार की गयी किसी कवि की कविता की समस्त मानवीय प्रतिबद्धता को भी अनसुना कर देती है। निरर्थक अभिव्यक्तियों के अन्तहीन कोलाहल में अर्थ-सम्पन्न अभिव्यक्ति का मौन संगीत दबकर रह जाता है। ऐसी कम-आवाज़ कविता को पहले तो शंका से देखा जाता है, फिर समय पाकर उसकी नीति और नीयत पर सवाल खड़ा किया जाता है और एक दिन अचानक उसे कठघरे में खड़ा कर उस पर एकतरफ़ा फ़ैसला सुना दिया जाता है।

प्रत्येक समय की वाचाल कविता तथाकथित कालजयी और मूल्यवान कविता के लिए जिन प्रतिमानों की घोषणा करती है, उसमें कविता की समाजधर्मी भूमिका का प्रतिमान प्रमुख है। उसके लिए कविता का संसार एक स्वायत्त लोक न होकर किन्हीं विचारों और विचारधाराओं का अन्य संस्करण है। मानविकी के अनेक अनुशासन अपने भीतर जब-तब नये विचारों और विचारधाराओं की उद्‌भावना करते रहते हैं और बाहर से आयत्त भी। कायदे से ये विचार उनके ही परिसर में मुक्त उनके ही उपयोग के लिए खुले होने चाहिए। लेकिन कई बार इन विचारों की सत्ता साहित्य के स्वायत्त संसार पर क़ब्ज़ा कर लेती है। खुद कविता और साहित्य के भीतर के अपने लोग कविता पर 'विचारों' का अतिक्रमण होने देने में मदद करते हैं। और इस प्रकार कविता का स्वायत्त संसार मानविकी के विविध ज्ञानानुशासनों का मुक्त उपनिवेश बन जाता है। तब समाजशास्त्र, राजनीति, अर्थ आदि मानविकी के विविध ज्ञान अनुशासन कविता से सामाजिक परिवर्तन की राजनीति, आर्थिक संरचना में घुसपैठ, राजनीति और समय की ऐतिहासिक धारा में अनावश्यक हस्तक्षेप और बदलाव की माँग करने लगते हैं। बल्कि इस आग्रह को वे कविता की अनिवार्य लड़ाई में तब्दील कर देते हैं। लेकिन न तो यह कविता का बुनियादी काम है, न उसका प्रकृत स्वभाव। वह एक सीमा से ज़्यादा अन्य क्षेत्रों के विचारों को स्वीकार नहीं कर सकती और न तो अन्य विचारधाराओं को स्वायत्त कर सकती है। कविता स्वयं एक अनुशासन है, एक विधा, एक विचार, एक विचारधारा और एक संप्रभु स्वायत्त सत्ता।

हम अशोक वाजपेयी की कविता के सन्दर्भ में यह चर्चा कर रहे हैं। उनकी कविता के सामने भी हमारे समय की तथाकथित समाजधर्मी वाचाल कविता ने परख

की नयी चुनौतियाँ खड़ी कर दी हैं जिन्हें अशोक ने सिरे से ख़ारिज कर दिया है। अशोक उसके काव्य-प्रतिमानों को अपनी कविता के मूल्यांकन के सन्दर्भ में हरगिज़ स्वीकार नहीं करते, क्योंकि उन्हें मालूम है कि कविता के ये प्रतिमान आख़िरकार किन लोगों के हाथों के औज़ार हैं। और इनसे वे किस तरह का काम ले रहे हैं। अशोक उनके असली खेल से वाक़िफ़ हैं।

वस्तुतः ये प्रतिमान कविता के हैं भी नहीं। ये प्रतिमान मनुष्य का शुभेच्छु होने का ढोल पीटने वाले मानविकी के महाकाय विचारधाराओं के हैं, जिनकी बागडोर राजनीति के धूर्त कूटनीतिज्ञों के हाथों में है। वे भला क्यों भावनाओं से लबालब मनुष्य, संसार और कविता की दुनिया का भला चाहने लगे! अशोक वाजपेयी बड़ी महीन नज़र से कविता के पीछे के कुटिल खेल की शिनाख़्त करते हैं। वे इस खेल के पीछे के मक़सद की गहराई से पहचान करते हैं और उनके द्वारा दूसरों की कविता पर फ़ैसला सुनाने की हड़बड़ाहट पर सन्देह व्यक्त करते हैं। ऐसी भी जल्दी क्या कि एक कविता दूसरी कविता को आनन-फानन में कटघरे में खड़ा करके तुरत-फुरत अपना फ़ैसला सुना दे! ऐसी भी क्या आफत कि एक कविता दूसरी कविता को झट से गुनहगार घोषित कर उसे देशनिकाला दे दे! और अगर एक कविता दूसरी कविता के लिए तुरत-फुरत फ़ैसला दे सकती है, उसे सवालों के कठघरे में खड़ा कर सकती है तो दूसरी कविता पहली कविता के साथ यही व्यवहार क्यों नहीं कर सकती? अशोक वाजपेयी जानते हैं कि उनकी कविता भी दूसरों की कविता के साथ आसानी से उन्हीं के अन्दाज़ में पेश आ सकती है, लेकिन कवि की नैतिकता ऐसा करने से इनकार करती है। अपने आत्मवृत्त 'पाव भर जीरे में ब्रह्मभोज' में अशोक लिखते हैं, "कविता की अदालत में आप दूसरों पर आरोप नहीं लगा सकते क्योंकि कविता की नैतिकता औरों पर दोषारोपण करने और अपनी ज़िम्मेदारी से बचने की अनुमति नहीं देती। आप उसकी अदालत में सिर्फ़ अपने गुनाहों के लिए हलफ़ भर उठा सकते हैं।" (पृ. 39)

यही बात कुछ दूसरे शब्दों में उन्होंने इलाहाबाद विश्वविद्यालय द्वारा आयोजित निराला व्याख्यानमाला, 1990 के अन्तर्गत दिये गये एक व्याख्यान में भी कही थी, "कविता की अदालत की मूल प्रतिज्ञा ही यह है कि वहाँ किसी दूसरे पर अभियोग नहीं लगाया जा सकता है : वहाँ सिर्फ़ आत्माभियोग की इजाज़त है और यह उसकी परम नैतिकता है।" यहाँ तक कि सत्ता की नीयत पर सन्देह करने से पहले भी अपनी शुचिता पर सन्देह करना होगा, "वह सत्ता पर सन्देह तभी कर सकती है जब पहले अपने पर भी सन्देह करे। अपने-अपने कठघरों में स्वेच्छया क़ैद लोग दूसरे लोगों के लिए अदालत नहीं हो सकते। कम से कम उन्हें ऐसा होने से बराबर इनकार तो करना चाहिए।" ('कविता का गल्प', पृ. 32)

(2)

अशोक वाजपेयी ने अपने समय की ऐसी कविता को बराबर प्रश्नांकित किया है जो खुद की सचाई पर ज़रा भी शक नहीं करती, सिर्फ़ दूसरों पर प्रश्नचिह्न लगाती है। ऐसी कविता, जो हमेशा दूसरों को कठघरे में खड़ा कर उन पर फ़ैसले देती है, दो टूक निर्णय सुनाती है बिना उसका पक्ष जाने, बिना उसकी नीति और नीयत की सघन खोज-बीन और जाँच-पड़ताल किये, उन्हें एकतरफ़ा अपराधी घोषित करती है। ऐसी कविता अपने विवेक और दृष्टि पर तनिक भी सन्देह नहीं करती। वह सदा कठघरे से बाहर होने का नैतिक दम्भ भरती है। ऐसी 'ताकतवर' कविता की शुचिता पर भला किसे शक हो सकता है? अशोक इस कविता से उसकी 'मासूमियत' पर सवाल-जवाब करते हैं। तथाकथित सामाजिक सच्चाई वाली इस 'पवित्र' कविता के पीछे की सच्चाई क्या है, विचार करते हुए अशोक ने अपने आत्मवृत्त में लिखा है, "सामाजिक सच्चाई से अपने सीधे संलग्न होने के आधार पर इधर की बहुत सारी कविता अपने अधिक मानवीय और सामाजिक होने का रौब ग़ालिब करती रही है। उसमें अक़सर कवि अपने तथाकथित संघर्ष का महिमामंडन करते हुए दूसरों पर फ़ैसला देने की उत्सुकता दिखाता है और हमारे समय की दुर्व्यवस्था और अन्याय में खुद उसकी जो हिस्सेदारी है उसकी बहुत कम चीड़फाड़ या पड़ताल करता रहा है।" (पृ. 39)

अशोक वाजपेयी के इस कथन का दूसरा हिस्सा ख़ास तौर पर ग़ौरतलब है। 'मानवीय और सामाजिक होने का रौब ग़ालिब करती' हमारे समय की अधिकांश कविता किस हद तक आत्महीन कविता है, इसका बयान यहाँ स्पष्ट रूप से मौजूद है। अशोक वाजपेयी अपने समय की अधिकांश कविता के पाखंड को उजागर करते हुए उसके तथाकथित आत्मसंघर्ष की बनावटी गरिमा को अनावरित करते हैं। यही नकली और अब अनावरित कवि तथाकथित आत्म-संघर्ष के आभामंडल में छिपकर दूसरों पर एकतरफ़ा फ़ैसला सुनाने की उत्सुकता दिखाता रहा है। हमारे समय के अन्याय और अव्यवस्था में अपनी भी भागीदारी होने के तथ्य को अस्वीकारता रहा है। वह आत्मावलोकन से बचता हुआ आत्मालोचना से भागता रहा है। अशोक वाजपेयी ऐसे कवि और उसकी कविता के ग़ैरज़िम्मेदार और क्रूर चेहरे को अपने आलोचना-कर्म में उघाड़कर रख देते हैं। इस मायने में अशोक वाजपेयी के समय का हिन्दी-समय बेहद त्रासद और विडम्बनापूर्ण है।

अशोक वाजपेयी का सृजनकर्म इस विडम्बनापूर्ण समय का साक्षी है। अशोक वाजपेयी बहुत सावधानी से अपने सृजनकर्म को इस समय के प्रतिपक्ष के रूप में रचते हैं। अपने आलोचना-कर्म में बराबर वे इस समय की छवियों को भरसक उसकी मौलिक शक्ल में दर्ज़ करने का प्रयत्न करते हैं। उन्होंने जगह-जगह पर इस

समय की क्रूर छवियों को निर्मित करने में सहयोग देने वाले कविकर्म की शिनाख़्त की है। उन्होंने समय-समय पर विभिन्न लोगों को दिये गये अपने साक्षात्कारों में भी अपने समय की कविता पर नाराज़गी ज़ाहिर की है। उन्होंने अनेक आयामों से अपने समय की अधिकांश कविता की वैचारिक स्तर पर घेराबन्दी की है। उसकी अतिवाचालता, झूठी क्रान्तिकारिता, दिखावटी आत्म-संघर्ष और नकली शहादत-भाव का जबर्दस्त विरोध किया है। इस कविता ने नक़ली शहादत को सीढ़ी की तरह इस्तेमाल कर अपने पवित्र और गरिमामय होने की आभासी ऊँचाई हासिल की है। इसी ऊँचाई पर खड़ा वह ख़ुद को दुनिया की किसी भी अदालत से बाहर, किसी भी अभियोग से मुक्त मानता है और बाकी को कठघरे में खड़ा अपराधी मानकर उन पर अपना एकतरफ़ा और दो टूक फ़ैसला सुना देता है। अशोक ने इस विचार की बुनियाद पर ही आघात किया है। उन्होंने ऐसी पवित्रता के किसी भी तिलिस्म को तोड़ कर रख दिया है।

(3)

अपने समय की कविता के स्वर से असहमत कवि अशोक जब उस कविता की आवाज़ सुनते हैं, तब उस स्वर में उन्हें वे सभी ध्वनियाँ काफ़ी हद तक नहीं सुनाई पड़तीं, जिनकी अपेक्षा वे अपने समय की कविता से करते हैं। उनकी कविता पर जीवन-जगत की उद्वेलित करने वाली मुख्य आवाज़ों को अनसुना कर देने का आरोप है। अशोक वाजपेयी इस तथ्य से वाक़िफ़ हैं और ऐसी बातों में कोई सच्चाई नहीं। अशोक ने जीवन और कविता को उतनी ही शिद्दत से उतना ही जीया-भोगा है, जितना एक संवेदनशील कवि के खाते से सम्भव हो सकता है। लेकिन अन्ततः अशोक की कविता से जीवन-जगत की कुछ आवाज़ें बाहर रह गयी हैं। वे कौन-सी आवाज़ें हैं जिनके बिना भी अशोक वाजपेयी की कविता पूरी होने लगती है? और अन्यों की कविता उनसे भरकर पूरी होते-होते आख़िरकार अधूरी मालूम पड़ती है?

अशोक वाजपेयी की कविता में कुछ ख़ास आवाज़ें कम हैं। वाक़ई इनके कम या विरल होने पर ही कविता की दूसरी आवाज़ों का बोलना शुरू होता है। ऐसे में कविता की आवाज़ कम, दूसरी आवाज़ें ज़्यादा से ज़्यादा बोलने लगती हैं। इस तरह कविता की अपनी आवाज़ प्राथमिक और महत्त्वपूर्ण नहीं रह जातीं। कविता को घेरकर बोल रही अन्य आवाज़ें बाहर से कविता की आवाज़ को ढांप देती हैं। अन्य अनावश्यक आवाज़ें कविता की अपनी आवाज़ होने का स्वांग करने लगती हैं। ये आवाज़ें कविता को निरस्त कर कविता का दम्भपूर्ण परिहास करती आवाज़ें हैं। कविता को अपनी आवाज़ की मुक्ति के लिए उस पर क़ब्ज़ा पाये अन्य आवाज़ों के कोलाहल से बाहर आना होगा।

कई बार इन कोलाहल भरी आवाज़ों को ही जीवन-जगत की मूल आवाज़ें मानकर कविता में इनके प्रतिबिम्बन का आग्रह किया जाने लगता है। अशोक वाजपेयी जीवन-जगत की कोलाहल भरी आवाज़ों को कविता के परिसर से ख़ारिज करते हैं। वे इनको कविता में प्राथमिक मानने से इनकार कर देते हैं। उन्होंने अपने चिन्तन और कविता में अल्पप्राण, छोटी-छोटी आवाज़ों की सच्चाई और उनकी प्रामाणिकता पर भरोसा किया है। चीज़ों में बिंधी महान सच्चाइयों की जगह उनमें बसे छोटे-छोटे सचों का सन्धान किया है। अशोक जब कहते हैं कि किसी भी छोटे सच को ख़राब नहीं जाने देना चाहिए तब वे कविता में अल्पप्राण और छोटी आवाज़ों की जगह सुरक्षित करा रहे होते हैं। इस महीन कार्यविधि में उनकी कविता लगातार होने की प्रक्रिया में होती है। वृहदाकाय सच्चाइयों और उनकी आवाज़ों की महाप्राणता गिनी-चुनी और सीमित हैं, जबकि छोटे-छोटे स्वरों की अनन्त सच्चाइयां अशोक की कविता में डूबती और भासती हैं। छोटे सचों को ससम्मान कविता में प्रतिष्ठित करने और उससे प्रतिकृत होने की यह प्रक्रिया अन्तहीन है। इस तरह अशोक वाजपेयी की कविता सदैव होने की प्रक्रिया में है—अन्त की ओर जाते-जाते अन्त के भीतर वापस छलांग लगाती हुई। अशोक की कविता जीवन-जगत की जिन तथाकथित आवाज़ों से बाहर मानी गयी है, उनसे बाहर होने में ही अशोक की कविता का पूरापन है। उनसे बचकर ही वह अपने समय की पूरी कविता बन पाती है।

इसके उलट अशोक के समय की बहुलांश कविता जीवन-जगत, समाज और मनुष्य की जिन बड़ी आवाज़ों को खुद में शामिल कर उनसे प्रतिकृत होती है, वे आवाज़ें कविता की अपनी आवाज़ को इतना मन्द कर देती हैं कि कई बार कविता की शक्ल की शिनाख़्त तक कठिन हो जाती है। यह कविता चारों तरफ़ से भरी-पूरी समृद्ध तो दिखती है, अपने पूरेपन का अहसास कराती हुई भी, लेकिन इसका अन्तःकरण बड़ा गरीब है। इसकी अपनी पुकार ही अनसुनी रह जाती है!

इस चर्चा का सन्दर्भ अशोक वाजपेयी की उस अपेक्षा का है, जो वे अपने समय की अन्य कविता से करते हैं। यह कविता उनकी अपेक्षाओं पर खरी नहीं उतरती और न ही अशोक वाजपेयी की कविता इस कविता की अपेक्षा पर खरी उतरती है। असन्तोष दोनों तरफ़ है। अशोक को अपने कवि-समाज की ओर से जो भीषण भर्त्सना मिली है उससे उनका असन्तोष गहरा है। उनका कवि हतप्रभ है और न्याय चाहता है। लेकिन न्याय एकतरफ़ा नहीं। फलस्वरूप अशोक का कवि एक ऐसा रुख अख़्तियार करता है जो अप्रत्याशित और विस्मयकारी है। अशोक की कविता के गम्भीर पाठक उनके इस रुख से एकदम हक्का-बक्का रह जाते हैं। इधर की हिन्दी कविता में एक कवि का यह रूप विरल है। अपने ऊपर हो रहे तमाम आक्रमणों और अश्लील उपक्रमों के प्रतिवाद में अशोक वाजपेयी कविता की अदालत में जाते हैं। कविता की अदालत, जो स्वयं कवि की है। इस अदालत के कठघरे में कवि खुद को

ही खड़ा करता है और किसी और को नहीं, खुद अपने-आप पर अभियोग लगाता है। दूसरों पर कोई दोषारोपण नहीं, स्वयं पर ही अभियोग। उन्होंने कई जगहों पर, बार-बार, इस बात को दुहराया है कि 'कविता की अदालत में आप दूसरों पर आरोप नहीं लगा सकते।' कविता की नैतिकता कवि को यह अनुमति नहीं देती और अपनी ज़िम्मेदारी से भागने की इजाज़त भी नहीं। कन्हैयालाल नन्दन को दिये गये एक साक्षात्कार में अशोक विकल होकर यह सच स्वीकारते हैं कि "आदमी की ज़िन्दगी तो मैला आँचल है, इधर भी है, उधर भी है।" ('मेरे साक्षात्कार', पृ. 82) ऐसे में अपने से पहले किसी दूसरे पर अभियोग लगाना अपनी नैतिक ज़िम्मेदारी का सीधा उल्लंघन है। अशोक तो यहाँ तक कहते हैं कि सत्ता की अमानवीयता पर भी सन्देह करने का अधिकार एक कवि को तभी है, जब वह पहले खुद की नीयत पर सन्देह कर ले और उसके प्रति आश्वस्त हो जाये। इसी प्रकार एक कवि अपनी परम नैतिकता को अर्जित कर सकता है।

अशोक वाजपेयी ने अपनी काव्य-यात्रा के एक पड़ाव में एक कवि के रूप में इस नैतिकता को अर्जित करने का साहस किया। उन्होंने न केवल अपने ऊपर अभियोग लगाये, बल्कि कविता की अदालत से न्याय की उम्मीद भी की। ऐसा करके उन्होंने अपनी नीयत का साफ़ बयान किया है और इस प्रकार यह अधिकार भी अर्जित किया कि दूसरों की कमियों और गुनाहों का लेखा-जोखा पेश कर सकें। सन् 2000 और सन् 2002 में क्रमशः प्रकाशित उनके दो कविता-संग्रह 'समय के पास समय' और 'इबारत से गिरी मात्राएँ' में संगृहीत अधिकांश कविताएँ कविता की अदालत में कवि के आत्माभियोग की कविताएँ हैं। 'समय के पास समय' संग्रह की कविताओं में कवि बड़ी बेबाकी और निश्छलता से अपनी कमियों और चूकों को स्वीकार करता है। इसके लिए उसे कोई शर्म या हिचक नहीं है। कुछ पंक्तियाँ देखें :

1 "मैं उतना अच्छा आदमी नहीं निकला/जितना कि मुझे उम्मीद थी कि हो पाऊँगा।" ('उतना अच्छा आदमी नहीं', पृ. 47)

2. "चूक मुझसे वफादारी में भी हुई है।/शायद अपने लालच में मैंने सोचा कि कई जगहें हैं, हो सकती हैं.... ।" (वही, पृ. 48)

3. "मैंने जीवन और कविता को भी उलझा-सा दिया/जीवन की कई सचाइयों और सपनों को कविता में ले गया/आश्वस्त हुआ कि जो शब्द में है वह बचा रहेगा/ भले जीवन में नहीं।/गलती शायद यह हुई कि जो कविता में हुआ/उसे जीवन में भी हुआ मानकर सन्तोष करता रहा।" (वही, पृ. 48)

4. "कभी-कभी थका-हारा मैं/अपनी मैली-कुचैली चादर के बारे में सोचता हूँ/ XXX/मैंने हरचंद कोशिश की/कि उसे साफ़ रख सकूँ/XXX/फिर, साफ़-सुथरी नहीं रही ज़िन्दगी/प्रेम और ईर्ष्या ने,/लालच और चाहत ने,/औरों की बेहतर ज़िन्दगी से

पैदा जलन ने,/शब्द से बार-बार हार खाने की किस्मत ने/ज़िन्दगी को इतना और इतनी बार मैला किया है/कि बिचारी इस चादर की क्या बिसात/कि वह साफ़-सफेद रह पाती!'' ('कोई कबीर नहीं', पृ. 52)

अपनी 'दाग़दार' ज़िन्दगी को लेकर कवि किसी वहम में नहीं है। वह साफ़-साफ़ अपनी 'दाग़दार' चादर को देख-पहचान रहा है। कविता की अदालत में अपनी भूलों की स्वीकारोक्ति के पीछे कोई सस्ती किस्म की भावुकता या किशोर उत्साह नहीं सक्रिय है। यह एक अनुभवी और परिपक्व कवि का गहरा और चिन्तनपूर्ण आत्मस्वीकार है। हालाँकि कबीरी चादर कवि को मिली ही मैली थी, फिर भी कवि ने उसे और दाग़दार होने से बचाने की अपने तईं भरसक कोशिश की। लेकिन इस चादर को कहीं से भी लपेटो, दाग़ या धब्बा तो लग ही जाता है।

औरों की तरह अशोक वाजपेयी का कवि भी दुनिया को बेहतर बनाने के सपने देखता रहा है। हालाँकि वह इस सपने की सच्चाई को जानता है। उसे कोई भ्रम भी नहीं है कि उसके बदले यह दुनिया ज़रा भी बदल सकती है। किन्तु वह भी औरों की तरह एक छोटा-सा प्रयास ज़रूर करना चाहता है, लेकिन वक़्त का टोटा था—''अगर वक़्त मिलता/तो एक छोटी-सी कोशिश की जा सकती थी।'' ('अगर वक़्त मिला होता', पृ. 57) लेकिन वक़्त क्यों नहीं? अशोक अपने स्वार्थ को याद करते हैं। दुनिया और दुनिया के इतिहास को बदलने की कोशिश के लिए वक़्त का टोटा इतना नहीं था, वस्तुतः महत्त्वाकांक्षी कवि की प्राथमिकताएँ कुछ दूसरी थीं। वह स्वीकार करता है कि ''अनन्त पर इतना एकाग्र रहा/कि शायद इतिहास पर नज़र डालना भूल गया।'' (वही, पृ. 56)

अशोक वाजपेयी के कवि के लिए हमेशा इतिहास से ज़्यादा अनन्त महत्त्वपूर्ण रहा है। वे अनन्त के कवि हैं। अनन्त निरवधि काल है। उसके भीतर-बाहर समय और समयातीत का अथाह प्रसार है। वह काल की तरह प्रारम्भ और अन्त से परे है। अनन्त इतिहास को भी स्वयं में अन्तर्भुक्त करता है। दूसरी तरफ़ अनन्त इतिहास में संक्षिप्त रूप में प्रकट होता है। यद्यपि अशोक अनन्त की कविता करते हैं अतः स्वभावतः उसमें इतिहास के रूप में संक्षिप्त अनन्त शामिल है।

अनन्त के संक्षेप के रूप में इतिहास के प्रति यह एक नजरिया हो सकता है। लेकिन स्थूल रूप से देखें तो इतिहास समय में अनिवार्यतः एक सत्तात्मक उपस्थिति है। वह एक ठोस मानवीय और घटनात्मक उपस्थिति है। वह आधुनिक ज्ञान का एक विशिष्ट और स्वतन्त्र अनुशासन भी है। इतिहास को समाजशास्त्रीय चिन्तन-प्रसूत विचारधाराओं के घात-प्रतिघात, प्रभाव और परिणति से मुक्त नहीं किया जा सकता। उसे प्राथमिक तौर पर उसी रूप में देखना होगा, जैसा कि वह हमें मिला है। बाद में भले उसे किसी विशेष दृष्टि, विचार और नीयत से देखें, समझें, उपयोग में लायें किन्तु अन्ततः वह एक ऐसी उपस्थिति है, जिसकी ठोस सत्तात्मकता से आँख

नहीं चुरायी जा सकती। फिर एक ज़िम्मेदार कवि के रूप में अशोक इस स्थिति से कैसे बच सकते हैं? 'अनन्त' के पड़ोस में जा बसने मात्र से इतिहास दरकिनार नहीं हो जाता। अशोक वाजपेयी ने अपनी कविता में बार-बार यह चूक की है। लेकिन उन्हें शायद अपनी चूक का भान है। 'समय के पास समय' संग्रह में उन्होंने इसे स्वीकार किया है। तभी तो वे अफ़सोस करते हुए कहते हैं कि 'अनन्त पर इतना एकाग्र रहा/कि शायद इतिहास पर नज़र डालना भूल गया।' अनन्त में ही रमे रहने के कारण उन्हें दुनिया को बदलने की 'एक छोटी-सी कोशिश' करने का मौक़ा नहीं मिल पाया, जबकि 'वैसे वक़्त का टोटा नहीं था।'

अशोक वाजपेयी के कवि की स्वीकारोक्ति के बावजूद उनकी कविता इतिहास और दुनिया की सच्चाई और उसके प्रति अपने मानवीय दायित्व से विमुख नहीं है। हमने अन्यत्र अनन्त पर विस्तृत चर्चा के प्रसंग में देखा है कि उनका 'अनन्त' वस्तुतः कवि का पास-पड़ोस का संसार है। वह कवि की रोज़मर्रा की गतिविधियों में ध्वनित होता है। उसमें कोई अलौकिक आभामंडल नहीं, पदार्थमय पवित्रता की स्वाभाविक चमक है। वह समय और ठोस इतिहास के विरुद्ध नहीं, बल्कि उनका ही असीमित विस्तार है। अनन्त संक्षेप में इतिहास है और इतिहास व्यापक अर्थ में अनन्त।

(4)

अशोक का कवि अपने 'गुनाहों' को थोड़ी भी आड़ नहीं देता। वह जब आत्मालोचन करता है तो अपना पुर्जा-पुर्जा उधेड़ कर सामने रख देता है। इस मामले में वह बेहद निर्मम है। अब तक ढोई जा रही अपनी सच्चाइयों के मटमैलेपन के बारे में वह साफ़-साफ़ घोषित करता है : "हमारे सभी सच मटमैले हैं/कीचड़-ख़ून सने हैं/और अक़सर राख हुए सपने हैं।" ('अब मैं क्या बताऊँ', 'इबारत से गिरी मात्राएँ', पृ. 72)। सच के साथ निरर्थक सपनों को ढोता यह कवि एक समय सच और सपनों से भी बिदकने लगता है 'जैसे अपने सज़ायाफ़्ता जुर्म से।' यही कवि कविता की अदालत में अपने और जुर्म भी कबूलता है। बेशक उन जुर्मों में कोई टुच्चापन नहीं, लेकिन फिर भी अपराध-बोध तो है ही : "मैं भरसक टुच्चेपन से बचा रहा लेकिन/डाह से नहीं,/मैं लूटपाट से अलग रहा पर/दूसरों को जब-तब बेवजह घायल करने से नहीं/XXX/पवित्रता की खोज में/मैं कौन-सा कलुष की चपेट से बच पाया?" ('मैं अपने गुनाह', वही, पृ. 73-74)।

अशोक के कवि के यहाँ अपनी भलमनसाहत का कोई मुखौटा नहीं है। वह इस समय को एक दुष्ट समय के रूप में चिन्हित करता है, किन्तु उसे अपनी छवि पर भी गहरा सन्देह है। वह अपनी करतूतों पर खुद सवाल उठाता है। वह साफ़ जानता है कि "नहीं, मैं उन्हीं में से एक था/सिवाय इसके कि नसैनी से लोग ऊपर चढ़ते

हैं/पता नहीं कैसे मैं उससे नीचे तलघर में उतर गया।" ('उन्हीं में से एक', वही, पृ. 92)। इसी कविता में आगे कवि समय में शामिल अपनी क्रूरता की शिनाख़्त करता है। अपने समय को कुछ अधिक खूँखार बनाने में अपनी निर्लज्ज भागीदारी की शिनाख़्त करता है। ऐसी भीषण स्वीकारोक्ति दुर्लभ किस्म की ईमानदारी से सम्भव होती है : "अपने समय के अत्याचारों में मैं शामिल न हुआ होऊँ/लेकिन उनमें से एक भी मेरी वजह से कम खूँखार या/कुछ कमज़ोर पड़ा हो ऐसा तो नहीं हुआ :/तलघर में सही, मैं उन्हीं में से एक था।" (वही, पृ. 93)

कवि अपनी कविता और जीवन में दूसरों के जिन गुनाहों के ख़िलाफ़ आवाज़ उठाता रहा है, जिसकी कविता अपने समय के अन्यों का निर्ममता से लेखा-जोखा करने में हमेशा आगे खड़ी रही है, वह कवि 'सयानी सीख' की तरह समय रहते अपना भी हिसाब-किताब कर लेना अपना ज़रूरी नैतिक कर्म समझता है। कवि की नैतिकता उसे खुद को 'उन्हीं में से एक' मानने का दुर्लभ साहस उपलब्ध कराती है। हालाँकि उसका अन्तःकरण यह साहस जुटाने में कवि की मदद करता है, लेकिन कवि का एक विकट रूप यह भी है कि वह अपने अन्तःकरण के स्वर को एक पल के लिए अनसुना कर देना चाहता है। यह कवि की फिर से खुद को बचा लेने की आख़िरी कोशिश है, जो अन्ततः सफल नहीं हो पाती : "ऐसा नहीं है कि/मैंने सब कुछ सुना है—/चौकन्ने रहने के बावजूद/ऐसा भी रहा है जो मैंने अनसुना किया है;/XXX/मैंने सोचा था इस तरह/मैं दूसरों के साथ उलझने से बच जाऊँगा—/मुझे कहाँ पता था कि/दूसरों से कोई बच नहीं सकता....." ('ऐसा नहीं है', वही, पृ. 87)।

एक दूसरी कविता में कवि कहता है कि 'मैं खुद अपनी आवाज़ नहीं सुन पाता— ।' कारण यह है कि वह बाहर ही नहीं, भीतर से भी अपने शब्द गँवा चुका है। ('मुश्किल यह है', वही, पृ. 69) कवि इन सारे गुनाहों का कर्ता भी है, भोक्ता भी और साक्षी भी। ये तीनों स्थितियाँ अलग-अलग हैं लेकिन कवि के व्यक्तित्व में एक साथ संपुंजित भी। कवि के व्यक्तित्व के भीतर इन भाव-दशाओं के तीन आयाम स्पष्ट होते हैं। साक्षी-रूप में इस कवि-व्यक्तित्व की एक भूमिका बनती है। व्यक्तित्व के इस आयाम में अनछुई-सी पवित्रता और एक नैतिक आभामंडल सक्रिय है। वह घट रहे और घटित को थोड़ी दूरी से देखता है। एक और स्तर पर कवि-व्यक्तित्व का कर्ता सक्रिय होता है। वह घट रहे में शामिल है, उसके घटित होने में सहयोग देता है। पूरे दृश्य को वह प्रभावित करने की सफल-असफल कोशिशें करता है, और अन्ततः दृश्य को, घटनाओं को अपने तईं एक दिशा और दृष्टि देने में सफल होता है। वह दूसरों की दी गयी दिशा-दृष्टियों के साथ घात-प्रतिघात करता है। इस अन्तःक्रिया में वह खुद बनता-टूटता-पुनर्रचित होता है और दूसरों को भी बनाते-बिगाड़ते हुए किसी ख़ास शक्ल में स्थिर होने को बाध्य करता है।

अशोक वाजपेयी के कवि-व्यक्तित्व का 'कर्ता' आयाम अत्यन्त विशद-व्यापक

है। उनके रचनाकार के इस आयाम ने उनकी पहचान बनाई भी है और बिगाड़ी भी है। वैसे इकहरी पहचान किसी भी व्यक्तित्व के लिए सम्भव नहीं।

अशोक वाजपेयी का कवि जब 'भोक्ता' के रूप में स्पष्ट होता है, तो कवि के लिए यातना भीषण रूप धारण कर लेती है। एक संवेदनशील कवि इस नर्क से सदा गुज़रता है। इसी नर्क से गुज़रते हुए वह जहाँ दूसरों की कारगुजारियों की पहचान अपने जख़्मों के रूप में करता है, वहीं उसका अपने भीतर के अमानुष के विकृत चेहरे से सामना होता है। इस मुठभेड़ के त्रास से कवि के अन्तःकरण में आत्मसाक्षात्कार और आत्मालोचन की प्रक्रिया की शुरुआत होती है। समय के साथ यह आत्मनिन्दा और भर्त्सना में बदल जाती है। अशोक का कवि इन अवस्थाओं में गहरे डूबकर निकला है। वह अपने ही कृत्यों का उत्तरदायित्व लेता है और कविता की अदालत में आकर अपने गुनाहों के लिए हलफ़ उठाता है। यह अदालत कविता के भीतर भी है और कविता के बाहर भी।

अशोक का कवि थोड़े स्पेस से अपने गुनाहों को देखता है, फिर उसकी चीर-फाड़ करता है, उसके रेशे उधेड़ता है और अपने किये-धरे पर पश्चात्ताप करता है। वह जीवन को फिर से, नये ढंग से, नयी सोच और समझ के साथ जीना शुरू करना चाहता है, लेकिन यह सम्भव नहीं है। 'समय के पास समय' की एक कविता में कवि कहता है, "मुश्किल बस यह है कि ज़िन्दगी फिर से शुरू नहीं की जा सकती : /फिर से किया जा सकता है प्रेम,/फिर से लिखी जा सकती है कविता,/XXX/ लेकिन मुश्किल यह है कि ज़िन्दगी फिर से शुरू नहीं की जा सकती।" ('मुश्किल बस यह है', पृ. 68) इस जीवन के त्रास और जीवन को दुबारा न जी सकने की हताशा अशोक के कवि को रह-रहकर सताती और थका डालती है। यह थकान कभी-कभी कवि के सपनों को भी दबोचने लगती है। ये वही सपने हैं कवि सदा अपने को जिनकी बिरादरी का मानता रहा है। सपने बार-बार कवि को टूटने से बचाते हैं। हालाँकि अशोक का कवि यह बेहतर जानता है कि वह अपनी यात्रा फिर शुरू से शुरू नहीं कर सकता, क्योंकि आगे कोई पड़ाव नहीं है।

अशोक वाजपेयी के कवि ने जिस रास्ते से अपनी यात्रा की शुरुआत की थी, उसकी शायद यही परिणति होनी थी। उस रास्ते को शायद यहीं से होकर गुज़रना और आगे बढ़ जाना था। अशोक कहते हैं कि सबके लिए यही एक रास्ता था, कहने को दूसरा रास्ता भी होता था। लेकिन दूसरा वास्तव में था नहीं। सब जिस रास्ते पर चलते थे, कवि ने भी वही रास्ता चुना। बाद में जाकर कवि खुद यह जान पाया कि पहले रास्ते पर दूसरे रास्ते को एक सपने की तरह मँडराते देखना और पाना चाहिए था। मतलब कि दूसरा रास्ता सपनों का था जो पहले पर छाया रहता था। अशोक अपनी कविता में जहाँ इस दूसरे रास्ते को पहचान पाते हैं, वहीं उनकी कविताई अनन्य हो उठती है और जब अन्यों के साथ सिर्फ़ पहले रास्ते पर उनके

क़दम उठते हैं, वे 'उन्हीं में से एक' बनकर उनमें शामिल हो जाते हैं, जिनकी नसैनी पर वे चढ़ते हैं और तलघर में उतर जाते हैं। वे अफ़सोस करते हैं कि "पता नहीं कब और कैसे मैं एक अँधेरी गली में फँस गया।"

लेकिन पहले रास्ते पर चलने वाले दूसरों की तरह अशोक का कवि सन्तुष्ट और आत्ममुग्ध नहीं है। यह कवि अपनी आत्मा की चीरफाड़ करने और भीतर दिखती सच्चाई का सामना करने का साहस रखता है। वह बाज दफ़ा दूसरों पर तोहमत लगाने से नहीं चूकता, लेकिन पहले अपने गुनाह कबूलता है। बेशक वह बहुत बार उसी रास्ते पर चला, जिस पर दूसरे चलते हैं, लेकिन अपने 'दूसरे रास्ते' का सपना उसने बरकरार रखा है। वह धूल और कीचड़ से ज़रूर सना है लेकिन अपने मैलेपन को झूठी चादर में नहीं छिपाता। अपने मैलेपन में भी अशोक का कवि उज्ज्वल और पवित्र है। अपने आप को सरेआम 'कुटिल खल कामी' कहने वाला कवि अन्तरात्मा से निश्छल है। ऐसी स्वीकारोक्ति करने का साहस आत्मा की उदात्तता से जनमता है।

यह कवि अपने मुख से अपनी आत्मा की दुख-गाथा कहता है। वह अपने किये-धरे का लेखा-जोखा निरवधि काल और विपुल वसुधा पर न छोड़कर खुद ही कर लेने की ज़िद ठानता है, ताकि दुनिया को सनद रहे और अलग से जहमत न उठानी पड़े। यही 'सयानी सीख' है। अशोक के कवि को अपने किये-धरे के मूल्य-निर्णय के लिए समय से कोई ख़ास अपेक्षा नहीं। क्योंकि पता नहीं "कहाँ रखेगा समय हमको,/हमारे किसी किये-धरे को;/हमारी गाथा के लिए/उसके गोदाम में शायद ही कहीं जगह हो।" दुनिया और समय के हाथों हिसाब-किताब से मुक्त कवि हरगिज़ हताश नहीं है। बल्कि उसमें नया साहस और नयी उम्मीद है। अपने शब्दों के न्याय-विवेक से उम्मीद। सो कवि फिर से उम्मीद की खिड़की खोलकर देखता है। आत्मा के गहरे अन्धकार में अचानक कवि के शब्द खिल उठते हैं : "…..दूर धूप में दमकते एक कंगूरे का;/एक काँपती-सी लौ का,/किसी ठूँठ पर खिले शब्दों का/आभास मिल रहा है : इसीलिए मुश्किल में हूँ कि/अब कैसे और किससे कहूँ कि मैं थक रहा हूँ,/लेकिन मैं हताश नहीं हूँ।"

(5)

अशोक वाजपेयी का समकालीन काव्य-समय जिन आग्रहों या पूर्वग्रहों के लिए ख्यात-कुख्यात रहा है, उनमें सबसे कुख्यात पूर्वग्रह तथाकथित सामाजिकता और परिवर्तनशीलता का है। अशोक वाजपेयी के अनुसार यह समय मुख्य समय है, जिसे प्रमुखतः ऐतिहासिक और सामाजिक समय कहा जाना चाहिए। यह प्राकृतिक नहीं, मनुष्य-निर्मित समय है। अशोक अपने समय के रचनाकर्म में मुख्य समय

का आतंककारी एकाधिपत्य लक्ष्य करते हैं। चूँकि ख़ुद उनकी कविता मुख्य समय के एकाधिकार का निषेध कर उसके प्रतिपक्ष में या फिर उसके समानान्तर एक प्रतिसमय गढ़कर उसमें, उसकी प्रकृत्यानुसार सृजित होती है, अतः अपने समय को अलक्षित करने का गम्भीर आरोप अशोक की कविता पर है। अशोक वाजपेयी इतिहास, समाज, विचारधारा सबको मनमाने ढंग से स्वीकृत अर्थ में इनकार कर शब्द और अनन्त में रमते हैं। यह अशोक के कवि का अपराध है—हमारा समय उन पर अभियोग लगाता है और उनके विरुद्ध फ़ैसला भी देता है। ये वही लोग हैं जिनने कभी अपनी दृष्टि और समझ पर तनिक भी शक नहीं किया। जिन्हें अपनी चादर कहीं से दाग़दार नहीं दिखती। अशोक आहत होते हैं। बेशक उन्होंने कभी अपने को विद्रोही या क्रान्तिकारी नहीं माना-कहा, क्योंकि उन्हें मालूम है कि किसी ख़ास और थिर कर दिये गये अर्थ में वे विद्रोहियों की सूची में शामिल नहीं हैं, लेकिन कविता में उन्होंने मनुष्य के एक अद्भुत और अमूल्य आविष्कार की रक्षा की है, उसे मान दिया, सँजोया और सम्हाले रखा है। यही क्या कम है! मनुष्य का यह मूल्यवान आविष्कार है—शब्द! शब्द के बिना मनुष्य की सत्ता-कल्पना मुमकिन नहीं। वह उसका आदि-सहचर है। उसकी क्षति या मृत्यु मनुष्य की क्षति और मृत्यु की पूर्व-घोषणा है। शब्द की ही काया में मनुष्य जीता है। अशोक मनुष्य की शब्द-काया को अपनी कविता में बचाते हैं। इस अर्थ में वे अपने समय के दुर्लभ कवि हैं।

लेकिन उनका यही कर्म उन्हें अपने समय के प्रति गुनहगार भी बनाता है। शब्द की चिन्ता में अपने समय को भूलने पर उन्हें कठघरे में खड़ा कर दिया जाता है। अशोक का कवि इससे दुखी और अपमानित ज़रूर है, उसका अन्तःकरण भी कहता है कि कहीं न कहीं तुम ज़िम्मेदार हो! तुम अपने दायित्वों से कहीं न कहीं चूके हो! इसी उधेड़बुन में कवि पाता है कि वह अपनी कविता में न तो अपने समय में रह पाया, न समय से बाहर जा सका और समय बीत गया। तब कवि की उक्ति है : "अब मैं यही कह सकता हूँ कि मुझे जो ज़िन्दगी का सच मिला था/मैंने अपनी नासमझी में उसे गँवा दिया/और अब निहत्था/शब्दों से कुछ सच जैसा पकड़ने की कोशिश में लगा हूँ।" ('ऐसा नहीं है', वही, पृ. 88) अशोक का कवि अपनी 'नासमझी' पर खीझता है, लेकिन शब्द पर अपनी आस्था को बराबर ईमानदारी से बनाये रखता है। वैसे उसे इस बात का मलाल है कि "उनकी तरह/मेरे पास दुनिया को बदलने का/कोई विकराल सपना नहीं था : मैं इस टुच्ची आकांक्षा में फँसा रह गया कि कुछ रूपक, कुछ शब्द, कुछ विन्यास बदलने से/वह सब इतना बदल जायेगा, जो जितना ज़िन्दगी को ठीक-ठीक चलाने के लिए/हमारे युग में ज़रूरी है।" आगे कहता है, "इसीलिए जब अवसर आया/युद्धघोष करने का/चौक में सबके बीचोंबीच,/तो मैं विजनवन में भटक रहा था/एक नये शब्द की तलाश में....।" ('खाली हाथ', वही, पृ. 89)

वास्तव में दुनिया बदल डालने का विकराल सपना हमारे समय के अधिसंख्य सृजनधर्मियों की खूँखार आँखों में चमक रहा है। अशोक वाजपेयी ऐसे भीमकाय और रक्तपिपासु सपनों से आतंकित हैं, जो दुनिया को बदल देने से पहले उसे मिटा डालने पर आमादा हैं। ये हिंसक व्रिदोही हैं जो अपने बुनियादी चरित्र में मनुष्यद्रोही हैं। मनुष्य के शब्द, उसकी पहचान और उसकी सत्ता को नष्ट करने पर तुले हैं। ऐसे विद्रोहियों और क्रान्तिकारियों की सूची में अशोक का नाम कहीं दर्ज नहीं है। उनके कवि को उनके बीच की किसी सुलहवार्ता, रात्रिभोज और जय-स्तम्भ के शिलान्यास-कार्यक्रम में आमन्त्रण भी नहीं है बल्कि कवि एक सजायाफ्ता अपराधी की तरह उनके बीच से निष्कासित-निर्वासित है। कवि के भीतर जान-बूझकर बहुत महीन तरीके से अपराध-बोध कूट-कूटकर भरा जाता है। वे कुछ हद तक अपने उद्देश्य में सफल भी हो जाते हैं जब कवि पाप-बोध से ग्रस्त होकर खुद को अपराधी मान बैठता है और कविता की अदालत में जाकर आत्माभियोग के लिए हलफ़ उठाता है।

अशोक के कवि में अपने अपराध-बोध को लेकर भारी दुविधा है। एक अपराधी की तरह अवमूल्यित होने के बावजूद उसे शब्द में ही अपनी नैतिक श्रेष्ठता दीख पड़ती है। वह शब्द में अपनी शुचिता खोजता हुआ शब्द के परिसर में बार-बार जा पहुँचता है। हालाँकि वहाँ भी वह शब्द के साथ, 'विद्रोहियों' से घिरा उनके आतंक की छाया में असफल ही होता है : "जब जयस्तम्भ का शिलान्यास हो रहा था/ और सिंहासन पर बैठने के लिए निष्ठा की शपथ दिलाई जा रही थी/मैं अपनी छेनी लिए/पिछवाड़े की थोड़ी-सी जगह में/भाषा का एक नया स्थापत्य गढ़ने की/विफल चेष्टा में व्यस्त था।" और आगे "जयस्तम्भ के पास ही/एक घूरेण के बगल में/शब्द बदलने का अपना अधूरा सपना कचरे में खखूरता हुआ/मैं ख़ाली हाथ खड़ा हूँ–" ('खाली हाथ', वही, पृ. 90)। एकतरफ़ा अभियुक्त करार दिये जाने और चिरसंगी शब्दों का साथ छूट जाने की यन्त्रणा शब्द-सखा कवि अशोक से ज़्यादा कौन महसूस कर पायेगा! कवि की यह बेचारगी बड़ी मार्मिक है कि वह अपनी सफाई में कुछ कहता है लेकिन आवाज़ दूसरों तक नहीं पहुँच पाती। कारण कि दूसरों ने अपने शब्द खो दिये। विकल हुआ कवि एक समय खुद अपने शब्द खो देता है। उसे अपनी ही पुकार सुनाई नहीं देती : "मैं खुद अपनी आवाज़ नहीं सुन पाता–/सिर्फ़ तुमने अपने शब्द नहीं खो दिये हैं/मैं भी अपने शब्द गँवा चुका हूँ।"

(6)

आत्मसाक्षात्कार के गहन क्षण अशोक को निर्मल करते हैं। इन गहरे क्षणों से गुज़रकर अशोक अपनी निश्छल पवित्रता को पुनः प्राप्त करते हैं। अब उन्हें अपने

सामने दिखते अभियुक्त कहीं ज़्यादा खूँखार मालूम पड़ते हैं। ऐसे में कविता की अदालत में की गयी अपनी स्वीकारोक्तियाँ समय के विकट अपराधियों के सामने दुहराने का कोई तुक नहीं। कविता की अदालत में निष्पक्ष न्याय और क्षमादान की सम्भावनाएँ हैं किन्तु स्वयं अपराधियों की अन्यायी अदालतों में खड़े होकर न्याय और नीति की अपेक्षा करना व्यर्थ है। यहाँ तक कि उनकी कविता की अदालत से भी न्याय की उम्मीद नहीं की जा सकती। वे वहाँ जानवर, देवता, दोस्त, दुश्मन किसी की भी शक्ल ओढ़कर मौजूद हो सकते हैं। उनके इर्द-गिर्द अक़सर पवित्रता का नकली आभामंडल व्याप्त है। अशोक का कवि भला उनके सामने क्यों अपने 'गुनाह' कबूल करे? 'इबारत से गिरी मात्राएँ' कविता-संग्रह में संगृहीत कविता 'मैं अपने गुनाह' में कवि अपने स्वाभिमान को बचाते हुए यह करने से साफ़ मना कर देता है। वह कारण बताता है : "मैं अपने गुनाह कबूल तो कर लेता/और शुद्ध मन से माफ़ी भी माँग लेता/लेकिन मैं जानता हूँ कि आख़िरकार/न कोई भूलता है/न माफ़ करता है/न जानवर, न देवता/न दोस्त, न दुश्मन।" इसी कविता में कवि देवता बन बैठे इन्हीं पतितों के कलुष को लक्षित करके कहता है: "अगर पतित न होते लगभग सभी देवता,/अगर पवित्रता दमकती बिना कलुष आभा के,/अगर कविता में विश्वासघात असम्भव होता/तो मैं माँग लेता माफ़ी/भले कोई माफ़करे या न करे।"

अशोक का निश्छल कवि शुद्ध अन्तःकरण से अपने गुनाहों के लिए हलफ़ तो उठाना चाहता है, अपनी कविता में वह उठाता भी है क्योंकि उसे लगता है कि अब वक़्त आ गया है, लेकिन उन पतित देवताओं के बीच वह कैसे अपनी गलतियों की स्वीकारोक्ति करे, जिनकी पवित्रता अपने-आप में एक गहरा स्वाँग है, दूसरों की पवित्रता को अपवित्र करने, उसका मज़ाक़ उड़ाने का एक गहरा षड्यन्त्र। उनकी तथाकथित अदालत का भी भरोसा नहीं किया जा सकता। और कवि उनकी अदालत में अन्ततः नहीं जाता क्योंकि उनके यहाँ न किये गये गुनाहों की भी सज़ा पहले से मुक़र्रर है। उनकी पंचायत में न की गयी गलतियों के लिए भी अपना सिर झुकाना पड़ता है और सज़ा है सूली। "मुझे पता है कि हमारा समय ऐसा है कि/किसी को किसी जुर्म के लिए नहीं,/सिर्फ़ अपना सिर न झुकाने और ऊँचा रखने के लिए/सूली पर चढ़ाया जा सकता है।" ('हलफ़', वही, पृ. 94)

हमारे समय में सूली पर चढ़ाये जाने का यह दंड अपने किये का खामियाजा भुगतना नहीं है, बल्कि अक़सर यह किसी और के किये का ख़ामियाजा भुगतना है। कवि अशोक इस समय को इसी रूप में चिन्हित करते हैं और इसे 'स्वर्ग-नरकहीन समय' बताते हैं। इस समय में पाप-पुण्य और सही-ग़लत का फर्क़ नहीं रहा।

यह दृष्टियों और विचारों के घोर रूप से गड्ड-मड्ड हो जाने का समय है। ऐसे समय की सदाशयता को लेकर कवि की 'जेब में उम्मीद का एक भी सिक्का' नहीं

बचा। ऐसे समय को लेकर कवि के हृदय में जो व्यथा है, उसके अनकहे रह जाने का भारी बोझ कवि को बेचैन करता है। उसके शब्द हैं : ''अब हृदय की व्यथा कहने का रिवाज नहीं रहा :/न कविता में, न देवता से/न मित्र से।/किसी को इतनी-सारी चकाचौंध में दिखाई ही नहीं देता।''

समय, ख़ासकर अशोक का समकालीन काव्य-समय, एक-दूसरे पर कीचड़ उछालने का है, आरोप-अपशब्द-आडंबर-अनुत्तरदायित्व का है। यह ठीक है। लेकिन यह समय इन सबके साथ-साथ आत्मावलोकन, आत्मचिन्तन और उत्तरदायित्व के बोध का क्यों नहीं होना चाहिए? कविता और साहित्य के आधारभूत एजेंडे से इन प्रश्नों पर विचार का संकल्प क्यों बाहर है? अशोक के कविता-समय के विचार-पटल पर अपनी नैतिक श्रेष्ठता का दम्भ इस कदर क्यों तारी है कि अपनी पूरी लघुता के बावजूद कविता, भाषा और मनुष्य के अस्तित्व की गरिमा और शुचिता का भाव-संकल्प इतना विरल और धूमिल हो जाता है?

अशोक वाजपेयी ने इस दृश्य में हस्तक्षेप करने और उसे अपने तईं बदलने की भरसक कोशिश की है। इस कोशिश में उनका दुर्भाग्य कि उन्हें उसी कीचड़, राख और दलदल में उतरना-धँसना पड़ा है, जिनसे उन्हें हमेशा वितृष्णा रही है। इस जोख़िम भरी कोशिश में उनकी चादर भी कई दफ़ा दाग़दार हुई। हर समय के पतित देवता कबीर की मैली चादर को देख उपहास करते हैं। उसे अपमानित और तिरस्कृत करने का अनवरत सिलसिला है। ऐसे में हताशा के घनघोर अन्धकार में डूबा यह कवि अपने अन्तर्लोक में शरण पाता है। वह गहन आत्मचिन्तन और आत्मालोचन का मार्ग अपनाता है। अपने भीतर झाँककर वह निर्ममता से अपनी गलतियों और गुनाहों की शिनाख़्त करता है। वह कविता की अदालत में जाकर अपने किये गये गुनाहों के लिए हलफ़ उठाता है, स्वीकारोक्ति देता है और अपने सच और सपने की हक़ीकत बयां करता है।

कविता की अदालत कवि पर क्या फ़ैसला देगी, यह समय के गर्भ में है। लेकिन भावी समय का फ़ैसला आने से पहले उनके समय के अनेक पतित देवता उन पर उतावलेपन में ताबड़तोड़ फ़ैसले देने लगे हैं। वे स्वयं उनकी कविता की अदालत बन जाना चाहते हैं। इस तरह अशोक वाजपेयी और उनकी कविता अपने समय की क्रूर अदालत की गिरफ़्त में हैं।

लेकिन खुद अशोक वाजपेयी और उनकी कविता इस दूसरी अदालत में जाने और हलफ़ उठाने से इनकार करती है। क्योंकि यह अदालत पाखंडी और स्वाँग रचाने वालों की है। उन्हीं की तरह भ्रष्ट और नकली। अशोक ऐसी अदालतों की मंशा पर गहरा शक करते हैं और अन्ततः उन्हें ख़ारिज कर देते हैं।

अशोक वाजपेयी की असली अदालत उनकी अपनी कविता है। वे भला-बुरा जो करते हैं अपनी कविता में करते हैं और उन सबके लिए खुद को केवल अपनी

कविता के प्रति उत्तरदायी महसूस करते हैं। वे कविता में अपने 'नायकत्व' को पहचानते हैं तो अपने भीतर के तथाकथित 'खल-तत्व' की भी उन्हें गहरी पहचान है। इसलिए वे अपने लिए न्याय की उम्मीद सिर्फ़ अपनी कविता की अदालत से करते हैं।

अशोक वाजपेयी के कवि को यह हलफ़नामा पेश करने की ज़रूरत नहीं थी। इन कुछ ख़ास कविताओं के रूप में यह कवि अपना हलफ़नामा रोक या स्थगित कर सकता था। लेकिन कवि को यही ठीक लगा कि समय रहते अपनी गलतियों का हिसाब-किताब कर लिया जाय, ताकि दूसरों को जहमत न उठानी पड़े। अशोक में इतनी ईमानदारी और कमिटमेंट तो है ही।

इस समय की हिन्दी कविता में अशोक वाजपेयी का यह हलफ़नामा एक बेहद प्रामाणिक और विश्वसनीय दस्तावेज़ है। यह कविता के नये सिक्खाड़ों को एक सीख की तरह है। निन्दा, गाली-गलौज़, आरोप-प्रत्यारोप, छींटाकशी और तर्क-कुतर्क से हर मंच पर एक-दूसरे को कमतर दिखाने के इस बेहद अश्लील और अपवित्र साहित्य-समय में अशोक वाजपेयी की ये कविताएँ, विनम्रता और आत्मालोची होने की दुर्लभ नजीर पेश करती हैं। जितनी आसानी से दूसरों की चूकों पर चाँटा मारने की इच्छा होती है, उतनी ही त्वरा और कठोर न्याय-विवेक से अपनी भूलों पर अपने ही गाल पर अपना तमाचा जड़ने की सोच दुष्कर है। अभी की हिन्दी कविता में ऐसे घोर साहस का नितान्त अभाव है। अशोक वाजपेयी की कविता यह साहस करती है इसलिए वह दूसरों से अलग, अतुलनीय और मूल्यवान है।

अशोक वाजपेयी की ये कविताएँ एक ऐसे 'अभियुक्त' के कंठ से उठी कराह है, जिसका दोष अभी साबित नहीं हुआ। यह तो कवि की अपनी नैतिकता है कि वह बिना प्रमाण के समस्त अभियोगों को स्वयमेव स्वीकार कर लेता है और ज़रूरी न होने पर भी केवल अपनी नैतिक ज़िम्मेदारी के बोध से उसका प्रायश्चित्त करने की ज़रूरत समझता है। समकालीन हिन्दी कविता में एक मूर्धन्य कवि के द्वारा किये गये प्रायश्चित्त का यह विचित्र विधान है।

स्मृतियों का काँपता हुआ अन्तरिक्ष

(1)

इतिहास और परम्परा की तरह कविता भी स्मृति है। स्मृति का अविरल निर्झर! वह एक अर्थ में तात्कालिकता के विरुद्ध शाश्वत की प्रतिक्रिया है। समय से बाहर समयातीत में जाने का उपक्रम। स्मृति में एक जड़ता विघटित होकर समयातीत में प्रवाहित होती है। एक कवि उस प्रवाह से टकराकर उसके आघात से संवेदित होता है। वह उस प्रवाह में उलझता-बहता उसके उत्स तक जाने की कोशिश करता है। इस तरह वह 'समय' और 'तत्काल' से छूटकर कविता की खोज में स्मृति के अनन्त में छलाँग लगाता है।

अशोक वाजपेयी की कविता भी समयातीत के प्रवाह से संवेदित होकर स्मृतियों के अनन्त में छलाँग लगाती है। इस बहाने वह घर वापस लौटती है। स्मृतियों पर भीषण संकट के इस दौर में अशोक की कविता का 'घर' यानी स्मृतियों में वापस लौटना हमारे समय की कविता में घट रही एक अभूतपूर्व घटना है।

लेकिन यह दौर अच्छी-बुरी तमाम चीज़ों पर शंका-आशंका का भी है। अशोक वाजपेयी की कविता के प्रसंग में यह शंका स्वाभाविक है कि उनकी कविता की 'घर-वापसी' कहीं तथाकथित प्रगतिकामिता और भविष्योन्मुखता के विपरीत कोई पुनरुत्थानवादी चेष्टा तो नहीं? ऊर्ध्वगमन की जगह बीते हुए की ओर यह अधोगमन क्यों और किस काम का?

अशोक वाजपेयी की कविता में स्मृति के 'विशिष्ट कर्म' को समझना बेहद ज़रूरी है। स्मृति के इस कर्म के सहज बोध से उनकी कविताओं के प्रति संशय का निवारण आसानी से हो सकता है। वस्तुतः यह संशय अशोक की कविताओं से नहीं उपजता, वह आस्वादक के आस्वाद से उपजती समस्या है। आस्वादक के आस्वाद की 'विशिष्ट प्रकृति' अशोक की कविता की 'घर-वापसी' को अतीतगामी नजरिए से संशय से देखती है। यह आस्वादक की अपनी समस्या है।

इस मामले में अशोक वाजपेयी की कविता की समस्या कुछ और है। वह यह कि कविता अपनी समकालीन तात्कालिकता से स्वतन्त्र कैसे हो? क्योंकि कोई भी कविता तात्कालिकता की घेरेबन्दी से छूटकर समयातीत में ही बड़ी कविता का दर्जा पा सकती है। ऐसा करके ही वह 'स्मृति' की ओर लौट सकती है। और यह स्मृति

जड़बद्ध निरा अतीत नहीं है। यह बीते हुए का साक्षात्कार और सहकार है, जिसकी बिना पर वह 'तात्कालिकता' को बारीक देखने की दृष्टि अर्जित करती है। यह दृष्टि समय को भेदकर समयातीत में पुल बनाती है। इस प्रकार यह समय का अतिक्रमण कर समयातीत में प्रवेश करती है। स्मृति समयातीत समय और भविष्य को वरने के लिए एक 'ख़ास समय' में वापिस लौटती है। वह वहाँ से अपना उत्तराधिकार ग्रहण करती है। अपना मूल्यवान उत्तराधिकार कविता क्यों छोड़ दे।

अशोक वाजपेयी स्मृति का उत्तराधिकार अपनी कविता की शाश्वत समृद्धि के लिए ग्रहण करते हैं। कोई कविता जब 'शाश्वत की राजनीति' करने लग जाती है तो वह तात्कालिक व्यतिक्रमों को एक प्रकार से चुनौती देती है। चूँकि अशोक वाजपेयी कविता में शाश्वत की राजनीति करते हैं सो वह तात्कालिकता को थोड़ी देर के लिए परे खिसका कर स्मृति के जगत में लौट जाते हैं। स्मृति जो एक 'ख़ास तत्काल' में पैदा हुई और अब शाश्वत का हिस्सा है।

स्मृति शाश्वत में जगह घेरती है। स्मृति की यह जगह विपुल विराट है। यहाँ धरती का बिछा हुआ अथाह विस्तार है तो अपनी संवेद्यता में काँपता हुआ अनन्त अन्तरिक्ष भी। यह जो पूरा 'स्पेस' है स्मृति का, उसमें बेशुमार उपस्थितियाँ हैं। और जो अनुपस्थितियाँ दिखाई पड़ती हैं, वे भी अपने 'न-होने' की उपस्थिति दर्ज कराती हैं। वह एक झिलमिल, मौन, सुन्दर संसार है, जिसमें घर, परिवार, पड़ोस, पूर्वज अपने होने और न होने को सत्यापित करते एक साथ मौजूद हैं।

अशोक वाजपेयी की कविता में स्मृतियाँ बहुत दूर के लोक में नहीं बसतीं। वे पड़ोस का संसार हैं जिनमें निर्विघ्न कभी भी जाया-आया जा सकता है। इसी तरह स्मृति में बसे पूर्वज भी पड़ोसी हैं। कभी-कभी तो इतने नजदीक कि पूर्वज कवि की अस्थियों में रहने लगते हैं। इससे ज़्यादा करीब का पड़ोस और क्या हो सकता है। यह पूर्वज कवि का घर-परिवार तो है ही, कवि के सार्वजनिक जीवन के दिवंगत, भूले-बिसरे आत्मीय, तमाम लेखक-कलाकार और सुदूर काल में हो चुके महान कृतिकार भी हैं, जिनके उत्तराधिकार और यादों को सँजोए एक काल-खंड में स्वयं यह कवि हुआ है। यह समूची पूर्वजता विगत से आता हुआ स्मृति-प्रवाह है, जो कवि को विकल और उद्वेलित करता है कि इस महान उत्तराधिकार के ऋण से कैसे उऋण हुआ जाये, कि कैसे इस उद्वेलित समुद्र को शब्दों की सीपी में थिरकर एक मुकम्मल शक्ल दी जाये।

(2)

कवि को इस जीवन में 'आस्था का वरदान' नहीं मिला। उसे बस 'असह्य अपवित्रता' भर मिली है। आस्था के वरदान के अभाव और असह्य अपवित्रता से यातनाग्रस्त

कवि पूर्वजता के तथ्य में आस्था और पवित्रता की खोज करता है। इस आस में कि क्या पता, उसकी आस्था के आलम्बन पूर्वज ही समय और अवसर पाकर देवताओं में बदल जायँ। जीवन की 'असह्य अपवित्रता' भी, क्या पता, पूर्वजों के संसर्ग में आकर सह्य और कोमल होने लगे! आस्था के अभाव में कवि को वह 'अध्यात्म' भी सुलभ नहीं, जिसका आलम्बन स्वयं ईश्वर है। कवि के पास तो छूछा 'ईश्वरविहीन अध्यात्म' है, जिसे साधारणतया अध्यात्म कहा भी नहीं जा सकता। चालू अर्थ में यह अहमक नास्तिकता है। लेकिन विचित्र बात यह है कि 'ईश्वरविहीन अध्यात्म' की बात करते हुए अशोक वाजपेयी 'अध्यात्म' की मूल भावभूमि से अलग नहीं होते। वे कहीं भी खुद को नास्तिक नहीं घोषित करते। इस तरह उनकी कविता अध्यात्ममय तो है, भले ही ईश्वरविहीन। उनके कवि को इससे कोई फर्क़ नहीं पड़ता कि परिभाषाओं में आध्यात्मिकता के क्या आशय हैं और धर्मशास्त्रीय व्याख्याएँ कहती हैं कि 'अध्यात्म' को 'ईश्वर' का आलम्बन चाहिए।

अशोक वाजपेयी ने अपनी कविता में अध्यात्म पर ईश्वर की जगह पूर्वजता के तथ्य को आरोपित किया है। उनका अध्यात्म 'ईश्वरमय' नहीं, बल्कि 'पूर्वजमय' है। इस प्रकार पड़ोस में बसे पूर्वजों की स्मृति को कवि अध्यात्ममय और पवित्र बना देता है। कवि के इर्द-गिर्द मौजूद और विगत का शाश्वत पड़ोस ही पूर्वज है। पूर्वज, जो स्मृति है; स्मृति, जो अध्यात्ममय है और इस कारण निर्मल, पवित्र और वरेण्य।

घर-परिवार, पड़ोस और पूर्वज के रूप में स्मृति का जो उपहार कवि को मिला है वह इस मायने में महत्त्वपूर्ण है कि वह केवल समयातीत की शाश्वत स्मृति नहीं, बल्कि उसके साथ समय की अनेक तात्कालिक स्मृतियाँ भी हैं जिनका तांता एक के बाद एक लगा हुआ है। ये स्मृतियाँ शाश्वत स्मृतियों के साथ मिलकर कवि की कविता में आनुभविक जटिलता, तनाव और परस्पर क्रिया-प्रतिक्रिया की सृष्टि करती हैं। इस कारण कवि की कविता अपने अनेक समकालीनों की भांति निहायत सरलीकृत होने से बच जाती है और स्मृति का उसकी 'वास्तविक रचना' में सार्थक उपयोग कर ले जाने में सफल होती है।

अशोक वाजपेयी की कविता में ध्वनियों-अन्तर्ध्वनियों का प्रतिफलन स्मृति के उपयोग की विशिष्ट कला से सम्भव होता है। इस कला में ध्वनियाँ गझिन समय को काटकर समयातीत के विस्तार में गूँजती हैं। इस गूँज में भी अनन्त अनुगूँजें हैं जो समयातीत विस्तार को समेटे समय में वापस लौटती हैं और उसके ध्वनन में प्रतिध्वनित होती हैं।

अशोक की कविता में ये अन्तर्ध्वनियाँ साधारण पास-पड़ोस और पूर्वजों के अलावा प्राचीन से लेकर नवीन काव्य-परम्परा की स्मृतियों की भी हैं। काव्य-परम्परा की स्मृतियाँ भी कवि की पूर्वज हैं। इनके सृजनात्मक इस्तेमाल से कवि की कविता में प्रभावोत्पादकता की असाधारण वृद्धि होती है। प्राचीनों में चाहें वे कालिदास हों,

भवभूति हों, माघ, भास, भर्तृहरि हों, या देव, बिहारी, केशव, सेनापति और मतिराम। या फिर नवीनों में प्रसाद, पन्त, निराला, महादेवी, अज्ञेय, मुक्तिबोध, रघुवीर सहाय, श्रीकान्त वर्मा, शमशेर हों। इनके अलावा पूरब और पश्चिम के सैकड़ों नये-पुराने कवियों, लेखकों और कलाकारों की क्लासिक परम्परा और उनकी कला-मनीषा कवि की स्मृतियों के अविरल प्रवाह में प्रवाहित है। उनकी कला की अन्तर्ध्वनियाँ और अनुगूँजें अशोक के कवि को बैचेन करती हैं। वे कवि को झकझोरती हुई उससे अपनी नयी काया की माँग करती हैं। वे हमारे समय में लगभग विस्मृत कर दी गयीं, कला के खँडहरों में भटकती बेचैन रूहें हैं जिनका अशोक के कवि से सीधा साक्षात्कार, सीधा सामना होता है। वे पुकारती हुई पुकारें हैं।

यह सारी कवि-सृष्टि और काव्य-परम्परा अशोक की कविता की पूर्वज है। यह पूर्वजता एक क्लासिक औदात्य से सम्पन्न है। क्लासिक औदात्य अशोक की कविता के अध्यात्म का विशेष गुण है। ऐसा अध्यात्म ईश्वरविहीन भी है तो क्या फ़र्क़ पड़ता है। अशोक की कविता अपनी पूर्वज कविता के क्लासिक औदात्य को स्मृत और ग्रहण करती है। इसी मार्ग से वह अपनी कविता के अध्यात्म को समृद्ध और प्रसरित करती है। अशोक अपनी कविता के प्रसंग में 'असह्य अपवित्रता' की बात करते हैं। ऐसा अपनी कविता के अध्यात्म को 'ईश्वरविहीन' होने के कारण कहते हैं। मेरी समझ में उनकी कविता के अध्यात्म की ईश्वरविहीनता ही उनके अध्यात्म को पवित्र और आलोकित करती है। उनकी कविता में अध्यात्म का आलोक कविता में आस्था का केन्द्र पूर्वज-स्मृति और उसके क्लासिक औदात्य से एक साथ फूटता है।

अशोक वाजपेयी की कविता पूर्वजों के प्रति कृतज्ञ कविता है। तमाम पूर्वज काव्य-सृष्टि और कलाकारों के दाय से सम्पन्न उनकी कविता इसी कारण अपनी ईश्वरहीन दुनिया में पूर्वजों को ईश्वर का दर्जा देती है। देवताओं को अपदस्थ कर पूर्वजों को उनका आसन देती है। ईश्वर और देवताओं की अनुपस्थित दुनिया में अशोक के कवि का विश्वास लगातार दृढ़ से दृढ़तर होता रहा है। वे भरोसा करने लगते हैं कि पूर्वज देवताओं के स्थानापन्न हो सकते हैं। वे मानने लग जाते हैं कि देवता और कोई नहीं, वे पूर्वज ही होते हैं।

क्या अशोक की कविता में देवताओं का दर्जा पाये पूर्वजों का कोई पारलौकिक स्वरूप है? क्या अशोक की कविता में पूर्वज और उनकी स्मृति किसी रहस्यलोक और गोधूलि का निर्माण करती है? पूर्वज-स्मृति की जो गूँजें उनकी कविता में ध्वनित होती हैं क्या उनका कोई जटिल, मायावी, अपार्थिव, एकाकी ऐकांतिक संसार है, जो रूप, रंग, गन्ध, श्रवण और स्पर्श से अनछुआ सुरक्षित और काल और दिक् के पार है? यहाँ ध्यान रहना चाहिए कि उनकी कविता में पूर्वजता का तथ्य सिर्फ़ उनको दाय में मिली पूर्वज-कविता और पूर्वज कलाकारों से नहीं जुड़ा है, बल्कि पूर्वजता की उनकी स्मृति में, 'बीत गया' वह संसार भी शामिल है, जिसमें उनके निकट

सम्बन्धी, आत्मीय और पास-पड़ोस भी है। सांसारिक अर्थों में उनका अवसान हो चुका है और अब वह एक अनुपस्थित दुनिया है।

लेकिन अशोक के कवि के पास 'अनुपस्थित' को भी 'उपस्थित' और 'अस्त' को भी 'उदित' बना लेने की असम्भव कला है। वे वस्तुतः लौकिक संसार के कवि हैं। वे तथाकथित 'देवताओं' को भी संसार में उलझाकर 'काम पर' लगा देने का हुनर जानते हैं। प्रकारान्तर से जो पारिभाषिक शब्द और आध्यात्मिक अर्थ में देवता हैं, वे अशोक की कविता में पारिभाषिक शब्द में पूर्वज हैं। वे सिर्फ़ लौकिक आशय में देवता हैं। अशोक उनके आध्यात्मिक आशय को निरस्त कर देते हैं। वे ठोस और भौतिक उपस्थिति हैं, जो अनुपस्थित से छनकर आते हैं। यह उपस्थिति स्मृति का एक भौतिक पड़ोस बनाता है। इसलिए अशोक की कविता में पूर्वज पड़ोस में बसते हैं और उनकी स्मृतियाँ भी पड़ोस-वासी हैं। उनकी कविता में पूर्वज और आस-पड़ोस घरेलू मामला है। रमेशचन्द्र शाह के शब्दों में कहें तो उनकी कविता सम्पूर्ण ब्रह्माण्ड को पड़ोस बना लेने की घरेलू ज़िद है।

तो क्या सम्पूर्ण ब्रह्माण्ड उनकी कविता का पूर्वज है? हाँ, वह उनकी कविता में पूर्वज की तरह ही प्रकट होता है। वह अपने प्राचीन रूपों में कविता में नमूदार होता है। वृक्ष, हरी पत्ती, नदियाँ, फूल, जल, आकाश, अन्तरिक्ष, अनन्त, क्षितिज, पृथ्वी, घास, दूब ये सभी अशोक के कवि के पूर्वज हैं। ये अपने आघात से कवि में अपनी स्मृति को जागरित करते हैं। समूचे ब्रह्माण्ड के उपादान उनकी कविता के दरवाज़े पर लगातार दस्तक देते हैं। चूँकि इन उपादानों के प्रयोग से अशोक की कविता की काया निर्मित होती है और उसमें प्राण-प्रतिष्ठा भी, अतः ये उपादान उनकी कविता के बुनियादी तत्त्व हैं। अशोक की कविता के लिए यह महत्त्वपूर्ण है। उनका कवि इसी बहाने अपनी कविता से ब्रह्माण्ड की पूर्वजता और स्मृति का रिश्ता कायम करता है।

(3)

अशोक वाजपेयी की कविता घर लौटकर अपने परिजन-पुरजन से मिलती है। दिवंगत माँ और बहन सहित गुज़र चुके अनेक आत्मीयजनों का स्मरण करते हुए अशोक वाजपेयी ने अनेक मार्मिक कविताएँ लिखी हैं। ये कविताएँ उनकी नितान्त निजी और पारिवारिक स्मृति की हैं। वस्तुतः उनकी कविता में स्मृति से जुड़ा 'पूर्वज' शब्द अपने-आप में अमूर्त है। अमूर्तता के इस धुँधलके से प्रकट होता उसका एक आशय घर-परिवार के आत्मीय स्वजनों की स्मृति में जाकर थिर होता है।

एक अन्य आशय, जिसका ज़िक्र ऊपर हो चुका है, पूर्वज काव्य-परम्परा में जाकर खुलता है। एक तीसरा आशय इस विगत-सी हुई काव्य-परम्परा को रचते

कवि-कलाकार से है, जिनमें से कई कवि-कलाकारों के निकट और आत्मीय स्वयं अशोक वाजपेयी रहे हैं।

घर-परिवार के आत्मीय स्वजनों की स्मृति को उनकी जिन कविताओं में आश्रय मिला है, उनमें से कुछ कविताओं की चर्चा यहाँ होनी चाहिए। परिवारीजनों के साथ-साथ 'घर' भी कवि का पूर्वज है, उसकी स्मृति भी कवि को मथती है।

अशोक वाजपेयी की एक कविता है 'आवृत्ति'। इसमें माँ-पिता की स्मृति के रूप में पुरखों की छाया की बार-बार आवृत्ति होती है। वे सब जा चुके हैं, उनका समय भी जा चुका है, पर 'वह समय भी आता है वापस छन्द की आवृत्ति-सा।' यह आवृत्ति कवि को पुरखों की स्मृति की निरन्तरता में ढालती है। पुरखों का घर भी जीवन्त स्मृति-सा कचोटता है। वह घर पुरखों की प्रवहमान स्मृति के ठहरे हुए स्मारक-सा लगता है। कवि हर समय स्वयं को इस स्मारक के बाहर किसी की प्रतीक्षा करता हुआ पाता है और यह प्रतीक्षा ख़त्म नहीं होती।

दिवंगत माँ और उसके घर की अनेक दुखद यादें अशोक की कविता को विचलित करती हैं। कवि में माँ के प्रति अगाध करुणा है। माँ की स्मृति में कवि की अनेक अवसादग्रस्त और मार्मिक कविताएँ हैं। माँ का रिश्ता कवि के लिए निर्विकल्पिक है। ऐसी माँ की तिल-तिल मृत्यु को याद करता हुआ कवि लिखता है कि "ईश्वर जीवन-भर उसे कुतरने के बाद/इन्हीं दिनों अपने आख़िरी कौर की/उत्सुक प्रतीक्षा में/घात लगाकर बैठा होगा।" कवि के लिए माँ एक लौकिक रहस्य है जो मरकर पूर्वज हो जाती है किन्तु कवि के आस-पास बनी रहती है—अमर लौकिक काया में। काया की अमरता का उद्‌घोष करते हुए, उसे प्रमाणित करते हुए भी। 'मौत की ट्रेन में दिदिया', 'अमर मेरी काया', 'स्वर्ग में नरक', 'फिर घर', 'दिवंगत माँ के नाम पत्र' और 'धुँधली तस्वीर' माँ की स्मृति में लिखी गयी कवि की उत्कृष्ट कविताएँ हैं। इन कविताओं में माँ के प्रति करुणा और प्रेम की एक साथ उच्छल उपस्थिति है। इनमें माँ की एक सरल, भोली-भाली और लगभग निरीह-सी प्रतिमा है।

पिता की एक पूर्वज के रूप में स्मृति की अशोक की साफ़ तौर पर कोई कविता नहीं है। पिता की स्मृति उनके 'जूतों' से प्रतीकित होती है। 'पिता के जूते' शीर्षक यह कविता पिता की स्मृति के लिए उनके छोड़े गये पुराने जूतों को आलम्बन बनाती है। पिता के जूते जा चुके पूर्वज की छाया हैं। यह छाया स्मृति के रूप में कवि के मस्तिष्क में अंकित है।

अशोक वाजपेयी ने अपनी कुछ महीने की उम्र की दिवंगत बहन को भी पूर्वज मानकर उसकी स्मृति में कविता लिखी है। शायद अशोक के कवि के लिए बड़े-बूढ़े ही पूर्वज नहीं हैं, जा चुके छोटे और उनकी स्मृति भी पूर्वज जैसी है, अपनी अनुपस्थिति में दीप्त, ताजा और प्राचीन भी।

जैसा कि ऊपर कहा है कवि अशोक का छूटा हुआ, बीता हुआ घर भी उसकी पूर्वज-स्मृति का अनिवार्य हिस्सा है। कवि को अपने लड़कपन के घर और आस-पास के पड़ोस की स्मृति बेपनाह कष्ट देती है। जीवन की आपाधापी में बहुत पहले छूट चुका कवि का घर अब उसका नहीं है। उसकी एक कविता है—'घर'। इसमें कवि को एक पूर्वज के रूप में घर की स्मृति उम्मीद से भरती भी है और उसके खो जाने की निराशा से नाउम्मीद भी करती है। इस कविता में हताशा और उम्मीद का अजीब कोलाज़ दिखाई देता है। 'घर' में कवि की घर की स्मृति आकार लेती दिखाई देती है। केवल याद में शेष रह गया वह घर भविष्य में नये रूपों में आकार लेता मालूम पड़ता है। इस प्रकार विगत स्मृति भविष्य गढ़ने का उपक्रम करती है। पूर्वजता का तथ्य अनागत भविष्य पर सेतु निर्मित करता है। भविष्य पर यह सेतु भाषा और शब्दों के सहारे रचा जाता है, क्योंकि ऐसा सेतु अविनाशी है।

कवि का विगत विनाशी घर नष्ट हो चुका है अपनी स्मृति को पीछे छोड़कर। भौतिक घर की अनुपस्थिति में उसकी स्मृति के सहारे कवि भाषा और शब्दों में एक अविनाशी घर निर्मित करने की इच्छा करता है। उसके विचार से ऐसे अविनाशी अदृश्य घर में तमाम आत्मीय-जन, पुरखे और मित्र-शत्रु भी एक साथ रह सकते हैं। कवि का यह घर असीम के पड़ोस में ध्वनित-स्पन्दित होगा और इतने पास अपने होगा, जितने पास हमसे हमारी काया।

एक पूर्वज के रूप में घर की स्मृति और उसकी ज़रूरत कवि की मनोवैज्ञानिक ग्रंथि है। कवि अपने जीवन में बार-बार अपने भौतिक घर को बनते-बिगड़ते देखता रहा है। अशोक का कवि मूलतः एक निर्वासित रूह है, जिसकी कोई भौतिक काया नहीं है। ऐसे में वह आजीवन अपनी काया या फिर घर की तलाश में भू-खंडों के अलावा भाषा और शब्दों में भी भटकता रहा है। कभी-कभी तो कविता ही उसको अपना सबसे भरोसेमन्द घर लगने लगती है। फिर भी 'घर' से निर्वासन का स्थायी अवसाद उसका पीछा नहीं छोड़ता। स्मृति और चाहत में बार-बार पीछे मुड़ता है और कहीं-कहीं पूर्वज के रूप में उसे पाकर थोड़ा आश्वस्त हो जाता है। लेकिन यह आश्वस्ति अस्थायी है।

(4)

अशोक वाजपेयी की कविता के स्मृति-लोक का जो दूसरा आशय कला और काव्य की भारतीय और पाश्चात्य परम्परा में जाकर उद्घाटित होता है, वह अत्यन्त महत्त्वपूर्ण है। भारतीय संस्कृत कविता-परम्परा की उनके पास सघन स्मृति है। वे भारतीय काव्य-शास्त्र के साथ-साथ हिन्दी रीतिकाव्य, छायावाद, प्रयोगवाद और नयी कविता के निकट अध्येता रहे हैं और साथ ही इन सबकी कविता के 'स्वराज'

की माँग और अवधारणा से सहमत भी। अशोक का कवि इस समृद्ध परम्परा में रस-बसकर उसे पूरी तरह आत्मसात कर लेता है। यह परम्परा उनकी कविता की स्मृति में रह-रहकर कौंध उठती है। अशोक का कवि इस कौंध से बेचैन भी होता है और आश्रय का तोष भी पाता है।

आधुनिक हिन्दी कविता में अशोक वाजपेयी जयशंकर प्रसाद के अलावा पाँच अन्य कवियों से विशेष प्रभावित रहे हैं। ये कवि हैं—अज्ञेय, मुक्तिबोध, शमशेर, रघुवीर सहाय और श्रीकान्त वर्मा। प्रसाद की कविता उन्हें ऐतिहासिक, वैचारिक और सांस्कृतिक चेतना से सम्बद्ध होने के कारण प्रिय लगती है। उनकी कविता की इतिहास-चेतना के मूल में स्मृति और जातीय दायग्रहण है। प्रसाद ने पश्चिम से मुठभेड़ करने के लिए जिस ठोस भारतीय इतिहास और संस्कृति-चेतना का आख्यान किया, अशोक उसके महत्त्व को रेखांकित करते हैं। अज्ञेय की कविता अशोक को आध्यात्मिक अकेलेपन, व्यक्तित्व की खोज और आत्मसाक्षात्कार की चेष्टा के कारण पसन्द आती है। उनके काव्य में व्यक्ति की गरिमा, अनुभव की अद्वितीयता व प्रामाणिकता तथा ईमानदारी की अवधारणा भी उन्हें प्रिय लगती है। शमशेर की कविता की ऐन्द्रिक कोमलता और प्रेम का उच्छल संसार उन्हें भाता है तो मुक्तिबोध की कविता में 'सार्वजनिक दुनिया और राजनीतिक विचारों का पुनर्वास' उन्हें समकालीन सच्चाई से साक्षात्कार के लिए सार्थक, प्रासंगिक और आश्चर्यकारी लगता है। वहीं रघुवीर सहाय की कविता की 'सुख और जोखिम भरी संवेदना', 'भाषा पर असाधारण नियन्त्रण और जीने की साधारण हरकतों पर अचूक पकड़' से वे प्रभावित हैं। श्रीकान्त वर्मा की कविता में अशोक 'समकालीन नरक के भूगोल' को देखते-पढ़ते हैं। यह भूगोल दहशत भरा, भयावह निराशा और अकेलेपन का आतंकित कर देने वाला संसार खुद में समोए हुए है। अशोक की नज़र में आधुनिक हिन्दी कविता के ये छह सबसे महत्त्वपूर्ण कवि हैं, अपनी कविता की वास्तविक पूर्वज-परम्परा उन्हें इन्हीं कवियों से मिली है। अशोक वाजपेयी के आलोचना-कर्म का एक बड़ा भाग इन्हीं कवियों पर केन्द्रित है। वे अपने इन पूर्वज (और प्रायः समकालीन भी) कवियों से विनम्रतापूर्वक काव्य-संस्कार ग्रहण करते हैं और उनका स्मरण कर कृतज्ञ होते हैं। वे उनके काव्य-मूल्यों का अपने जीवन और कविताई में सार्थक पुनर्वास का सृजनात्मक उपक्रम करते हैं। उनकी कविता की भाषा और शब्दों में उनके पूर्वज प्रतिध्वनित होते हैं और इसे वे अपना सौभाग्य मानते हैं। वे अपने प्रमुख काव्य-विषयों का चुनाव भी इस पूर्वज-परम्परा से करते हैं, जैसे प्रेम, मृत्यु, समय, समयातीत; और इन्हें इनका शाश्वत स्वभाव वापस लौटाते हैं। उनकी कविता अपनी पूर्वज-परम्परा का अभिन्न अंग बनकर काल-प्रवाह में आगे जुड़ती जाती है।

अशोक वाजपेयी के 'पूर्वज' प्रत्यय का एक जो तीसरा आशय है, वह इस प्रत्यय के उपरोक्त दूसरे आशय का ही किंचित् विस्तार है। एक महत्त्वपूर्ण कवि और

संस्कृतिकर्मी के रूप में कवि का सार्वजनिक जीवन अत्यन्त व्यापक और बहुआयामी रहा है। विविध कलाओं के शीर्षस्थ कलाकारों और अनेक मूर्धन्य साहित्यिक-जनों के साथ उनका निकट आत्मीय सम्बन्ध रहा है। ऊपर जिन मूर्धन्य कवियों का ज़िक्र किया गया, उनमें अज्ञेय, मुक्तिबोध, शमशेर, रघुवीर और श्रीकान्त तो एक प्रकार से उनके 'पूर्वज' भी हैं और घनिष्ठ समकालीन भी। अशोक ने शमशेर के एक चित्र को देखकर एक कविता के अलावा अन्य किसी कवि पर कविता नहीं लिखी। लेकिन उल्लिखित पाँच मूर्धन्यों पर उन्होंने कुल मिलाकर बहुत ज़्यादा आलोचनात्मक लेखन किया है।

संगीत के क्षेत्र के मूर्धन्य कलाकार कुमार गन्धर्व अशोक वाजपेयी के घनिष्ठ 'समकालीन पूर्वज' रहे हैं। सन् 1992 में कुमार जी के आकस्मिक निधन से स्तम्भित अशोक ने उनकी स्मृति में हिन्दी का सबसे लम्बा शोकगीत लिखा—'कुमार गन्धर्व के लिए विदागीत' शीर्षक से। यह कविता इक्कीस खंडों में है। कुमार गन्धर्व पर उनकी ये कविताएँ कुमार जी का स्मरण ऐसे करती हैं मानो उनका 'न होना' स्वयं कवि के 'न होने' जैसा है। 'जो जाता है, थोड़ा-थोड़ा हमें भी ले जाता है।' एक 'समकालीन पूर्वज' के रूप में कुमार जी सांसारिक समय के बाहर जाते हुए कवि को भी अपनी स्मृति की डोर से खींचते हुए क्रमशः समय से बाहर ले जाते हैं। कुमार जी के अकस्मात् अवसान की स्मृति कवि की कविता के अन्तरिक्ष में झिलमिल करती रहती है। कवि अशोक कुमार जी की स्मृति को अपनी कविता और भाषा में पुनर्आयत्त और ताजा करते हैं। वे भाषा में और कविता में कुमार जी की स्मृति को सुरक्षित रखते हैं, क्योंकि कवि के शब्दों में, 'न होना भाषा या कविता में सम्भव ही नहीं है।' और कवि के लिए भाषा और कविता स्मृति ही तो है।

अशोक वाजपेयी की कविता स्मृति में फिर-फिर जीती और बीतती है। शायद इसलिए अशोक अपनी कविता को 'स्मृतियों का काँपता हुआ अन्तरिक्ष' कहते हैं। इस अन्तरिक्ष में स्मृतियाँ फलती हैं और टूट-टूटकर झरती रहती हैं। इस अन्तरिक्ष में वह घर-परिवार के रूप में, पास-पड़ोस के रूप में है, कवि और काव्य-परम्परा के रूप में है और भी न जाने कितने मूर्त-अमूर्त रूपों में उसका अजस्र प्रवाह है। अशोक इस स्मृति, परम्परा, पूर्वज का अपनी कविता में 'सृजनशील इस्तेमाल' करते हैं। ज्योतिष जोशी के शब्दों में, यह उपयोग 'हमें शक्ति देता है और आगे कुछ करने की ताकतवर प्रेरणा भी।'

अशोक वाजपेयी ने अपनी कविता के स्मृति-लोक के प्रसंग में एक जगह कहा है कि 'भले कितने ही नये ढंग से और प्रगल्भ दुस्साहस से हम कविता क्यों न लिखें, उसमें कहीं-न-कहीं पूर्वज बोलते हैं। जिसमें पूर्वज नहीं बोलते, उस कविता के टिकाऊ होने में मुझे सन्देह होता है।'

कविता एक आध्यात्मिक मामला है

(1)

अशोक वाजपेयी की पहली आलोचना पुस्तक 'फिलहाल' (1970) में 1963 का लिखा एक लेख संकलित है, 'समकालीन कविता : धार्मिक संवेदना के सिलसिले में'। इस लेख में अशोक वाजपेयी कविता में धार्मिक संवेदना की अनिवार्यता की पुरजोर हिमायत करते हैं। उनके अनुसार कविता में धार्मिक संवेदना का अभाव उसे क्षीण और महत्त्वहीन करता है। उस समय अशोक वाजपेयी के सामने सत्तर के दशक की युवा हिन्दी कविता का मूल्यहीन और दिशाहारा संसार था, जिसको लक्ष्य करते हुए उन्होंने युवा कविता में मूल्यों की वापसी के लिए उसमें धार्मिक संवेदना के ज़रूरी होने की बात उठाई थी। उनका मानना था कि धार्मिक संवेदना चूँकि मानवीय संवेदना का केन्द्रस्थल है अतः कविता को मानवकेन्द्रित बनाये रखने के लिए (भी) उसमें धार्मिक संवेदना का होना आवश्यक है। और कविता में धार्मिक संवेदना का प्रमुखता से होना कोई नयी बात नहीं है, यह तो भारतीय काव्य की परम्परागत महत्त्वपूर्ण संवेदना रही है। धार्मिक संवेदना की व्यापकता और उसके मानवकेन्द्रित उपयोग का सबसे बड़ा उदाहरण समूचा भारतीय भक्ति साहित्य है। उत्तर से लेकर दक्षिण और पूरब से लेकर पश्चिम तक अखिल भारत में सदियों तक रचित-विकसित और प्रचारित हुआ महान भक्ति साहित्य धार्मिक संवेदना की बुनियाद पर ही खड़ा था। इस साहित्य का उदात्त मानवीय मूल्यों के प्रति तीव्र आग्रह और पारलौकिक जीवन के साथ-साथ इहलौकिक जीवन के प्रति उत्कट अनुराग सुविदित है। इस सत्य से कौन असहमति रखेगा कि केवल हिन्दी में ही मध्यकाल में भक्ति की जो लहर चली, जिसकी मूल संवेदना का प्रमुखता से प्रतिनिधित्व तुलसी, सूर, कबीर, मीरा, रसखान, जायसी के साथ सैकड़ों ज्ञात-अज्ञात भक्त कवियों ने किया, उन सबका काव्य ईश्वरीय सत्ता के साथ-साथ मनुष्य-सत्ता के आग्रह, उसके प्रति उद्दाम प्रेम, निश्छल समर्पण और निष्ठा का महा आख्यान है। इस साहित्य का अवगाहन करना आज भी आस्वादक के लिए एक पवित्र और निर्मल अनुभव से विभोर होकर गुज़रना है। सिद्धों-नाथों-जैनों सहित आदिकालीन प्रभूत अपभ्रंश साहित्य धार्मिक संवेदना से आप्लावित होकर अपनी सच्ची अर्थवत्ता को उपलब्ध होता है। वहीं रीतिकालीन

शृंगारिक साहित्य का कुछ अंश भी शृंगारिकता और राग-रंग के झरोखे से प्रायः ऐसी सुगन्धि बिखेर देता है, जो उसके धार्मिक तल पर टिके होने की ख़बर देता है। हाँ, ज़रूर यह बात वहीं तक सच है, जहाँ तक यह काव्य अस्थि-मांस-मज्जा निर्मित देह के गहन तल में नहीं गिर जाता।

आदि और मध्यकालीन समय की जाने दें तो आधुनिकता और उसके बोध से सृजित साहित्य को धार्मिक संवेदना से परहेज नहीं है। हिन्दी में भारतेन्दु से लेकर प्रसाद, पन्त, निराला, महादेवी और अज्ञेय तक के काव्य को धार्मिक संवेदना से आसानी से अलग नहीं किया जा सकता। उनके लक्षण और स्वरूप पर अलग से ज़रूर बहस की जा सकती है।

सत्तर के दशक में, अपने उक्त लेख में अशोक वाजपेयी ने कविता में जिस तरह धार्मिक संवेदना की आवश्यकता की बात उठाई, वह एक युवतर कवि-आलोचक के लिए ख़तरनाक साबित हो सकती थी। आधुनिक समाज में धार्मिक होना बहुत आसानी से पुनरुत्थानवादी होना बन जाता है। तथाकथित आधुनिकता हर किस्म की धार्मिक संवेदना के लिए हमेशा एक जैसा ही फ़तवा तैयार रखती है। और फिर सत्तर का दशक तो भयानक 'क्रान्ति', 'परिवर्तन' और सबकुछ के निषेध का भीषण अन्धा दौर था जब इतिहास, परम्परा, पूर्वज और स्मृति सहित समूची मानवीय विरासत को चालू फ़ैशन की तरह एकबारगी ख़ारिज कर देना महान् विद्रोही होने की सस्ती सनद हो चुकी थी। धार्मिक बोध के क्षय के कारण युवा कविता में मूल्यवत्ता का क्रमशः ह्रास हो रहा था। अशोक वाजपेयी युवा कविता की ऐसी परिणति देखकर चिन्तित थे। युवा कविता में मूल्यवत्ता के ह्रास का व्यापक परिणाम यह हो रहा था कि वह कविता जीवन के चरम प्रश्नों से लगभग विमुख-सी हो गयी थी। एक अभिशप्त तात्कालिकता समय के अनन्त बोध को निगल रही थी। ऐसे में कविता में धार्मिक संवेदना का पुनर्वास उसे मानवीय मूल्यों, उसके चरम प्रश्नों और उसकी उपस्थिति से संपृक्त करने के लिए बेहद ज़रूरी था। अशोक वाजपेयी ने 1963 वाले अपने उक्त आलेख में आग्रहपूर्वक यही प्रस्ताव रखा था।

धार्मिक संवेदना की आधुनिक बुद्धि और वैज्ञानिक अभिवृत्ति से कुछ संगति बनती नहीं। इसलिए प्रायः आधुनिक बुद्धि धार्मिक संवेदना को संशय से देखती है। वैसे भी आधुनिक बुद्धि का स्वभाव संशयशील है। लेकिन आधुनिकता, जिसका उद्गम पश्चिम माना जाता है, वहाँ वह धार्मिक संवेदना से उतनी असंपृक्त नहीं रही, जितना कि प्रायः पूरब के उसके कुछ तथाकथित अपढ़ ठेकेदारों ने बुद्धि-कर्म से उसे असंपृक्त समझ और बना रखा है। अशोक वाजपेयी इस तथ्य की ओर हमारा ध्यान आकृष्ट करते हैं कि पश्चिम में तमाम संशयशीलता, तर्क-बुद्धि और वैज्ञानिकता के बावजूद वहाँ के महत्त्वपूर्ण कवियों के काव्य में धार्मिक संवेदना सक्रिय रही है और यही संवेदना उनके काव्य को महत्त्वपूर्ण बनाती है। रिल्के, इलियट, काफ़्का,

हेमिंग्वे आदि का साहित्य इसका श्रेष्ठ उदाहरण है। अशोक के अनुसार उनके यहाँ परम्परागत ईसाई धर्म-दृष्टि काम कर रही थी। कुल मिलाकर आधुनिकता के समग्र प्रभाव के बावजूद पश्चिम के आधुनिक साहित्य में धर्म-दृष्टि हेय नहीं है, बल्कि परम्परागत ढंग से उसका उपयोग अभी भी जारी है। लेकिन अशोक को यह बात बेहद नागवार गुज़रती है कि आधुनिकता के भारतीय संस्करण से धार्मिक संवेदना का तीव्रता से विलोपन हुआ है, जिसका दुष्प्रभाव हमारे आधुनिक साहित्य पर उसके मूल्य-क्षरण के रूप में पड़ा है।

इसका एक अजीब कारण है। धार्मिक संवेदना को नकली आधुनिकता प्रायः पुनरुत्थानवाद से जोड़कर देखती है। दृष्टि-सम्पन्न आधुनिकता की दृष्टि इस मामले में विपन्न हो जाती है। यह सच है कि हमारे समय में 'धर्म' एक नृशंस और विनाशकारी भूमिका निभा रहा है। इन्हीं अर्थों में मार्क्स ने धर्म की तुलना अफीम के नशे से की। आज धर्म का राजनीतिक उपयोग भी ख़तरनाक ढंग से किया जा रहा है। सामाजिक सन्दर्भ में यह प्रदर्शन से अधिक अन्य कोई वस्तु नहीं। वस्तुतः धर्म जितना सार्वजनिक होता है, उतना ही विनाशकारी होता है। सार्वजनिक होते ही उसमें तमाम तरह की विकृतियाँ आने लगती हैं। उसे आदमी का अपना कोना होना चाहिए, एकमात्र अपने अनुभव का ऐकान्तिक कोना। वहीं उसकी स्वच्छता और पवित्रता है।

धर्म जब सार्वजनिक स्पेस में खुलता है तभी वह पुनरुत्थानवाद का वाहक बनता है। इस स्पेस के भीतर जब वह निजी जीवन में मनुष्य के निजी शून्य में खुलता है, तब उसे भरता और समृद्ध करता है। समृद्धि के आह्लादित क्षणों में अथवा उसके पहले की शून्यता में एक कवि उस संवेदना का उपयोग उन रहस्यों को जानने में करता है, जो सार्वजनिक जीवन में उपलब्ध नहीं।

अशोक वाजपेयी धार्मिक पुनरुत्थानवाद और उससे निपटने के बारे में कोई टिप्पणी नहीं करते। वे एक कवि में धार्मिक संवेदना के साथ-साथ राजनीतिक और सामाजिक चेतना के उपस्थित रह सकने की बात करते हैं। जैसे कि कवि अथवा एक मनुष्य के बहिरंग जगत को उसका राजनीतिक और सामाजिक पक्ष पूर्णता प्रदान करेगा वैसे ही उसके अन्तर्जगत को उसकी धार्मिक संवेदना परिपूर्ण करेगी। अशोक वाजपेयी मनुष्य के अन्तर्जगत को सर्वोच्च महत्त्व देते हैं। अशोक जब कविता के स्वराज की संकल्पना करते हैं तो सम्भवतः उस स्वराज से राजनीति, समाज, विचार आदि के बाहरी दबावों को ख़ारिज इसलिए करते हैं कि कवि और कविता का अन्तर्लोक उसकी अपनी निजी संवेदना से आलोकित हो। यह निजी संवेदना धार्मिक ही हो सकती है, जिसकी मूल्यवत्ता अपनी है और जो सार्वजनिक दुनिया से एक हद से ज़्यादा आक्रान्त नहीं है। अशोक वाजपेयी की कविता के स्वराज को इस कोण से भी देखा जा सकता है, जहाँ राजनीति आदि अन्यान्य अनुशासनों के बरक्स

धार्मिक संवेदना का एक स्वतन्त्र आन्तरिक अनुशासन है, जहाँ कवि का अपना एकान्त, उसकी स्वायत्त सत्ता सुरक्षित है। अपने समय की काव्य-संवेदना के साथ धार्मिक संवेदना का जोड़ अशोक का आद्य स्वप्न है।

अशोक वाजपेयी का जो विकट समय है, उसमें उनका यह स्वप्न बड़ा विचित्र लगता है। पहली बात तो यह कि इस समय 'धार्मिक' शब्द या उसके किसी भाव में होना एक बुद्धिजीवी के मार्ग की बड़ी बाधा है। दूसरे, यह संवेदना एक बुद्धिजीवी के 'सेकूलर' होने में भी बाधक है। तीसरे, यह शब्द और उसका अर्थ भी अपने-आप में इतना पुराना और पिटा-पिटाया है कि इसके साथ एक आधुनिक का होना 'मध्ययुग' में होने जैसा है। और चौथे, इस शब्द के अर्थ इतने घिस चुके हैं कि इसमें कोई नया, आधुनिक और प्रगतिशील आशय भर पाना लगभग नामुमकिन-सा है।

ये सारी बातें अपने-आप में बहुत हद तक सच हैं। आधुनिकता के तकाजों ने एक 'बुद्धिजीवी' के मार्ग को बड़ा कठोर बना दिया है। यह अलग बात है कि आधुनिकता की शर्तों को पूरा करके भी कौन, कितना बुद्धिजीवी हो पाता है। यही बात 'सेकूलर' होने की बाबत भी सच है। और अब तो 'सेकूलर' होने के लिए 'बुद्धिजीवी' कम 'राजनीतिज्ञ' ज़्यादा होना पड़ता है। सच्चाई यह है कि 'धार्मिकता' तभी तक मध्ययुगीनता को व्यक्त करती है, जब तक आधुनिकता का व्याकरण 'मध्ययुगीन तर्कशास्त्र'-सा कठोर और अनमनीय है। रही बात शब्दों के अर्थ घिस जाने की, तो उनमें नये अर्थ भरने कठिन नहीं इच्छा, साहस और सामर्थ्य होनी चाहिए।

(2)

आगे चलकर रवीन्द्रनाथ राय और राकेश कुमार सिंह को दिये गये एक साक्षात्कार में अशोक वाजपेयी ने 'धार्मिक' शब्द को वापस ले लिया। उन्होंने कहा कि 'फिलहाल' वाला लेख 1963 में लिखा गया था जिस समय समाज में पुनरुत्थानवादी शक्तियों का ऐसा उभार और आतंक नहीं था जैसा कि आज है। इस बीच स्वयं धर्म शब्द का भी बेहद अवमूल्यन हो गया है। मैं अब उसके बजाय आध्यात्मिक शब्द का इस्तेमाल बेहतर समझता हूँ। धर्म से अध्यात्म को अलग करना ज़रूरी है।'' ('पाव भर जीरे में ब्रह्मभोज,' पृ. 256)

ध्यातव्य है कि सन् '63 वाले उक्त आलेख में अशोक कविता के सन्दर्भ में केवल 'धार्मिक संवेदना' पद का एकल रूप में प्रयोग नहीं करते। यह सच है कि उक्त पद का वे विशेषकर उपयोग करते हैं, आलेख के शीर्षक में भी यही पद प्रयुक्त हुआ है; बावजूद इसके वे उसी लेख में कई जगह धार्मिक के साथ-साथ आध्यात्मिक संवेदना की बात करते हैं। कहीं-कहीं 'धार्मिक' के पर्याय रूप में तो कहीं-कहीं अलग

स्वतन्त्र रूप में। पर्याय रूप में इस तरह–"वह (पश्चिम की अधिकांश कविता) मूल्यवान है तो इसलिए कि वह धार्मिक या आध्यात्मिक है.....।" ('फिलहाल', पृ. 176)। और स्वतन्त्र रूप में–"वहाँ (यानी पश्चिम) के युवा कवि को आज भी उसकी जातीय प्रतीक-व्यवस्था और दृष्टि हिन्दी के युवा कवि की अपेक्षा अधिक सीधे और रचनात्मक रूप से उपलभ्य है और इसका एक प्रमुख कारण उनकी धार्मिक संवेदना, सारी संशयशीलता, सन्देह और अनास्था के बावजूद भी आध्यात्मिक चेतना का निरन्तर उपस्थित रहना है।" (वही, पृ. 176)

ज़ाहिर है सत्तर के दशक में कविता और धर्म-अध्यात्म के आपसी सम्बन्धों को लेकर अशोक वाजपेयी के चिन्तन में एक द्वैत अन्तःसलिल था। धार्मिक संवेदना ही आध्यात्मिक संवेदना का दूसरा नाम है या दोनों एक-दूसरे से बिल्कुल अलग और स्वायत्त अर्थ धारण करती संवेदनाएँ हैं? अशोक वाजपेयी के काव्य-देश और आलोचना-संसार में इस चिन्तन को परवर्ती समय में विस्तार मिला। विकसित और परिमार्जित रूप में इस विषय पर उनके चिन्तन ने विषय को रूढ़ और जर्जर हो चुके विचारों की क़ैद से बाहर निकालकर मौलिक अर्थाभा से सम्पन्न किया।

अपने परवर्ती चिन्तन में अशोक वाजपेयी को कविता विशुद्ध 'आध्यात्मिक मामला' लगता है। परवर्ती चिन्तन में अशोक कहीं भी 'धार्मिकता' अथवा 'धार्मिक संवेदना' की चर्चा कविता के सन्दर्भ में नहीं करते। बल्कि वे धर्महीन अध्यात्म पर ज़ोर देने लगते हैं। वन्दना केंगरानी को दिये गये एक साक्षात्कार में वे स्पष्ट करते हैं कि "मैं इस पर इसरार कर रहा हूँ कि बिना धार्मिक हुए आध्यात्मिक हुआ जा सकता है।" ('पाव भर जीरे में ब्रह्मभोज' में संकलित, पृ. 215)। और 'आध्यात्मिक' होने के लिए स्वीकृत अर्थों में आस्तिक होना भी ज़रूरी नहीं। इसलिए अशोक अपने तर्क से खुद को 'नास्तिक' घोषित कर देते हैं। अशोक अध्यात्म को धर्म से अलग करते हैं, कुछ इस तरह कि अध्यात्म को धर्म की चौहद्दी से बाहर किया जा सकता है, किन्तु अध्यात्म रहित धर्म की परिकल्पना सम्भव नहीं हो सकती।

धर्मविहीन अध्यात्म के आग्रह के पीछे एक कवि-बुद्धिजीवी के रूप में अशोक वाजपेयी का बृहत्तर सामाजिक दायित्व-बोध सक्रिय है। धर्म के भीषण अवमूल्यन के इस दौर में साम्प्रदायिक शक्तियों के हाथों उसका व्यापक दुरुपयोग साधारण बात हो गयी है। इस तरह धर्म अब साम्प्रदायिकता का एक पक्ष है और वह लगातार मनुष्य विरोधी गतिविधियों में सक्रियता से शामिल है। आध्यात्मिक मूल्य ऐसी मानवद्रोही धार्मिक चेतना के अंग नहीं हो सकते। दूसरी ओर मनुष्य की आध्यात्मिक चेतना का स्वरूप मूलतः धर्मनिरपेक्ष है। यह भी एक वजह है कि अशोक धर्म और अध्यात्म के गठजोड़ को पसन्द नहीं करते।

अशोक अध्यात्म को धर्म से मुक्त कर साहित्य और कविता के साथ उसकी अनिवार्य मित्रता की हिमायत करते हैं। एक साक्षात्कार में वे कहते हैं कि

''.....अध्यात्म और साहित्य का जोड़ मुझे अनिवार्य और सामयिक लगता है। यह जोड़ ही हमें धार्मिक उन्माद और साम्प्रदायिकता के कारगर प्रतिरोध करने की शक्ति और औजार देगा।'' (रवींद्रनाथ राय से बातचीत में, 'पाव भर जीरे में ब्रह्मभोज' में संकलित, पृ. 257)। अध्यात्म का साम्प्रदायिक मनोवृत्ति से कोई लेना-देना नहीं है। दूसरी ओर जैसे धर्मयुक्त अध्यात्म एक दूषित विचार है, वैसे ही सम्प्रदाययुक्त अध्यात्म भी दूषित और विकृत मनोवृत्ति का परिचायक है।

धर्म और सम्प्रदायरहित अध्यात्म की कल्पना कुछ अटपटी-सी लगती है। हमारी सामाजिक मनो-निर्मिति में तीनों की परस्परता लगभग निर्विवाद है। वहाँ अध्यात्म का आलम्बन ही कोई न कोई धार्मिक सम्प्रदाय अथवा पन्थ है। प्रत्येक धार्मिक मत के अपने दार्शनिक विचार, सिद्धान्त और मूल्य-स्थापनाएँ होती हैं। उन विचारों, सिद्धान्तों और मूल्यों के समुच्चय को ही सम्बद्ध मत का विशिष्ट अध्यात्म माना जाता है। धार्मिक पन्थों और सम्प्रदायों की अनुपस्थिति में अध्यात्म का आलम्बन क्या होगा? अशोक के पास इस समस्या का आसान हल है। नवीन उद्‌भावनाओं से सम्पन्न अशोक जैसे मौलिक कल्पनाशील कवि से ही ऐसी विकट समस्या के हल की उम्मीद की जा सकती है। ओम निश्चल को दिये गये एक साक्षात्कार में उन्होंने यह कहा है कि ''मेरे लिए कविता एक आध्यात्मिक मामला है। कविता ही मेरा अध्यात्म है। भाषा ही मेरा अध्यात्म है। क्योंकि मुझे लगता है कि संसार को जितना छू सकता हूँ, जितना समझ सकता हूँ, जितना सह सकता हूँ—भाषा और कविता के माध्यम से ही।''

क्या अशोक वाजपेयी कविता और भाषा पर अध्यात्म का आरोपण कर कविता और भाषा के सामाजिक यथार्थ और आशय का अवमूल्यन कर रहे हैं या फिर उनको निरस्त? अशोक के इस विचार के प्रसंग में स्वभावतः ऐसी शंका उठ सकती है। अशोक इस शंका का निवारण करते हैं। उनका मानना है कि साहित्य का यथार्थ इकहरा नहीं है। उसके सामाजिक यथार्थ के साथ-साथ उसका आध्यात्मिक यथार्थ भी होता है। सामाजिक यथार्थ को जानने-समझने के लिए सामाजिक यथार्थ की भूमि पर्याप्त है किन्तु हम अपने सामाजिक यथार्थ से बाहर ''अपने समय से बाहर जाना चाहते हैं, हम अपने पुरातन से अपने अस्तित्व को जोड़ना चाहते हैं, हम मनुष्य के अस्तित्व का आशय जानना चाहते हैं, नियति के बारे में जानना चाहते हैं। ये सब आध्यात्मिक प्रश्न हैं।'' (अशोक वाजपेयी, वन्दना केंगरानी से साक्षात्कार में।) एक अन्य साक्षात्कार में भी वे कविता के आशय को अध्यात्म के आयाम से विन्यस्त करते हुए अपनी बात दुहराते हैं, ''हमारे अध्यात्महीन समय में कविता अध्यात्म का ही आयाम है क्योंकि वह मनुष्य, अस्तित्व, व्यक्ति, समाज, आत्म, नियति, भविष्य आदि चरम प्रश्नों को कभी नज़रअन्दाज़ नहीं करती और हमें बृहत्तर से जोड़ती है।''

यथार्थ का जो सामाजिक आशय है कविता प्रायः उसे ही एकमात्र यथार्थ मानकर प्रतिबिम्बित करती है। अशोक वाजपेयी को इस बात का बेहद दुख है कि उनके समय की अधिकांश समवयसी कविता सामाजिक के साथ-साथ राजनीतिक यथार्थ को ही अल्टीमेट यथार्थ की तरह प्रतिबिम्बित करती है। यहाँ तक कि यह कविता उस 'यथार्थ' को रचती भी नहीं, जिससे कि वह थोड़ी जटिल, विकल और मार्मिक हो सके। इसी कविता को, जो अन्यों के यहाँ घोर राजनीतिक है, अशोक अपने लिए थोड़ा-सा आध्यात्मिक होने की छूट चाहते हैं। वे दूसरी कविता से भी यह उम्मीद करते हैं कि कविता को एक आध्यात्मिक कर्म के रूप से स्थापित करने के सम्भव प्रयास किये जायें। वे जोर देते हैं कि "देर-सबेर साहित्य को बुनियादी तौर से अपने को पुनः नैतिक और आध्यात्मिक कर्म के रूप में स्थापित करना ही होगा—कोई और राह नहीं है। अध्यात्म को हमारे समय में सामाजिक स्वतन्त्रता और निजी मुक्ति दोनों के बीच सन्तुलन-भूमि बनना होगा।" (यतीन्द्र मिश्र से साक्षात्कार में, 'पाव भर जीरे में ब्रह्मभोज', पृ. 173)।

अशोक वाजपेयी के विचार सामाजिक और राजनीतिक यथार्थ के मात्र प्रतिबिम्बन वाले साहित्य से निश्चय ही असहमति रखते हैं और इसके बरक्स कविता के अध्यात्म की परिकल्पना करते हैं; लेकिन इसका अर्थ यह नहीं कि उनका रचना-कर्म नितान्त ऐकान्तिक है, सामाजिक दायित्व-बोध से सम्पन्न नहीं। बहुत गहरे में देखें तो उनकी कविता और भाषा का अध्यात्म उतना ही सांसारिक है जितनी कि रोज़मर्रा के सार्वजनिक जीवन की हलचलें। उनकी कविता और भाषा का अध्यात्म जीवन के राग-रंग से अनुरक्त है। उसमें 'कर्म-सौन्दर्य' और गहरी 'सामाजिक ज़िम्मेदारी' का बोध है। अशोक ऐसे अध्यात्म की रूपरेखा प्रस्तावित करते हुए कहते हैं, "वह कंदरा, गुफा, अपसरण और एकान्त का अध्यात्म नहीं, चौक-बाजार, भीड़ और संगत-सोहबत, जीवनासक्ति का अध्यात्म होगा।" (वही, पृ. 17)। अशोक अपनी परम्परा से प्रसाद, निराला, अज्ञेय, मुक्तिबोध जैसे मूर्धन्यों का स्मरण कर विरासत में प्राप्त कविता के अध्यात्म से विभोर और कृतज्ञ होते हैं। वे अपने काव्य-पूर्वजों की कविता के 'राग-विराग, निजता-सामुदायिकता दोनों से बुने अध्यात्म' का बखान कर आह्लादित होते हैं।

अशोक वाजपेयी के समकालीन काव्य-समय के अधिकांश में पूर्वज-काव्य-सी दृष्टि और अध्यात्म का गहरा बोध नहीं है। कविता में अध्यात्म को चालू धार्मिक अर्थ में समझे जाने के कारण ज़्यादातर को वह पुरातनगामी और रूढ़िग्रस्त मालूम पड़ता है और इस कारण हेय और त्याज्य भी। अशोक बताते हैं कि उनके कविता-समय में अध्यात्म के निषेध का कितना दुष्प्रभाव पड़ा है और कैसे उनके कविता-समय अध्यात्म-शून्य हुए इस समय को पुनरुत्थानवादी शक्तियों ने अपने क़ब्ज़े में कर उसका मनमाना और असामाजिक इस्तेमाल किया है। इन शक्तियों

ने आध्यात्मिक शून्य को तथाकथित रूप से भरते हुए इसकी घातक परिभाषाएँ दी हैं, इसका भयावह भाष्य किया है। उन्होंने इसे अत्यन्त सरलीकृत और हास्यास्पद भी किया है। अशोक लिखते हैं, (जबकि) "हमारे समय में अध्यात्म समरस और सीधा-सरल मामला नहीं हो सकता।" यहाँ इसी प्रसंग में अशोक वाजपेयी का एक किंचित् दीर्घ उद्धरण लेना विषय पर उनके विचार को स्पष्ट करने के लिए ज़रूरी होगा। वे लिखते हैं, "बृहत्तर से जुड़ने की ललक, समय से पार समयातीत से सम्बन्ध बना सकने की उत्कंठा, मनुष्य की नियति की चिन्ता, मनुष्य के भविष्य की उत्सुकता, अपनी नश्वरता से जूझते हुए अनश्वरता की आकांक्षा, पवित्रता की खोज, ब्रह्माण्ड-प्रकृति-समाज-पड़ोस के अटूट सम्बन्ध का सजग बोध आदि सभी अध्यात्म के अंग हैं। उसका निषेध सिर्फ़ भारतीय ही नहीं सारी मनुष्य जाति की परम्परा से अपने को वंचित करना है। अध्यात्म मनुष्य जाति की स्मृति तो है ही, और उसका समकालीन यथार्थ भी। साहित्य उसका निषेध कर दरअसल किसी टिकाऊ और स्मरणीय अर्थ में मानवीय बल्कि यथार्थपरक भी नहीं रह सकता। ...साहित्य सिर्फ़ मानवीय को सबसे ऊपर रखता है। यह मानवीय बिना अध्यात्म के अधूरा और अर्थच्युत होगा। स्वतन्त्रता, समता और न्याय के जो मूल्य आज साहित्य में सबसे ऊपर माने जाते हैं ...वे अपने उद्‌गम और फलितार्थ दोनों में ही मूलतः आध्यात्मिक हैं।" (यतीन्द्र मिश्र से साक्षात्कार में, आत्मवृत्त में संकलित, पृ. 172-173)

अशोक वाजपेयी की कविता का अध्यात्म समय और समय से बाहर के व्यापक संसार को अपने में समाहित करता है। धर्म के लोकोत्तर जगत की सीमा में वह क़ैद नहीं। शायद यही कारण है कि अशोक अपनी कविता के आध्यात्मिक संसार को ईश्वरविहीन रखना चाहते हैं। क्योंकि ईश्वरमय अध्यात्म की संगति किसी न किसी तल पर धर्म से बैठ ही जाती है।

अशोक वाजपेयी ईश्वरहीन आध्यात्मिकता में पवित्रता की तलाश करते हैं। ईश्वर के बाहर देवताओं में भी उन्होंने पवित्रता की खोज नहीं की। देवता तो उनकी कविताओं में साधारण मानवीय उपस्थिति हैं। कवि अपनी कविता में उन्हें रोज़मर्रा के छोटे-मोटे कामों में उलझाये रखता है। ईश्वर और देवताओं की दुनिया गँवा देने के बाद कवि ने पूर्वजों की दुनिया में अपनी आस्था का आरोपण किया है। कवि के अनुसार उसे आस्था का वरदान नहीं मिला : न ईश्वर पर, न देवताओं पर। और उनकी दुनिया गँवा देने के बाद कवि को लगा कि "पूर्वज उनके स्थानापन्न हो सकते हैं।" (आत्मवृत्त, पृ. 32) पूर्वजता का तथ्य अशोक की कविता की कुछ आधारभूत थीमों में एक है। ये पूर्वज भी देवताओं की तरह निपट मानवीय और पास-पड़ोस की उपस्थिति हैं। वे रोज़मर्रा के जीवन में भीतर तक शामिल हैं। देवताओं की तरह वे भी लौकिक हैं, कोई 'अन्य' नहीं। इसलिए अशोक जब 'देवता' शब्द का उपयोग करते हैं तो प्रायः अपने निहितार्थ में वे 'पूर्वज' का स्थानापन्न होते हैं। यह कवि

द्वारा पावनता की पार्थिव अनुभूति है। पार्थिव पावनता की अनुभूति को अशोक की कविता थोड़े समय के लिए एकान्त में अस्पृश्य रखना चाहती है लेकिन अन्ततः उस एकान्त में रोज़मर्रा के जीवन को शामिल कर लेती है। परितोष कुमार मणि को दिये गये एक साक्षात्कार में उन्होंने कहा है, "...मुझे एकान्त चाहिए, लेकिन इस तरह का एकान्त भी नहीं कि ...जहाँ कोई न हो। मुझे तो भरा-पूरा, चीखता-पुकारता और शोर मचाता आस-पास चाहिए। ...निस्सम्बन्ध पवित्रता में मेरी दिलचस्पी नहीं है।" (मेरे साक्षात्कार, पृ. 158)

वरिष्ठ कवि-चिन्तक नन्दकिशोर आचार्य ने अशोक वाजपेयी के आध्यात्मिक बोध की प्रकृति को अज्ञेय के आध्यात्मिक बोध की प्रकृति से जोड़कर देखा है। वे अशोक की 'ईश्वरहीन आध्यात्मिकता' अज्ञेय की 'मानवकेन्द्रित आध्यात्मिकता' के निहितार्थ से विन्यस्त करते हैं। स्पष्ट ही अध्यात्म के केन्द्र से ईश्वर और देवताओं के विस्थापन से मनुष्य की केन्द्रीयता सुनिश्चित हो जाती है। अध्यात्म का यह स्वरूप अधिक अर्थगर्भ, और अधिक विधायक, मानवीय प्रासंगिकता की दृष्टि से अधिक जीवन्त है। ऐसा अध्यात्म मनुष्य की स्वतन्त्र सत्ता और उसकी वैचारिक आज़ादी के लिए व्यापक स्पेस सुनिश्चित करता है।

अशोक वाजपेयी की कविता के अध्यात्म के केन्द्र में जो मनुष्य स्थापित है, उसकी बुनावट कविता और भाषा के रेशों से सम्भव हुई है। इसलिए अशोक जब कविता और भाषा को अपना अध्यात्म कहते हैं तब उनका आशय मनुष्यकेन्द्रित अध्यात्म ही होता है। इसी तरह जब वे ईश्वररहित यानी मानवकेन्द्रित अध्यात्म की परिकल्पना करते हैं तब वे कविता और भाषा के अध्यात्म के रूप को तय कर रहे होते हैं।

(3)

यह स्पष्ट है कि अशोक वाजपेयी की कविता के अध्यात्म की शक्ल भारी-भरकम और गूढ़-गम्भीर दार्शनिक नहीं है। उसमें रोज़मर्रा के जीवन में विन्यस्त आध्यात्मिक प्रतीतियों की साधारण-सी मालूम पड़ने वाली असाधारण विकलता है। क्रमशः सन् 1990 और 1995 में प्रकाशित उनके दो कविता संग्रह 'कहीं नहीं वहीं' और 'आविन्यों' में उनकी आध्यात्मिक संवेदना का उत्कर्ष है। 'कहीं नहीं वहीं' संग्रह की कविताओं में 'अन्त' के पश्चात् इसी धरती पर वापस लौट आने की आध्यात्मिक चिन्ता है। इन कविताओं का स्वाद कितना ही दार्शनिक चिन्ताओं से लबरेज़ हो, उनकी भावभूमि अन्ततः जीवन और संसार के प्रति अनुरागपूर्ण है। दो कविताओं से कुछ अंश : 1. "हमें नहीं चाहिए/वह दिव्य आलोक/वह निरभ्र नीरवता/सान्निध्य का वह ऐश्वर्य—/हम तो यहीं/मटमैलेपन पर/वापस आयेंगे।" ('इसी मटमैलेपन पर', पृ. 41), 2. "सबकुछ राख हो जाने के बाद भी/बची रह गयी पवित्र चिनगारी की

तरह/नीम के बौर की कड़वी-मीठी गन्ध की तरह/किसी बेहद बूढ़े के जीवनव्यापी विषाद या/किसी बच्चे की अकारण हँसी की तरह/मैं फिर आऊँगा/भले ही जन्मान्तर के बाद/तुम्हारे ही पास।'' ('फिर आऊँगा', पृ. 40)।

'आविन्यों' की कविताओं की हम विशेष रूप से चर्चा करेंगे। इस संग्रह की कविताओं में कवि की आध्यात्मिक अनुभूति अपने चरम पर कुछ विशिष्ट अभिप्रायों में व्यक्त होती हे। ये अनुभूतियाँ कवि की पिछली कविता के सन्दर्भ में अप्रत्याशित रूप से घटित-प्रकट हैं। ये कविताएँ दक्षिणी फ्रांस के रोन नदी के तट पर बसे एक छोटे शहर 'आविन्यों' के एक ईसाई मठ 'ला शत्रूज' के कलाकेन्द्र में प्रवास के दौरान कुल उन्नीस दिनों में लिखी गयीं हैं।

संग्रह के प्रारम्भ में अशोक वाजपेयी द्वारा दी गयी सूचना के अनुसार चौदहवीं सदी में बना 'ला शत्रूज' नामक वह मठ कार्थूसियन सम्प्रदाय के ईसाइयों का धार्मिक स्थल था। फ्रांसीसी क्रान्ति के पहले तक उस मठ का धार्मिक उपयोग होता रहा। बीसवीं सदी के प्रारम्भ में उसका जीर्णोद्धार किया गया और एक कलाकेन्द्र के रूप में उसकी प्रतिष्ठा की गयी। जिस कार्थूसियन सम्प्रदाय के ईसाइयों का 'ला शत्रूज' मठ रहा था, अशोक बताते हैं कि वह सम्प्रदाय मौन में विश्वास करता था। उस मठ के निपट एकान्त और उसके परिवेश के मौन स्थापत्य में रहकर 'आविन्यों' की कविताएँ लिखी गयीं।

'आविन्यों' की कविताओं के अध्यात्म को समझने-बूझने के लिए उसके रचनास्थल के आध्यात्मिक स्थापत्य को महसूस करना ज़रूरी है, क्योंकि उस स्थल के एकान्त मौन का स्थापत्य 'आविन्यों' की कविताओं में बहुत गहरे तक धँसा हुआ है। अशोक संग्रह के प्रारम्भ में इसे स्पष्ट करते हैं : ''जहाँ रहकर ये (कविताएँ) लिखी गयी हैं, वहाँ का बहुत सीधा प्रभाव उन पर साफ़ है : ला शत्रूज ने उनकी स्थानीयता, पदार्थमयता और रंगतों को लगातार प्रभावित किया गया है। उनका भूगोल एक तरह से ला शत्रूज का आज का और कालातीत भूगोल है और उम्मीद है कि उससे इन रचनाओं को उनका विशिष्ट अध्यात्म भी मिला है।''

यह पहली बार हुआ है किसी स्थल विशेष के आध्यात्मिक स्थापत्य ने अशोक वाजपेयी के एक पूरे संग्रह की कविताओं को निर्णायक तौर पर आविष्ट किया है। यह आध्यात्मिक प्रभाव इतना व्यापक है कि कविताओं के शब्द-विन्यास में इसके रचना-स्थल की विषादमय आभा गहरे विन्यस्त होती हुई भी प्रायः विन्यास से बाहर रह जाती हैं। दोनों स्थितियाँ 'ला शत्रूज' में पसरे भय, मौन और पवित्रता के रहस्यमय संसार को पीड़ादायी ढंग से 'लोकेट' करती हैं। एक कविता में कवि के शब्द हैं—''जीर्ण-शीर्ण है मन्दिर/प्रार्थना-घर में पुराना धुआँ क़ैद है/पता नहीं पूजा का या चिता का/देवता कर चुके हैं कूच।'' यह अंश कवि के आध्यात्मिक भय और चिन्ता को प्रतिबिम्बित करता है और एक दूसरे अंश में यही भय और चिन्ता

प्रयत्न करने पर भी शब्द-विन्यास से बाहर रह जाती है, जिससे विचलित कवि पूछता है—''फिर भी यह जो सिर्फ़ होने की/ठीक इस समय इस जगह/उसकी अवसन्न सी आभा/क्यों बाहर ही रह जाती है/शब्द विन्यास से।''

चूँकि ईश्वर एक महत्त्वपूर्ण आध्यात्मिक अभिप्राय है जिसके साथ विभिन्न अर्थों में भय का भाव भी जुड़ा हुआ है। अतः 'आविन्यों' की कविताओं पर इस सन्दर्भ में भी दृष्टिपात करना ज़रूरी है। ईश्वर एक अभिप्राय के रूप में अशोक की काव्य-चेतना का अमूर्त हिस्सा उनके पूर्ववर्ती संग्रहों से रहा है, चाहे पूर्वजों के रूप में, देवताओं के रूप में या फिर पवित्रता के भाव के रूप में। पूर्वजों और देवताओं को वे पास-पड़ोस की लौकिक उपस्थितियाँ मानते ही रहे हैं। इनमें देवताओं की उपस्थिति निष्कलंक और पवित्र नहीं है। वस्तुतः अशोक के काव्य की आध्यात्मिक भूमि लौकिकता की शर्त पर पवित्र और निर्मल रही है। 'आविन्यों' से पूर्व की कविताओं में ईश्वर का अभ्रिप्राय भी प्रायः ऐसा ही रहा है।

'आविन्यों' में ईश्वर के अभिप्राय के साथ अन्य प्रसंगों में भी भय की छाया पहली बार दिखाई दी है। यह भय आस्था और अनास्था, पवित्रता और लौकिकता, उपस्थिति और अनुपस्थिति के बीच झरता भय है। निर्मल वर्मा के शब्दों में वहाँ ''मनुष्य और ईश्वर के बीच की खाई खुल गयी है। यहाँ अनन्त का नीला विस्तार नहीं, दूरी की दहशत है और अलगाव का घाव भी, जो आत्मा में रिसता है।'' (इतिहास और आकाश के बीच, अशोक वाजपेयी : पाठ-कुपाठ, पृ. 225)। 'आविन्यों' की 'अनुपस्थिति' शीर्षक कविता में ईश्वरीय भय की छाया साफ़ महसूस की जा सकती है—''चौदहवीं शताब्दी के अपने इस कमरे की खिड़की से/जब मैं सामने की ओर झाँकता हूँ/ तो सामने के चैपल की एक हमेशा खुली खिड़की से/ लगता है दो आँखें/ एकटक घूर रही हैं/ बिना पहचाने मैं उन आँखों को/जिन्हें शायद मैं दिन-दहाड़े एक दुःस्वप्न में देखता हूँ/नाम देना चाहता हूँ : ईश्वर/रात देर गये।/जब आवाज़ें, अँधेरा और समय सब सो जाते हैं/सपने की तरह धीरे-धीरे बे-आवाज़ क़दमों से चलता हुआ/ जो भी कोई आता है/ मैं अपने भय का द्वार खोलकर उससे पूछना चाहता हूँ : ईश्वर?'' ('आविन्यों', पृ. 49)

ईश्वर के भयकारी रूप के सामने 'समय' भी स्थगित है। केवल काल को विचरण की अनुमति है। लेकिन वह भी अपने भारी पदचापों के साथ ईश्वरीय अभिप्राय को धारण किये आता है। समय को निरस्त कर ईश्वरीय अभिप्राय के साथ काल 'निश्शब्द और निष्प्रतीक्ष' आता है। 'निश्शब्द और निष्प्रतीक्ष' काल के सन्नाटे में ईश्वर एक रहस्यमय उपस्थिति है।

'आविन्यों' में ईश्वर की रहस्यमय उपस्थिति बेचैनी और अकुलाहट पैदा करती है। इस विकलता का आध्यात्मिक स्वरूप अशोक की पूर्ववर्ती कविताओं के रोज़मर्रा के अध्यात्म और जीवनानुराग से कुछ भिन्न किस्म का है। चूँकि रोज़मर्रा

के संसार के व्यापक राग-संसार में ईश्वर अनुपस्थित है, और उनकी जगह पूर्वजों और देवताओं की लौकिक उपस्थिति है अतः 'कोई आँख' कवि को एकटक नहीं घूरती, उसकी गतिविधियों पर बारीक नज़र नहीं रखती और इस कारण वह कविता आध्यात्मिक होते हुए भी स्वायत्त है, स्वतन्त्रचेता और अपने स्वराज में केन्द्रित है। जबकि 'आविन्यों' में ईश्वर बेधड़क प्रवेश कर जाता है अपनी 'अनुपस्थिति' और अमूर्त रहस्य के साथ। वह कवि की कविता को एकटक घूरता है। उसके दुःस्वप्न से कवि विकल है, और गहन अन्धकार और निद्रा में भी वह 'आँख' कवि का पीछा नहीं छोड़ती। अशोक की कविता के उन्मुक्त अध्यात्म में ईश्वर की यह पहली दखल है ज़ोरदार। कम से कम इस संग्रह में कवि उसके पाश से छूट नहीं पाता।

लेकिन 'आविन्यों' की ईश्वरमय भयकारी आध्यात्मिकता अशोक वाजपेयी की कविता का स्थायी भाव नहीं है। 'आविन्यों' के अनुभव के पहले कवि की कविता का अध्यात्म धूल-मिट्टी से सना, पार्थिव और रोज़मर्रा के संसार के करीब रहा है। वह अपनी प्राणशक्ति भी उसी से पाता रहा है, और 'आविन्यों' के बाद भी पिछले लगभग दो दशकों से उनकी कविता के अध्यात्म की यही वृत्ति रही है।

अशोक वाजपेयी की कविता के स्वराज में जीवन के विभिन्न तलों के यथार्थ की विभिन्न छवियाँ शामिल हैं। मनुष्य-जीवन के अनेकस्तरीय यथार्थ में आध्यात्मिक यथार्थ की भी महत्त्वपूर्ण जगह बनती है। अशोक वाजपेयी यथार्थ के अन्यान्य आयामों की तरह मनुष्य-जीवन के आध्यात्मिक यथार्थ को भी कविता के स्वराज में अनिवार्यतः शामिल करने की हिमायत करते हैं। उनके अनुसार तभी कविता का स्वराज वास्तव में बहुलतावादी, लोकतान्त्रिक और सेकूलर होगा। इस स्वराज में चीज़ें एक-दूसरे के पड़ोस में वास करेंगी। अशोक कल्पना करते हैं कि राजनीति के पड़ोस में समाजनीति हो सकती है, आर्थिकी के पड़ोस में इतिहास हो सकता है, कलाओं के पड़ोस में कविता हो सकती है और कविता के पड़ोस में ईश्वर और अध्यात्म। अशोक की यह विराट कल्पना अपने-आप में बेहद साहसिक और जोख़िम भरी है। उनकी कविता की यह ज़िद, रमेशचन्द्र शाह के शब्दों में "समूचे ब्रह्माण्ड को घरेलू बना लेने की ठेठ हिन्दुस्तानी ज़िद है।"

अशोक वाजपेयी की यह ज़िद कविता को एक 'आध्यात्मिक मामला' मान लिए जाने के कारण दृढ़ है।

पड़ोस में कलाएँ

(1)

अशोक वाजपेयी एक दुस्साहसिक रचनाकर्मी हैं। रचनाकर्म को लेकर वे दुस्साहस भरी कल्पनाएँ करते हैं और उनको अमली जामा पहनाने की कोशिश भी। साहित्य और कलाओं के बीच अनिवार्य सम्बन्ध की परिकल्पना उनका एक ऐसा ही साहसिक कृत्य है। 'समय से बाहर' भी रचनाकर्म को सम्भव मानने और करने वाला यह कवि एक दूसरे समय 'कलाओं के समय' की कल्पना करता है। कलाओं का यह प्रस्तावित समय और कुछ नहीं, साहित्य का अपना समय है—निजी और स्वायत्त। इस समय को साहित्य और कलाओं का स्वराज अथवा उनका अपना जनपद भी कह सकते हैं।

अशोक वाजपेयी एक कवि-आलोचक के रूप में साहित्य और कलाओं के स्वराज को भिन्न-भिन्न नहीं मानते। उनके बीच बस इतनी ही दूरी है, जितनी कि दो पड़ोस के बीच। वस्तुतः यह सम्बन्ध अड़ोस-पड़ोस का ही है, बहुत सहज और स्वाभाविक। अशोक अपने रचनाकर्म में बार-बार एक ही समय में अगल-बगल बसे इन दो स्वायत्त, परन्तु परस्पर ऋणी पड़ोसियों के 'स्थायी पड़ोस भाव' का मुक्त कंठ से बखान करते हैं, बिना अघाए। वे दोनों पड़ोसियों की अभिन्न मित्रता और बिरादराना सम्बन्ध को अपने रचना-कर्म में काव्यात्मक ढंग से अभिव्यक्त करते हुए उन्हें एक-दूसरे से प्रतिकृत बताते हुए स्वयं भी उनसे प्रतिकृत होते हैं।

अशोक वाजपेयी बीसवीं सदी में हिन्दी में हुए एकमात्र ऐसे कवि हैं जिन्हें साहित्य और कलाओं की परस्परता की चिन्ता इतनी उत्कटता से सताती है। बीसवीं सदी का हिन्दी-समय कुछ ख़ास अर्थों में विपन्न समय रहा है। वह अन्य बहुत-सी चीज़ों के अलावा विभिन्न कलाओं के प्रति अनुत्सुक और अनाग्रही समय है। इसी तरह वह समय साहित्य और कलाओं के अनिवार्य सम्बन्ध को काफ़ी हद तक हल्का और ग़ैरज़रूरी मानता रहा है। यहाँ तक कि कलाओं को साहित्य के हाशिए का दर्जा भी प्राप्त नहीं। कलाओं के प्रति यह समझ बेहद दरिद्र है।

अशोक के लिए जो समय साहित्य का है वही समय कलाओं का भी; और दोनों समय मुख्य समय से बाहर है। मुख्य समय को न तो साहित्य की ज़रूरत है और न कलाओं की दरकार। मुख्य समय की माँग साहित्य को एक विशिष्ट किस्म की

बनावटी सामाजिकता और समसामयिकता की हद में क़ैद रखने और उसका मनमाना इस्तेमाल करने की है। इस 'उपयोगितावादी' दर्शन में कलाएँ बहुत दूर तक, अपने मौलिक स्वभाव को सुरक्षित रखती हुई, साहित्य की संगत नहीं कर सकतीं। लिहाज़ा इरादतन सबसे पहले कलाओं को साहित्य की जद से दरकिनार किया गया, फिर साहित्य को उसके 'दूसरे समय' से ख़ारिज कर मुख्य सामाजिक-ऐतिहासिक समय में अवस्थित किया गया। यही हालात अशोक की पीड़ा के मूल कारण हैं।

अशोक वाजपेयी जब इस साझा त्रासदी की गहनता से पड़ताल करते हैं तो उन्हें बहुत पीछे नहीं जाना पड़ता। यह त्रासदी बीसवीं सदी में ही सम्भव हुई कि 'एक ही बस्ती के लोग' साहित्य और कलाओं के आपसी रिश्ते असहज रूप से प्रभावित हुए। जबकि अशोक को सुदूर भारतीय परम्परा में साहित्य और कलाओं के बीच कोई ख़ास दूरी या भेद नहीं दिखाई देता। कविता, संगीत, रंगमंच, अभिनय, नृत्य ये सभी कलाएँ हमारी शास्त्रीय ज्ञान-परम्परा में घुली-मिली हुई हैं। भरत के आदि काव्यशास्त्र से लेकर आगे दीर्घ समय तक की शास्त्रीय साहित्य-परम्परा में कविता और विभिन्न कलाओं के बीच कोई समुचित और विवेकसम्मत पार्थक्य निर्धारित कर पाना सहज सम्भव नहीं है। परम्परा में इनके आपसी सम्बन्ध जितने आत्मीय और स्वाभाविक रहे हैं कि दोनों के पृथक अस्तित्व का विचार भी सम्भव नहीं।

भारत में आधुनिकता के उदय के साथ जीवन के अनेक आयामों के साथ साहित्य और कलाओं की दुनिया भी बदली। विभिन्न ज्ञानानुशासनों के बीच विभेद और उनका विशेषीकरण आधुनिकता के एक ख़ास व्यवहार से सम्भव हुआ। आधुनिक मनोवृत्ति की अति तार्किकता और सूक्ष्म व्यवच्छेदन के सैद्धान्तिक उपकरणों ने मानवीय भावों के आपसी सामंजस्य, उनकी आन्तरिक लय, जीवन-संगीत और उसकी 'इनर हार्मनी' को बुरी तरह झकझोर दिया। लय-भंग आधुनिक मनुष्य अपने ही बनाये एक वस्तुनिष्ठ संसार में क़ैद हो गया। वैज्ञानिक वस्तुनिष्ठता की ठोस अभिवृत्ति के सामने वैयक्तिकता की गोधूलि मिटने लगी। वर्गीकृत और सूचीबद्ध आधुनिक संसार में, जीवन में, गणित के सिद्धान्त प्रमुख हो गये।

लेकिन जीवन दो और दो-चार का गणित नहीं है। शायद इसलिए जीवन साहित्य और कलाओं की गोधूलि से सार्थकता पाता है। साहित्य और कलाएँ जीवन के अनिश्चय, उसकी गोधूलि को और अधिक सघन, और अधिक गाढ़ा करती हैं। उस गोधूलि में जीवन थोड़ा गझिन और धुँधला ज़रूर दिखता है, लेकिन अपने होने के सच्चे वैभव में। अशोक वाजपेयी साहित्य और कलाओं को 'मनुष्य की स्थायी गोधूलि' सम्भवतः इस अर्थ में भी कहते हैं कि वहाँ मनुष्य की बेचैन दुनिया का चेहरा पूरी प्रामाणिकता के साथ दिखता है। वहाँ वह ज़्यादा विश्वसनीय है।

अशोक ने आधुनिकता की वस्तुनिष्ठ और वर्गीकृत दुनिया को साहित्य और कलाओं के सन्दर्भ में हमेशा सन्देह से देखा है। आधुनिकता की सूचीबद्धता और

तार्किक वैज्ञानिकता साहित्य और कलाओं को नहीं सुहाती। आधुनिकता खुद भी साहित्य और कलाओं के व्यक्तिनिष्ठ संसार और उसकी 'इनर हार्मनी' को पसन्द नहीं करती। आधुनिकता सन्देह करती है, समर्पण नहीं करती। वह प्रश्न करती है, प्रतीक्षा नहीं करती। उसका संसार कोलाहलमय है, प्रार्थना और मौन से विनत नहीं। अव्वल तो ऐसी आधुनिकता कविता के पक्ष में हो नहीं सकती; संगीत, नृत्य, चित्र आदि कलाओं के पक्ष में इसका हो पाना और भी कठिन है। कविता और कला के ख़ारिज होते ही उनके आपसी सम्बन्ध भी स्वतः निरस्त हो जाते हैं। एक दायित्वनिष्ठ रचनाकार होने के नाते अशोक वाजपेयी की यह दुहरी चिन्ता है कि आधुनिकता के बाहरी दबावों से साहित्य और कलाओं के अपने जनपद की रक्षा कैसे हो, और रक्षित जनपद के दोनों पड़ोसियों के बीच का बिरादराना सम्बन्ध पुनः कैसे कायम हो। इसके लिए अशोक पहले 'समय से बाहर' परिकल्पित 'दूसरे समय' को एक पूर्ण स्वायत्त समय के रूप में निर्मित करते हैं, जिसकी सम्प्रभुता अखंड है। साहित्य और कलाओं का यह सम्प्रभु समय उनके जनपद को सबल और सुरक्षित रखता है। यहाँ आधुनिकता के दबाव से उपजे किसी प्रकार के विशेषीकृत विचार और निर्मितियों के लिए कोई जगह नहीं। दूसरी ओर अशोक वाजपेयी ने अपनी कविता और आलोचना-कर्म के माध्यम से साहित्य और कलाओं के विपर्यस्त हुए सम्बन्ध को पुनःजीवित और पुनःसंस्कारित करने का कार्य किया है। बीसवीं सदी की हिन्दी कविता को अशोक वाजपेयी का यह बहुत बड़ा अवदान है। इस सदी की पश्चिमपरस्त आधुनिकता साहित्य और कलाओं के आपसी सम्बन्धों के सामने एक बड़ी चुनौती के रूप में सामने आयी, जिसे अशोक वाजपेयी जैसे विराट आभा-सम्पन्न विस्मयकारी संस्कृति-पुरुष ने खुलकर स्वीकार किया। बीती सदी के कठिन दौर में कविता और कलाओं के आपसी सम्बन्ध बेहद नाजुक और क्षीण हो गये थे। अशोक याद करते हैं कि उस घोर निराशाजनक दौर में साहित्य और कलाओं को बाँधने वाली डोर को कुछ गिने-चुने लेखकों-कवियों ने पूरा टूटने से किसी तरह बचा रखा था। भारतेन्दु, प्रसाद, निराला, पन्त, महादेवी, शमशेर आदि कृती व्यक्तित्वों ने यह महत्त्वपूर्ण काम किया। लेकिन इनके बाद जैसे यह सिलसिला ख़त्म-सा हो गया। ऐसे में बीती उत्तरशती के सांस्कृतिक हिन्दी-समय को अशोक जैसे अद्भुत प्रतिभा-सम्पन्न संस्कृति-नायक की बेहद दरकार थी, जो समय की सांस्कृतिक शून्यता को कलाओं की विविधवर्णी उपस्थिति से जगमग कर दे, जिसमें हिन्दी कविता और उसका समय भी शामिल होकर अपनी दरिद्रता विसर्जित कर दे और कलाओं के साहचर्य से अपनी खोई हुई सम्पन्नता पुनः अर्जित करे। साहित्य और कलाओं को लेकर अशोक वाजपेयी का विजन इस कारण बेहद महत्त्वपूर्ण है। शायद यही वजह है कि वरिष्ठ कवि-आलोचक विष्णु खरे ने मध्यकालीन भारत में अकबर के बाद आधुनिक भारत के दो अन्य महान सांस्कृतिक नायकों रवीन्द्रनाथ

टैगोर और नेहरू के साथ अशोक के सांस्कृतिक विजन को जोड़कर देखा है।

अशोक वाजपेयी का मानना है कि आधुनिकता 'रागात्मकता' को विशेष स्वीकृति नहीं देती। आधुनिकता की यह प्रवृत्ति विशेष भी कविता और कलाओं के लिए घातक है। ख़ासकर आधुनिकता का यह निषेधात्मक स्वरूप लगभग पूरा का पूरा पश्चिमी किस्म का है। ऐसे में ठेठ भारतीय कला और संस्कृति-समय के पास ऐसी छूट नहीं कि वह अपने ढंग का ऐसा कला-संस्कृति-समय विकसित और पोषित कर सके, जो अपने मूल चरित्र में रागात्मक और व्यक्तिनिष्ठ हो। जो किसी प्रश्न, किसी विचार पर दो-टूकपने से परहेज करे और जिसकी चिन्ता में वे प्रश्न और शंकाएँ भी पूरी अहमियत से शामिल हों, जिनको आधुनिकता की विशिष्ट तर्कपद्धति, विचार सारणी और अटल वस्तुनिष्ठता बिना हिचक के एकबारगी ख़ारिज कर देती है।

अशोक वाजपेयी अपनी कविता और आलोचना-कर्म में भारतीय समय में विकसित पश्चिम ढंग की ऐसी आधुनिकता के औचित्य पर सवाल उठाते हैं। यह आधुनिकता निश्चय ही साहित्य और कलाओं के सन्दर्भ में ग़ैरज़रूरी है जो चीज़ों के प्रति बेचैन और प्रश्नाकुल तो होती है किन्तु उनके समाहार के लिए आसान और सरलीकृत तरीके चुनती है। आधुनिकता की सन्देहशीलता खुद सन्देह पर अंधास्था रखती है। वह 'सन्देह' पर सन्देह नहीं करती। वहाँ दुर्दम्य आस्था है। वह 'तर्कशीलता' के औचित्य पर तर्क नहीं करती। तर्क स्वयं अतर्क्य है! सच्ची विचारशीलता ऐसे सरलीकरणों से उपलब्ध नहीं होती। सच्ची विचारशीलता स्वयं अपने 'विचारशील' होने पर भी सवाल उठाती है। वह दूसरों पर अभियोग करती है लेकिन पहले आत्माभियोग लगाती है।

अशोक कविता पर बात करते हुए बार-बार यह दुहराते हैं कि कविता की अदालत में दूसरों पर अभियोग लगाने की इज़ाजत नहीं होती। हाँ, खुद पर अभियोग वह ज़रूर लगा सकती है। अशोक वाजपेयी का यह विचार तथाकथित विवेकशील आधुनिकता और उसकी वैचारिक सहिष्णुता को आत्मावलोकन के लिए प्रेरित करता है। अशोक स्वयंसिद्ध आधुनिकता की रूढ़ियों और उसके अहंकार को आईना दिखाते हैं। वे बताते हैं कि स्वयं से इतर किसी भी 'अन्य' का निषेध करने वाली आधुनिकता का मूल चरित्र किस हद तक कट्टर और अलोकतान्त्रिक है। अशोक की कविता, उनका संस्कृति-कला और आलोचना-कर्म सबसे पहले खुद अपनी कमज़ोरियों का निर्मम 'कनफ़ेशन' करता है, फिर साहित्य और कलाओं के समय को रुग्ण करने वाली पश्चिमपरस्त आधुनिकता का विवेकोचित प्रतिषेध। इस दुहरी कार्रवाई के साथ अशोक वाजपेयी बीसवीं सदी के उत्तरार्द्ध का हिन्दी का कला-समय गढ़ने का प्रयास करते हैं।

(2)

''कलाओं ने हमारे समय में वह दूसरा विमर्श जीवित-सक्रिय रखा है, जो प्रतिबिम्बन का विमर्श नहीं है।''—अशोक वाजपेयी

अनेक बार पश्चिमपरस्त आधुनिकता के प्रभाव से साहित्य किन्हीं ख़ास प्रत्ययों और विचारसारणियों को प्रतिबिम्बित करने वाला उपकरण मात्र बनकर रह गया। ऐसे प्रत्यय और विचार सारणियाँ वाद-विवाद-संवाद का लोकतान्त्रिक नकाब ओढ़े आती हैं। जबकि बीसवीं सदी में यही सबसे क्रूर, असहिष्णु और सर्वसत्तावादी आक्रामकता का उदाहरण बनकर सामने आयीं। विचार-प्रणालियों की तथाकथित आधुनिकता ने स्वतन्त्र विचार और संवाद की धारा में सबसे ज़्यादा पत्थर अटकाये। प्रतिबिम्बन का बहुत सारा साहित्य इस त्रासदी का शिकार हुआ।

विविध विधाओं में हिन्दी का भी प्रभूत साहित्य, ख़ासकर कविता, बहुत हद तक यथातथ्य की तरह रची गयी, हालाँकि यह हमारे महत्त्वपूर्ण और स्थायी साहित्य का हिस्सा नहीं है। आज हिन्दी के कालजयी काव्य के रूप में वही सृजन दर्ज है जो सीधे-सीधे चीज़ों के प्रतिबिम्बन की प्रकृति का नहीं है, बल्कि जिनमें चीज़ों का रचनात्मक इस्तेमाल साहसिक ढंग से हुआ है। लेकिन बीती सदी के उत्तरार्द्ध की मुख्यधारा के साहित्य का एक लम्बा दौर इस दृष्टि से बेहद निराशाजनक था। अशोक वाजपेयी के दृश्य में पदार्पण का यही समय था, जब यह कवि अपने समय की कविता को एक 'जिंस' की तरह निर्मित और उपयोग में लाये जाते देख रहा था। कविता में अभिधा के अपूर्व आधिपत्य से दृश्य में एक, और एकमात्र 'विमर्श' ही जीवित-सक्रिय था जो अपनी प्रकृति और कार्यविधि में कला और कविता-विरोधी तो था ही, खुद से असहमत किसी भी 'अन्य विमर्श' के प्रति भी भीषण रूप से असहिष्णु था। यद्यपि ऐसे कठिन समय में किसी 'अन्य विमर्श' के रूप में कलाओं का विमर्श ही उपयोगी हो सकता था, सो अशोक वाजपेयी ने कलाओं के इस विमर्श को अपने समय की असहिष्णु कविता के प्रतिकार के लिए चुना।

अशोक वाजपेयी ने कलाओं पर विमर्श को अपने साहित्य-कर्म का आनुषंगिक कर्म बनाया। इस प्रकार उन्होंने दोनों के अनिवार्य से मान लिए गये द्वैत और वैर-भाव को ग़ैरज़रूरी साबित कर देने की कोशिश की। अपने आत्मवृत्त में एक जगह उन्होंने लिखा है, ''हमारा (यानी साहित्य और कलाओं का) एक स्वाभाविक पड़ोस है। हम एक ही बस्ती के लोग हैं। उनकी समस्याएँ लगभग एक-सी हैं और मुझे कोई कारण नज़र नहीं आता कि ये लोग आपस में बातचीत न करें, कभी नोंक-झोंक न करें...।'' आगे लिखते हैं, ''...मैंने इस पड़ोस को थोड़ा जगाने की, इस पड़ोस को यह जताने की कि तुम पड़ोस हो, कि तुम एक-दूसरे के पड़ोसी हो—यह बताने की कोशिश की है।''

साहित्य और कलाओं के संयोग और पड़ोस की परिकल्पना कर अशोक वाजपेयी ने अपने समय में अलग-अलग जारी दो परस्पर विरोधी मान लिए गये विमर्शों को संयुक्त किया है। यह काम उन्होंने अपनी कविता के भीतर भी किया और उसके बाहर भी। कलाओं का अनुषंग लिए बग़ैर उनकी कविता के रचाव और संवेदन-भूमि में उतर पाना लगभग नामुमकिन है। दूसरी ओर कविता के बाहर उनका विशद आलोचना और संस्कृति-कर्म है। विभिन्न कलाओं की गहरी समझ रखे बग़ैर उनके आलोचना और संस्कृति-कर्म की अर्थवत्ता भी समझ में नहीं आ सकती। ये सब एक ही व्यापक कार्रवाई के अनेक अलग-अलग क्षेत्र हैं। एक ही लड़ाई के अलग-अलग मोर्चे। एक मोर्चे पर वे भव्य नृत्य समारोह (उदा. खजुराहो नृत्य समारोह) आयोजित करवाते हैं तो दूसरी ओर नृत्य पर कविताएँ (उदा. 'नर्तकी') लिखते हैं, तो तीसरी ओर नृत्य के सुख्यात केन्द्र (उदा. चक्रधर नृत्य केन्द्र) की बुनियाद डालते हैं।

एक मोर्चे पर वे कुमार गन्धर्व, मल्लिकार्जुन मंसूर और भीमसेन जोशी के प्रसंग में महत्त्वपूर्ण संगीत कार्यक्रमों को अंजाम देते हैं तो दूसरी तरफ़ गन्धर्व और मंसूर पर कविताओं की अविस्मरणीय शृंखला रच डालते हैं, फिर सारंगी, ध्रुपद, रंगसंगीत पर कार्यक्रम करवाते हैं और ध्रुपद और संगीत के स्वतन्त्र केन्द्रों की स्थापना भी। (उदा. धुपद केन्द्र, उस्ताद अलाउद्दीन खाँ संगीत अकादमी) अशोक कालिदास से लेकर बिरजू महाराज, कथक से लेकर सैयद हैदर रज़ा, राष्ट्रीय नुक्कड़ नाटक से लेकर कॉमनवेल्थ थियेटर प्रयोगशाला पर राष्ट्रीय स्तर पर कार्यक्रमों और गतिविधियों को संगठित-संचालित करते हैं। मध्यप्रदेश में रहते हुए उन्होंने साहित्य और कलाओं के मिले-जुले उत्सवों का एक अनवरत सिलसिला शुरू किया। भारतीय और अन्तर्राष्ट्रीय कला-प्रदर्शनियों की जैसे शृंखला ही लगा दी। साहित्य और कलाओं के लगभग एक हज़ार से अधिक राष्ट्रीय-अन्तर्राष्ट्रीय स्तर के आयोजन उन्होंने कराये, जिनमें भारतीय कविता समारोह, एशियाई कविता समारोह, विश्व कविता समारोह आदि आयोजन प्रमुख हैं। और फिर साहित्य और कलाओं को अशोक वाजपेयी के अविस्मरणीय अवदान का जीता-जागता कीर्ति-स्मारक है भोपाल का 'भारत भवन'।

अशोक वाजपेयी ने कलाओं पर ख़ूब लिखा है और रस लेकर। वे अली अकबर ख़ाँ का सरोद वादन सुनकर कविता लिखते हैं तो अपने आत्मीय और सदी के अविस्मरणीय शास्त्रीय गायक कुमार गन्धर्व पर गद्य-गीत। फिर उन्हीं पर, उनके निधन से शोक-सन्तप्त, सदी का सबसे लम्बा शोकगीत भी—'बहुरि अकेला : कुमार गन्धर्व के लिए विदागीत' नाम से। एक और महान शास्त्रीय गायक मल्लिकार्जुन मंसूर का संगीत सुनकर अशोक मंसूर की तुलना 'ईश्वर' की उदात्तता से करने लगते हैं। उन पर तीन महत्त्वपूर्ण कविताएँ भी उन्होंने लिखी हैं। वे नृत्य पर भी कविता लिखते हैं, चित्र पर भी। महान चित्रकार जगदीश स्वामीनाथन के चित्रों से

भी अशोक कविता लिखने को प्रेरित हुए हैं। ('अचल चिड़िया उड़ती चट्टान', 'जिस पर आकाश नहीं टिकता')। चित्रकार सैयद हैदर रज़ा पर भी अशोक की एक लम्बी कविता है—'रज़ा का समय'। यहाँ तक कि अशोक ने दूसरे कवियों की कविताएँ पढ़कर भी कविता लिखी है, जैसे शमशेर की 'कुछ कविताएँ' पढ़कर कविता।

लेकिन कलाओं पर अशोक का लेखन 'कविता' के भीतर तक ही सीमित नहीं है। उन्होंने संगीत, नृत्य, रंगमंच, फ़िल्म और रूपंकर कलाओं पर गद्य में भी साधिकार लिखा है। उनकी एक पूरी पुस्तक 'समय से बाहर' कलाओं पर ही है। आकंठ कलाओं में डूबे हुए अशोक जीवन और कला को अलग-अलग नहीं मानते। वे कहते हैं, "अगर एक भरपूर आदमी बनना या बने रहना है तो कम से कम किसी एक से काम नहीं चलेगा।" अर्थात् जीवन और कला दोनों एक साथ चाहिए।

प्रतिबिम्बन के साहित्य का जो एकमात्र विमर्श हिन्दी में लगभग स्वीकृत-सा हुआ, अशोक वाजपेयी ने उसके बरक्स एक नया दूसरा विमर्श जीवित-सक्रिय किया है। यह विमर्श साहित्य या कविता में बाहरी अतिक्रमण से स्वतन्त्र है। बाहरी दबावों से आक्रान्त होकर यह उनका अनावश्यक प्रतिबिम्बन नहीं करता, बल्कि कलाओं के संयोग-सहकार से अपनी आन्तरिक शुचिता उपलब्ध करता है। इस विमर्श में विभिन्न कलाएँ, कविता और जीवन तीनों अभिन्न हैं। तीनों की समवेत स्वायत्तता है। तीनों का संयुक्त 'दूसरा समय' है, जो मुख्य समय के एकमात्र और आक्रामक विमर्श को चुनौती देता हुआ समय में एक लोकतान्त्रिक स्पेस का निर्माण और विस्तार करता है।

(3)

आम तौर पर यह मान लिया गया है कि कुछ अपवादों को छोड़कर प्रायः कलाओं का जीवन से सीधा सम्बन्ध नहीं होता। जैसे रंगमंच और कुछ हद तक चित्रकला को छोड़ दें तो शास्त्रीय संगीत और नृत्य जैसी कलाओं का कोई विशेष सामाजिक आशय नहीं है। रंगमंच पर खेले जाने वाले नाटक, नुक्कड़ नाटक और अपेक्षाकृत थोड़ी अधिक मूर्त कलाएँ शायद उस पहले जीवित-सक्रिय विमर्श का एक हद तक वाहक हो सकती हैं, जो जीवन और साहित्य में कलाओं के विशेष आग्रह से गुरेज करती हैं। किन्हीं विशेष विचार सारणियों के मनचाहे उपयोग में भी शायद वे आ जायें, लेकिन शास्त्रीय संगीत, नृत्य जैसी कलाएँ अपेक्षाकृत अधिक अमूर्त और स्थिर होने के कारण अपने सामाजिक आशय ही नहीं, बल्कि किसी भी ऐसे विचार से रहित जान पड़ सकती हैं, जीवन में जिनकी उपस्थिति विचार विशेष के अनुयायियों को अनिवार्य लगती हैं।

अशोक वाजपेयी ने अपनी पुस्तक 'समय से बाहर' के निबन्धों में ऐसी शंकाएँ व्यक्त की हैं कि कला और जीवन को दो विपरीत ध्रुव मानने वाले साहित्य के

सिद्धान्तकार अवश्य ही कला और जीवन, कला और कविता और इसी तरह कला, जीवन, कविता, संस्कृति... को एक साथ, एक छत के नीचे लाने के उनके प्रयास की उपयोगिता पर प्रश्नचिह्न लगाएँगे। वैसे भी गुणीजनों के अनुसार कविता विचार से संयुक्त होकर ही मुकम्मल कविता हो सकती है और यही कविता जीवन के लिए प्रासंगिक और उपयोगी है। ऐसा सोचने वाले सुधीजन कलाओं को प्रायः विचारहीन मानते हैं। वे जैसे यह भी मान बैठे हैं कि जीवन 'संघर्ष' है और कलाएँ 'उत्सव'। लेकिन अशोक वाजपेयी जीवन और कला की समस्या को साझा करके देखते हैं। जीवन की तरह कला भी एक विचार है, जिसमें जीवन की बेचैन रेखाओं की तरह गहराती टीसें हैं। जीवन और कला की समस्याएँ साझा हैं तो उनके सुख, उनके उत्सव भी साझे हैं। लेकिन अशोक के यहाँ विलाप को दबाकर उनका उत्सव ज़्यादा मुखर है, ज़्यादा स्पष्ट। अशोक के यहाँ यह जो 'सेलीब्रेशन' है, वह कहीं से भी विचारहीन और अनुत्तरदायित्वपूर्ण नहीं है, यह उत्सव-दृष्टि स्वयं को और व्यापक जीवन-संसार को जीने, देखने और उससे प्रतिकृत होने की एक अलग और मौलिक दृष्टि है। यह जीवन और कला पर 'विचार' की विलापमुक्त विधायक दृष्टि है जिसे अशोक वाजपेयी का सृजन स्वायत्त करता है।

अशोक वाजपेयी का कला-विचार 'मान्य' अर्थों में भी 'विचार' से रहित नहीं है, जिसका होना सर्जक के रचना-कर्म को जटिल, गहन और बौद्धिक दृढ़ता से सम्पन्न करता है। कम से कम अशोक का समूचा कविता-कर्म एक पूर्ण मनुष्य के जीवन का सटीक भाष्य है। वे जब कलाओं पर गम्भीर विचार में उतरते हैं तो जीवन के अनेक रूपों के अनदेखे-अनसोचे आयाम खुलने लगते हैं। कलाओं की संगत में वे मनुष्य के आन्तरिक लोक के शून्य का निस्तार पाते हैं। आधुनिक मनुष्य की अस्तित्वगत बेचैनी और पीड़ा उसके आन्तरिक शून्य से जनमी है और इसे कलाओं का निकट साहचर्य बहुत हद तक कम कर सकता है। अशोक जब साहित्य और कलाओं के पड़ोस-भाव की बात करते हैं तो उनके ध्यान में एक 'भरे-पूरे' आधुनिक मनुष्य की कल्पना है। कलाओं के परिसर से बाहर इस मनुष्य की प्यास बाहर जितनी गहरी है उससे कहीं अधिक वह आन्तरिक प्यास से व्याकुल है।

इस प्यास से तृप्त और स्वाभाविक जीवन की परिकल्पना और उसकी परिपूर्णता का विचार किसी प्रकार किसी महान विचार से कमतर विचार नहीं है। यह महान विचार एक तृप्त और पूर्ण मानवीय जीवन को 'सेलीब्रेट' करना चाहता है। इस 'सेलीब्रेशन' में बेझिझक कोई भी रसिक शामिल हो सकता है।

दूसरी ओर कलाएँ किसी भी सामाजिक आशय से रहित कोरा उत्सव भर हैं—ऐसा मानने का कोई कारण नहीं। दूसरे समय में, अपने स्वराज में अवस्थित कलाएँ गाहे-बगाहे सामाजिक समय को भी प्रतिकृत करती हैं।

रंगमंच पर अशोक वाजपेयी का एक गम्भीर आलेख है : 'दूसरों की उपस्थिति में' शीर्षक से। अशोक के अनुसार रंगमंच की स्थिति ऐकांतिकता के बिल्कुल उलट

है। "उसका आस्वाद बल्कि रचना ही बिना दूसरे के सामने कुछ सम्भव नहीं।" वे कहते हैं कि "यह 'दूसरों' की उपस्थिति की अनिवार्यता रंगमंच का स्वभाव भी निर्धारित करती है और उसकी नियति भी।...कह सकते हैं कि रंगमंच, इस अर्थ में, सबसे सामाजिक कला है।" रंगमंच की सामाजिकता इतनी व्यापक है कि अशोक उसे सबसे मायावी कला कहते हैं। स्पष्ट करते हुए वे लिखते हैं, क्योंकि "...उसमें सब कुछ शामिल है—साहित्य, रूपंकर कलाएँ, संगीत, नृत्य आदि।" इस कारण "वह सबसे अशुद्ध कला है—उसमें भयानक मिश्रण है... वह अशुद्धता का प्रवाह" है।

रंगमंच की कला केवल अभ्यास के क्षणों में अकेली है, अन्यथा प्रदर्शन के समय अपनी मूल प्रकृति में वह सामाजिक है, जिसके सामाजिक आशय पूरी तरह प्रकट हैं। उसके इस आशय को उसकी संगत करती अन्य कलाएँ और भी अर्थगर्भ करती हैं। इस दृष्टि से अशोक को रंगमंच सहित संगीत, नृत्य और रूपंकर कलाएँ भी अपनी एकान्त भूमि से बाहर आकर सामाजिक आशय के परिसर में प्रविष्ट होती दिखती हैं।

रंगमंच की कला का अर्थ ही 'दूसरों के सामने उपस्थिति' होती है, दूसरा बनकर। पहले से बाहर होने के लिए यह कला संघर्ष करती है और अन्ततः 'दो रूपों' के द्वन्द्व और तनाव के बीच "आत्म और पर का तादात्म्य होता है।" अशोक वाजपेयी रंगमंच की अद्‌भुत कला की गूढ़ विवेचना करते हुए यह प्रमाणित करते हैं कि रंगमंच के बहाने, उसमें शामिल सभी कलाएँ सामाजिक भी हैं और वैयक्तिक भी : उसके स्पष्ट सामाजिक आशय भी हैं और किसी निश्चित आशय से बाहर वे अर्थों की गोधूलि में भी विचरती हैं। इस द्वन्द्व में परस्पर साहचर्य और विलय का स्पेस भी खुला है।

'कथा के छन्द' में बिद्ध आधुनिक समय की महान कला सिनेमा भी शायद ऐसी ही कला है। बेशक यह रंगमंच जितना निकट का नहीं, किन्तु अपनी कलात्मक प्रभावोत्पादकता में यह रंगमंच से आगे की कला है। और इसके ठीक वही आशय हासिल होते हैं जोकि एक सार्थक रंगमंच हमें देता है। अशोक वाजपेयी ने महान फ़िल्मकार सत्यजीत राय पर लिखते हुए, उनके बहाने एक सार्थक कला के रूप में सिनेमा कला के वैशिष्ट्य की पहचान की है।

रूपंकर कला के रूप में चित्र रंगों और रेखाओं के माध्यम से सच्चाई प्रदर्शित करते हैं। चित्रकला पर लिखते हुए अशोक वाजपेयी स्पष्ट करते हैं कि साहित्य शब्दों के जरिए सामाजिक सचाई और उसके आशय के कुछ हिस्से को कहता है और उसके बाकी बचे हिस्से को रंगों और रेखाओं के जरिए चित्रकला कहती है। इस अर्थ में दोनों एक-दूसरे के पूरक हैं। साहित्य या कविता जहाँ विचार को लिखते-कहते हैं, वहीं चित्र उसे रूपायित कर चाक्षुष बना देते हैं। एक ही अर्थ अनेक अर्थों में प्रकट होता है। एक अर्थ पढ़ने पर मिलता है तो अन्य अर्थ देखने पर उपलब्ध होते हैं। सभी अर्थ सचाई के हिस्से हैं और व्यापकतर। रूपंकर कला पर अशोक के अत्यन्त

उत्तेजक विचार 'पढ़ना नहीं देखना' निबन्ध में मौजूद हैं। हिन्दी में चित्रकला पर गम्भीर विचार का ऐसा लेख दुर्लभ है।

नृत्य और संगीत दो ऐसी कलाएँ हैं जिनमें सार्वजनिकता का स्पेस ज़्यादा नहीं है। ये काफ़ी हद तक अभिजात और अपने अर्थ को अमूर्त करती सीमित आशय की कलाएँ हैं। शास्त्रीय ढाँचे में बँधी संगीत, नृत्य जैसी कलाएँ 'विचार' के उस विचार को सीधे ख़ारिज करती हैं, जिसकी माँग आम तौर पर साहित्य या कविता से की जाती है और जिसकी अनुपस्थिति में कविता को बड़ी आसानी से निरर्थक और अप्रासंगिक घोषित किया जा सकता है। जब कलाएँ 'विचार' के इस पूर्वग्रह पर प्रश्नचिह्न लगाती हैं तो चालू कविता-समय से उनको देश-निकाला दे दिया जाता है। संयोग से कलाओं का एक वर्ग विचार के विचार से एक गहरे अर्थ में सहमति रखता है। बेशक यह सहमति उन्हीं विचारों के प्रति है जिनकी प्रकृति लोकतान्त्रिक और संवाद का खुला स्पेस लिए हुए है।

(4)

लेकिन संगीत और नृत्य जैसी कलाओं का अपना देश-काल है। अशोक इन दोनों कलाओं को नश्वर और समय से बाहर कालातीत में अवस्थित पाते हैं। दोनों कलाएँ समकालिकता और ऐतिहासिकता का अतिक्रमण करती हैं। दोनों कलाएँ जैसे अनश्वरता के अहर्निश उत्सव में निमग्न हैं। ये बीज कलाएँ हैं जो अशोक की मनोरचना का आधार हैं। ख़ासकर संगीत के बिना अशोक के कला-विचार, कविता-सृजन और संस्कृति-कर्म की बात ही नहीं की जा सकती। विभिन्न कलाओं में संगीत पर उन्होंने सबसे ज़्यादा लिखा : गद्य-पद्य दोनों में। उनके संस्कृति-कर्म का बड़ा हिस्सा संगीत को समर्पित रहा है। उनके पहले कविता संग्रह में ही संगीत पर एक महत्त्वपूर्ण कविता है—'अली अकबर खाँ का सरोद वादन सुनते हुए।' संगीत के प्रति अपने दुर्निवार आकर्षण के बारे में अपने आत्मवृत्त में उन्होंने लिखा है, "एक मिथकवंचित संसार में संगीत ने मुझे होने के, संसार के और रची गयी दुनिया के आश्चर्य और रहस्य को समझने में सहायता की।" ('पाव भर जीरे में ब्रह्मभोज', पृ. 90)। आगे लिखा है, "संगीत से मुझे लगातार ऐसे रूपक और बिम्ब मिलते रहे हैं जिन्होंने समय, अनन्त और नश्वरता से मेरे स्थायी सरोकार को विन्यस्त करने में मेरी सहायता की है।" (वही, पृ. 96)। नृत्य भी अपनी ऐन्द्रिय देह-गति की लय और अपने उन्मुक्त वक्तव्य से कवि की कविता को पवित्र और उदात्त करता है। 'मिथकवंचित' कठोर संसार का यथार्थ अवश्य ही किसी तथाकथित सामाजिक सन्दर्भ से विन्यस्त होगा, लेकिन वह किसी भी अर्थ में मानवीय आग्रह-सम्पन्न परिपूर्ण रचना नहीं होगी। संगीत-नृत्य जैसी ऐकान्तिक शास्त्रीय कलाएँ ही उस 'मिथक-संसार' को रचती हैं जिसमें मनुष्य की आत्मा का औदात्य प्रतिबिम्बित होता

है, जिसमें उसके महान स्वप्नों, आद्यइच्छाओं और भविष्य की विराट कल्पना का उन्नत अन्तरिक्ष उतरता है। अशोक ने ऐसे ही मिथकीय संसार में होकर, अपने होने और रची गयी दुनिया के आश्चर्य और रहस्य को समझने की कोशिश की है। कलाओं के प्रति अपूर्व रूप से कृतज्ञ इस रचनाकार का रचनाकर्म बराबर संगीत आदि कलाओं से प्राणवायु प्राप्त करता रहा है। इन्हीं के भरोसे, इन्हीं के साथ वे 'समय से बाहर' समयातीत का जगत निर्मित करते हैं और उसकी परछी पर बैठकर होने का सुख पाते हैं। इन्हीं के भरोसे वे ''नश्वरता को उन्हीं के मुकाम पर पराजित करते हैं... और जब तब अनश्वर को छू भी उन्हीं के यहाँ पाते हैं।'' अशोक कलाओं को 'नश्वरता के पड़ोस में अनश्वरता का जगमगाता हुआ घर' कहते हैं।

x x x

अन्य कलाओं की तरह संगीत और नृत्य कहाँ तक सच्चाई का हिस्सा हैं और अपनी घोर अमूर्तता के कारण कितनी प्रकट विचारक्षम—इन सवालों पर अशोक वाजपेयी के पूर्वग्रह खुले और स्पष्ट हैं। यानी कलाएँ हमेशा ही सच्चाई का अनिवार्य हिस्सा हैं फिर वह सच्चाई वैयक्तिक हो या सामाजिक। कलाओं के आशय हमेशा जीवनदायी, सृजनक्षम और प्रासंगिक हैं। अशोक को सभी कलाएँ ''हमारी जिजीविषा का स्थायी स्थापत्य'' लगती रही हैं। अशोक अपनी कविता को अक़सर इन्हीं प्रतिमानों से जाँचने की प्रतिबद्धता दुहराते हैं।

अशोक वाजपेयी को कलाओं पर दूसरों के पूर्वग्रह की परवाह नहीं है। वे 'कला कला का खेल' खेलते हैं डंके की चोट पर। पिछली अर्धसदी में कम से कम हिन्दी में साहित्य के पड़ोस में कलाओं के होने की ज़िद करने वाला अशोक-सा ज़िद्दी लेखक दूसरा कोई नहीं हुआ। शायद इसलिए एक सर्वसत्तावादी क्रूर समय, जिसने अपने साहित्य और विचार दोनों से कलाओं को पहले ही देशनिकाला दे रखा था, उन्हीं कलाओं के अथक पैरोकार अशोक वाजपेयी के कला-विचार को भी सामूहिक रूप से बहिष्कृत करने की असफल रणनीति तैयार की। लेकिन अशोक की भी अपनी ही ज़िद है। साहित्य के जनपद में कलाओं का स्वराज ही अशोक का परम और स्थायी पूर्वग्रह है। इस पर सतत ज़िद किये रहने की उनकी एक राजनीति है—एक उच्चतर राजनीति, जो ''सामाजिक परिवर्तन की नहीं, समय की नहीं, समयातीत की राजनीति'' है। अशोक इस 'राजनीति' में रमे-डूबे हैं। वे समयातीत के प्रदेश की खाक छानते हैं, जहाँ मनुष्य उदय से लेकर लोप तक अपने 'होने', 'न होने' को जीता है। समयातीत के इस प्रदेश में कविता की गोधूलि है और कलाओं की भी। अशोक के ये शब्द सदा स्मरणीय हैं कि कविता के संग 'कलाएँ मनुष्य की स्थायी गोधूलि हैं।'

देवताओं की गँवा दी गयी एक दुनिया

(1)

अशोक वाजपेयी की कविता में ईश्वर के लिए जगह नहीं है। बावजूद इसके उनकी कविता बाज दफ़ा अध्यात्म-सम्पन्न कविता का श्रेष्ठ उदाहरण है। चालू अर्थों में ईश्वर की परिकल्पना के बिना आध्यात्मिक भाव-दशा सम्भव नहीं। साधारण जीवन में भी और कविता में भी। अशोक वाजपेयी एक व्यक्ति के रूप में, अपने सामान्य जीवन में भी चालू अर्थों में 'नास्तिक' हैं और अपनी कविता में तो उन्होंने अपने 'नास्तिक' होने की जैसे घोषणा ही कर डाली है। उन्होंने 'ईश्वर' की अवधारणा को अपनी कविता से बहिष्कृत कर दिया है। इसकी जगह उन्होंने अपने और अपनी कविता के लिए 'ईश्वरहीन अध्यात्म' की कल्पना की है।

उनकी कविता के इस 'विशिष्ट अध्यात्म' पर अन्यत्र विस्तार से चर्चा की है, अतः यहाँ दुहराने की आवश्यकता नहीं। लेकिन इसी विषय पर अवांतर प्रसंगवश उनकी कविता में कुछ ख़ास उपस्थितियों पर अलग से बात होनी चाहिए। ये उपस्थितियाँ जिन्हें आम जन-मानस और चिन्तन के मिथकीय प्रदेश में ईश्वर सदृश दिव्य, अलौकिक और अशरीरी मान लिया गया है। ये 'देवता' हैं। ये स्वयं 'पूर्ण ईश्वर' के रूप में कल्पित नहीं हैं, किन्तु 'ईश्वरीय प्रतिनिधि' मान लिए जाने के कारण ईश्वरीय आभा-मंडल और अलौकिक शक्तियों से सम्पन्न हैं। अशोक के यहाँ ये देवता हैं, लेकिन ईश्वरीय प्रतिनिधि के रूप में नहीं, न ही अलौकिक आभा से युक्त। अशोक वाजपेयी की कविता के अध्यात्म का इन देवताओं से भी उसी तरह कोई लेना-देना नहीं है, जिस तरह परिकल्पित किये गये किसी परिपूर्ण स्वयंभू ईश्वर से।

अशोक की कविता ने ईश्वर की दुनिया से खुद को अलग कर लेने के साथ उस दुनिया के प्रतिनिधि देवताओं की दुनिया भी खो दी। उन्होंने उन देवताओं को नितान्त मानवीय उपस्थिति के रूप में पुनरुपलब्ध किया। यह दैनन्दिन जीवन में आस-पास सक्रिय और लगातार घटित हो रही मानवीय उपस्थिति है। ये उसी प्रकार देवता हैं, जिस प्रकार किसी बच्चे के सहपाठी का नाम 'गोपाल' हो। बच्चे की अपने सहपाठी के साथ पहचान सिर्फ़ 'गोपाल' के नाम-रूप से है, भले ही अन्यों

के लिए 'गोपाल' नाम के साथ एक भारी-भरकम पौराणिक, मिथकीय कथाओं की दैवीय दुनिया संयुक्त हो। 'गोपाल' नाम की तरह अशोक के लिए 'देवता' एक सामान्य उपस्थिति भर हैं।

अशोक वाजपेयी की कविता में यह अचानक नहीं हुआ। अशोक की कविता के स्वभाव की बुनावट में ही ईश्वर और उसके साथी देवता फिट नहीं बैठते। 'ईश्वर' को घर-बाहर करने के बाद शायद वे 'देवताओं' को भी बाहर का रास्ता दिखाते। लेकिन उनकी मंशा देवताओं के साथ कुछ नया खेल करने की थी। सो उनको उन्होंने कविता में बने रहने दिया, अब तक। उन्होंने देवताओं की उपस्थिति में अध्यात्म की तलाश हरगिज नहीं की। न ही अपने अध्यात्म का आलम्बन ही इन्हें बनाया। अशोक की कविता के अध्यात्म का आलम्बन कोई अशरीरी, कोई अपदार्थ कभी नहीं रहा है। उनके अध्यात्म के इस पहलू पर चर्चा फिर कहीं किसी और अवसर पर। यहाँ हम अशोक वाजपेयी की कविताओं में देवताओं के संग-साथ और यथासम्भव उनकी हर भंगिमा पर चर्चा करेंगे।

अशोक वाजपेयी ने अपने काव्य-कर्म के प्रस्थान-बिन्दु पर ही देवताओं की दुनिया को अपने लिए जर्जर-मृत देख लिया था। बल्कि कवि की कविता तो यहाँ तक कहती है कि देवताओं की दुनिया उसके जन्म से पहले ही मर गयी थी। ('शहर अब भी सम्भावना है', पृ. 53) कवि प्रारम्भ से ही इस दुनिया को केवल दो शक्लों से पहचानता है। एक—"अपनी माँ की अक्लान्त करुणा" और दो—"अपनी प्रेमिका के निबिड़ प्यार" से।

देवताओं के बरक्स करुणा और प्रेम। करुणा और प्रेम—ये दो भाव अशोक की कविता के आदि-बिन्दु हैं। ये दोनों अलग नहीं हैं। एक के बिना दूसरे का होना सम्भव नहीं। लेकिन अशोक इन दो उत्कृष्ट मानवीय भावनाओं को देवताओं के बरक्स क्यों रख रहे हैं? इन भावों का देवताओं की स्वाभाविक वृत्ति से कोई विरोध नहीं होना चाहिए। अगर विरोध नहीं है तो इनके होते देवताओं की दुनिया 'बूढ़ी' और 'मरी हुई' क्यों हो सकती है? प्रेम और करुणा तो देवताओं का स्थायी स्वभाव है।

लेकिन अशोक का कवि इनकार करता है। उनके यहाँ देवता करुणा से आप्लावित और प्रेमसिक्त नहीं हैं इसलिए कवि की जिस दुनिया में 'सिवा अपनी माँ की अक्लान्त करुणा' और 'अपनी प्रेमिका के निबिड़ प्यार के' कुछ नहीं बचा, उस दुनिया में सबसे पहले देवताओं का बूढ़ा संसार मर गया है। उस संसार का ढह जाना ज़रूरी भी है, क्योंकि वह संसार प्रेम और करुणा से सूखकर जर्जर हो चला है।

लेकिन प्रेम और करुणा से रिक्त होकर मर चुकी देवताओं की दुनिया अशोक वाजपेयी के भावी काव्य-कर्म में पुनः जीवित होती है। तब तक उसके सम्भावित मानवीय आशय भी अपनी सम्भावना खो चुके होते हैं। आगे उनके समग्र काव्य-कर्म

में 'देवताओं' की निर्बाध उपस्थिति है, लेकिन उनका चरित्र न तो जन-मानस में परम्परागत रूप से स्थिर हो चुके देवताओं के चरित्र जैसा है और न ही पौराणिक मिथकों में वर्णित देवताओं के आचार-विचार से उनके स्वभाव और कृत्य का कोई मेल है। वे सामान्य मानवीय मूल्यों और आचरण से भी नीचे गिरे हुए हैं। अशोक की कविता में वे जहाँ कहीं दिखते हैं, दुर्गुणों से भरपूर, दुराचरण में लिप्त। कभी-कभी ये दुर्गुण मानवीय स्वभाव के दायरे में भी हैं, अतः देवताओं का एक समेकित मनुष्य-रूप भी निर्मित होता है।

साथ ही उनकी कविताओं में देवताओं की ऐसी छवियाँ उभरकर सामने आती हैं, जिन्हें घृण्य विकृतियों के अन्तर्गत शुमार किया जा सकता है। अनेक प्रकार की विकृतियाँ सामान्य मनुष्य-स्वभाव में अक़सर लक्ष्य की जाती हैं। ऐसी विकृतियाँ विशिष्ट मानव-स्वभाव का अंग मानी जाती हैं। जब अशोक के यहाँ देवताओं के स्वभाव पर भी ऐसी विकृतियों का असर देखा जाता है, तब यह सौ फीसदी सुनिश्चित हो जाता है कि अशोक के देवता कहीं से भी प्रचलित आशय में 'देवता' नहीं, बल्कि साधारण मनुष्यों की कोटि के हैं, और उनको 'देवता' नाम एक सामान्य संज्ञा के अर्थ में दिया गया है।

(2)

अशोक वाजपेयी की कविताओं के देवता मनुष्यों की कोटि के होते हुए भी मनुष्य-विरोधी हैं। वे षड्यन्त्र बुनते हैं आपस में 'कानाफूसी' करते हुए। यही देवता सूदखोरों की तरह आम लोगों से ब्याज वसूलते पाये जाते हैं। ये देवता मनुष्य के सुख-दुख में शामिल नहीं हैं। उनको एक मनुष्य के दुख और उस दुख को भोगते मनुष्य के क्रमशः लुप्त होते जाने की कोई चिन्ता नहीं है। वे मनुष्य के प्रति अपनी नैतिक ज़िम्मेदारी से पल्ला झाड़ चुके हैं। देवता एक दुखी आदमी के दुख से थोड़ा भी दुखी नहीं होते। कवि कहता है कि सड़क पर एक ऐसा दुखी आदमी शब्दकोश से एक शब्द की तरह हमेशा के लिए जा रहा है और देवता निश्चिन्त हैं।

अशोक वाजपेयी के 'तत्पुरुष' संग्रह में एक कविता है 'लड़ाई।' इसमें एक आम आदमी 'अपने आदमी बने और बचे रहने की कहीं भी दर्ज न की जाने वाली एक पवित्र लड़ाई' लड़ता है। यह लड़ाई देवताओं से विरत होकर लड़ी जा रही है। लड़ाई में देवता निष्प्रयोज्य और कर्महीन हैं। चूँकि उनके पास किसी किस्म की कोई पवित्रता शेष नहीं बची है, अतः वे किसी पवित्र लड़ाई का हिस्सा हो भी नहीं हो सकते। कवि अपनी कविता में ऐसे अकर्मण्य देवताओं को 'काम पर जाने वाले' आम आदमी की सेवा में लगा देना चाहता है, जैसे कि काम करते हुए आदमी को प्यास लगने पर भाग-भागकर पानी पिलाने का काम; लेकिन आलसी

और मौक़ापरस्त देवता अवसर मिलते ही वहाँ से भी भाग निकलते हैं। गली के मोड़ पर रखवाली करता देवता इसी तरह रखवाली छोड़कर भाग जाता है। ('मैं चला जाऊँगा', 'तत्पुरुष', पृ. 82) नीति, कर्म और पवित्रता से च्युत ऐसे देवता शापग्रस्त होकर दर-दर भटकते हैं रात-बिरात वीराने में। कवि की 'अक्षर' कविता कहती है कि कुछ भी तय नहीं कि आधी रात को किसी ऐसे ही शापग्रस्त देवता से कहाँ मुलाकात हो जाये!

अशोक वाजपेयी की कविताओं में देवताओं की अनेक क्रूर छवियाँ भी हैं। कहीं वे बहेलियों की तरह मासूम चिड़ियों पर ताक लगाते हैं तो कभी भोले-भाले बच्चों के मुख से निकले अर्थहीन शब्दों को चुराकर ले जाने की जुगत भिड़ाते हैं। कहीं वे बेहद 'ईर्ष्यालु' हैं, तो कहीं कविता में वर्णित प्रेमिकाओं के लिए कामातुर हैं। कभी वे पाखंड और ब्रह्म-प्रपंच में शामिल लम्पट हैं, तो कभी सीधे-सादे लोगों को बरगलाते हैं। इस दुनिया को, लोगों की ज़िन्दगी को, उनके घरों को गन्दा करने के काम में जो-जो ज़िम्मेदार हैं, अशोक के शब्दों में, उनमें "सिर्फ़ ऊपर वाले पड़ोसी ही नहीं, बल्कि ऊपर वाले देवता भी" शामिल हैं। ('सुबह-सुबह', 'कुछ रफू कुछ थिगड़े', पृ. 14)। 'ऊपर वाले पड़ोसी' एक सामान्य कथन है जो पृष्ठभूमि के रूप में प्रस्तुत है। अग्रप्रस्तुत वास्तविक आशय 'ऊपर वाले पड़ोसी' एक सामान्य कथन है जो पृष्ठभूमि के रूप में प्रस्तुत है। अग्रप्रस्तुत वास्तविक आशय 'ऊपर वाले देवता' से है।

अशोक वाजपेयी की कविता में ही स्वीकारोक्ति है कि उनकी कविता में देवता अकस्मात् और अनपेक्षित रूप से आते हैं। जैसे "कविता में आते हैं अकस्मात् अप्रत्याशित शब्द/बादलों के बीच अचानक उजाला...." देवता भी इसी तरह भीड़ में, कविता में आते हैं। देवताओं की उपस्थिति के बिना भी अशोक की कविता का काम चल सकता है, लेकिन अनावश्यक रूप से कविता में वे गाहे-बगाहे आ ही जायें तो क्या हर्ज है? अशोक की कविता में देवताओं की औकात उतनी ही है, जितना खुद कवि चाहता और समझता है। शायद इसलिए अशोक का कवि अपनी समझ और ज़िम्मेदारी को लेकर पूरा आश्वस्त है कि उनकी कविता में अनपेक्षित ही सही, जगह बना गये देवताओं का करना क्या है! देवता, जो ज़ाहिर तौर पर एक संवेदनशील मानवीय विरासत के वाहक नहीं, मनुष्य के पूर्वज नहीं हो सकते। पूर्वजता की स्मृति मनुष्य को उसके मनुष्य होने के गर्व से सम्पन्न करती है। देवता मनुष्य के इस गर्व को लज्जित करते हैं। अतः अशोक का कवि स्पष्टतः यह सुनिश्चित करता है कि देवता नहीं, पूर्वज और उनकी पूर्वजता हमारी सच्ची विरासत है। 'अपने पोते की दूसरी वर्षगाँठ पर प्रार्थना' शीर्षक कविता में अशोक अपने पोते के लिए लिखते हैं, "यह मेरी उलझन नहीं ज़िम्मेदारी है कि/विरासत में तुम्हें देवता नहीं पूर्वज सौंपूं।" ('इबारत से गिरी मात्राएँ', पृ. 50)

अशोक वाजपेयी शुरू से ही अपनी कविताओं में पूर्वज और पूर्वजता के तथ्य

के प्रति घोर कृतज्ञ कवि हैं। इसलिए भावी पीढ़ी को यदि वे पूर्वजों को विरासत के रूप में सौंपे, तो आश्चर्य नहीं होना चाहिए। यह कवि के काव्य-कर्म की शुरुआत में ही तय था। और यह भी तय था कि उनके हाथ जब भी प्रार्थना में जुड़ेंगे, पूर्वजों के प्रति आभार प्रकट करने के लिए जुड़ेंगे, और प्रार्थना में उनके होंठ हिलेंगे तो पूर्वजों के लिए ही। अशोक का समूचा काव्य-कर्म एक प्रकार से प्रार्थना का कर्म है। इस प्रार्थना से दुख और करुणा ऐसे जुड़ी है जैसे वही उनका मौलिक विन्यास हो। यह पूर्वजों को निरन्तर पाने-खोने का दुख है, और इस कारण कविता में उमड़ती मृत्यु और अवसाद की करुणा का। यहाँ देवताओं के लिए प्रार्थना का अवकाश नहीं है। इसलिए "देवता जब आयेगा हिसाब करने किसी दिन/उसके लेखे-जोखे में मेरी प्रार्थना नहीं होगी।" ('प्रार्थना-तीन', वही, पृ. 58) और शायद इसीलिए कुटिल देवता भी अपने बहीखाते से मनुष्यों को बाहर कर देंगे—"बूढ़े देवता के बही-खातों में/नहीं होगा हमारा कोई उल्लेख।" ('गोधूलि में ही', 'कहीं नहीं वहीं', पृ. 30) और तो और उदारचरित कहलाने वाले देवता ज़रूरत पड़ने पर मुँह भी फेर लेंगे। ('शरण्य', वही, पृ. 43) ऐसे देवताओं को मान देकर भी क्या हासिल होगा और अपने अनादर से भी भला वे क्यों संवेदित होंगे! ऐसे निष्प्रभ और उदासीन देवताओं पर अशोक की कविता भरोसा नहीं करती।

भरोसा मनुष्य और उसकी प्रगाढ़ उपस्थिति पर है। उसकी महिमा और प्रभविष्णुता पर है। सृजन में वही प्रथम, वही अन्तिम शेष है। सृष्टि और कविता में जब उसका पदार्पण होता है तब देखिए उसका स्वागत कौन कैसे करता है—"देवताओं ने मार्ग बुहारा,/पंक्तिबद्ध खड़े हो गये दोनों ओर देवदूत,/आकाश हुआ नील-उज्ज्वल,/पृथ्वी पुण्यप्रसू,/जब वह आया/जिसे बाद में कहा गया मनुष्य।/फिर आया जीवन, फिर आयी मृत्यु।" ('वह आया', 'कुछ रफू कुछ थिगड़े', पृ. 11)

यह है मनुष्य की वास्तविक महिमा और उसकी चिर उपस्थिति का जयघोष। जीवन के पहले भी मनुष्य आता है। वह मनुष्य जीवन और मृत्यु की रचना करता है। फिर यही मनुष्य 'पुकार लगाता' है—"उठाता हूँ फूलों को उनके रक्तरंजित सपनों से,/देवताओं को (भी?) उनके स्वर्गगर्त से.....।" ('कुछ रफू कुछ थिगड़े', पृ. 23) कोष्ठक में 'भी?' मेरी ओर से 'बल' देने के लिए लगाया गया है। मनुष्य स्वयं के रचे जाने के बाद फूलों और सपनों का रक्तगर्त से 'उद्धार' करता है, साथ ही देवताओं का भी, जो 'स्वर्गगर्त' में पतित हुए पड़े हैं।

(3)

अशोक की कविताओं के मासूम बच्चे तक देवताओं से सुरक्षित नहीं हैं। बच्चों से ईर्ष्या करते देवताओं की कुटिल नज़र बच्चों के किये-धरे पर बराबर गड़ी रहती है।

वे उनकी मासूमियत को भी नहीं बख्शते। 'अगर इतने से' संग्रह की 'कायाकल्प' कविता में बच्चों के प्रति देवताओं का धूर्त कर्म स्पष्ट होता है, "बच्चों के मुँह से निकले/निरर्थक शब्द/गुपचुप बीनकर ले जाते हैं देवता—/बहुत दूर/किसी अनन्त में—" बच्चों के निरर्थक शब्द देवताओं के किसी काम के नहीं, किन्तु उनमें बच्चों की निश्छल सरलता के प्रति एक अस्वाभाविक किस्म की ईर्ष्या सक्रिय है।

बच्चों से चुराये गये शब्द एक दिन मौक़ा पाकर देवताओं के चंगुल से भाग निकलते हैं और वापस बच्चों के पास लौट आते हैं। तब बिफरे हुए हताश "देवता बेचारे/(उन) शब्दों की तलाश में/अनन्त और संसार के बीच/भटकते हैं।" वे न केवल उनके शब्द चुराकर उन्हें भाषाहीन करने का असफल कुचक्र रचते हैं, बल्कि वे उनका हर छोटा-बड़ा खेल बिगाड़ने की भी कोशिश करते हैं। वे उनके द्वारा जमा किये हुए बीज-पत्थर और फूल भी चुरा ले जाते हैं। कवि को उनका हरगिज भरोसा नहीं, क्योंकि "बच्चों के किये पर उनकी तीखी नज़र रहती है।" ऐसे में ज़रूरी है कि बच्चे भी पूरी ताकत के साथ देवताओं की बेजा हरकतों का सामना करते हुए उनकी नीयत को नाकाम कर दें।

कवि के 'अगर इतने से' संग्रह में शामिल पृथ्वी-शृंखला की कविताओं में जब पृथ्वी तमाम तरह के ख़तरनाक हालातों से घिर जाती है, तब पृथ्वी पर देवताओं के षड्यन्त्र के कारण किसी अनहोनी का ख़तरा मँडराने लगता है। ऐसे समय में कवि की नन्हीं बच्ची दूबी ही पृथ्वी को किसी अनहोनी से बचाने का प्रयास करती हुई देवताओं से निपटती है। पृथ्वी को बचाने की उसकी कोशिश के बारे में कवि लिखता है कि "वह बदल देगी/देवताओं को/वीरबहूटियों में।" ('वह अभी', 'अगर इतने से', पृ. 17)। वीरबहूटियों में बदल दिये गये देवता न तो बच्चों की क्षति कर सकेंगे और न पृथ्वी के लिए कोई आपदा ला सकेंगे।

अशोक वाजपेयी की प्रेम कविताओं में देवताओं की उपस्थिति प्रमुखता से है। इन कविताओं में देवताओं की भूमिका 'कुटिल-खल' ही नहीं, 'कामी' की भी है। इसलिए प्रेम की जगह बनाने के लिए प्रेमियों को देवताओं को 'ठेलकर' अपनी जगह बनानी पड़ती है। 'प्रेम के लिए जगह-2' शीर्षक कविता को इस सन्दर्भ में पढ़ना दिलचस्प होगा—"एक सुनसान दोपहर/एक जनाकीर्ण शाम के छोर पर एकान्त/लदी-फँदी बस की तीसरी सीट/—उसने प्रेम के लिए जगह बनाई।/उसने देवताओं को/बाहर ठेल दिया/और पक्षियों से अनुरोध किया कि/वे थोड़ा-सा आकाश छोड़ दें।" (पृ. 66) चूँकि 'कामी' देवता प्रेम की जगह घेरे हुए हैं, अतः उन्हें जबरन धकेलकर बाहर करना पड़ता है। उनकी बजाय पक्षी अधिक सरल और स्नेहिल हैं सो प्रेमी उनसे अपने प्रेम को कुछ अधिक उन्मुक्त होने देने के लिए थोड़ा-सा आकाश खुला छोड़ देने का आग्रह करता है।

देवताओं में छोटे पक्षियों जितनी सरलता और निश्छलता तक नहीं है। कविता

में देवता प्रेम की जगह तो घेर ही लेते हैं, अविवेक और पाप के पंक में डूबे वे प्रेमिकाओं को उनके मार्ग में ही रोक लते हैं, उन्हें घेरने का नया दुष्चक्र बुनते हुए। इधर प्रेमी उसकी प्रतीक्षा कर रहा है आशंका में डूबता-उतराता हुआ, विचारता हुआ कि "उसे आने में देर हो रही है/XXX/हो सकता है/उसे घेर लिया हो/XXX/कामातुर देवताओं ने /XXX/हो सकता है/वह भटक गयी हो/XXX/देवताओं के किसी दुष्चक्र में।" यह 'आविन्यों' संग्रह से 'विलम्ब' कविता की पंक्तियाँ हैं। प्रेमिका के विलम्ब का कारण हो न हो, देवताओं द्वारा प्रेम के विरुद्ध बुना गया दुष्चक्र ही हो!

अशोक की कविताओं के देवता स्त्री-विरोधी हैं। स्त्री उनके लिए एक पुण्य नहीं, पण्य वस्तु है। अशोक की प्रेम कविताओं में जिस देह की महिमा है, कविता में उसी देह को सबसे पहले देवता प्रदूषित करने की कोशिश करते हैं। देह की पवित्रता पर देवता एक पुरुष-वर्चस्वी समाज के सामन्ती प्रतिनिधि के रूप में आक्रमण करते हैं। स्त्री-देह के प्रति देवताओं का रवैया विशुद्ध पुरुषवादी, दम्भ और विषमतापूर्ण है। अशोक की प्रेम कविताओं में जिन लोगों को रति और काम की नित्यलीला दिखाई पड़ती है और इस तरह स्त्री-देह की अश्लीलता की हद तक अवमानना, उन्हें इस तथ्य का भी संज्ञान लेना चाहिए कि अशोक की कविता ने देह का उत्सव मनाते हुए उसे उसकी गरिमा वापस लौटाई है। उन्होंने अपनी उन्हीं कविताओं में कामातुर, दुष्चक्री और लालची देवताओं के रूप में देह की अवमानना करने वाले एक प्रतिपक्ष को अपने पक्ष के विरुद्ध रखकर देह को अश्लील नज़रों से देखने वाले सामन्ती पुरुष-प्रधान समाज के एक वर्ग के पाखंड को उजागर किया है। अशोक वाजपेयी की प्रेम कविताओं में 'देवता' का रूपक ही इस समाज का वह वर्ग है, जो स्त्री-देह के प्रति कुंठा से भरा और प्रति नजरिया रखता है। यही वह वर्ग है जो 'देवता' के पवित्र रूपक में अपने नैतिक क्षय और अश्लील गुनाहों को छिपाए घूमता है। यह वर्ग स्त्री-देह और उसकी स्वतन्त्रता के प्रति घोर रूप से असहिष्णु है।

अशोक वाजपेयी की कविताओं में जहाँ भी देवताओं से असहमति रही है, उसके पीछे कारण देवताओं का 'कुटिल-खल-कामी' चरित्र ही रहा है। प्रेम कविताओं में ये इसी रूप में बेहद स्पष्ट रहे हैं। अशोक ने इन कविताओं में देवताओं के इस चरित्र को पूरा का पूरा खोलकर रख दिया है। इससे उनकी कविता में स्त्री-देह को अब तक मिलता आया सम्मान बाधित अवश्य हुआ है, लेकिन देह की महिमा के प्रबल पक्षधर अशोक को अपना पक्ष साफ़ करने में काफ़ी मदद भी मिली है। देवता जहाँ कहीं स्त्री-देह को दूषित करते हैं, अशोक की आपत्ति और हस्तक्षेप वहीं उठ खड़ा होता है। दूसरी तरफ़ अशोक वाजपेयी की प्रेम कविताओं की सामन्ती छवि भी स्वतः ख़ारिज हो जाती है। साथ ही अशोक 'देवता' का रूपक ओढ़े हमारे समाज के एक विशिष्ट सामन्ती वर्ग का पाप-पंकिल स्त्री-विरोधी चरित्र बड़ी आसानी से अनावरित कर देते हैं।

इस वर्ग का स्त्री-देह के प्रति नजरिया कभी भी स्वस्थ और प्रेम-पूर्ण नहीं रहा। इसके प्रेम में भी वासना का पंक लिथड़ा है। अशोक स्त्री-देह को इस वर्ग और इसके अश्लील नजरिए से मुक्त करने का प्राणपण से प्रयास करते हैं। और रोचक विडम्बना देखिए कि यही अशोक वाजपेयी व्यापक हिन्दी संसार में प्रेम के बहाने स्त्री-देह के साथ 'खिलवाड़' करने वाले कुकवि आसानी से मान लिए जाते हैं। ऐसा 'चमत्कार' संसार की किसी और भाषा में सम्भव हुआ हो, न हुआ हो-नहीं पता, हिन्दी में दुर्भाग्यपूर्ण ढंग से ज़रूर सम्भव हो गया है।

अशोक वाजपेयी ने अपनी कविताओं में देवताओं के रूपक को भरसक उदारचरित बनायें रखने की भी कोशिश की है। देवताओं से कवि ने प्रेम में सहयोगी भूमिका का निर्वाह करने की सहज अपेक्षा भी की है। प्रेमिका को सँभालकर पास लाने का निर्देश देता हुआ कवि उनसे कहता है—"उसका प्रेम रचा है/राग से पराग से—/उसे सम्हालकर/मेरे पास लाना, देवताओ।" लेकिन यह देवताओं के लिए असम्भव-सा काम है। उन्हें प्रेमिका के सौन्दर्य की झलक मिलते ही हिचकी आने लगती है, वे विचलित होने लगते हैं "जब एक सुडौल गोरा नितम्ब/थोड़ा-सा मुड़ता है।" अर्थात् नायिका के सौन्दर्य में थोड़ी और सुन्दरता वक्रता के साथ शामिल हो जाती है। ऐसे में कई बार सुध-बुध खोकर देवता प्रेमिकाओं के अनुगता हो जाते हैं, वह बैठती है तभी देवता भी बैठते हैं। अन्ततः उनकी 'कामना' उभर आती है।

अशोक वाजपेयी की कविताओं में प्रेम के प्रसंग में देवता असन्दिग्ध रूप से विशुद्ध 'खल-तत्व' हैं। वे प्रेम में पड़ी नायिकाओं के प्रति कतई ठीक दृष्टि नहीं रखते। बावजूद इसके उनकी कविता में अवतरित प्रेमिकाएँ देवताओं के प्रति विद्वेष नहीं रखतीं। बल्कि वे औरों के साथ-साथ देवताओं की कुशलता के लिए भी प्रार्थना करती हैं। प्रेमिकाओं की पवित्र आवाज़ ही निष्कलुष प्रार्थना है। 'उसकी आवाज़ में' शीर्षक कविता में प्रेमिकाओं की यह प्रार्थना दर्ज़ है। यह प्रार्थना अपनी दीप्त आवाज़ में आकाश और अनन्त को सम्हालती और सुगन्धित करती है।

(4)

सन् 2004 में प्रकाशित अपने ग्यारहवें कविता संग्रह 'कुछ रफू कुछ थिगड़े' तक आते-आते अशोक वाजपेयी के कवि का देवताओं से मोह-भंग हो जाता है। हालाँकि वे अन्य रूपों में आगे भी अशोक के कवि-कर्म में स्थान पाते रहे हैं, लेकिन इस संग्रह में देवताओं के प्रति कवि का असन्तोष प्रचंड रूप से फूट पड़ा है। वह एकबारगी देवताओं से काम न लेने की घोषणा कर देता है, "मैंने देवताओं से काम लेना बन्द कर दिया है।" कारण यह कि अब वे केवल 'मिट्टी के माधो' बनकर रह गये हैं 'जिन पर पवित्रता धूल की तरह जमी भर है जो एक फूँक या झाड़न से उड़ जा सकती है।' उन्हें 'आलस्य की आदत' भी पड़ गयी है। कवि को देवताओं से यह भी शिकायत

है कि वे उनके पोते को 'कोई दिलचस्प क़िस्सा तक नहीं सुना पाते।' कवि कहता है कि ऐसे कामचोर देवताओं को कोई अगर उसके यहाँ से चुराकर ले भी जाये तो उसे कोई मलाल नहीं होगा। वह तो थाने में इसकी रपट लिखाने की झंझट तक में नहीं पड़ेगा। अशोक के कवि को ऐसे बैठे-ठाले देवताओं की बनिस्पत संसार के भले लोगों से ज़्यादा उम्मीद है। वे देवताओं का स्थानापन्न हो सकते हैं। वे भले लोग कौन हैं? वे लोग, जो "अँधेरे में आदमी होने की काँपती लौ/आपके हाथों थमाकर गुमनामी में/वापस चले जाते हैं वे लोग।/जब तक ऐसे लोग हैं/हमें देवताओं की कोई ज़रूरत नहीं....." ('भले लोग', 'कुछ रफू कुछ थिगड़े', पृ. 31-32)

अशोक वाजपेयी अपनी दीर्घ काव्य-यात्रा में जिन रूपकों का इस्तेमाल बहुतायत से करते आये हैं, उनसे उनका रिश्ता शायद ताउम्र न छूटे। कारण, ये रूपक अशोक के कवि की आधारभूत बुनावट में अनिवार्य रेशों की तरह शामिल हो चुके हैं। अनन्त, देवता..... ये कुछ ऐसे ही रूपक हैं। भले ही इन रूपकों के सरोकार में फेरबदल होता रहे, किन्तु अशोक की कविता से इनका दर-बाहर होना बहुत कठिन है। कवि अशोक को अपनी इस कठिनाई का अहसास है। और तभी उनकी कविता देवताओं से काम लेना बन्द करने की घोषणा के बावजूद उन्हें कभी भी पूरा ख़ारिज नहीं कर पाती, बल्कि एक लम्बी प्रक्रिया के तहत धीरे-धीरे पिछवाड़े की ओर खिसकाने की कोशिश करती है—"मैं उन्हें धीरे-धीरे पिछवाड़े की ओर खिसका रहा हूँ/ताकि वे इतने समय से यहाँ रहने के अधिकार से/इस घर में बने तो रहें/पर उन पर किसी का ध्यान न जाये।" ('काम लेना बन्द', वही, पृ. 40)

जिस पवित्रता और अलौकिक सौभाग्य की तलाश में हम देवताओं के पास जाते हैं, उनका प्रत्यय रचते हैं, वही अगर मनुष्य का दुर्भाग्य सिरजने लगें तो मनुष्य को देवताओं के प्रत्यय की आख़िरकार क्या ज़रूरत? सिद्ध है कि कविता मनुष्य को रचती है और मनुष्य समग्र संसार का रचयिता है। वह देवताओं को भी रचता है। कविता और मनुष्य को देवता क्यों चाहिए? अशोक कहते हैं, "हम जहाँ कहीं भी जाते हैं टिकने, उस जगह को कुछ पवित्रता, कुछ अवेध्यता चाहिए।..... हमें जीने के लिए जैसे अन्न-जल, स्वाद-गन्ध-रस आदि चाहिए वैसे ही पवित्रता भी चाहिए। लेकिन वह कहीं से टपकेगी नहीं, न ही कोई अनुग्रह की तरह वह हमें देगा। वह हमें अपने साथ ही लानी होगी।" अशोक के अनुसार वह हम देवता के रूप में गढ़कर अपने साथ लाते हैं अर्थात् मनुष्य अपनी अवेध्यता और पवित्रता की लब्धि के लिए देवता की रचना, उसकी परिकल्पना करता है। अशोक कहते हैं कि "वह हमारा अपना रहस्य है।"

कविता और मनुष्य देवताओं को जिस पवित्रता की खोज के लिए सिरजते हैं, कविता में मनुष्य को वे उसी रूप में मिलते रहने चाहिए। अपनी पवित्रता दूषित होते ही देवताओं को अपनी जगह छोड़ देनी चाहिए, उनकी अनुपस्थिति में कविता

में रहस्य, विस्मय और पवित्रता की उपस्थिति सम्भव हो सकती है। अशोक के अनुसार स्वयं कविता ही पवित्रता का घर है। कविता और कविता के घर शब्द में पवित्रता की उपस्थिति को सुनिश्चित करते हुए 'आविन्यों' में 'शब्द का घर' शीर्षक गद्यांश में उन्होंने लिखा है, "कविता सदियों से हमारी पवित्रता, रहस्य और विस्मय का घर रही है। उसे आज भी ऐसा घर हो सकना चाहिए जो हमारी नगण्यता के संत्रस्त करने वाले भाव को कम करे—हमें फिर से अस्तित्व की पवित्रता और रहस्य में पुनर्वास करने की जगह दे। शब्द ही ऐसा घर हो सकते हैं।.... उसमें देवता या ईश्वर न हो, पवित्रता और उपस्थिति हों।"

अशोक वाजपेयी का कवि पवित्रता की खोज में देवताओं के यहाँ भटकता है और उसे शब्द और कविता में पाकर आश्वस्त और उत्सवित होता है।

(5)

अशोक वाजपेयी के 'देवता' हमारे साहित्यिक और सांस्कृतिक समय के भी रूपक हैं। इस समय पर उन सत्तालोलुप देवताओं की वर्गीय प्रभुता है, जो इसे नियोजित और संचालित करते हैं। साहित्य, संस्कृति और कलाओं का समय पवित्र देवताओं के वरदान से समृद्ध नहीं, उनके पाप की छाया में कलुष और अभिशप्त है। अशोक वाजपेयी का काव्य-समय इस प्रसंग में बेहद संवेदनशील और चुनौती से भरा है। उनकी निहत्थी कविता के सामने अपने समय के हथियारबन्द देवताओं से जूझने का जोख़िम है। ये खूँखार देवता हमारे कविता-समय को पद-प्रभुत्व-सत्ता-सम्पन्न सामन्ती समय में बड़ी तेज़ी से बदल रहे हैं। इनके कुत्सित समाज शास्त्र ने हमारे समय की कविता को व्यापक रूप से वर्गों में विभाजित किया है। यह नया वर्ग-विभाजन है, जो पुराने राजतंत्र, सामन्ततंत्र और पूँजीवादी पद्धति के नये वर्ग-विभाजन को निरस्त कर तथाकथित सुसभ्य, विचारपूर्ण और मानवीय दृष्टिकोण की दुहाई देता हुआ खुद को शेष समाज से अलग एक नये सभ्राम्त और बौद्धिक वर्ग में तब्दील कर लेता है। यह वर्ग पुरानी सामन्ती और जर्जर होकर समाप्तप्राय एकाधिकारवादी सामाजिक-राजनीतिक सत्ताओं का नया संस्करण है। यह अपने मूलभूत चरित्र में पुनर्जीवित होने में सफल हुआ है। इस वर्ग की नयी सामनतशाही का अद्भुत वैशिष्ट्य तो यह है कि यह दुर्बल मनुष्य के पक्ष में लोकतान्त्रिक और मानवीय दृष्टि से समस्त उचित अधिकारों की पुरजोर माँग तो करता है लेकिन अपनी समग्र कार्यपद्धति में प्रत्येक श्रेणी के मनुष्य का मनुष्यत्व छीन लेने के प्रतिक्रियावादी विचार के पक्ष में घोर षड्यन्त्र भी करता है। साहित्य, संस्कृति और विभिन्न कलाएँ उसके द्वारा इस कार्रवाई के लिए हथियार में तब्दील कर ली जाती हैं। यह विडम्बना ही है कि हमारे समाज के जिन थोड़े से लोगों को अपने विवेक और विचार के साथ एक अन्यायी वर्ग विशेष के विरुद्ध बृहत्तर समाज के पक्ष में

खड़े होने का नैतिक कर्तव्य निबाहना चाहिए था, जैसी कि उनकी घोषित शपथ भी है, उनके ही एक बड़े हिस्से ने साहित्य और कलाओं के भीतर अपने लिए किले बना लिए, वे 'सोचने-समझने' वाले लोग फूलों से लदे 'खूँखार देवता' बन गये। अशोक वाजपेयी ने ऐसे ख़तरनाक देवताओं की अपनी कविता में ठीक शिनाख़्त की है। इन देवताओं के हर कारनामे को अशोक सन्दिग्ध नज़रों से देखते हैं। इन्हीं देवताओं ने हमारे समय, साहित्य, संस्कृति और कलाओं का मर्दन करके उन्हें नष्टप्राय किया है और अब भी बचे हुए की तलाश में, किले, महल और तहखानों में खूँखार शैतानों की तरह भटक रहे हैं।

अशोक लक्ष्य करते हैं कि ऐसे देवताओं ने संसार में दुखी लोगों को देखकर स्वयं दुखी होने का एक भारी नाटक खड़ा कर रखा है। लेकिन ऐसे दुखी देवताओं की शक्ल अन्ततः बेनकाब होती है—''जिस चेहरे पर इतना सारा दुख था, वह किसी शातिर देवता का था।'' ऐसे देवताओं के पास अस्पताल की तरह राहत तो मिल सकती है, इलाज नहीं। ('इबारत से गिरी मात्राएँ', पृ. 103)

दुनिया और लोगों का भविष्य निर्धारित करके उसे आमूल-चूल बदल देने का दावा करने वाले साहित्य और विचार की दुनिया के ये देवता पिछली सदी का अन्त आते-आते हलकान होने लगे थे। उनके ही कलुषित कृत्यों ने उनके महान स्वप्न का गला घोंट दिया। सदी के उस महास्वप्न से दुर्बल-निर्बल मनुष्य को सबसे ज़्यादा उम्मीद थी। किन्तु वह स्वप्न ध्वस्त हुआ। अपने संग्रह 'समय के पास समय' (सन् 2000) में शताब्दी का अन्त करीब पाकर कवि ने देखा कि देवताओं के चेहरे अब म्लान पड़ने लगे हैं। अवसान को अब कुछ ही समय बाकी है। सदी के देवताओं के हाथों शताब्दी का सबकुछ ख़त्म हो चुका। नयी उम्मीद से कुछ सिरजने का समय ही नहीं बचा। 'अब वक़्त ही कहाँ बचा है' शीर्षक कविता में नाउम्मीद कवि घोर हताशा से गुज़रता है।

ये वही देवता हैं जो अशोक और उनकी कविता पर अभियोग लगाते नहीं थकते, उन्हें कठघरे में खड़ा करते हैं, ये अशोक की कविता से उसके द्वारा न किये गये गुनाह का माफ़ीनामा चाहते हैं, बग़ैर यह जाँचे-परखे कि खुद उनके सच कितने साबुत और उजले हैं। जिन सत्तालोलुप, भ्रष्ट और पाखंडी देवताओं ने हमारे समय के साहित्य, संस्कृति और कलाओं से उनकी पुण्यता छीनकर उन्हें पण्य-मात्र में बदल दिया, और इस प्रकार उनकी निर्दोष पवित्रता को कलुषित किया, क्या उनके सामने किसी किये, न किये गये 'गुनाह' का स्पष्टीकरण दिया जाना ज़रूरी है? किसी 'किये गये' गुनाह का स्पष्टीकरण उनको तो हरगिज नहीं, और न किये गये गुनाह की सफाई का भी प्रश्न नहीं। ये स्वयंभू देवता न्याय के मन्दिर में नहीं बसते, बल्कि कायदे से इन्हें स्वयं कठघरे में होना चाहिए था। इसलिए अशोक के कवि को यह उचित नहीं लगता कि अपनी किसी 'गलती' या 'कमजोरी' के लिए वह पतित

देवताओं की अदालत में जाकर उनसे माफ़ी माँगे। यदि अशोक के यहाँ कोई चूक है भी तो भी उसकी माफ़ी वे पतित देवताओं से भला क्यों माँगे?

अशोक वाजपेयी के कवि में विरल नैतिक साहस है कि वे अपनी 'गलतियों' और 'कमज़ोरियों' के बारे में सजग होकर स्वयं उनका साक्षात्कार करते हैं। लेकिन ये 'गलतियाँ' और 'कमज़ोरियाँ' मानवीय हैं, इनमें कोई छिपा षड्यन्त्र या महीन कारगुजारी नहीं है। अशोक साफ़ कहते हैं कि उनने अपने जीवन में गलती की होगी, बेईमानी कभी नहीं। क्या मठों और मन्दिरों में ढोल-आरती के सामने बैठे देवताओं के भीतर अपनी 'गलती' को इतना भी स्वीकारने का नैतिक साहस होगा? अशोक वाजपेयी के कवि में ऐसा साहस है। इस अर्जित साहस के कारण ही वे मनुष्य को प्रेम कर पाते हैं। प्रेम : कविता को भी, खुद को भी, समग्र अस्तित्व को भी। बस देवताओं को उनकी हालत पर छोड़ देते हैं। देवता अपने लिए प्रार्थना की अपेक्षा करते हैं, कवि उनको प्रतीक्षा करने देता है और प्रेम में झुक जाता है—"देवता प्रतीक्षा करते रहे—/पर मैं प्रार्थना में नहीं/प्रेम में झुका।"

(6)

सर्वज्ञात है कि देवता मानव-मस्तिष्क-निर्मित आद्यरूपक है। वह मनुष्य के कालातीत जीवन में अचानक घटी साधारण घटना नहीं। वह समयातीत का एक आयाम है। मनुष्य के आद्य मस्तिष्क में बहुत धीमी गति से संरचित और आकार पाई इस मनोवैज्ञानिक घटना ने समय के ऐतिहासिक आयाम में ठोस और थिर रूप ग्रहण किया है। आधुनिक मनुष्य के संस्कार, विचार और भाव-बोध से यह रूपक नाभिनालबद्ध है। अतः आधुनिक मनुष्य द्वारा देवता निन्दित किये जा सकते हैं, भुलाये नहीं जा सकते। अशोक वाजपेयी की कविता भी तमाम वितंडा के बावजूद देवताओं को नहीं भुला पाती। देवता भिन्न-भिन्न प्रसंगों में भिन्न आशयों के साथ उनकी कविताओं में आते हैं। उनकी निरन्तर उपस्थिति जीवन और कविता में उनकी अनिवार्यता का बयान करती है। इस अनिवार्यता की पहचान करके ही कवि ने अपनी कविता में देवताओं के चरित्र का एक उदार-उज्ज्वल पक्ष भी चित्रित किया है। उनकी निर्मल दीप्ति से कविता भी दीप्त होती है। यह देवता मनुष्य का सबसे पुराना संगी-साथी है। अशोक के कवि का एक पक्ष इनका शाश्वत संग-साथ नहीं छोड़ना चाहता। वह उसके पास जाता है—"हम उस मन्दिर में जायेंगे/जो किसी ने नहीं बनाया/शताब्दियों पहले।/हम प्रणाम करेंगे उस देवता को/जो थोड़ी देर पहले/हमारे साथ चाय की दुकान पर/अख़बार पलट रहा था।" ('कहीं नहीं वहीं', पृ. 19)। देवता कवि के सुख-दुख, हर्ष-उल्लास में शामिल हैं। वे उसके पोते के जन्म पर शिशु के आस-पास मँडराते हुए आशीर्पुष्पों की वर्षा करते हैं, प्रफुल्लित नवजात की आरती के लिए दिये में घी डालते हैं। बदले में कृतज्ञ कवि अपने पोते

को 'देवता' की ही उपमा दे डालता है। प्रेम से विभोर देवता पुरखों के साथ रोज़ बारी-बारी से नन्हे शिशु को देखने आते हैं। इस प्रसंग में 'अपने नवजात पोते के लिए एक स्वागत गीत' कविता को पढ़ा जाना चाहिए। कवि के 'समय के पास समय' संग्रह में यह कविता संगृहीत है।

अशोक वाजपेयी अपनी कविताओं में जहाँ कहीं देवताओं का उज्ज्वल-उदार पक्ष चित्रित करते हैं, वहाँ अपनी देशीय परम्परा से प्राप्त उनका सांस्कृतिक मानस बोलने लगता है। वह एक भारतीय मन है। उसके आस्तिक-नास्तिक होने का प्रश्न नहीं है। भारतीय मानस नास्तिक भी हो, तो भी उसका एक कोना आस्तिक होता है। आस्तिक मन के साथ ईश्वर या देवता, जो कुछ भी अलौकिक और अपार्थिव है, वह उसी शक्ल में नाभिबद्ध होगा। भारतीय मन ऐसी ही उदार कल्पना और स्वप्न सदृश मिथकों में सदियों से विश्राम पाता रहा है। आधुनिक बुद्धि मिथकीय निर्मितियों से कितनी भी असहमत क्यों न हो, अपने तर्कों के हथियार से वह उससे कितना ही लड़-झगड़ ले, परास्त होकर वह अन्ततः उन्हीं की शरण में लौटती है। अशोक का एक कवि-मन भारतीय होने के साथ-साथ आधुनिक तर्क-बुद्धि से भी सम्पन्न है। उनका वह मन, जो तर्क-बुद्धि-सम्पन्न है, पुराकल्पनाओं को यथार्थ में ख़ारिज करता है। वह उसमें मनचाहे अर्थ आरोपित करता है। दूसरी ओर उनका एक और भारतीय मन है जो तर्क-बुद्धि द्वारा आरोपित अर्थों को एकबारगी स्वीकार नहीं करता। दोनों के बीच अपने-अपने अर्थ को लेकर भारी दुविधा है।

अशोक के कवि के जिस मन ने देवताओं को उनकी मिथकीय निर्मिति से बाहर किया है, उस मन ने उनकी 'खल'-छवि को भिन्न-भिन्न सन्दर्भों में अलग-अलग रूपों में गढ़ा है। कवि का वह मन अपने दायरे में सन्तुष्ट है। लेकिन दिक्कत तब पैदा होती है जब कवि का एक दूसरा मन पहले मन की संरचना में सेंध लगा देता है, अर्थात् जो मन देवताओं को 'खल'-तत्त्व के रूप में रचता है, उस रचना को दूसरा मन नकार देता है। इसलिए अशोक के यहाँ देवता का प्रत्यय जब कवि की आधुनिक तर्क-बुद्धि के सहारे रचा या फिर स्वीकार किया जाता है, तब देवता के सन्दर्भ में लोक, पुराण, मिथक सब एक साथ दरकिनार कर दिये जाते हैं। आधुनिक ज्ञान-विज्ञान, तर्क-विवेक से लैस एक बुद्धिजीवी के सामने देवता का प्रत्यय अपने अतीत के माहात्म्य से विच्छिन्न, विपन्न और निहत्था खड़ा दिखता है। कालातीत से बाहर समसामयिक के घेरे में क़ैद वह सभ्यता के कसाईखाने का नामजद सदस्य हो जाता है, जो सभ्यता की तमाम विकृतियों और त्रासदी को अपने आधारभूत चरित्र में शामिल किये हुए होता है। सभ्यता के इसी कसाईखाने के बीच अपनी जगह बनाता, जीता हुआ एक निर्दोष और निष्पाप कवि ऐसे विडम्बनामय देवता को अपनी कविता में तमाम प्रसंगों में जवाबदेही के लिए बुलाता है। और ठीक दूसरी ओर एक पारम्परिक भारतीय सांस्कृतिक मानस से सम्पन्न एकमात्र कवि-मन है, जिसके लिए देवता कालातीत हैं, पवित्र और निष्पाप हैं, जिनकी शरण में जाना

समकाल के दुर्भाग्य से छूटकर कालहीनता के ऐश्वर्य में जीवन के हर्ष-विषाद को कुछ बेहतर ढंग से सँजोने का जतन कर पाना है। वह विगत की स्मृति और पुरखों की कल्पना का झिलमिल संसार भी है। कई बार तो देवता ही पुरखे बन जाते हैं। वे ही नवजात शिशुओं के जन्म पर उन पर आशीर्पुष्पों की वर्षा करते हैं, रात-बिरात वे ही अपनी भावी नस्लों को अपनी विरासत से समृद्ध करने के लिए उनके सपनों, उनकी कल्पना में प्रवेश करते हैं।

अशोक के कवि का भारतीय मन देवताओं के पवित्र और निर्मल संसार से विमुख नहीं हो सकता। तभी तो कभी-कभी ही सही, अपनी प्रेम भरी निगाह उन पर ज़रूर डाल लेते हैं। उनके इस अनुराग की सबसे बड़ी सनद यह है कि मल्लिकार्जुन मंसूर जैसी शास्त्रीय संगीत की महाविभूति को अपनी कविता में अशोक श्रद्धा से 'देवता' कहकर पुकारते हैं। उनके 'दुःख चिट्ठीरसा है' संग्रह में 'मल्लिकार्जुन मंसूर-4' शीर्षक कविता की इन पंक्तियों को इस सन्दर्भ में ज़रूर पढ़ा जाना चाहिए—"मैंने कभी नहीं सोचा था कि एक दिन/मैं ऐसे आदमी से मिलूँगा/जिसके आर-पार देखा जा सकेगा मानो कि वह एक पारदर्शी देवता हो,/हमारी दुनिया का नहीं/और फिर भी हमारी दुनिया के ही गन्धों-स्वादों को गाता हुआ.....।"

अशोक वाजपेयी की कविता देवताओं की दुनिया गँवाकर ही उसे उपलब्ध करती है।

समय और समयातीत की उच्चतर राजनीति

(1)

अशोक वाजपेयी की कविता के स्वराज में समय एक महत्त्वपूर्ण उपस्थिति है। उनकी कविता के स्वराज में जिस प्रकार 'प्रेम' और 'मृत्यु' जैसी दो बिल्कुल अलग थीमें परस्पर अनुस्यूत होकर एक युग्म बनाती हैं, उसी तरह 'समय' और 'समयातीत' जैसे दो भिन्न विषयों को जोड़कर अशोक की कविता उन्हें एक अभिन्न युग्म के रूप में देखने का आग्रह करती है।

उनकी दृष्टि में 'समय' क्या है? 'समय' की धारणा वे 'तात्कालिक समय' के रूप में करते हैं अर्थात् समय 'तत्काल' है। यह 'तत्काल' अथवा 'तात्कालिक समय' मुख्य समय है—समय की मुख्यधारा। यह समय दूसरों का दिया हुआ है और उन्हीं से आक्रान्त। इस मुख्य समय के लक्षणों की ओर संकेत करते हुए अशोक वाजपेयी इसे 'अनेक जटिलताओं, सरलताओं, अन्तर्विरोधों और तनावों से अँटा पड़ा समय' बताते हैं। इस समय का आविष्कार मनुष्य ने ही किया है। प्राकृतिक समय भर मनुष्य को दिया गया है और वही मौलिक समय है। अशोक वाजपेयी के अनुसार मनुष्य मौलिक प्राकृतिक समय को ऐतिहासिक, सामाजिक, राजनीतिक और आर्थिक समय में बदलता है। इस अर्थ में समय मनुष्य की रचना है। अशोक इस समय को एक 'ढीली-ढाली-सी अवधारणा' कहते हैं "जो एक तरह की ऐतिहासिक-सामाजिक सहमति पर आधारित है। वह एक ऐसी अवधारणा है जिसके अनुसार हमने मापन और अंकन की कुछ पद्धतियाँ विकसित और लोकव्यापी कर ली हैं।" (समय से बाहर, पृ. 9) प्राकृतिक समय के विपरीत यह कृत्रिम समय हमें दिया हुआ नहीं है, "बल्कि हमने गढ़ा है—वह एक मानवीय संरचना है।" (वही)

मानव-रचित यह समय शुरू से रहा है, लेकिन इधर की शताब्दियों में, ख़ासकर बीसवीं शताब्दी में इस समय का आतंक अत्यन्त भयावह हो गया। समय को इस सदी में जिन अनुशासनों ने नियमित-संचालित करना शुरू किया, अशोक उनमें राजनीति को केन्द्रीय अनुशासन मानते हैं। आतंकित करने वाली सामाजिकता और हर पुण्य वस्तु को पण्य वस्तु में बदल देने वाली आर्थिकी भी ऐसे अन्य अनुशासन हैं। इन सभी अनुशासनों की समवेत दृष्टियाँ मिलकर हमारे मुख्य समय का निर्माण करती हैं,

जिसमें साहित्यिक और सांस्कृतिक समय के लिए हाशिए पर ही जगह बची है।

अशोक वाजपेयी समय के इन सारे संस्करणों को एक ही पद 'सामाजिक समय' में शामिल करके देखते हैं। यह सही भी है। सामाजिक समय एक वृहद् स्पेस में स्थित है : राजनैतिक, आर्थिक, ऐतिहासिक आदि समयों को खुद में समाहित करता हुआ। यह सामाजिक समय 'तत्काल' को अपना आधार बनाता है। समय की 'तात्कालिक' भूमिका इधर प्रखर होती गयी है। समय की इस भूमिका के बारे में अशोक लिखते हैं, "समय का आग्रह इधर पिछले लगभग सौ वर्षों से साहित्य में लगभग केन्द्रीय होता गया है : अपने समय से सम्बन्ध या उसके प्रति वफादारी प्राचीनों के यहाँ विशेष महत्त्व नहीं रखता था हालाँकि देशकाल का विचार था। पर इन दिनों तो समय का आतंक समूचे साहित्य पर है। समय को समाज का लगभग समानार्थी भी माना जाता है।" (वही)

यह सामाजिक समय, जिसमें साहित्य और कलाएँ उपेक्षित और हाशिए पर कर दी गयी हैं, अशोक वाजपेयी के अनुसार पश्चिमप्रेरित आधुनिकता से उपजा समय-विचार है। यह समय-विचार साहित्य और कलाओं की मूल स्थापना से खुद को दूर रखता है और उनके अपने स्वतन्त्र समय को मान्यता भी नहीं देता। इस अर्थ में साहित्य और कलाओं के लिए यह सर्वग्रासी और अधिनायकवादी समय है। साहित्य और कलाओं के 'अपने समय' को अशोक वाजपेयी पारम्परिक भारतीय सौन्दर्यशास्त्र और साहित्य और कला-सृजन की हज़ारों साल पुरानी धारा में खोज निकालते हैं। वाल्मीकि, व्यास, कालिदास, भवभूति, सूर आदि के साहित्य में उनका 'समय', 'सामाजिक समय' का तुरन्ता भयप्रद संस्करण नहीं है। साहित्य और कलाओं के समय की प्रकृति प्रस्तावित करते हुए अशोक पूछते हैं कि "क्या हम ऐसे साहित्य और कला की कल्पना ही नहीं कर सकते, जो 'अपने समय' के प्रति उदासीन हो लेकिन 'काल' से आक्रान्त हो?" (समय से बाहर, पृ. 19)

अशोक वाजपेयी 'समय की पीड़ा' से मुक्त होने का रास्ता तलाशते हैं। चूँकि समकालीन समय पर राजनीति, समाजशास्त्र, आर्थिकी, इतिहास आदि अनुशासनों के विराट सत्य हावी हैं, अतः अशोक का कवि विराट सत्यों से ज़िद ठानकर कविता और जीवन के 'छोटे सचों' की शरण में चला जाता है। ऐसे 'छोटे सचों' का अभयारण्य 'समयातीत' में है, यानी समय से बाहर।

समयातीत या समय से बाहर कोई शून्य नहीं है, वहाँ एक 'दूसरा समय' अवस्थित है : कविता, साहित्य और कलाओं के छोटे-छोटे सचों की शरणस्थली। मनुष्य के लिए अगर मुख्य समय त्रासद और असहनीय है तो दूसरा समय उसे तोष और मुक्ति का अनुभव कराता है। 'दूसरा समय' शीर्षक अपने लेख में अशोक वाजपेयी का यह कथन इस बात की पुष्टि करता है : "मनुष्य अगर ऐतिहासिक (और सामाजिक-आर्थिक भी) समय में हारने और ओझल होने के लिए अभिशप्त है तो वह उस दूसरे समय में

ही अपने भरे-पूरेपन, अपनी पूर्णतर होने की आकांक्षा में बना रह सकता है, जो कि साहित्य और कलाएँ रचते हैं।'' (समय से बाहर, पृ. 27)

साहित्य और कलाओं द्वारा रचे गये दूसरे समय में जाने की इच्छा मनुष्य में स्वभावतः होती है। मुख्य समय से विरत होकर वह उसके पार जाना चाहता है। मनुष्य मुख्य समय की सीमा का अतिक्रमण करना चाहता है। अशोक के अनुसार, ''समय में हर पल धँसे मनुष्य में ही इच्छा होती है कि वह समयातीत हो सके। 'जो है' की संरचना से वह 'जो नहीं है' के व्योम में जाना चाहता है। ...वह अनन्त में, असीम के साथ होना चाहता है। कलाएँ और साहित्य भी, मनुष्य को इसी का अवसर और अवकाश देती हैं। वह ऐतिहासिक और सामाजिक समय से परे भी एक दूसरा समय रचती हैं : समानान्तर समय, समयान्तर प्रतिसमय।'' (समय से बाहर, पृ. 13) साहित्य और कलाओं द्वारा रचा गया यह दूसरा समय या समानान्तर समय अथवा समयान्तर प्रतिसमय वास्तव में साहित्य और कलाओं का स्वराज है। मुख्य समय से बाहर दूसरे समय में स्थित यह स्वराज अपनी पृथक और स्वाधीन सांस्कृतिक पहचान के साथ अखंड है। यह समयातीत स्वराज परम्परा से शक्ति अर्जित करता है, जिस महान परम्परा में शाश्वत काल-बोध संक्षिप्त समय के अधीन नहीं था। उसकी स्वतन्त्र इयत्ता थी और जो शाश्वत के करीब होने के कारण स्वभावतः समयातीत के भी करीब था।

समय को लेकर अशोक वाजपेयी की चिन्ता कविता और कला दोनों के सम्बन्ध में है। वैसे भी वे कविता और अन्य कलाओं को भिन्न नहीं मानते। अशोक कविता और अन्य कलाओं को समय से बाहर दूसरा समय रचते और उनको उसमें अवस्थित होते देखते हैं। दूसरे समय में कविता और अन्य कलाओं का सौहार्दपूर्ण सहकार है। संगीत, नृत्य, चित्र, रंगमंच, कविता सभी परस्पर सखाभाव से लीलारत हैं। इस अनुपम दृश्य को देख पाने का सौभाग्य अशोक को दूसरे समय की परछी पर बैठकर ही मिल पाता है। अपने आत्मवृत्त 'पाव भर जीरे में ब्रह्मभोज' में वे प्रफुल्ल भाव से कहते हैं कि ऐसे समय में होना उन्हें अच्छा लगेगा जिसमें ''मल्लिकार्जुन मंसूर, कुमार गन्धर्व गाते हों, अज्ञेय, मुक्तिबोध और शमशेर कविता लिखते हों, हबीब तनवीर और कारंत नाटक खेलते हों, रज़ा और स्वामीनाथन चित्र बनाते हों : ऐसा समय अर्थपूर्ण और समृद्ध है।''

(2)

अशोक वाजपेयी के आलोचक तरुण कुमार के अनुसार, अशोक के दूसरे समय के आगे ऐतिहासिक-सामाजिक समय एक खलनायक की तरह खड़ा है। साहित्य और कलाओं को इस समय के बरक्स खड़ा करके दूसरा समय रचने की कोशिश साहित्य

और कलाओं को उनका नायकत्व प्रदान करने जैसा है। तरुण कहते हैं, "इसी खलनायक समय के बरक्स कलाएँ 'प्रतिसमय' रचती हैं : 'समानान्तर प्रतिसमय।'' ('खलनायक, इतिहास और कलाएँ', 'अशोक वाजपेयी : पाठ-कुपाठ' में संकलित, पृ. 257)

तरुण कुमार को यह भी लगता है कि "जिस समानान्तर समय या प्रतिसमय को लेखक 'कला-समय' के रूप में पेश करता है वह कला-समय वस्तुतः समय के भीतर रहकर एक नये समय की रचना है। xxx समयातीत होना समय में सतत वर्तमान होना है, समय से निष्काषित होना नहीं।'' (वही, पृ. 258)

तरुण कुमार का ऐसा मानना निराधार नहीं है। अशोक वाजपेयी अपनी कविता में समय और समयातीत के बीच निरन्तर आवाजाही करते हैं। इस आवाजाही को वे एक खेल की तरह लेते हैं, जिसमें शब्द उनके मददगार होते हैं। कविता के लिए समयातीत समय की माँग करने वाले कवि अशोक वाजपेयी के दो विरोधाभासी वक्तव्य देखें—(1) "वह (यानी कविता) समय को भेदते हुए उससे पार जाने की आकांक्षा करती है। शायद इसलिए कि उसे पता है कि सच समय में पूरा नहीं समाताः वह समय के पार भी होता है।'' (आत्मवृत्त, पृ. 65) और (2) "वह (यानी कविता) और कहीं भागती नहीं, यहीं जूझती है। समय या इतिहास का कोई भी घमासान हो, कविता उसके बीचोबीच रहती है। कविता की काया पर समय की खरोंचें और इतिहास के नखक्षत साफ़-साफ़ नज़र आते हैं।'' (वही, पृ. 65-66) यहाँ एक ओर कवि यह मानता है कि सच समय के संक्षिप्त आकाश में नहीं समाता, उसको भेदकर वह समय के पार जाता है; तो दूसरी ओर कवि कविता को मानवकृत इसी ऐतिहासिक-सामाजिक समय में रमकर उसकी चोट और खरोंचें सहते देखता है, देखने की इच्छा करता है।

वास्तव में अशोक वाजपेयी समय और समयातीत—एक साथ दोनों के कवि हैं। उनकी कविता दोनों के रहस्य को उद्घाटित कर अपना इच्छित सच अर्जित करती है। समय में उनकी कविता संघर्ष करती है और समयातीत यानी अनन्त में विश्राम पाती है। ध्यातव्य है कि अशोक वाजपेयी अपनी कविता में समयातीत के अर्थ में 'अनन्त' पद का प्रयोग करते हैं। वस्तुतः उनकी समय विषयक कविताओं में सर्वत्र 'समयातीत' की जगह 'अनन्त' का ही उपयोग हुआ है। 'अनन्त' उनकी कविता के बीज शब्दों में एक है।

समयातीत की बात करते हुए अशोक वाजपेयी स्वयं को समय का नहीं, अनन्तता का कवि कहते हैं। अशोक की कविताओं में जहाँ अनन्त या समयातीत है, वहाँ भी समय की खरोंचें, उसका सुख-दुख मौजूद है। लेकिन सीधे समय को वे अपनी कविता का लक्ष्य नहीं बनाते। समय में रहकर समयातीत होने की सुविधा ले लेते हैं। वे इसे कविता में एक खेल की तरह लेते हैं। उनके अनुसार जैसे शब्द

से खेलना कविता का एक गुण रहा है, वैसे ही समय और समयातीत से खेलना भी कविता का स्वभाव है।

समय और समयातीत से खेलते हुए, उनके बीच यात्रा करते हुए अशोक का कवि गाहे-बगाहे अपने समय और समयातीत दोनों को गा लेता है।

(3)

इस प्रसंग में अशोक वाजपेयी की कुछ कविताओं का पाठ ज़रूरी है।

अशोक वाजपेयी की कविताएँ मुख्यतः 'समय से बाहर' अपना ठौर ढूँढ़ती आयी हैं। सुषमा भटनागर उनकी कविता का प्रमुख स्वभाव ही यही मानती हैं। उनका कहना है कि "अशोक वाजपेयी की कविता का एक प्रमुख लक्षण अथवा आवर्ती विषय 'शहर अब भी सम्भावना है'—काल से समय से बाहर रहने का रहा है। अपनी तत्काल बाहरी दुनिया से कुछ अलग बसी हुई 'छोटी-सी दुनिया' जिसमें बाहरी आग्रहों का हस्तक्षेप अनुपस्थित ही नहीं, प्रायः विद्रूप का विषय रहा।" (समय से बाहर होती प्रेम की डगर, 'साक्षात्कार'—अशोक वाजपेयी अंक)

इसकी वजह अशोक के लेखे यह रही कि उनके समय की अधिकांश कविता समय से आक्रान्त है। लेकिन इससे कविता का मौलिक स्वभाव नहीं बदल जाता। समय की चोट से क्षत-विक्षत कविता समय के पार जा सकने की कूवत भी रखती है। वह समय के एकमात्र मानव-निर्मित संस्करण को स्वीकार नहीं करती। अशोक कहते हैं कि "वह कई 'समयों' को 'तत्काल' में समेट सकती है। अपना यह गुण कविता क्यों छोड़ दे?"—अशोक के अनुसार "चूँकि ज़्यादातर समकालीन कविता ने इसे छोड़ दिया था, तो मैंने कहा, क्यों न मेरी कविता इस गुण को बचाये रखे।" (मेरे साक्षात्कार, पृ. 55)

अशोक वाजपेयी के पहले कविता संग्रह 'शहर अब भी सम्भावना है' में ही समय और समयातीत के बीच तनाव का आभास मिलना शुरू हो जाता है। दूसरे संग्रह 'एक पतंग अनन्त में' में कविता के समय में रहने और उसके पार जा सकने की युक्तियों पर पकड़ पक्की होने लगती है और समय और अनन्त का युग्म एक बुनियादी काव्याभिप्राय में परिवर्तित होने लगता है—अशोक स्वयं ही ऐसा मानते हैं।

'अभी कुछ और' संग्रह की कविता 'यही हमारा समय है' में अशोक वाजपेयी का कवि मुख्य समय की नृशंसता को रेखांकित करता है। बाबरी मस्जिद विध्वंस पर लिखी गयी यह कविता कवि को उसके समय की क्रूरता का तीखा अहसास कराती है : "यह भरोसा ढहाकर किया गया अश्लील अट्टहास/निर्लज्जता का दिग्विजय के अश्व पर देशाटन/आततायियों के तहखानों में/सुरंग लगाकर पहुँचा आदि सत्य/यह बस्तियों के ऊपर घृणा का मेघाच्छादन/ यही हमारा समय है।" (पृ. 108)

'दुख चिट्ठीरसा है' संग्रह की 'वहीं जहाँ से' कविता में कवि मुख्य समय की त्रासदी को उकेरता है : "यह वह समय है जो लहू और आँसुओं को सुखा-सोखकर/ जीने का नया व्याकरण तैयार कर रहा है।" (पृ.—39) कवि ऐसे दुर्धर्ष समय के लिए 'उम्मीद की एक नयी वर्णमाला' लिखना चाहता है। ('अगर हो सके', इबारत से गिरी मात्राएँ, पृ.—37)

चूँकि मुख्य समय अत्यन्त कठिन और क्रूर है, इसलिए इसमें अपने सपनों, प्रेम, शब्द और सरल संसार को बचाने-सहेजने की गम्भीर ज़रूरत है। 'कहीं नहीं वहीं' संग्रह की एक कविता की पंक्तियाँ हैं: "...यह अपने खुरदुरे हाथों को/अपने लहूलुहान शब्दों को/ आँखों में पानी की आख़िरी उम्मीद की तरह/बाकी उम्मीद को/ सहेजने का समय है।" ('यह समय है', पृ.—108) कवि सहेजकर उम्मीद को बचाने की कोशिश करता है, लेकिन यह समय अत्यन्त उद्दण्ड और बन्धन में डालने वाला है। इसलिए कवि इस समय से मुक्त होना चाहता है। 'उद्दण्ड समय के यहाँ' शीर्षक कविता में वह समयातीत होने की आकांक्षा रखता है। कवि समयातीत यानी अनन्त के पास शब्दों की पवित्रता के साथ खड़ा होना चाहता है।

समय से छूटकर दूसरे समय में जाने की इच्छा कवि का पलायनवाद है, ऐसी सम्भावना व्यक्त की जा सकती है। 'तत्पुरुष' संग्रह की 'कहीं और' शीर्षक कविता दूसरे समय की तीव्र इच्छा रखने के कारण पहली नज़र में पलायन की कविता लगती है। यह कविता समय से निकलकर दूसरे समय में जाने को बेहद उदग्र दिखती है। लेकिन यह क्या, दूसरा समय भी जन और जीवनशून्य नहीं है! वह मुख्य समय से भी ज़्यादा सुन्दर, प्रसन्न और प्रफुल्ल समय है। इस कविता को पूरा उद्धृत करना यहाँ सम्भव नहीं, अतः कुछ पंक्तियाँ देखें—"चलो, कहीं और चलते हैं/.../ जहाँ पलाश, अन्तिम नमस्कार के बाद भी खिला हो प्रसन्न/जहाँ बच्चे खेल रहे हों गेंद की तरह नक्षत्रों से/जहाँ बारिश के बाद के कीड़ों की क़तार की तरह/अनन्त रेंगता हो आसपास/..../चलो, कहीं और चलते हैं।" (पृ.—93) अशोक वाजपेयी की कविता के इस दूसरे समय में सन्नाटा या निपट एकान्त नहीं है; बल्कि सजीव और स्पन्दित उपस्थितियाँ हैं। ऐसी उपस्थितियों के कारण ही दूसरा समय मनुष्य और जीवन-विरोधी नहीं है।

अशोक का काव्य-नायक समय से दूसरे समय में यात्रा करता है। वह एक समय से दूसरे समय में बेरोकटोक आवाजाही करता है। इस दृष्टि से 'तत्पुरुष' संग्रह में संगृहीत 'तलाश' एक महत्त्वपूर्ण कविता है। इस कविता में 'व्यतीत समय' से 'भविष्य समय' की ओर यात्रा है। यात्रा की यह निरन्तरता तत्काल समय में न होकर समयातीत समय में है। कविता में काव्य-नायक की यात्रा एक बच्ची के साथ दूसरी शताब्दी से शुरू होकर बाईसवीं सदी के एक बूढ़े के पास तक जाती है। दूसरी शताब्दी समय का एक चिह्न है, पड़ाव है। बाईसवीं सदी में पहुँचे काव्य-नायक

और बच्ची को तब का एक बूढ़ा भावी अनन्त समय का उज्ज्वल रास्ता दिखाता है। समय की इस पूरी यात्रा में सबकुछ अनश्वर है, अमृत है। दूसरी सदी के अँधेरे से यात्रा शुरू करता काव्य-नायक और बच्ची बाईसवीं सदी में पहुँचकर भी अमर्त्य है। बाईसवीं सदी और उसमें स्थित बूढ़ा कभी समय से परे है तो कभी समय के भीतर। समय और समय के बाहर यात्रा का यह खेल अद्‌भुत है!

समय से बाहर जाने की चाह कवि को बार-बार अनन्त के रूपक से जोड़ देती है। कवि की तमाम कविताओं में, समय से बाहर अनन्त में जाने की उत्कट चाह है। 'एक पतंग अनन्त में' संग्रह की एक प्रेम-कविता 'वह खोलेगी' की पंक्तियाँ हैं—''वह खोलेगी/अनन्त में एक खिड़की/x x x /वह खोलेगी/आकाश को/पृथ्वी को/अन्तरिक्ष को/ अपने को/ मुझे/जैसे सब दरवाज़े हैं। उस पार/ उस तक जाने/ और ठहरने के लिए।'' (पृ.—33-34)। इसी प्रकार 'अगर इतने से' संग्रह की कविता 'भाषा एकमात्र अनन्त है' का यह अंश—''बच्चा गेंद उछालता है/सदियों के पार/ लोकती है उसे एक बच्ची—/बूढ़ा गाता है एक पद्य/दुहराता है दूसरा बूढ़ा/भूगोल और इतिहास से परे/किसी दालान में बैठा हुआ।''

समय से बाहर के अनन्त के प्रति अशोक वाजपेयी का दुर्निवार आकर्षण है। यह आकर्षण उनकी कविता को समय से बाहर अनन्त में ले जाता है। वहाँ कवि का यह आकर्षण इतना तीव्र है कि वह अनन्त में ही लुप्त हो जाना चाहता है। मुख्य समय के आघात और दंश से बचने के लिए शायद यही मार्ग उसे शेष मालूम पड़ता है। कवि की 'अनन्त में' शीर्षक एक छोटी कविता हैं—''मैं शब्द को/शब्द में फँसाकर/बनाता हूँ/नसैनी/अनन्त में।/मैं शून्य शिखर/ चढ़कर/निर्भय निर्गुण गाता हूँ/अनन्त में।/नसैनी टूटती/शब्द बिखरते हैं/गान तिरोहित होता/मैं लुप्त होता हूँ/ अनन्त में।'' लेकिन जो समय कवि को अनन्त यानी समयातीत में शरण लेने को बाध्य करता है, वही समय उसे पुनः वापिस अपने करीब खींच लाता है। वरिष्ठ कवि-चिन्तक नन्दकिशोर आचार्य इस सम्बन्ध में लिखते हैं कि 'अनन्त में लुप्त होना' अशोक वाजपेयी की कविता का स्थायी भाव नहीं है—बल्कि इससे उलट अधिकांशतः अनन्त ही उनके यहाँ समय में व्यक्त होता है।'' आचार्य के अनुसार, समय में व्यक्त होकर ही अनन्त अपनी सार्थकता को उपलब्ध करता है। (अशोक वाजपेयी : पाठ-कुपाठ, 'शब्दों की लौ जगाते हुए' आलेख)

अशोक वाजपेयी की कविता में समय और अनन्त को अलगाया नहीं जा सकता। इन दोनों को बाँधने वाला जो सूत्र है, वह है शब्द। कविता के शब्द प्रथमतः समय से बद्ध होते हैं, बकौल अशोक ''पर वे ही हमें अनन्त के पास ले जाते हैं।'' अपनी कविता के प्रसंग में अशोक वाजपेयी को बहुत शिद्दत से लगता है कि ''शब्द समय को अनन्त और अनन्त को समय बनाते हैं और कविता इसकी सबसे स्पन्दित जन्मभूमि है।'' ('पाव भर जीरे में ब्रह्मभोज', पृ. 33) इस अर्थ में शब्द समय और

समयातीत के मध्य अनिवार्य सेतु हैं।

अशोक वाजपेयी की कविता की समय सम्बन्धी धारणा को उसकी निष्पत्ति में देखें तो उनके मुख्य समय बनाम दूसरा समय अथवा समयातीत अथवा अनन्त के विचार की भाव-भूमि मूलतः एक ही संसार पर टिकी हुई है। यह संसार चारों ओर दृश्यमान और जीवित-स्पन्दित हम सबका लौकिक संसार है, जिसमें अनेक समयों की 'एकसमय' में समवेत मौजूदगी है। 'एकसमय' के ही विविध रूप अशोक की कविता में दिखते, आभासित होते हैं। दूसरा समय, समयातीत, अनन्त यानी समय से बाहर कुछ भी नहीं है। समय के समस्त संस्करण 'एकसमय' में ही समाहित होकर स्पन्दित हैं। उपस्थित समय भी यहीं है, अनुपस्थित समय भी यहीं है। समस्त अनुपस्थित दुनिया, जिसे समयातीत माना गया है, वस्तुतः हमारे पास-पड़ोस में ही है। कवि के अनुसार इस अनुपलब्ध समय-संसार और उसके अनुभवों को हम गफलत में अनुभूत और स्वायत्त नहीं कर पाते। कवि समयातीत में हमें ले जाने की आकांक्षा ज़रूर रखता है, लेकिन साथ ही वह हमें यह भी याद दिलाता है कि समयातीत का संसार हमारे आस-पास ही धड़कता है—तत्काल में, और उसमें होने में कविता हमारी मदद करती है। इस प्रकार अशोक वाजपेयी की कविता एक साथ समय और समयातीत की उच्चतर राजनीति करती है।

मृत्यु के शुक्ल-पक्ष में कविता

(1)

अशोक वाजपेयी की कविता के दो प्रमुख सरोकार हैं—प्रेम और मृत्यु। अशोक एक साथ प्रेम और मृत्यु के कवि हैं। उनकी कविता इन दो संवेदनाओं के युग्म के बीच अपनी जगह तलाशती है। वास्तव में उनकी कविता के ये युग्म-संवेदन अलग-अलग नहीं हैं, वे एक ही काव्य-संवेदना के दो पहलू हैं। दोनों 'एक ही आसक्ति के दो रूपक' हैं और इन दोनों के बीच गहरा संवादात्मक सम्बन्ध है। हालाँकि यह भी सत्य है कि ये दोनों संवेदनाएँ दो विपरीत ध्रुवों पर स्थित हैं, जहाँ से वापसी की कोई सम्भावना कवि को नहीं दिखती।

अशोक के कवि को प्रेम के साथ-साथ मृत्यु के पीछे छिपी जटिलता, उसका रहस्य, उसका आश्चर्य-लोक सदा से आकर्षित करता रहा है। प्रेम की अपेक्षा मृत्यु में यह आकर्षण विशेष प्रखर है। अशोक की कविता मृत्यु की ओर आकर्षित होती है प्रेम से गहरी संसक्ति के कारण। जिस प्रकार प्रेम की संसक्ति में अवसाद है, उसी प्रकार मृत्यु की संसक्ति में भी। यह मानने वाले अशोक के कवि को मृत्यु के अवसाद और एकान्त में 'जिजीविषा की आवाज़ें' भी सुनाई पड़ जाती हैं।

अशोक वाजपेयी की मृत्यु विषयक कविताओं का गर्भ-स्थल मृत्यु का 'अवसाद' है, जहाँ से जनम कर उनकी कविता जीवन का उत्सव मनाती है। इस उत्सव में पुनः मृत्यु के लगातार अनुभव के कारण अवसाद की मनःस्थिति अन्तःसलिल है। उनके लगभग प्रत्येक काव्य-संग्रह में अवसाद की अन्तःसलिल धारा को देखा जा सकता है। यह 'अवसाद' उनकी कविताओं में कहीं-कहीं गोधूलि की रचना करता है, जिसके पार का संसार बहुत कुछ अस्पष्ट-सा है। एक तरह से देखा जाये तो उनके समग्र कविता-कर्म में मृत्यु के अहसास का स्थायी भाव अवसाद तारी है जिसमें संचारी भाव की तरह अनुपस्थिति, लोप, अवसान आदि का निर्बाध संचरण है। संचारी भावों के बीच स्थायी भाव 'अवसाद' अपने स्वभाव के अनुरूप लगातार बना हुआ है। यह एक अनजाना-सा, अज्ञात अवसाद है, जिसकी उपस्थिति को अशोक का कवि अकुंठ भाव से स्वीकारता है। कवि की स्वीकारोक्ति है कि उसकी कविता

का जन्म ही अवसाद से हुआ है। उसकी कविता जब किन्हीं प्रसंगों में प्रसन्नता से 'उच्छल और उदग्र' है, और 'अभिभूति से आलोकित' भी, तब भी 'अवसाद की एक लगभग अदृश्य छाया उस पर है।' इस बारे में अपने आत्मवृत्त 'पाव भर जीरे में ब्रह्मभोज' में कवि ने लिखा है कि मेरी कविता "अवसाद के रेशों से बुनी गयी है.... एक लगभग अकारण अवसाद की छाया में जीवन भर कविता लिखना विचित्र भले है, है सच। कुछ इस हद तक कि कभी-कभी यहाँ तक लगता है कि कविता शब्दों से नहीं, बुनियादी तौर पर, इस अवसाद से लिखता हूँ।"

यह अवसाद किस बात का है जो कवि को जीवन-भर अपनी छाया में कविता लिखने पर विवश करता है? और यहाँ तक कि इस अवसाद के आगे 'शब्द' भी द्वितीयक भूमिका में आ जाते हैं। जबकि अन्यत्र कवि अशोक के लिए कविता-कर्म 'शब्द' के बिना कतई सम्भव नहीं; यहाँ तक कि शब्द लौकिक ब्रह्म है—ब्रह्म की सत्ता के पदार्थ-स्वरूप का विस्तार।

वह बुनियादी अवसाद वस्तुतः है क्या? कहाँ से जन्मा, कहाँ से आता है? उसने कवि के कर्म को कब, क्यों और कैसे घेर लिया; जिसकी अनुपस्थिति में कवि को अपना काव्य-कर्म सम्भव नहीं लगता। वह उसके लिए अनिवार्यता बन गयी है। मजे की बात यह है कि कवि की मृत्यु विषयक कविताओं में ही यह अवसाद सक्रिय नहीं है, बल्कि कवि की प्रेम कविताओं में, जहाँ सतह पर उत्सव और समारोह का विशेष आयोजन है, वहाँ भी गहरे तल पर अवसाद की अन्तर्धारा प्रवाहित होती हुई दिखाई देती है। वहाँ भी वापस लौटकर न आ पाने की हताशा और विषाद है। वहाँ भी रति और श्रृंगार में अन्तःसलिल अवसान की उपस्थिति है, लोप का आभास, उसकी आशंका है। प्रेम और मृत्यु के अलावा भी अशोक ने जिन विषयों को प्रमुख काव्य-विषय के रूप में चुना है, जैसे कि पूर्वज, घर-परिवार, पड़ोस, समय और समयातीत, कला और कलाकार, शब्द और भाषा—इन सबकी उपस्थिति के पड़ोस में अनुपस्थिति का पड़ोस है। अनुपस्थिति भी स्वयं अपने आप में एक पड़ोस है और यह पड़ोस चूँकि अनुपस्थिति का है, इसलिए इस अनुपस्थिति की ख़ाली जगह को भरने के लिए कोई अन्य उपस्थिति चाहिए। यही उपस्थिति अवसाद है। यानी एक ओर चीज़ों, काव्य-विषयों की स्पष्ट उपस्थिति और दूसरी ओर उसके बरक्स अनुपस्थिति के होने से ख़ाली हुई जगह को भरती अवसाद की उपस्थिति। यह अस्पष्ट-सी दिखती उपस्थिति है, जिसको ध्यान से देखने पर अनुपस्थिति का रहस्य नज़र आता है।

अशोक की कविता उपस्थित और अनुपस्थित संसार के बीच आवाजाही करती कविता है। वहाँ मुकम्मल ठौर नहीं है। गन्तव्य नहीं है, बल्कि एक बेचैनी से भरी खोज है। यही बेचैनी, यही तलाश कवि का अवसाद है जिसे स्वयं कवि भी प्रायः 'डिकोड' नहीं कर पाता।

(2)

अशोक की भाषा और कहन के अन्दाज़ से कभी-कभी शंका होती है कि कहीं उनके कवि का 'अवसाद' 'अस्तित्ववादी' मामला तो नहीं? लेकिन एक लगभग ठीक-ठाक जीवन जीने वाले कवि का अवसाद ऐसा तो नहीं होना चाहिए। हालाँकि कवि की कतिपय अभिव्यक्तियाँ अस्तित्ववादी स्वर में बयान किये गये अनुभव जैसी हैं, जैसे—'... कभी यह अपने घर में न होने, दूसरे घर में बसने का अवसाद है और कभी कुछ भी अन्ततः न बचा पाने का।'

अपने आत्मवृत्त 'पाव भर जीरे में ब्रह्मभोज' में कवि ने अपने बचपन के बारे में कुछ दिलचस्प बातें बयाँ की हैं। मध्य प्रदेश के सागर जिले के गोपालगंज मुहल्ले में जहाँ उनका किराये का मकान था, सड़क के उस पार एक और किराये के मकान में उनके नाना का परिवार रहता था। इस तरह सड़क के इस-उस दोनों पार का घर अशोक के लिए अपना ही था और दोनों एक-दूसरे के पड़ोस में थे। दोनों घरों के बीच केवल एक सड़क थी, जो आवाजाही के लिए पुल का काम करती थी। बालक अशोक के कवि-मस्तिष्क में पड़ोस का कान्सेप्ट यहीं से विकसित होना शुरू हुआ—अशोक ऐसा बताते हैं। घर-परिवार के भरे-पूरेपन के साथ उससे जुड़ी त्रासदियों ने भी कवि की कविता को आगे चलकर प्रभावित किया। पड़ोस का भाव उनकी कविता को जहाँ आश्वस्त करता था, वहीं उसके अनुपस्थित हो जाने की आशंका भी कवि को सालती थी। घर-परिवार में कुछ स्वजनों की 'मृत्यु' को देखना, जानना भी कवि के लिए यन्त्रणादायी अनुभव था। मृत्यु को कवि ने अपने सार्वजनिक जीवन में तो अत्यन्त निकटता से देखा, जिनमें मुक्तिबोध, अज्ञेय, श्रीकान्त वर्मा, कुमार गन्धर्व, मल्लिकार्जुन मंसूर आदि प्रमुखों का जाना शामिल है। संवेदनशील कवि को मृत्यु की निष्ठुरता ने गहरे आन्दोलित किया। इसलिए यह कवि यदि प्रेम कविता भी लिखता है, तो उसे वहाँ मृत्यु की छाया डोलती नज़र जाती है। इसी प्रकार घर-परिवार, पास-पड़ोस, पूर्वज सभी, मृत्यु और उसके विषाद के बीच थरथराती हुई एक नाव है। तमाम भौतिक अनुपस्थितियों के गहरे अहसास के बीच, जो घरू और सार्वजनिक दोनों तरह की हैं, अशोक की मृत्यु विषयक कविताओं के मूलभूत अवसाद का कारण ढूँढ़ निकालना आसान नहीं मालूम पड़ता। चीज़ों की भौतिक अनुपस्थितियाँ मृत्यु का अस्थायी अहसास तो कराती ज़रूर हैं, लेकिन एक कवि में उसका स्थायी भाव की तरह निवास होने का अर्थ कवि के बुनियादी स्वभाव से उसका नाभिनालबद्ध होना माना जा सकता है।

'घर' की मुकम्मल तलाश कवि को 'अस्तित्ववादी' भाषा में अपनी बात करने को बाध्य करती है। कवि अन्ततः न तो अपने 'घर' को बचा पाता है और न दूसरे घर की उसकी तलाश पूरी होती है। उसका 'पड़ोस' भी कभी उसके हाथ आता है तो

कभी छूटता, छिटकता जान पड़ता है। अपना तथाकथित 'घर' उसे 'पहचान' और 'गन्तव्य' नहीं सुलभ करा पाता, बल्कि वह 'घर' तो है ही नहीं, वह कभी था ही नहीं। एक बे-घर और बे-पड़ोस कवि पूर्वजों की ओर भी उम्मीद से मुड़ता है, लेकिन पूर्वज जा चुका पड़ोस है। वह आश्वस्त तो करता है, कवि की आस्था का आश्रय भी बनता है, लेकिन वह स्थायी उम्मीद नहीं है। कुल मिलाकर कवि की बीज-भूमि में ही 'अवसाद' का पौधा पनप लेता है। इस अवसाद को उनके अन्य काव्य-विषयों की तरह उनके दो प्रमुख काव्य-विषयों–प्रेम और मृत्यु को भी आविष्ट करते देखा जा सकता है। यहाँ हम अशोक की मृत्यु-कविताओं पर विशेष ध्यान केन्द्रित करेंगे। लेकिन इससे पहले यह स्पष्ट कर देना ज़रूरी है कि कवि की कविता में झलकता अवसाद का तत्त्व किसी गहन निराशा या नास्टेल्जिया का परिणाम नहीं है और न ही अस्तित्ववादी भावभूमि से प्रभावित जीवन का कोई दो टूक सारांश। बल्कि अशोक वाजपेयी की कविता का अवसाद-तत्त्व भी उत्सव-भावना से प्रेरित है, जीवनासक्ति से लबालब। यहाँ तक कि मृत्यु का अवसाद भी जीवन के राग-रंग से घिरा, उससे आप्लावित है। लेकिन कवि दुख, अवसाद और नश्वरता को अलक्षित नहीं करता। कवि के शब्द हैं, 'जब आप जानते हैं कि आप नश्वर हैं, आप अनश्वरता का उत्सव मनाते हैं।' (मदन सोनी से बातचीत में)

अवसाद कविता में नश्वरता का भय पैदा करता है, पर यही नश्वरता अनश्वरता का उत्सव मनाने के लिए भी प्रेरित करती है। यह उत्सव नश्वरता के विरुद्ध है, मृत्यु के विरुद्ध, अवसाद, पीड़ा और न होने के विरुद्ध।

लोक में मृत्यु का निषेध है, शास्त्र में भले नहीं। एक विशिष्ट अर्थ में कवि अशोक मृत्यु का निषेध करते हैं। वे लोक से सीधे तो नहीं जुड़ते, लेकिन लोक की स्वाभाविक जीवनासक्ति का वरण अवश्य करते हैं। वे मृत्यु को आसक्ति का रूपक बना देते हैं। वे कहीं भी मृत्यु का भारी-भरकम दर्शन अथवा शास्त्र नहीं गढ़ते, बल्कि मृत्यु को जीवन का पड़ोस बनाते हैं। उनकी मृत्यु-कविताओं में एक चोर दरवाज़ा है, जो प्रेम, रति, शृंगार, आसक्ति और जिजीविषा के उत्सवित आँगन में खुलता है। अशोक के कवि को मालूम है कि मृत्यु अनिवार्य है, नश्वरता नियति है, फिर भी वे नश्वरता के आँगन में अनश्वरता का खेल खेलते हैं। जिस प्रकार उनके काव्य-बीज से प्रस्फुटित अवसाद से प्रेम और मृत्यु की दो संवेदनाओं का उद्भव होता है, उसी प्रकार प्रेम और मृत्यु क्रमशः आसक्ति और अवसान का गर्भस्थल बन जाते हैं। आसक्ति अनश्वरता है और अवसान नश्वरता। अशोक दोनों को उनके अलग-अलग नहीं, एक अर्थ में 'सेलीब्रेट' करते हैं। ये अवधारणाएँ वे शास्त्र से लेते हैं लेकिन उसे 'सेलीब्रेट' लोक में मौजूद उत्साह और उल्लास से करते हैं। शायद इसीलिए अशोक के कवि को उत्सवधर्मी कहा गया है।

(3)

'जीवन और मृत्यु' के मायने उपस्थिति और अनुपस्थिति से है। अशोक की कविताओं में चीज़ों के 'उपस्थित' और 'अनुपस्थित' होने का गहरा द्वन्द्व है। 'अनुपस्थिति' जो मृत्यु का पर्याय है, उन्हें शुरू से विचलित करती रही है और 'उपस्थिति' को वे 'होने से' यानी जीवन और उसकी सम्भावना से जोड़कर देखते रहे हैं। इन दोनों भावों में बहुत गहरे तल पर संवादात्मक सम्बन्ध है। कवि उन्हें आपस में जोड़कर देखता रहा है और यह जुड़ाव प्रायः हर जगह, हर समय है। "जो उपस्थिति पूरे दृश्य पर छाई रहती थी, उसी में अनेक अनुपस्थितियाँ भी छुपी रहती थीं। उपस्थित अनुपस्थित के पड़ोस में ही था। एक को दूसरे के बिना देखना या पुकारना सम्भव ही नहीं था। मानो उपस्थित आता था तो उसके साथ अनुपस्थित भी आ जाता था।"

अशोक वाजपेयी की कविताएँ 'पड़ोस के सिद्धान्त' से संचालित होती हैं। जैसे वे मृत्यु और अनुपस्थिति की कविता करते हैं तो अनिवार्य तौर पर उसमें जीवन, प्रेम और आसक्ति की बात भी करते हैं। वे मृत्यु और अनुपस्थिति के पड़ोस में जीवन, प्रेम और आसक्ति को रख देते हैं। यह एक साझा पड़ोस है, जिसके बिना अशोक की कविता सम्भव नहीं होती। अशोक की कविता 'पड़ोस की थ्योरी' में एक नाजुक सन्तुलन स्थापित करती है। यह जो 'जीने और मरने का पड़ोस' है, इतना दूर भी नहीं होना चाहिए कि अजनबियत लगे और इतना पास भी नहीं कि जीने और मरने के अलग-अलग स्वाद का पता न चले।

जैसे जीवन, वैसे ही मृत्यु भी अशोक के कवि के लिए हमेशा एक आश्चर्य, उत्सुकता और रहस्य की वस्तु रही है। ये दोनों मानवीय चेतना के स्थायी भाव रहे हैं। हर बड़ा कवि इन भावों से मथा जाता है, जूझता है इनसे पार जाने की कोशिश करता हुआ। अशोक का कवि भी, ख़ासकर मृत्यु के चरम प्रश्न से जूझता है, भले ही जीवनेषणा के साथ, लेकिन उलझता है अन्ततः मृत्यु के प्रश्न से। उसके रहस्य को कुतूहल से देखता है।

अशोक की मृत्यु-कविताओं से यदि जीवनेषणा के प्रसंग को निकाल दें, तो उनकी इन कविताओं को अधिक वस्तुनिष्ठ तरीके से देखा जा सकता है। जीवन और प्रेम से बाहर मृत्यु एक चरम दार्शनिक प्रश्न की तरह अशोक की कविता में नमूदार होती है। दर्शन की एक विशिष्ट धारा पदार्थवाद अथवा भौतिकवाद के प्रसंग में मृत्यु और नश्वरता का प्रत्यय जीवन, आसक्ति और प्रेम से संसक्त नहीं होता। वहाँ मृत्यु जीवन का पूर्ण अन्त है। यह दर्शन-दृष्टि मृत्यु के ध्रुवान्त से वापसी की यात्रा को सम्भव नहीं मानती। यह पदार्थमय जीवन और संसार ही एकमात्र सत्य है। अशोक भी इसी जीवन, जगत, देह और पदार्थमयता के कवि हैं। इस व्याख्या से उनकी काव्य-दृष्टि अन्य प्रत्ययों की तरह मृत्यु के प्रत्यय के सम्बन्ध में

भी इहलौकिक होनी चाहिए। वे 'काया की अमरता का गान' करते हैं—लौकिक संसार का इससे बड़ा सत्यापन और क्या हो सकता है! 'एक पतंग अनन्त में' और 'कहीं नहीं वहीं' संग्रह की अनेक मृत्यु-कविताएँ कवि के 'देह-राग' की छवियाँ प्रस्तुत करती हैं। 'एक पतंग अनन्त में' संग्रह की 'बच्चे' शीर्षक कविता के कुछ अंश हैं—"बच्चे फेंक रहे हैं एक गेंद/मृत्यु के पार/इस उम्मीद में/कि पिता वापस लौटायेंगे/बच्चे उड़ा रहे हैं/एक पतंग/अनन्त में/यह जानते हुए कि/माँ उसमें खिलौने लटकाकर/भेजेगी/पुरखों के साथ/मृत्यु को पराजित करते हुए/बच्चे गा रहे हैं/काया की अमरता का गान।"

इस कविता का दार्शनिक मन्तव्य एक ओर जहाँ 'काया की अमरता का गान' करते बच्चों की जीवनासक्ति के इहलौकिक व्यापार से जुड़ा है, वहीं यह कविता एक भिन्न दार्शनिक दृष्टि मृत्यु के पश्चात अतिजीवन की धारणा का आख्यान भी करती है। मृत्यु के पश्चात जीवन अथवा अतिजीवन की धारणा का स्रोत सुविदित रूप से वैदान्तिक दृष्टि मानी जाती है और यह ज़ाहिर है कि पूरब की बहुलांश दर्शन-दृष्टियाँ वैदान्तिक दृष्टि के सार-तत्त्व भाववाद से अनुप्राणित हैं। अशोक की मृत्यु-कविताओं में इन दोनों दर्शन-दृष्टियों का गहरा द्वन्द्व है। उनका कवि इहलौकिकता की खरोंचे सहता-सहता जाने कब पार-जगत की बातें करने लगता है, लौकिक क्रीड़ाएँ करते हुए वह जाने कब अचानक अपनी गेंद मृत्यु के पार फेंक देता है, जाने कब अपनी पतंग वहाँ ले जाता है जहाँ माँ मृत्यु के क्रोड़ में बैठी एक अनस्तित्व है। और फिर वह मृत्यु के जगत को जीतता भी है, पुरखों के सहयोग से, और पलटकर लौकिक संसार में पुनः स्थित होता है काया की अमरता का गान करते हुए। यहाँ अशोक की कविता दो परस्पर विरोधी दृष्टियों से मृत्यु का आख्यान करती है। इहलौकिक और पारलौकिक इन दोनों दृष्टियों के द्वन्द्वात्मक सम्बन्ध से विकसित होती यह कविता परस्पर विवादी और संवादी भूमिका में दोलायमान रहती है।

साहित्य अकादेमी पुरस्कार प्राप्त कवि की 'कहीं नहीं वहीं' संग्रह की ढेरों कविताओं में दोनों दृष्टियों का घमासान दिखाई पड़ता है। कहीं-कहीं तो ये संवेदनाएँ आपस में उलझ, घुल-मिलकर अमूर्त कोलाज़ बनाती नज़र आती हैं। इस संग्रह से कुछ अंश देखें—"एक बार जो ढल जायेंगे/शायद ही फिर खिल पायेंगे/फूल शब्द या प्रेम/पंख स्वप्न या याद/जीवन से जब छूट गये तो/फिर न वापस आयेंगे/एक बार जो ढल जायेंगे/शायद ही फिर खिल पायेंगे।" (एक बार जो, पृ. 15)। "अन्त के बाद/हम समाप्त नहीं होंगे/यहीं जीवन के आसपास/मँडरायेंगे/यहीं खिलेंगे गन्ध बनकर।" (अन्त के बाद-1, पृ. 25)। पहली कविता में 'अन्त' के बाद पूर्ण सांसारिक अन्त है, काया का भी और शायद आत्म-तत्त्व का भी। लेकिन दूसरी कविता 'अन्त के बाद' पुनः वापसी की कथा कहती है। इसी लौकिक संसार में जीवन और सक्रियता

की वापसी। कुल मिलाकर यह काया की अमरता का गान है ही, आत्म-तत्त्व की अनश्वरता का भी उद्घोष है।

ये दो काव्यांश मृत्यु की अवधारणा की दो साफ़-साफ़ श्रेणियाँ निर्धारित करते हैं, लेकिन अशोक के कवि की मृत्यु विषयक संवेदना इतनी सरल और एकायामी नहीं है। शायद इसलिए उनकी मृत्यु विषयक कविताओं का कोई एक निश्चित दर्शन सुनिश्चित करना मुश्किल काम है। कवि की दूसरी कुछ कविताओं में अवसान के रूप में मृत्यु के घटित हो जाने पर भी मृतक की छवियाँ, उसके चिह्न, संकेत आदि जीवन की भूमि पर अंकित होकर शेष रह जाते हैं। यह मृत्यु की पराजय का प्रमाण है। जो लोप को प्राप्त हुआ, वह हँसता हुआ 'अनस्तित्व' मृत्यु को मुँह चिढ़ाता है। यह कविता अवसान में साथ कुछ नहीं ले जाना चाहती, सिर्फ़ अपने अस्तित्व की छाप जीवन पर छोड़ जाने की कामना करती है। लेकिन इसके पीठ की यह दूसरी कविता 'सब कुछ छोड़कर नहीं' में पंक्ति है—'और अपने होने के अचरज को/साथ लिए हमें जायेंगे।' (पृ. 20) एक और कविता 'अकेले में'—"हम उस यात्रा में/अकेले क्यों रह जायेंगे?/ क्यों पीछे रह जायेगा युवा होने का अद्भुत आश्चर्य/देह का प्रज्वलित आकाश/कुछ भी कर सकने का शब्दों पर भरोसा/अमरता का छद्म/और अनन्त का पड़ोसी होने का आश्वासन?" (पृ. 17)

कवि की मृत्यु विषयक कविताओं को किसी पारम्परिक दर्शन या विचार-दृष्टि में नियोजित करने में यही दुविधा है। कवि की कविता में जाने और आने के बीच एक ऐसा विचित्र सेतु है कि जाना हमेशा जाने की तरह नहीं, आने की तरह भी दिखता है और आना हमेशा आने की तरह नहीं, जाने की तरह भी मालूम होता है। इस आवागमन के लिए जो सेतु निर्मित किया गया है, ज़रूरी नहीं कि वह सेतु इस पार से उस पार और उस पार से इस पार की पूर्व निर्धारित जगह पर ही पहुँचाये। वह सेतु किसी तीसरी जगह भी ठौर के लिए ले जा सकता है, जो पूर्व निर्धारित, सुरक्षित तथा सुनिश्चित नहीं है। देखिए 'नहीं आ पायेंगे' कविता का एक अंश—"हम जो छोड़कर गये थे/उसी में वापस नहीं आ पायेंगे/हम यहाँ और वहाँ के बीच/कुछ देर चिथड़ों की तरह फड़फड़ाएँगे/फिर हवा में/गैब में/आसमान में/ओझल हो जायेंगे।" (पृ. 21-22) यहाँ आने और जाने का सेतु हर तरह की सुरक्षा और सुनिश्चितता को विपर्यस्त कर देता है। कवि की मृत्यु विषयक कविताओं में यह तीसरी स्थिति है, जिसका अपना दर्शन कवि द्वारा विकसित किया गया लगता है। यह तीसरी दशा अवसान, अनुपस्थिति और लोप के संसार में जाने और वहाँ से लौटने के बीच की दरार है, फाँक है। यह एक बहुत बेचैन करने वाली दशा है।

लेकिन यह हमेशा के लिए जाने अथवा जाकर वापस लौट आने या फिर इन दोनों के बीच की दरार की बेचैनियाँ ही कवि की मृत्यु विषयक कविताओं की

जटिलता और तनाव का सबब नहीं है, बल्कि उपस्थिति और लोप के बाद पहचान का प्रश्न भी अशोक की मृत्यु विषयक कविताओं की तनाव-रेखा को गझिन और सूक्ष्मतर करता है। "जब हम वापस आयेंगे/तो पहचाने न जायेंगे/हो सकता है हम लौटें/पक्षी की तरह/और तुम्हारी बगिया के किसी नीम पर बसेरा करें/हालाँकि घर, बगिया, पक्षी, चिड़िया/हरियाली-फूल-पेड़, वहीं रहेंगे/हमारी पहचान हमेशा के लिए गड्डमड्ड कर जायेगा/वह अन्त/जिसके बाद हम वापस आयेंगे/और पहचाने न जायेंगे।" (वापसी, पृ. 23-24)।

कवि की इस कविता को आसानी से पुनर्जन्म आदि के धार्मिक-आध्यात्मिक अर्थ में रिड्यूस किया जा सकता है। इस कविता का पूरा पहला पाठ सरलता से ऐसी अनुमति आस्वादक को दे सकता है। लेकिन अशोक की कविता को इस तरह निरे धार्मिक अर्थ में रिड्यूस करना उचित नहीं। वैसे भी अशोक के कवि को धर्म और अध्यात्म के सतही संस्करणों से गुरेज है। वास्तव में अशोक की यह कविता लोप के बाद भी 'होने की तलाश' की कविता है। मृत्यु लौकिक उपस्थिति का ही लोप नहीं करती, पहचान का भी लोप करती है। वहाँ जाने के बाद आना उसी सेतु से नहीं ही होता, उस शक्ल में भी प्रायः नहीं होता। यह शक्ल, यह पहचान दूसरे रूपों में घट-घटकर वापस संसार में आती है और अपने नयेपन को निर्मित करती है। यह नयापन अस्तित्व का पुनर्जन्म नहीं है, संसार की पुनःपहचान है।

अशोक वाजपेयी की तमाम ऐसी मृत्यु विषयक कविताओं में लोप, अनुपस्थिति, अवसान से विन्यस्त संवेदनाएँ हैं, जो गझिन, उलझी हुई और जटिल संगुम्फन में है, जिनके तार जब खुलते हैं तो संसार की विविध छवियों की पुनःपहचान का निर्माण और विस्तार होता है। इन छवियों को किसी एक दार्शनिक विचार, वाद अथवा धार्मिक-आध्यात्मिक नजरिये में सीमित नहीं किया जा सकता। इन कविताओं की संवेदना का एक उन्मुक्त चरित्र है, जो एक कोलाज़ में कहीं संपुंजित, तो कहीं बिखरा हुआ दिखाई पड़ता है।

(4)

अशोक वाजपेयी की मृत्यु विषयक कविताओं का एक पक्ष मनुष्य की अनिवार्य नियति से उसका आमना-सामना है। नियति प्रत्येक मनुष्य का अपना, ऐकान्तिक मामला है। वह सार्वजनिक समय में नहीं, उसके निजी समय में घटित हो रही एक छोटी, परन्तु महान घटना है। इसलिए अशोक का कवि मनुष्य के 'निजी समय' पर ज़्यादा ज़ोर देता है। एक कवि-विचारक के रूप में अशोक मानते हैं कि 'सामाजिक समय' ने हमारे 'निजी समय' को अपनी सार्वजनिकता में इस तरह क़ैद कर लिया है कि हमारे 'निजी समय' अथवा निजी जीवन के छोटे-छोटे सच भी उसमें लीले

जा रहे हैं। मृत्यु भी मनुष्य के निजी समय और जीवन का एक ऐसा ही छोटा सच है। अशोक के अनुसार मनुष्य की नियति को निर्धारित करने वाले छोटे सचों को वृहदाकार सामाजिक समय ने आक्रान्त कर रखा है। इस सामाजिक समय में राजनीतिक, आर्थिक, धार्मिक आदि अनेक वृहदाकार अन्य समय भी क्रूरता से शामिल हैं। यह दुर्घटना पहली बार बीसवीं सदी में सम्भव हुई है। अशोक के कवि को इस बात का गहरा मलाल है कि इतनी बड़ी दुर्घटना को हम आसानी से भूल रहे हैं। हमें यह याद रहना चाहिए कि मनुष्य के निजी समय की एक छोटी सच्चाई 'मृत्यु', निजी समय का महत्त्वपूर्ण पक्ष है। 'सामाजिक समय' के विपरीत इस सच्चाई और उसके पक्ष को यदि ढंग से जाँचा-परखा, जाना और समझा नहीं जायेगा, तो मनुष्य का अपनी नियति से दो-चार हो पाना असम्भव है।

अन्ततः मृत्यु ही मनुष्य की नियति है, रूप कुछ भी हो। अशोक का कवि अपने पहले काव्य-संग्रह से ही मृत्यु से उलझता रहा है। वे उलाहना भी देते हैं कि जो कवि मृत्यु से नहीं उलझा, वह भी कवि क्या? सो एक सच्चे कवि होने के नाते अशोक मृत्यु से निरन्तर उलझते हैं, अपने निजी समय को सार्वजनिक-सामाजिक समय के आतंक से बचाने का भरसक प्रयास करते हैं और मनुष्य की नियति, अस्तित्व, अनस्तित्व आदि के चरम प्रश्नों को अपनी कविता के निजी स्पेस में जगह देते हैं।

अशोक वाजपेयी ने माँ, बहन आदि पारिवारिक सदस्यों की मृत्यु पर तो कविताएँ लिखी ही हैं, सार्वजनिक जीवन में सम्पर्क में रहे कुछ साधारण लोगों जैसे ड्राइवर सरनाम सिंह आदि की मृत्यु पर भी कविताएँ लिखी हैं। उन्होंने महान संगीतज्ञ कुमार गन्धर्व पर भी कई खंडों में एक लम्बी कविता लिखी है, जो हिन्दी का सम्भवतः सबसे लम्बा शोक गीत है। उनके 'बहुरि अकेला' संग्रह में यह कविता शामिल है। उनकी मृत्यु विषयक कविताओं के प्रसंग में इस कविता का याद आना सहज स्वाभाविक है। यह कविता कवि के 'मृत्यु-बोध' का शिखर है। अरविन्द त्रिपाठी के अनुसार हिन्दी में निराला और श्रीकान्त वर्मा के बाद अशोक वाजपेयी तीसरे ऐसे कवि हैं, जिनमें 'मृत्यु-बोध' का ऐसा उत्कर्ष दिखाई देता है।

कुमार गन्धर्व का अवसान एक सार्वजनिक अवसान होते हुए भी अशोक वाजपेयी के लिए निजी क्षति थी। एक निज का अवसान। यह घटना एक पीड़ादायक अनुभव था जिसने कवि को यह लिखने पर बाध्य किया कि "जो जाता है/थोड़ा-थोड़ा हमें भी ले जाता है।" मृत्यु का इतना तीखा और उत्कट अहसास कवि को पहले नहीं हुआ। कुमार और उनका संगीत अशोक के लिए किसी रहस्य से कम नहीं था। उनकी निरगुन गायकी में अशोक के कवि को वह शून्य दिखाई दे ही जाता था जो अनुपस्थिति के अनुभव के लिए काफ़ी था। 'बहुरि अकेला' यानी

'कुमार गन्धर्व के लिए विदा-गीत' की इक्कीस कविताओं की यह शृंखला यत्र-तत्र मर्म को भेद देने वाली अभिव्यक्तियों से भरी पड़ी है। कवि कुमार और उनके संगीत की स्मृतियों के बहाने परम्परा और बीते समय की अनुगूँजों को सुनता-याद करता है। वह मृत्यु की भूमि से कोंपल-सी फूटती जीवन की छवियों को देखता है। 'जासूस की तरह जीवन' एक ऐसी ही कविता है जिसमें मृत्यु की उपस्थिति को धकेलकर जीवन अपनी जगह बना लेता है। यह कविता कुमार की मृत्यु के बाद अवसादग्रस्त कवि की उबरने की चेष्टा है—"यह सयानी होती ढीली पड़ती त्वचा में/नवजात-सी कँपकँपी क्यों?/पतझर वृक्ष की किसी दिगम्बर शाखा पर/एक किसलय की हरी सुगबुगाहट कैसी?/यह मृत्यु की खोखली आँखों में/जासूस की तरह/ताक-झाँक करता जीवन कहाँ से?"

कुमार गन्धर्व की मृत्यु पर विदागीत क्रम की इन कविताओं ने अशोक को हिन्दी की प्रथम पांक्ते मृत्यु-बोध के कवियों में निस्सन्देह स्थापित किया है। एक की मृत्यु कैसे दूसरे किसी अभिन्न को मारती है, एक का जाना कैसे दूसरे अभिन्न को भी क्रमशः ले जाता है, यह कविता इसका आख्यान है। एक के साथ दूसरे के क्षरण और लोप का अनुभव कवि की भीषण मनःस्थिति का संकेतक है। कोई अवसान कैसे सार्वजनिक अवसान बनता है, महसूस करने के लिए इस कविता-क्रम की एक कविता 'थोड़ा-थोड़ा हमें भी' ज़रूरी पढ़नी चाहिए। "एक जन्म ही नहीं फुँकता/एक जीवन की ही नहीं होती अन्त्येष्टि/कुछ और जन्म भी झुलसते हैं/कुछ और जन्म भी सरकते हैं/अन्त की ओर—।" और इसके बाद न उम्मीद है, न पुकार, न रंग, न प्रार्थना, न रोशनी, न चेहरा और न प्रार्थना में कोई शब्द। गन्धर्व का अवसान ऐसा ही है, नीरवता और शून्य से भरा हुआ। अशोक के कवि को यहाँ विषाद होता है कि जगत की समूची सक्रियताएँ लुप्त हुईं।

और अन्त में इस कविता-क्रम की आख़िरी कविता, जिसका ज़िक्र करना चाहूँगा। यह शवदाह का अद्भुत चित्र है। शव के दहने से लेकर उसके अन्तरिक्ष में प्रवेश करने तक का क्रमिक वर्णन। बिम्ब भी अद्भुत! ऐसी कविता हिन्दी में दुर्लभ है। इस कविता में उत्कट जिज्ञासा है कि अन्त्येष्टि के बाद 'वह' आख़िर कहाँ जाता है? आग की लपटें 'उसे' अन्तरिक्ष तक पहुँचाकर ही छोड़ देती है या आगे भी रास्ता है? 'रंग वही सूर्यास्त उदय का' शीर्षक इस कविता को थोड़ा भी उद्धृत करें तो जगह घेरेगी। लेकिन यह ज़रूरी है, "आग के बीच/धुएँ से घिरा हुआ खुलता है एक द्वार/आग की लपटें/देती हैं दस्तक/अन्तरिक्ष के दरवाज़े/शुद्ध और निष्कलुष/अपने को ही पहने हुए/भस्म होती है देह/केवल अस्थि फूल/पीछे छोड़ती हुई/आग ही लाई थी/जिसे/उसे/आग ही ले जाती है/हम झाँक नहीं पाते/द्वार के पार/हम देख नहीं पाते कि/एक द्वार खुला और/फिर बन्द हुआ/आग के आर-पार।" इस कविता

का पूरा पाठ दृश्य को स्पष्ट करने के लिए अनिवार्य है।

अशोक वाजपेयी की अन्य कविताओं की तरह उनकी मृत्यु विषयक कविताएँ हिन्दी के पाठक को एक ऐसा आस्वाद सुलभ कराती हैं जो उनके समय की हिन्दी कविता में दुर्लभ है। अशोक की समकालीन हिन्दी कविता अत्यन्त समृद्ध है लेकिन समाज और सार्वजनिकता से। प्रेम, पड़ोस, पूर्वज और मृत्यु की बात कहने वाले तो अपने ढंग के अकेले अशोक वाजपेयी हैं। उनकी कविता की निगाहें वहाँ हैं, जहाँ देखने से दूसरों की कविता लजाती है। जाने कोई क्या कह दे!

उनकी मृत्यु विषयक कविताओं का अन्तिम सर्वमान्य पाठ तो काल के पास स्थगित है, लेकिन इतना तो तय है कि उनकी ये कविताएँ केवल 'नेति का घर' नहीं, 'होने का आँगन' भी हैं। मृत्यु का स्वभाव कुछ मैला-सा है, परन्तु अशोक वाजपेयी की ये कविताएँ, उन्हीं के शब्दों में, "मृत्यु को कुछ उजला करती हैं... मृत्यु को मैला होने से बचाती हैं।"

जो जाता है थोड़ा-थोड़ा हमें भी ले जाता है

(1)

'अवसाद' अशोक वाजपेयी की कविताओं का गर्भ-स्थल है। यह उनके रचनात्मक जीवन के प्रारम्भ से है। उन्होंने स्वीकार किया है : "पता नहीं कब और क्यों तभी से (यानी बचपन से) एक विचित्र किस्म का अपरिभाषेय सा अवसाद मन में घर कर गया और शायद कविता इस अवसाद का घर बन गयी। xxx (मेरी) कविता इसी अवसाद के रेशों से बुनी गयी है और जब वह बहुत उच्छल और उदग्र है या कि प्रसन्न और अभिभूति से आलोकित, तब भी अवसाद की एक लगभग अदृश्य छाया उस पर है। एक लगभग अकारण अवसाद की छाया में जीवन-भर कविता लिखना विचित्र भले है, है सच। कुछ इस हद तक कि कभी-कभी यह तक लगता है कि कविता शब्दों से नहीं, बुनियादी तौर पर, इस अवसाद से लिखता हूँ।" ('पाव भर जीरे में ब्रह्मभोज', पृ. 16-17)

इस किंचित् दीर्घ उद्धरण से अशोक वाजपेयी की कविताओं की कुछ मुख्य चारित्रिक विशेषताएँ स्पष्ट होती हैं; एक, उनकी कविताओं में अवसाद जन्मजात है; दो, यह अवसाद अकारण और अपरिभाषेय है; तीन, कविता उत्सव के क्षणों में भी अवसाद की छाया से आक्रान्त है; चार, यह अवसाद कवि की कविता के जीवन का स्थायी भाव बन चुका है और पाँच, यह अवसाद कविता की भाषिक काया यानी शब्द को भी पीछे धकेल देता है और स्वयं प्राथमिक बन जाता है।

अशोक की कविता का अध्ययन करते समय उक्त तथ्यों का ध्यान रखना चाहिए। अशोक को प्रायः उत्सव और 'देह-गेह का कवि' कहकर उनकी कविता की निर्मिति के 'बुनियादी रेशों' की ओर ध्यान नहीं दिया जाता जबकि अशोक यह साफ़ कर देते हैं कि अपनी 'उच्छलता' और 'प्रसन्नता' में भी 'अवसाद की एक लगभग अदृश्य छाया उस पर है।' अशोक 'प्रसन्न और अभिभूति से आलोकित' प्रेम कविताओं में जिस बुनियादी अवसाद से जूझते हैं उन सबमें अवसान और लोप की विकलता का गहरा अहसास उन्हें कचोटता है। मृत्यु-बोध की कविताओं में यह ज़्यादा उभरकर सामने आया है। उन्होंने इस बोध से बिंधकर प्रभूत संख्या में कविताएँ लिखी हैं। 'कहीं नहीं वहीं' और 'आविन्यों' संग्रह की कविताओं में इसका

उत्कर्ष दिखाई पड़ता है।

1992 में प्रकाशित उनकी 'बहुरि अकेला' शीर्षक लम्बी कविता कवि के मृत्यु-बोध और तद्विषयक दार्शनिक चिन्तन का एक महत्त्वपूर्ण पड़ाव है। कवि की लम्बी काव्य-यात्रा के बीच आया यह पड़ाव एक अनपेक्षित अकस्मात् घटना से उत्पन्न भारी अवसन्नता से भरा है। कवि के लिए यह भारी बेचैनी और उद्विग्नता की स्थिति है।

भारतीय शास्त्रीय संगीत के मूर्धन्य गायक और अशोक वाजपेयी के आत्मीय मित्र कुमार गन्धर्व का देहावसान 12 जनवरी, 1992 को हो गया। कुमार गन्धर्व ने अपने गायन में शास्त्रीय संगीत की जड़ता को तोड़कर उसे विराट प्रवाह में उन्मुक्त बहने का अवसर सुलभ कराया। यह प्रवाह लोकजीवन का था। उन्होंने मालवा के लोकजीवन को करीब से देखा-समझा और महसूस किया था। वे वहाँ की लोक-गायकी के जीवन्त तत्त्वों को शास्त्रीय गायन में ले आये और लोक और शास्त्र का सम्मिलित संगीत-शास्त्र रचा।

अशोक वाजपेयी कुमार जी के संगीत से कई कारणों से प्रभावित हैं। उनके अनुसार आज की परम्पराविहीन कविता से स्मृति ग़ायब हो चुकी है। ऐसे में कुमार जी का संगीत एक बिल्कुल दूसरा और समावेशी विकल्प है। उसे सुनना अपनी परम्परा की पिछली स्मृति में लौटना है। उनके अनुसार साहित्य हमें नितान्त समकालीनता के बाड़े में बाँधता लगता है। कुमार जी हमें इससे मुक्त कर परम्परा के घर में हमारा पुनर्वास करते हैं। उनका संगीत हमें संस्कृति के विस्तार में ले जाता है। हमें नयी रचनाशीलता की सम्भावना, शक्ति और कल्पना देता है। इसके अलावा कुमार जी ने 'परिवर्तन को संगीत का केन्द्र बनाकर उसे सर्वथा आधुनिक बना दिया।' अशोक कुमार गन्धर्व की निर्गुण गायकी से सदैव आह्लादित और भाव-विभोर रहे हैं। इस संगीत से अशोक ने मौन और शून्य के अर्थ को बार-बार सीखा; उसमें तिरे और डूबे भी।

कुमार गन्धर्व को संगीत का कबीर कहा गया है। अशोक 'दोनों कबीर' की एक-सी विशेषताएँ बताते हुए कहते हैं, "जैसे कबीर अपनी कविता में अपने को आत्म में अवस्थित करते हुए, सबकुछ को अपने में समाकर, 'बहुरि अकेला' होने का इजहार करते हैं वैसे ही कुमार गन्धर्व ने एक ऐसा संगीत रचा जिसमें कई बिम्ब, छायाएँ और रंगतें थीं पर जो अजब ढंग से ऐकान्तिक था : एक उपस्थिति जिसमें केन्द्र में अनुपस्थिति थी।" ('पाव भर जीरे में ब्रह्मभोज', पृ. 92)

ऐसे विशिष्ट और आत्मीय संगीतकार कुमार गन्धर्व की आकस्मिक मृत्यु ने अशोक और उनके कवि को झकझोर कर रख दिया। 'अवसाद' एक बार फिर घेरकर सामने खड़ा था। यह वही प्राचीन अवसाद था इस बार नयी शक्ल में। इस बार वह पहले की भाँति 'अकारण' और 'अपरिभाषेय' नहीं था। इस बार वह आया था अपना उत्स बताते। मृत्यु और उसके अवसाद की छाया कवि के मानस पर

सघनता से तारी थी। कुमार जी की मृत्यु एक अत्यन्त मर्मभेदी घटना थी। कवि का इससे उबरना बेहद ज़रूरी था।

कुमार गन्धर्व के अवदान के प्रति कृतज्ञ कवि अशोक वाजपेयी ने 'बहुरि अकेला' शीर्षक से स्वतन्त्र इक्कीस कविताओं का एक कविता-क्रम लिखा, जो वस्तुतः एक लम्बी कविता के अन्तर्गत है। यह कविता कुमार गन्धर्व के लिए विदागीत है। इसे शोकगीत भी कहा जाता है। स्वयं कवि के अनुसार यह हिन्दी का सबसे लम्बा शोकगीत है। वैसे हिन्दी में शोकगीत-लेखन की कोई समृद्ध और पुरानी परम्परा नहीं है। ले-देकर एक अविस्मरणीय और लम्बे शोकगीत के रूप में निराला की 'सरोज स्मृति' की याद आती है। अशोक वाजपेयी का विवेच्य शोकगीत आकार की दृष्टि से ज़रूर लम्बा है। चूँकि यह अनेक स्वतन्त्र कविताओं का समूह है और एक कविता दूसरी कविता से अनिवार्यतः सम्बद्ध नहीं है। अतः स्फीति की गुंजाइश बन गयी है।

इस लम्बी कविता के लिए छोटी-छोटी कविताओं के फार्म के इस्तेमाल के कारण को स्पष्ट करते हुए अशोक लिखते हैं, "छोटी कविताओं के इधर लगभग रूढ़ हो गये प्रकार का उपयोग एक क्रम में करके उबाऊ लम्बेपन से बचा जा सकता है और इन कविताओं को निरन्तरता में गूँथकर उससे लम्बी कविता का काम लिया जा सकता है।" ('पाव भर जीरे में ब्रह्मभोज', पृ. 36)

इस शोकगीत को लिखने का प्रयोजन जहाँ 'कुमार गन्धर्व से जीवन और संसार का रहस्य कुछ छूने, सृजन और संगीत का संघर्ष और जीवट कुछ समझने के सौभाग्य' के वरदान से ऋण होने का प्रयास करना था, वहीं इस बहाने कवि ने 'मृत्यु को एक बार फिर थोड़े बड़े फलक पर देश और काल दोनों के, देखने और अपनी पीड़ा से उबरने की कोशिश की' है। (उक्त, पृ. 36)

(2)

'कर्टेनिंग एवरी थिंग विद एबसेन्स' (सबकुछ को अनुपस्थिति से आवृत्त करते हुए)—राबर्तो हुआरोज़ की इस पंक्ति से 'बहुरि अकेला' की कविताओं का आरम्भ होता है। यह इस कविता-क्रम की समग्र कविताओं का बीज विचार है। सबकुछ जो उपस्थित-अनुपस्थित है, ये कविताएँ उन्हें 'नहीत्व' से आवृत्त करती हैं, उन्हें 'अनुपस्थिति' के भाव से ढक देती हैं। अनुपस्थिति से ढँका हुआ सबकुछ लोप और अवसान में डूबा हुआ जान पड़ता है।

अशोक वाजपेयी ने कुमार गन्धर्व पर अपनी इन कविताओं के बारे में लिखा है, "इन कविताओं का बुनियादी संघर्ष अनुपस्थिति को—बहुत ही गहरी अनुपस्थिति को एक उपस्थिति के रूप में सम्भव बनाने का है। यह संघर्ष मेरी कविता का एक आब्सेशन है। ....यह अनुपस्थिति एक ओर व्यक्ति की अनुपस्थिति है, तो दूसरी

ओर, दार्शनिक स्तर पर, ईश्वर की अनुपस्थिति भी है।'' (मेरे साक्षात्कार, उदयन वाजपेयी से, पृ. 161-162)

कविता-क्रम की पहली कविता है—'अन्तारम्भ'। यह कविता जीवन के अन्त और आरम्भ का मज़बूत गठजोड़ है। साथ ही 'अन्त' और 'आरम्भ' को अलग-अलग पहचान भी देती है। 'अन्त' में ''दिवंगत के बारे में बीच-बीच में ज़रूर कहते हैं कुछ लोग/पर अधिक समय रोज़मर्रा की बातों में ही गुज़ारते हैं/ हाशिए पर रहता है अन्त कितने ही अन्तरंग का क्यों न हो।'' कविता की ये पंक्तियाँ अन्त को आरम्भ से सीधे अलगाती हैं, भले ही टुइँयाँ और तुच्छ तरीके से, लेकिन ये अन्त को परे खिसकाकर आरम्भ की महिमा का बखान भी करती हैं। ये बताती हैं कि जीना ही जीतना है और ''कितना भी बड़ा हो मरना वह हारता है।''

लेकिन अन्त और आरम्भ के बीच की दरार के बावजूद उनके निहित आशय में एकत्व है। अन्त, लोप, अवसान के धँधलके का अतिक्रमण कर आरम्भ की उगती लालिमा का साक्षात्कार होता है और होने के सही अर्थ की अनुभूति भी। अवसान और उदय के बीच एक अनिवार्य सेतु है। यह दोनों को अनिवार्यतः जोड़ता है। अतः ये कवि की कविता में दो अलग-अलग पद नहीं, एक ही पद है—'अन्तारम्भ।'

अशोक के यहाँ 'समय' एक चेतना है, जो अपनी परिधि में मनुष्य को घेरे हुए है। केन्द्र में मनुष्य है और यह मनुष्य समय की चेतना का अतिक्रमण नहीं कर सकता। मनुष्य की भाषा और कविता भी समय में ही अवकाश पाती है। उनके लिए भी समय से बाहर जा पाना सम्भव नहीं। कोई अगर समय से बाहर जाना चाहे तो उसे भाषा और कविता से भी बाहर जाना होगा। मनुष्य समय के साथ-साथ भाषा और कविता से भी बाहर नहीं जा सकता। यह 'समय से बाहर' अशोक की एक कविता है जिसमें कवि कहता है कि समय, कविता और भाषा के भीतर; लोप, अनुपस्थिति, अन्त, समापन, मृत्यु, अवसान इन सबके भीतर ऐसा कुछ भी नहीं 'जो उसके न होने को व्यक्त करे।' अर्थात् 'न होना' नामुमकिन है। क्या अशोक का कवि ऐसा कहकर कुमार गन्धर्व की अनुपस्थिति को ख़ारिज कर रहा है? शायद अशोक के कवि का विश्वास दृढ़ है कि गन्धर्व उनके समय, उनकी भाषा और कविता से बाहर कतई नहीं जा सकते। वे सदैव उपस्थित हैं।

'शब्दों दुखों घावों के शिल्प से' एक विकल कर देने वाली कविता है। कुमार जी की अनुपस्थिति के आघात से बेचैन कवि को लगता है, जैसे इस समूचे, सरल से दिखने वाले जीवन का शिल्प वस्तुतः कुछ और ही है। यह शिल्प शब्दों दुखों और घावों से रचा गया है। ये घाव आत्मा में टीसते हैं और एक दिन मृत्यु इस जीवन को पूर्ण कर देती है। साथ ही जिज्ञासाहीन। कुमार जी के अवसान से स्तब्ध कवि को अपने आस-पास चीज़ों का बनना, सँवरना और अन्ततः विलुप जाना अत्यन्त विचलित करता है। इस दृश्य-परिवर्तन से कवि के घाव हरे हो जाते हें। 'सूर्यास्त में

समाप्त हो गया एक प्राचीन गलियारा'—क्या यह कुमार जी के दृश्य से बाहर चले जाने से उपजी कोई कराह नहीं है?

'जल जो नदी है' कविता एक उदासीन और विराग भरी कविता है। यह धारा का चुपचाप अपने उत्स तक लौटने की गतिमान प्रक्रिया में समाप्त होती कविता है। जीवन की मृत्यु की ओर प्रवहमानता का क़िस्सा कुछ ऐसा ही है। वह 'नदी-जल' है सन्नाटे में गूँजता हुआ, चट्टानों से टकराता 'फिर भी उच्छल' और 'दुख के खिसकते-ढहते ढूहों से/हर सर्वनाम को लीलता हुआ/आदि और अन्त से उदासीन'। ऐसे बहते जल-सा जीवन है जो शायद अपने जीवनत्व से भी अनभिज्ञ है। यह जीवन निरन्तर मृत्यु की प्रक्रिया में है। मृत्यु को प्राप्त करता हुआ।

अशोक वाजपेयी मूलतः राग के कवि है विराग के नहीं। उनकी बहुत कम कविताओं में जीवन के प्रति निर्लिप्तता और वैराग्य-भाव दिखता है। उक्त कविता इस मनोभाव से लिखी गयी सुन्दर कविता है। यहाँ मृत्यु का परम स्वीकार है। धारा में बेशर्त समर्पण। वह जहाँ बहा ले जाये, कवि राजी है : "सिर्फ़ बहता चलता है जल/जिसे शायद पता ही नहीं चलता कि वह नदी है।" इस समर्पण में अवसाद नहीं, हर्ष नहीं, केवल साक्षीत्व है मृत्यु का, कि जो उसकी मर्ज़ी करे, जल की तरफ़ से कोई अवरोध नहीं होगा।

(3)

अशोक के यहाँ पूर्वज ही स्मृति है। पूर्वज परम्परा के रूप में स्मृति में एकत्र हैं। दिवंगत कुमार गन्धर्व भी अब पूर्वजों की पाँत में स्थान पाते हैं। पूर्वजों के यहाँ जीवन की आपाधापी नहीं है। वे समय के निर्विघ्न अवकाश में स्मृति में रूप में स्थित हैं और मुड़-मुड़कर जीवन को देखते हैं। उनकी याद से यह कवि भी प्रतिकृत होता है। यहाँ पूर्वजों की स्मृति के सहारे कवि मृत्यु का निषेध करता है लेकिन वही स्मृति कवि पर अवसाद-सी झरती भी है। वही अवसाद जो कवि की कविता का नाभिबिन्दु है।

अशोक संगीतकार की मृत्यु के अवसाद से उबरने की भरपूर चेष्टा करते हैं। यद्यपि यह अवसाद गहरा और मर्मान्तक है, फिर भी यहीं जीवन थम नहीं जाता! मृत्यु से कवि का संघर्ष बीच-बीच में परिणति तक पहुँचता मालूम पड़ता है। कवि के जीवट के सामने मृत्यु कुछ लाचार-सी नज़र आने लगती है। 'मृत्यु की खोखली आँखों में जासूस की तरह' जीवन ताक-झाँक करने लगता है। मृत्यु की उपस्थिति को धकेलकर जीवन अपनी जगह बना लेता है, क्योंकि जीवन असमाप्य है और मृत्यु उसे बाधित नहीं कर सकती। 'जासूस की तरह जीवन' कविता में संगीतकार की मृत्यु के अवसाद के बाद कवि में जीवन के प्रति पुनः राग और विश्वास जागता है। वास्तव में कवि को हर समापन में प्रारम्भ पीछा करता जान पड़ता है।

'यह जो' शीर्षक एक कविता में कवि पुनः स्मृतियों की ओर लौटता है। वहाँ उसका सामना अनेक मूर्त-अमूर्त स्मृतियों से होता है। छोटी-छोटी चीज़ों की ये स्मृतियाँ अपनी साधारणता में भी अत्यन्त मूल्यवान हैं और कवि को इनके लिए किसी भरोसमन्द ताक की चिन्ता है। ये यादें पीछा नहीं छोड़तीं और इनसे मुक्त हुए बिना आगे की यात्रा में निकलना सम्भव नहीं। लेकिन यह अत्यन्त सुखद है कि हमारे समय का यह बूढ़ा कवि चीज़ों की स्मृति को लेकर इतना चिन्तित और विकल है। संगीतकार पर अपनी इस कविता के बहाने जहाँ हमारा यह कवि पूर्वज-परम्परा का पुनर्वास कर रहा है वहीं दूसरी ओर उसकी सुरक्षा के लिए भरोसेमन्द ताक की खोज भी कर रहा है। आज हमारे आपाधापी भरे समय में जिस चीज़ पर सबसे बड़ा ख़तरा मँडरा रहा है, वह है हमारी स्मृति। हमारी आज की कविता भी भीषण स्मृति-हीनता की शिकार है। ऐसे में हमारे समय का एक अग्रज कवि किसी बहाने स्मृति की ओर लौटने, उसे संरक्षित करने का उद्यम करता है, तो यह एक बहुत आश्वस्त करने वाली बात है।

कुमार गन्धर्व के जाने के बाद कवि के लिए संसार विलम्बित हो गया है। कवि के शब्द अर्थ को छू न पाने की विकलता से त्रस्त हैं। उसके शब्द भी संसार को विलम्बित होने से रोक पाने में असमर्थ हो चुके हैं। एक कवि के लिए इससे बड़ी त्रासदी और क्या होगी कि वह अपने शब्दों से मनचाहा काम न ले पाये! शब्द उसका साथ छोड़ दें और अपने साथ-साथ अर्थ को भी विलंबित कर दें! 'ढलकने से पहले' शीर्षक कविता में चीज़ें और दृश्य भी, स्तंभित और थिर हैं। इस कविता में एक अवसन्नता और ठहराव की स्थिति है। मृत्यु की अनुभूति से जूझते कवि के मनोभाव के अनेक अलग-अलग शेड्स 'बहुरि अकेला' की कविताओं में परिलक्षित होते हैं। इस कविता में मृत्यु के बोध से संघर्ष कुछ क्षणों के लिए ठहराव में बदल गया है। यह कवि के लिए किंकर्तव्यविमूढ़ता की स्थिति है। इस प्रसंग में कवि के लिए सबसे त्रासद स्थिति यह है कि शब्द और उसके अर्थ भी कवि का साथ छोड़ चुके हैं। ऐसे में विलम्बित चीज़ों के संसार को प्रवाह में कैसे लायें, कवि के लिए यह कठिन काम है।

'बहुरि अकेला' कविता-क्रम की कविताएँ लम्बी कविता का हिस्सा होते हुए भी परस्पर स्वतन्त्र कविताएँ हैं। इसका एक बड़ा लाभ यह हुआ है कि अलग-अलग कविताओं को अलग-अलग शेड्स में ढाला जा सका। उदासी, विकलता, अवसाद, अवसन्नता, स्मृतियाँ, जिज्ञासा आदि अनेकानेक मनोभावों को इस कविता-क्रम के अलग-अलग स्वतन्त्र हिस्सों में विनियोजित किया जा सका।

'मरने से पहले कितने स्थगन' कविता में कवि जीवन के लालच में मृत्यु की सरहद से पीछे हटता है। उसके शब्द हैं कि इस तरह हम "एक और कठघरा बनाते हैं अपने लिए" (यानी जीवन के लिए) "हिचकते हैं/पर फिर भी झोंक ही देते हैं/

आज और अभी को/कल की सम्भावित आग में–" इस तरह हम मरने से पहले जीने में कई बार स्थगित होते हैं और हर स्थगन में जीने का कोई न कोई उपाय ढूँढ़ लेते हैं। इन कविताओं के बारे में ज्योतिष जोशी ठीक ही कहते हैं कि ये "कविताएँ मृत्यु के बहाने जीवन की गहन पड़ताल हैं।" (साक्षात्कार, पृ. 132) आधुनिक हिन्दी साहित्य में बहुत कम ऐसे कवि हुए हैं जिन्होंने मृत्यु की नियति से, एक चरम प्रश्न के रूप में उसका सामना किया हो। अशोक वाजपेयी इस अर्थ में अपने समय के अप्रतिम कवि हैं। 'बहुरि अकेला' की 'थोड़ा-थोड़ा हमें भी' शीर्षक कविता में मृत्यु का विराट साक्षात्कार कवि ने किया है। एक नितान्त निजी मृत्यु भी सार्वभौमिक मृत्यु से कैसे जुड़ जाती है, निज की यातना कैसे सार्वजनिक अर्थ से विन्यस्त हो जाती है, इस अनुभूति के लिए यह कविता बार-बार पढ़ी जानी चाहिए। इस कविता में कोई एक मृत्यु की नियति के बहाने ही सही, समग्र का अविभाज्य हिस्सा बन जाता है। कविता की पंक्तियाँ हैं, "एक जन्म ही नहीं फुँकता/एक जीवन की ही नहीं होती अन्त्येष्टि/कुछ और जन्म भी झुलसते हैं/कुछ और जन्म भी सरकते हैं/ अन्त की ओर–।" इस तरह एक की मृत्यु दूसरे की मृत्यु का आगाज़ है। एक की मौत दूसरे की मौत को पुकारती है। कविता की आख़िरी कुछ पंक्तियाँ हैं, "जो जाता है/थोड़ा-थोड़ा हमें भी ले जाता है/और इसलिए कभी पूरी तरह नहीं जाता है।" मृत्यु की दारुणता को कवि ने संगीतकार की मृत्यु के सन्दर्भ में जाना-भोगा है, अतः कवि की ये पंक्तियाँ सामान्य के अतिरिक्त संगीतकार के विशेष प्रसंग में भी पढ़ी जानी चाहिए। कुमार गन्धर्व जैसे आत्मीय के जाने से कवि पर भी स्वयं अपने बीतते जाने का अवसाद तारी है। लेकिन इस कविता की अन्तिम पंक्ति उम्मीद जगाती है कि जो जाता है वह पूरा नहीं जाता। क्योंकि जो जीवित है थोड़ा-थोड़ा जाते हुए भी थोड़ा बचा रहता है। इस तरह जो बीत गया, वह भी शेष रहता है। कारण, उसकी डोर बचे हुए के हाथों में होती है। बचे हुए में बीता हुआ स्मृति की तरह बचा रहता है।

'रंग वही सूर्यास्त उदय का' इस कविता-क्रम की सबसे अद्भुत और भव्यतम कविता है। इसमें शवदाह का चित्र है। आधुनिक हिन्दी कविता में इस विषय पर ऐसी दूसरी कविता शायद ही उपलब्ध हो। कविता में शव के दाह से लेकर उसके अन्तरिक्ष के किसी लोक में प्रवेश करने का क्रमिक चित्र है। बिम्बबहुल यह कविता पाठक को एकबारगी स्तब्ध करती है और उसके समक्ष मृत्यु के बाद के रहस्य का कपाट खोल देती है। कविता की शुरुआत इस प्रकार होती है, "आग के बीच/ धुएँ से घिरा हुआ/खुलता है द्वार एक।/आग की लपटें देती हैं दस्तक/अन्तरिक्ष के दरवाज़े।/शुद्ध और निष्कलुष/अपने को ही पहने हुए/भस्म होती है देह/केवल अस्थिफूल/पीछे छोड़ती हुई।"

आगे की पंक्तियों में कवि की जिज्ञासा है कि अन्त्येष्टि के बाद व्यक्ति आख़िर

कहाँ जाता है? आग की लपटें उसे अन्तरिक्ष तक पहुँचाकर ही छोड़ देती हैं या आगे भी रास्ता है?—"लपटों के पार/उनसे कहीं ऊँचा खड़ा है/ एक हरा-भरा वृक्ष/ उसके ऊपर तना है नीला आकाश/..../गगन की ओट निशाना किये हुए/दायें चन्द्रमा और बायें सूरज/इनके बीच छिपाते हुए/वह जो/आग की लपटों में/उस द्वार के पार/जाता है,/कहाँ जाता है?" यह एक देह की अन्त्येष्टि के बहाने मृत्यु के तिलिस्म, उसके रहस्य में झाँकने की कोशिश करती कविता है। अन्त्येष्टि का यह दृश्य स्वयं संगीतकार का हो सकता है और ज़ाहिर है यह उसी के बहाने मृत्यु के गढ़ में ताक-झाँक करने की कोशिश करती है। इस कविता की बिम्बात्मक भव्यता इसे महाकाव्यात्मक चरित्र प्रदान करती है।

'बहुरि अकेला' के 'विदागीतों' के माध्यम से कवि ने कुमार गन्धर्व को भावप्रवण विदाई दी है। कुमार जी के आकस्मिक ढंग से विदा होने से कवि स्तब्ध हुआ है। उसका साबका इस सच्चाई से हुआ है कि 'विदा का कोई समय नहीं है।' इस शीर्षक से रचित उनकी कविता 'विदाई' के अप्रत्याशित होने की ख़बर देती है। जीवन-जगत के तमाम छोटे-बड़े ब्योरों और क्षुद्रताओं के अन्त का कोई निर्धारित समय नहीं है। "कौन कब अचानक/कह देगा/अलविदा? XXX विदा/अपूर्णता से/ किसलयों कुचाग्रों केलि से/शब्दार्थ मौन रूपकों से/गान धैर्य अजात पौत्र से—"। कवि के इन छोटे-छोटे मन्तव्यों में गम्भीर दार्शनिक अर्थ विन्यस्त हैं। यह जीवन की क्षणभंगुरता और मृत्यु की शाश्वतता को जानती-समझती कविता है।

कविता-क्रम में एक कविता है 'किये न किये का अरण्य'। इसमें पृथ्वी, दिगन्त, शून्य हर कहीं जीवन की प्रचुरता में अतिरिक्त जन्म की असम्भाव्यता पर व्याकुलता है। जन्म के लिए शेष न बची भूमि पर भी आधिपत्य जमाने आक्रान्ता बार-बार हमला करते हैं, कभी देवदूत और सैनिकों के रूप में, तो कभी सन्त और लफंगों के रूप में। पृथ्वी पर जीवन इतना भरपूर और सघन है कि और जीवन की कोई जगह नहीं बची। कवि को और जीवन की दरकार है किन्तु विभिन्न शक्लों में मृत्यु इस पर सेंध लगाना चाहती है। निहत्था होने के कारण कवि मृत्यु का सक्रिय प्रतिरोध नहीं कर पाता। फलस्वरूप वह घोर हताशा से घिर जाता है।

मृत्यु के शोक से सन्तप्त कवि बार-बार मृत्यु के द्वार तक पहुँचता है उससे साक्षात् और संवाद के उद्देश्य से। वह अपने निहत्थेपन के साथ मृत्यु के तेज-मंडल का सामना करता है। कवि मृत्यु को 'कहीं नहीं के घर में' पाता है। यह घर शून्य में है, जिसमें मृत्यु के साथ अनुपस्थिति भी रहती है। अनुपस्थिति मृत्यु का दूसरा नाम है। 'कहीं नहीं के घर में' शीर्षक कविता में कवि अग्नि के रास्ते होकर कहीं नहीं के घर में जाता है। कवि के अनुसार यह घर भाषा और पाप-पुण्य से दूर, अस्पृश्य है। भौतिक संसार से दूर इस घर का पता कवि पूछता है। इस कविता में भी अन्त्येष्टि का दृश्य है और जिज्ञासा है कि दाह के बाद किस घर में हम कैसे जाते हैं?—"शून्य

के पड़ोस से/हम किस/कहीं नहीं के घर में/अग्निपथ से/भस्म होकर/रहने आते हैं?/ इतनी सारी खिड़कियों/दरवाज़ों/आँगनों-ओसारों के/किस घर में/देवताओं वनस्पतियों से अलक्षित/भाषा और कीड़ों से दूर/पाप-पुण्य से अस्पृश्य/अग्निपताकाओं से घिरे/ हम प्रवेश करते हैं।" और ठीक अगली कविता में भी अन्त्येष्टि में जलती चिता का विकल कर देने वाला दृश्य है। कवि के लिए आग और धुएँ से घिरी जलती चिता मृतक का घर भी है और नहीं भी। वह राख, अस्थियों, आँसुओं, चीखों, आर्तनाद और विषाद का घर है। वह मुक्ति, अवसान, अनुपस्थिति, स्मृति, विराम, विलय, विलोप, अन्त, अनन्त, नेति और नहीं का घर है। मृतक इसी घर में रहता हुआ समाप्त होता है। लेकिन यह 'घर' उसका घर नहीं भी है। क्योंकि इस घर के रास्ते होता हुआ मृतक क्षण-क्षण मिटता है और घर-बाहर हो जाता है। "वह आग का घर/लपटों और धुएँ का घर/राख और अस्थियों का घर"—यह घर जो वस्तुतः जलती चिता है, यह विचलित कर देने वाला दृश्य है। मृत्यु की दारुणता को इतने निकट से अनुभव करना और एक घर से होते हुए दूसरे घर और अन्ततः किसी घर में न होने की करुण प्रतीति कवि के मृत्यु-बोध के चरम-शिखर का परिचायक है। कवि इसी मृत्यु से संवाद और साक्षात् की इच्छा से बार-बार इन कविताओं के बहाने उसके द्वार पर पहुँचता है।

'फाहा फाहा उड़ते समय से' कविता में भी कवि को मृत्यु का गहन बोध आविष्ट करता है। जो नहीं है, उसकी स्मृति कवि के अन्तर में बार-बार पछाड़ खाती है। जिसका अवसान हो चुका है, वह फिर-फिर लौटकर कवि को घेरता है। कवि के हृदय में उसकी प्रतिध्वनि गूँजती है। उसके लिए कवि के पास कोई शब्द और रूपक नहीं है लेकिन फिर भी कवि के शब्दों के भीतर मौन के रूप में व्यापती उसकी सत्ता मौजूद है। वहाँ वह उसके शून्य में पुष्प-सा खिलता है। संगीतकार की स्मृतियों की अनुगूँज से विचलित कवि अपने शब्दों के मौन में प्रकट एक 'अनजान' चेहरे की बाबत पूछता है, "लिखा जाता हुआ/शब्दों के बीच मौन सा/खिलता हुआ?/यह निराकाश/निरातप/निःसंख्य निःशून्य/सुतपा के चेहरे वाला/कौन है?"

कविता-क्रम की सत्रहवीं कविता है 'किस शैव चट्टान पर'। इसके शुरुआती हिस्से में कुमार गन्धर्व के गायन की उदातत्ता और वैशिष्ट्य का शब्द-चित्र उकेरने का सुन्दर प्रयास किया गया है। उनके गायन की गरिमा और पवित्रता कवि को अभिभूत करती है। कुमार जी की गायकी अपने अन्दाज़ में अपने समकालीन और परम्परागत शास्त्रीय गायकी से मौलिक रूप से अलहदा थी। लम्बे समय तक एक फेफड़े से गाने वाले इस गायक ने अपने समकाल में क्लासिक उदात्त के चरम को छू लिया। अशोक का कवि उनके गायन को शब्दों में बाँधने का प्रयास करता है : "वह आग की गरिमा तक/आकाश की पवित्रता तक/पृथ्वी के शस्य तक/उठता है/अपने रक्त से/अपनी त्वचा से/अस्थियों-मज्जा से/अपने एक फेफड़े से/अपनी आवाज़ से

अपने गान से अपने नाम से।'' ऐसे कुमार जी की अनुपस्थिति के ऐश्वर्य को समय कहाँ दर्ज करेगा? कवि उनके छूटे हुए संसार को निराश क्षणों में कर्तव्य की तरह गढ़ता है और उसे 'जीवन' कहकर पुकारता है। यही सन्तोष है।

लेकिन स्मृति का अवसाद है कि बार-बार लौटकर कवि को जकड़ता है, और उसे उसी अवसाद की मनःस्थिति में लाकर छोड़ देता है, जहाँ से कवि की यात्रा शुरू हुई और जो कवि की संवेदना का स्थायी भाव है। मृत्यु की नियति के समक्ष कवि की बारम्बार निरुपायता और सबकुछ लोप होने की सघन हताशा स्थगित नहीं होती। इस निर्वाक् में प्रार्थना के लिए भी कोई शब्द नहीं बचा। मृत्यु के आघात से अब ''उम्मीद का कोई रंग नहीं है/ न प्रार्थना में शब्द है/ देवहीन नीरवता में/न उठते हैं हाथ/न झुकता है माथा—/प्रार्थना में कोई शब्द नहीं है।''

(4)

'बहुरि अकेला' की कविताएँ विविध भाव-संवेदनाओं और रंगों का विस्मित कर देने वाला कोलाज़ है। इसमें उम्मीद, जिज्ञासा, अवसान, हताशा, विषाद और नेति के आते-जाते रंग हैं एक-दूसरे में झिलमिल। मृत्यु की शून्यता के अन्तिम छोर से कवि वापस पृथ्वी पर लौट आता हुआ दिखता है 'होना पृथ्वी न होना आकाश' की उद्घोषणा करता हुआ। क्योंकि जीवन और संसार की पार्थिवता आकाश के शून्य से, उसकी पारलौकिक दिव्यता से ज़्यादा सुन्दर है और गरिमापूर्ण भी। यह सच है कि मृत्यु के बोध को उसकी चरमता में अनुभूतने के बाद ही पृथ्वी का वेध्य रहस्य रस देता है। शायद यही वजह है कि अशोक का कवि पहले मृत्यु को उसके चरम उत्कर्ष में छूने की कोशिश करता है तब वह जीवन की लालसा और राग के तल में गहनतम डूबता है। 'बहुरि अकेला' की कविताओं में मृत्यु के गहनतम अनुभव को उपलब्ध कर उसके प्रत्याख्यान की कोशिश है। 'होना पृथ्वी न होना आकाश' कविता का एक अंश है, ''खँडहर की दीवार पर उग आयी घास/धरती का हरा संकेत/ कि समय हो चुका/मिट्टी में वापस आने का।''

किसी एक के न होने से असंख्य स्थगित नहीं होता। किसी एक की अनुपस्थिति से असंख्य की उपस्थिति ख़ारिज नहीं की जा सकती। एक के आकाश होने से असंख्य पृथ्वी से बाहर नहीं हो जाते। हालाँकि उस एक का न होना खटकता ज़रूर है। उस एक का आकाश होना कष्टकारक है, बावजूद इसके ''सबकुछ वैसा ही है/ मानो कि कुछ हुआ ही न हो।'' कुमार गन्धर्व असंख्यों में एक हैं, जो अब पृथ्वी न रहे, आकाश हो गये। उनके जाने से उत्पन्न हुआ अवसाद समय के साथ कवि के मन से कम होता जाता है और एक समय कवि को महसूस होता है कि 'सबकुछ वैसा ही है जैसा पिछली बार था।' सिर्फ़ एक हममें से घट गया है।

और अब इस कविता-क्रम की आख़िरी कविता। 'अन्त का समय आरम्भ का समय'। यह कविता अन्त और आरम्भ की सुन्दर जुगलबन्दी है। अन्तिम पंक्ति को छोड़कर पूरी कविता में अन्त के गरिमामय घर में प्रस्थान की तैयारी है। एक पवित्र उपक्रम—"यह अभिषेक का समय है/जीने के धूल-धक्कड़/मैल-कलुष को तजने का/समय।" यह लोप के घर में प्रार्थना करते हुए दाखिल होने, "प्रणति की तरह अज्ञात के सामने (खुद को) अर्पित करने का समय" है। अवसान के इस समय में कवि को जीवन के सभी प्रस्फुटन और मधुसंचय क्षण निरस्त होते मालूम होते हैं। इस समय जीवन भर के किये-धरे को उतारकर कीचड़ सने जूतों को तजकर अन्त में डूबना है। और यही वह अन्त का सटीक समय है जहाँ से गुनगुनाते हुए आरम्भ की यात्रा में निकल जाना है। 'आरम्भ का समय।'—इस पदबन्ध के साथ 'बहुरि अकेला' कविता-क्रम की आख़िरी कविता का समापन होता है।

जैसा कि हमने ऊपर भी कहा है कि 'बहुरि अकेला' की कविताएँ कवि के अनेक मनोभावों और उसकी मृत्यु-संवेदना के विविध रंगों का झिलमिल करता सुन्दर कोलाज़ है। इस लम्बी कविता में विन्यस्त छोटी-छोटी स्वतन्त्र-सी दिखने वाली कविताओं के बीच एक रागात्मक तादात्म्य है जो इसके रंगों को अनावश्यक रूप से बिखरने से बचा लेता है। इस कविता में एक साथ अनेक आवाज़ें हैं, जो बाज दफ़ा अलग-अलग लगती हुई भी एक स्वर-सूत्र में पुष्प-माला-सी अन्तर्ग्रथित हैं। कवि ने इस कविता में ध्वनित होने वाली मूल आवाज़ों की शिनाख़्त करते हुए इन्हें "उदासी और निराशा से स्वीकार और वैभव तक की" आवाज़ें कहा है। उनके अनुसार इस कविता में ऐसी अनेक आवाज़ों का 'सांगीतिक-सा संगुम्फन' है।

'बहुरि अकेला' की अधिकांश कविताएँ अबूझ किस्म का रहस्य और अमूर्तन पैदा करती हैं। कुछ तो स्वयं विषय के ऐसा होने के कारण है, जिसमें अवसान, लोप, अन्त जैसी जटिल और धुँधली संवेदनाओं के साथ एक संगीतकार के दिव्य संगीत की स्मृति से उपजा मौन शामिल है, और कुछ स्वयं कवि की मनोरचना की जटिलता के कारण है। कवि के अनुसार अमूर्तन के प्रति उसका आकर्षण प्रारम्भ से ही रहा है और अमूर्तन को वह मनुष्य की अद्वितीय वृत्ति भी मानता है। संगीत भी उसे अमूर्तन का एक संस्करण लगता रहा है। यह अमूर्तता ऐसी है जो संगीत कला और कविता को समय से निकालकर समयातीत में ले जाती है। कुल मिलाकर इन कविताओं में अतिरिक्त अमूर्तन का कारण इनकी पृष्ठभूमि में संगीत की स्मृति के अवकाश को विकसित करने में स्वयं संगीतकार की भौतिक अनुपस्थिति और उसके प्रति कवि की असीमित चाहना ने निर्णायक भूमिका अदा की है। कवि संगीतकार के बहाने ही मृत्यु से मानो सीधा संवाद करता है। वह शाश्वत दार्शनिक प्रश्नों से भी टकराता है। वह मृत्यु को जीवन की महानतम घटना मानते हुए भी उसे जीवन के समक्ष निरस्त कर देता है।

कवि अशोक 'बहुरि अकेला' क्रम की कविताओं को 'अनन्त के साथ कुछ खिलवाड़' मानते हैं। यह 'खेल' कुछ वृहद् किस्म का है। समकालीन हिन्दी में तथाकथित सामाजिक सरोकारों और सच्चाइयों से आक्रान्त कविताओं के क्षुद्र खेल के सामने इस कविता की अहमियत पहचानी नहीं जा सकती। यह किसी परिभाषित ढाँचे में क़ैद कविता नहीं है। ऐसे परिदृश्य में इस कविता को लिखते समय स्वयं कवि को भी यह भान था कि ये कविताएँ शायद उपेक्षित और अवमूल्यित रह जायेंगी। कवि की आशंका काफ़ी हद तक सच साबित हुई।

अशोक की कविता के मर्मज्ञ आलोचक ज्योतिष जोशी ने 'बहुरि अकेला' को 'भावप्रवण शोकगीत' की संज्ञा दी है। यद्यपि हिन्दी में ऐसी परम्परा नहीं है। जोशी जी ने इस कविता को निराला की 'सरोज-स्मृति' की अगली कड़ी में देखने का प्रस्ताव रखा है। उनके शब्दों में 'सरोज-स्मृति' के बाद "बीच की इस लम्बी अवधि में किसी भी कवि के यहाँ ऐसी करुणापरक मगर मृत्यु का अर्थ तलाशती कविताएँ नहीं हैं।" (कल जब शब्द नहीं होगा; 'साक्षात्कार' में संकलित ज्योतिष जोशी का लेख, पृ. 132)

'कुमार गन्धर्व के लिए विदागीत' के माध्यम से कवि अशोक ने बीसवीं सदी के एक महान व्यक्तित्व को भावभीनी श्रद्धांजलि दी है। एक कवि ने एक संगीतकार से जो पाया, वह बहुत-बहुत ज़्यादा था। 'विदागीत' के जरिए कवि ने इस ऋणशोध का भरसक प्रयास किया। 'विदागीत' की भूमिका में कवि ने स्वयं कहा है, "कुमार गन्धर्व से जीवन और संसार का रहस्य कुछ छूने, सृजन और संगीत का संघर्ष और जीवट कुछ समझने का सौभाग्य मिला था। इस वरदान से उऋण होना जीवन भर सम्भव नहीं होगा पर शायद इन कविताओं से यत्किंचित ऋणशोध हो सके। इस दुखी समय में एक कृतज्ञ कवि इससे अधिक कर भी क्या सकता है?"

कुमार गन्धर्व के साथ-साथ कवि अशोक भी थोड़ा-थोड़ा बीते, क्योंकि 'जो जाता है थोड़ा-थोड़ा हमें भी ले जाता है।'

अनन्त अन्त को पुकारते हुए

(1)

अशोक वाजपेयी की कविताओं में कुछ ख़ास अभिव्यक्तियों की बार-बार आवृत्ति है। शब्द, पड़ोस, पूर्वज, लोप, अवसान, अनुपस्थिति, प्रेम, समय... ऐसी ही कुछ बहुपरिचित अभिव्यक्तियाँ हैं। अशोक खुद अपने-आप को प्रायः इन्हीं सरोकारों का कवि मानते हैं और दूसरों से माने जाने का इसरार भी करते हैं। ये अभिव्यक्तियाँ उनके यहाँ कुछ ख़ास सन्दर्भों में, कुछ विशेष आशय के साथ स्वीकृत हैं और उनकी ही शर्तों पर निर्मित कूटों को विमुक्त करने से खुलती हैं। हालाँकि उनके साथ उनके साधारण और चिर-परिचित आशय और सन्दर्भ भी विन्यस्त हैं। उनमें अबूझ कुछ नहीं है। अपनी कविता में जहाँ तक सम्भव, अपने गद्य में भी अशोक उन अभिव्यक्तियों के मर्म को अवश्य स्पष्ट कर देते हैं।

अशोक वाजपेयी की शुरू से लेकर अब तक की काव्य-यात्रा में उक्त के अतिरिक्त एक और अभिव्यक्ति ऐसी रही है, जिसने अन्य की भाँति ही कवि की कविता को व्यापकता से घेरा और अर्थबहुल किया है। यह बहुआयामी अभिव्यक्ति है–'अनन्त', जिसका प्रयोग अशोक अपनी कविताओं में बहुतायत से करते हैं। अशोक द्वारा प्रयुक्त यह अभिव्यक्ति अपने आशय में थिर और सुनिश्चित नहीं है। अशोक के 'अनन्त' की पाठकीय समझ के सामने यह बुनियादी कठिनाई है।

अशोक वाजपेयी के रचनात्मक गद्य में इस अभिव्यक्ति की कोई ख़ास चर्चा नहीं है। किसी पर्याप्त भाष्य या चर्चा के अभाव में इस अभिव्यक्ति के सन्दर्भ में समझ का कोई सूत्र पाठक के हाथ नहीं लगता। कविता के 'अनन्त' के सामने सीधे पाठक है–बीच में और आगे-पीछे तीसरा कोई नहीं। चूँकि अशोक वाजपेयी की कविता में बारम्बार प्रयुक्त 'अनन्त' आद्यान्त किसी विशिष्ट आशय में थिर नहीं है, अतः उसकी अर्थछवियाँ हर बार भिन्न-भिन्न दृश्यों में कौंधती रहती हैं। इस तरह यह अभिव्यक्ति उनकी अलग-अलग समय की, कभी-कभी एक ही दौर की अनेक कविताओं में भिन्न-भिन्न अर्थों में 'रिप्लेस' होती रहती है। उनके चौथे कविता संग्रह 'तत्पुरुष' (1989) में 'दस्तक' शीर्षक से एक कविता है। कवि की कविताओं में अस्थिर 'अनन्त' को पहली दफ़ा यदि किसी पद या पदाशय में 'रिप्लेस'

किया जा सके, तो वह पद या पदाशय क्या हो सकता है, 'दस्तक' कविता में यह सांकेतिक रूप से स्पष्ट है। कविता में, कविता खुद एक दरवाज़ा है, और "दरवाज़े पर दस्तक/एक हरी पत्ती की/एक लगभग अदृश्य कीड़े की/.... एक अटपटे बालशब्द की/दरवाज़े पर दस्तक/सन्तों की/सरदी से ठिठुरते बच्चों की/व्याधियों से बची आत्माओं की/XXX/दरवाज़े पर दस्तक/नीरव मृत्यु की/घबराए हुए देवताओं की/विक्षुब्ध अनन्त की।"

इस कवितांश में अन्य साधारण चीज़ों और 'व्याधियों से बची आत्माओं' के साथ मृत्यु, देवता और अनन्त जैसे अमूर्त अवधारणात्मक प्रत्ययों का ज़िक्र है। इनमें से कई चीज़ें स्पष्ट उपस्थिति के दायरे में आती हैं, जैसे हरी पत्ती, बालशब्द, सरदी से ठिठुरते बच्चे, सन्त आदि। ऐसी चीज़ें, जो अमूर्त और मात्र अवधारणागत प्रत्यय हैं, उनमें आत्मा, मृत्यु, देवता और अनन्त को शामिल किया जा सकता है। अशोक की कविता में उपस्थित और अनुपस्थित चीज़ों को अलग करें तो कविता में दस्तक देकर प्रवेश करती चीज़ों के दो स्पष्ट विभाजन हो जाते हैं और उन सभी का कविता में स्वागत है। कविता में जीवन-जगत के जो तमाम छोटे-छोटे ब्योरे और वस्तुएँ हैं, वे 'उपस्थिति' के दायरे में आती हैं। दूसरी ओर अमूर्त प्रत्यय और अवधारणाएँ, जो अपनी दृश्यता में अनुपस्थित हैं, जैसे मृत्यु, आत्मा, देवता, अनन्त—वे भी कवि की कविता में दस्तक देकर उसमें प्रविष्ट होती हैं। कवि की कविता में ये उपस्थित अनुपस्थितियाँ हैं और इनमें 'अनन्त' उपस्थित दिखती प्रमुख अनुपस्थिति है।

इस कविता में कवि ने 'अनन्त' को 'अनुपस्थिति' के आशय में 'रिप्लेस' किया है। अशोक वाजपेयी की कविता की घोषित शपथ है कि छोटे से छोटे सच को भी ख़राब नहीं जाना चाहिए। अशोक सही मायने में एक लोकतान्त्रिक कवि हैं। सो, छोटे सच, जो दृश्यमान भी नहीं हैं, बल्कि कविता में जिनकी उपस्थिति और प्रयोजनीयता भी शंका से मुक्त नहीं, उन अनुपस्थित सचों को भी अपने होने, अपने महत्त्व और प्रयोजन को सिद्ध करने का अवसर देने से अशोक का कवि नहीं चूकता। वह उनके 'रहस्य' में झाँकने, उनकी महिमा का बयान-बखान करने और उनकी अनुपस्थित उपस्थिति को 'सेलीब्रेट' करने में संकोच नहीं करता। अशोक 'अनन्त' को 'अनुपस्थिति' के भाव से 'सेलीब्रेट' करते हैं।

लेकिन 'अनन्त' को 'अनुपस्थिति' के भाव से सेलीब्रेट करना अशोक वाजपेयी की कविताओं का स्थायी भाव नहीं है। उनकी कविता बहुत कम जगहों पर इस मूड में होती है। वह जल्द ही अन्य दिशाओं की ओर मुड़ जाती है। एक दिशा तो 'अनुपस्थिति' के ठीक उलट है। अर्थात् उपस्थिति की दिशा। वे तेज़ी से अपनी कविताओं के 'अनन्त' को 'अनुपस्थिति' के भाव से मोड़कर 'उपस्थिति' के विचार से जोड़ देते हैं, या कहें उपस्थिति के अर्थ में पूरा 'रिप्लेस' ही कर देते हैं। अनुपस्थिति के भाव में 'अनन्त' को बूझने में जैसे जटिल और रहस्यगर्भी अमूर्तन

का सामना करना पड़ता है, उपस्थिति के अर्थ में उसे समझने के लिए ऐसी कोई कठिनाई नहीं होती।

फिर भी 'उपस्थिति' के अर्थ में अनन्त?—थोड़ा अजीब लगता है! लेकिन मृत्यु की भीषणता को भी जीवनेषणा में तब्दील कर देने का सामर्थ्य रखने वाले, लोप और अवसान की गोधूलि में भी जीवनाभा के प्रकट होने का उपाय ढूँढ़ निकालने वाले मृत्युंजयी कवि अशोक अनन्त के स्थायी भाव अनुपस्थिति के गहन खोह से उपस्थिति का जगमग संसार ढूँढ़ निकालें और इसका साहसिक प्रस्ताव कर दें, तो क्या आश्चर्य! 'अवसान' के बरक्स 'अनन्त' का प्रस्ताव ऐसा ही साहसिक प्रस्ताव है।

साहित्य अकादेमी पुरस्कार से पुरस्कृत अशोक वाजपेयी के महत्त्वपूर्ण कविता-संग्रह 'कहीं नहीं वहीं' में एक कविता है—'अगली बार।' उसकी पंक्तियाँ हैं कि अवसान के बाद यानी "अगली बार/जो भी चौक-बाजार में,/पड़ोस में,/या आत्मा और अनुराग के सुनसान में मिलेगा/उसके लिए/हम लाएँगे उपहार/अनश्वरता का, अनन्त का.....।"

'अवसान' के बाद भी कवि का 'चौक-बाजार' और 'पड़ोस' में होने का विश्वास और इच्छा एक अस्वाभाविक कल्पना है। यह 'अनुपस्थिति' के गहरे अन्धकार में डूबकर भी जीवन के पास-पड़ोस में उपस्थित होने की जीवनेषणा का उत्कट प्रकार है। यह जीवनेषणा दूसरों के लिए भी अनश्वरता का उपहार लाना चाहती है, साथ ही अनन्तता का उपहार। यहाँ 'अनन्तता' यादृच्छिक अर्थ में न होकर सर्वथा नवीन और मौलिक अर्थ को व्यंजित कर रही है और यह नवीन मौलिक अर्थ है अनन्तता के स्वीकृत भाव के ठीक विपरीत।

अनन्तता सामान्यतया एक ऐसी शून्यदशा का नाम है, जिसमें कुछ भी 'होना' मुमकिन नहीं। यह पूरा वायवीय है काल के अथाह विस्तार में फैलता जाता हुआ। इसमें किसी भौतिक उपस्थिति की कल्पना नहीं की जा सकती। वह भौतिकेतर विस्तार है, विचार को बाधित करता हुआ और एक सीमा से आगे कल्पना के प्रवाह को भी रोकता हुआ।

अशोक वाजपेयी जिस अनन्त या अनन्तता की बात अपनी कविता में करते हैं, वह नश्वर अनश्वरता के साथ संपृक्त चीज़ है। चौक-बाजार और पड़ोस में कोई अनश्वरता होगी भी, तो वह नश्वर ही होगी। इस नश्वर अनश्वरता का कवि शुरू से मुरीद रहा है। वह भौतिक चीज़ों को अनश्वरता से जोड़ने और उसे उसका उपहार देने की इच्छा रखता है। अर्थात् भौतिक को अनश्वर करने, उसे निरन्तरता का प्रवाह देने और अन्ततः उसके पूर्णतया अमर्त्य हो जाने की कामना करता है। यह पूर्ण अमरता भी नश्वरता का अविरल प्रवाह ही है, क्योंकि इसको ताकत नश्वरता से ही मिलती है। इसलिए ऐसी अनश्वरता मूल्यवान है। यह जीवन से जीवट और पार्थिवता से प्रवाह पाता है। लौकिक धरातल पाते ही 'अनन्त' विचार, बोध और

कल्पना की सीमा में आ समाता है, ठीक जीवन और जीवनानुराग की तरह। इस प्रकार अनन्त और अनन्तता के सूक्ष्म, अमूर्त और निरा वायवीय होने का विचार ध्वस्त हो जाता है।

अशोक वाजपेयी की कविता का 'अनन्त'—बोध ठोस और लौकिक है। उसका विरागी कल्पना और पलायन के स्वप्न से कोई लेना-देना नहीं। लेकिन अशोक के कवि की बुनावट ही कुछ ऐसी है कि उनकी कविता के कुछ मूढ़मति आलोचकों को उनकी कविता का अपने अनुकूल और मनमाना भाष्य करने की आज़ादी अब तक मिलती रही है। उनकी कविता 'दो अर्थों के भय' और उसकी सम्भावना से मुक्त नहीं है।

(2)

उपस्थिति के अर्थ में अशोक वाजपेयी के काव्य में 'अनन्त' की अनेक छवियाँ हैं। अनन्त की उपस्थिति तो कभी-कभी इतनी करीब हो जाती है कि बेहद अमूर्त और असीम लगता यह प्रत्यय बिल्कुल पड़ोस के जाने-पहचाने स्थल-सा मालूम पड़ने लगता है। 'कुछ रफू कुछ थिगड़े' संग्रह की एक कविता में कवि कहता है कि "हमारे पड़ोस में अनन्त है, हम टिके रहते हैं।" ('कुछ अनकहे देवकथन', पृ. 60) इस स्थान पर अनन्त विशुद्ध भौतिक उपस्थिति है, जहाँ कवि गाहे-बगाहे टिका रहता है। इसी तरह 'आविन्यों' में संगृहीत यह प्रेम कवितांश, "हाथ खोलते हैं अनन्त को गवाक्ष की तरह।" ('हाथ छूते हैं पृथ्वी आकाश', पृ. 23)। 'अनन्त' को नायिका के हाथ एक भौतिक वस्तु 'गवाक्ष' की तरह खोल रहे हैं। हाथों से गवाक्ष की तरह खोला जा रहा 'अनन्त' कोई रहस्यमय और अमूर्त वस्तु नहीं। अपनी बुनियाद में वह एक अनिवार्य उपस्थिति ही है, जो पहचान और पकड़ के दायरे में है।

अशोक वाजपेयी समकालीन हिन्दी में प्रेम के विलक्षण कवि हैं। उनकी प्रेम कविताओं का प्रस्थान-बिन्दु देह है। उन्हें 'गेह' के साथ 'देह' का कवि कहकर ख़ूब प्रचारित किया गया है। देह से शुरू कविताओं की यात्रा में प्रायः लोकोत्तर अध्यात्म की झलक भी है। किन्तु अन्ततः उनकी कविता देह के पवित्र धरातल पर वापिस लौट आती है। उनकी ऐसी कविताओं में लोकोत्तर प्रेम की झलक देती 'अनन्त', 'अन्तरिक्ष' आदि जैसी अभिव्यक्तियाँ खूब आती हैं। लेकिन उनकी कविताओं का ज़रा-सा भी सजग पाठ करने पर ऐसी अभिव्यक्तियों के 'भव्य-दिव्य' आशय ख़ारिज हो जाते हैं। उनके पहले संग्रह 'शहर अब भी सम्भावना है' की एक चर्चित कविता है—'प्रार्थना और चीख के बीच।' इसकी कुछ पंक्तियाँ हैं, "जहाँ तुम थीं/अपने नाचते शरीर से/अन्तरिक्ष को प्रेम जैसे/एक संक्षिप्त अनन्त में ढालते हुए/वहाँ क्या मैं रख सकता हूँ शब्द—/उनका कोई संयोजन जो काव्य हो सके?" (पृ. 99)

प्रेम अन्तरिक्ष का संक्षिप्त अनन्त है। यानी प्रेम अनन्त का ही एक प्रकार है या इसे ऐसे भी कह सकते हैं कि प्रेम अनन्त है। लेकिन यह कैसा अनन्त है जो देह में सीमित हो जाता है? काव्य-नायिका अपने नाचते शरीर से अनन्त को ढाल लेती है, जो कि प्रेम है। और प्रेम भी लौकिक। प्रेम में डूबकर नाचती हुई नायिका प्रेम जैसे संक्षिप्त अनन्त को अपनी देह में लगातार पुनरुपलब्ध करती है। दूसरे शब्दों में नायिका की देह ही अपने आप में अनन्त है—प्रेम में डूबी हुई।

इस कवितांश में अशोक ने 'अनन्त' को 'पड़ोस' से और करीब खींचकर देह की ज़द तक ला दिया है। और इसमें कोई रहस्य या चमत्कार नहीं है। बस प्रयास इतना भर है कि 'अनन्त' पद के यादृच्छिक आशय से उसे स्वतन्त्र कर दिया गया है। प्रेम अशोक के यहाँ लगभग देह की वस्तु मानी गयी है। इससे सहमत होने पर हमें प्रेम को ही 'अनन्त' मानना होगा। अर्थात् प्रेम माने देह, देह माने प्रेम, प्रेम माने अनन्त, अनन्त माने प्रेम। और प्रेम-देह दोनों के माने अनन्त! अशोक की कविताओं में इससे अधिक लौकिक और अन्तरंग अनन्त और क्या होगा?

अशोक वाजपेयी ने एक अन्य प्रेम कविता में 'अनन्त' को नायिका की प्रतीक्षा से जोड़कर देखा है। वह, यानी नायिका "प्रतीक्षा के अनन्त के वृंत पर" खिली हुई है! प्रतीक्षा एक मानवीय भाव है अतः उसका 'अनन्त' भी इसी धरातल का होना चाहिए। एक दूसरी प्रेम कविता में कवि नायिका को खुद अनन्त रचते हुए वर्णित करता है—"अभी वह रचेगी/एक स्पन्दित अनन्त।" एक मानवीय देह द्वारा अनन्त रचने की क्रिया विस्मयकारी है, यदि वह अनन्त को उसके यादृच्छिक अर्थ में रचती है किन्तु इन पंक्तियों में देह की सीमा और उसकी शर्तों पर ही 'अनन्त' को देखा और रचा जा रहा है। इस अनन्त में पार्थिव खुशबू है।

एक और प्रेम कविता में अशोक एक "प्राचीन तन्वंगी" को "अनन्त के ओसारे में, कविता के गवाक्ष के नीचे, लज्जारुण जल से, या कि उत्तेजित कविता से" नहाते वर्णित करते हैं। तन्वंगी जिस ओसारे में नहा रही है, वह कविता के गवाक्ष के नीचे है—और जिससे नहा रही है वह भरसक उत्तेजित कविता ही है। यानी सारा उपक्रम कविता के आस-पास, नीचे-ऊपर और उससे अनुरक्त है। ओसारा भी अनन्त वाला कविता का ही है। अब कवि का 'अनन्त' और पास सिमटकर विशुद्ध कविता के अन्तर्लोक में जगह बना लेता है। चूँकि अशोक प्रेम में देह को उसका खोया हुआ गौरव वापस सौंपने की कामना रखते हैं सो अपनी प्रेम कविताओं में वे हर बार अनन्त का पार्थिव वैभव देह को ही समर्पित करते हैं। देह अनन्त से अनुरक्त है, शायद इसलिए उनकी नायिकाएँ दुनिया भर की चीज़ें 'खोलने' के बाद 'अनन्त' की ओर भी एक खिड़की खोलना नहीं भूलतीं—"वह खोलेगी दरवाज़ा/उसके पीछे का कमरा/उसकी दीवारें, पुस्तकें/कलाकृतियाँ/रोशनी, बरामदा और धूप/उसकी हवा/वह खोलेगी/अनन्त में एक खिड़की।" ('एक पतंग अनन्त में', 'वह खोलेगी', पृ. 33)

अशोक वाजपेयी के यहाँ कई बार 'अनन्त' पद एक रूढ़ि अथवा फ़ैशन की तरह भी दिखाई पड़ता है। कई बार कोई प्रसंग अथवा कोई ख़ास प्रयोजन न होने पर भी वाक्य-संयोजन में अनन्त की उपस्थिति सम्भव हो जाती है। 'एक पतंग अनन्त में' संग्रह में 'चिड़ियाँ आयेंगी' शीर्षक एक कविता है। इस कविता में चिड़ियाँ अनन्त से आती हैं। देखिए—"चिड़ियाँ आयेंगी/हमारा बचपन/धूप की तरह अपने पंखों पर/लिए हुए/x x x/नीम और अमरूद के वृक्षों की शाखाओं पर/हरी पत्तियों, निबौलियों और गदराते फलों के बीच/चिड़ियाँ समवेत गान की तरह/हमारा बचपन हमारा जीवन/हमारी मृत्यु/सब एक साथ/गायेंगी/चिड़ियाँ अनन्त हैं/अनन्त से आयेंगी/अनन्त में जायेंगी।" (पृ. 66-67)

'चिड़िया' के लिए 'अनन्त' का उपमान काफ़ी मौलिक है और अनपढ़ा-अनुसना-सा भी। उसका 'अनन्त' से आना और 'अनन्त' में लौट जाना विस्मयकारी है। यह तब, जब 'अनन्त' पद को उसके यादृच्छिक अर्थ में लिया जाय। यादृच्छिक अर्थ में चिड़ियाँ का आकाश से आना और वहाँ लौटकर जाना तो ठीक, लेकिन अनन्त में कैसे? इसे स्पष्ट करने के लिए पाठक को अशोक की कविता के 'अनन्त' को अशोक की शर्तों पर समझना होगा। अर्थात् यदि अशोक की कविता में 'अनन्त' सिर्फ़ फ़ैशन की तरह भी प्रयुक्त है तो पाठक को उसे निरे फ़ैशन की तरह ही स्वीकार करना होगा, जिसके पीछे कोई तर्क या कारण नहीं चलेगा। वह है तो बस है। इसे उनकी कविता में एक रूढ़ि की तरह स्वीकार किया जाना होगा। रूढ़ि में किसी किस्म की तार्किकता अथवा कारण-कार्य सम्बन्ध नहीं होता।

अशोक वाजपेयी की कविताओं में 'अनन्त' 'उपस्थिति और अनुपस्थिति' के अलावा अन्य अर्थों में भी 'रिप्लेस' होता है। उक्त कविता में 'अनन्त' घोषित कर दी गयीं साधारण-सी चिड़ियाँ कवि और उसके आस-पास का बचपन-जीवन समवेत गान की तरह गाती हैं। यह गान इस मायने में भी विशिष्ट है कि एक आयाम में चिड़ियाँ साधारण चिड़ियाँ की तरह साधारण चीज़ों और उनकी साधारणता का गान करती हैं, और 'अनन्त' उनके बीच एक शोभाकारक शब्द-मात्र की तरह उपस्थित है। इस कविता में अनन्त अनुपस्थिति के बाहर तो है ही, चीज़ों के बीच उसकी उपस्थिति भी ख़ारिज कर दी गयी है। यहाँ वह 'न्यूट्रल' है। दिव्य भव्यता को व्यंजित करता कविता के बीच बैठा, फिर भी उससे बाहर एक तटस्थ मौन मात्र। क्योंकि साधारण चिड़ियाँ जिस साधारण जीवन को गा रही हैं, वह चिड़ियाँ विशेष अर्थ में न तो अनन्त हैं, न अनन्त से आतीं और उसमें वापस विलीन हो जाती हैं। साधारण चिड़ियाँ और उसके ठौर-ठिकाने पर विशिष्ट अर्थ-सम्पन्न अनन्त को आरोपित किया गया है, फलस्वरूप चिड़ियाँ और उसके जीवन-गान की साधारणता एक कोटि के अन्तर्गत सुनिश्चित हो जाती है और उसके भीतर का 'अनन्त' उसके भीतर या बाहर होकर भी अर्थहीन, निष्प्रयोज्य हो जाता है। अशोक की कविता में बार-बार

बदलती 'अनन्त' की छवियों का यह भी एक रोचक प्रकार है।

'एक पतंग अनन्त में' संग्रह में ही एक और अद्भुत कविता है–'बच्चे।' उसमें "बच्चे उड़ा रहे हैं/एक पतंग/अनन्त में/जानते हुए कि माँ/उसमें खिलौने लटकाकर लौटाएगी।" (पृ. 25) कविता में एक ही 'अनन्त' की अर्थ-ध्वनि में आश्चर्यजनक विस्तार है। बच्चे जिस अनन्त में पतंग उड़ा रहे हैं वह एक दृश्य और सांसारिकता की ज़द में आता पदार्थमय आकाश है। यही आकाश, माँ, जोकि दिवंगत है, तक विस्तारित होता हुआ अदृश्य और आकाश-पार अनन्त में अतिक्रमित हो जाता है, और वहाँ 'मौजूद' दिवंगत माँ अपने बच्चों के लिए उनकी पतंगों में खिलौने लटकाकर भेजने को सन्नद्ध होती है। लौकिक अनन्त का एक तार अलौकिक अनन्त से जुड़ा है। अशोक की कविता की ऐसी शक्ल हम पहले भी देख चुके हैं। लेकिन इस कविता का पाठ करते हुए अनन्त की नितान्त लौकिक भाषा को भी पढ़ सकते हैं। अशोक के यहाँ 'पड़ोस' की परिकल्पना के सूत्र से 'पूर्वजों' की उपस्थिति यदि लौकिक संसार में सम्भव होती है, तो दिवंगत माँ भी अन्ततः एक लौकिक पूर्वज है। उसका पास-पड़ोस के 'दृश्य अनन्त' में बसा होना सम्भव है।

अशोक वाजपेयी की कविताओं में जब "आत्मा शरीर का अनन्त स्वप्न देखती है" तो वस्तुतः उनमें अशोक द्वारा विकसित 'पड़ोस में पूर्वज' का सूत्र ही सक्रिय होता है। दिवंगत आत्माएँ कवि की कविता के पड़ोस में बस ही इस कारण पाती हैं कि वे शरीर का अनन्त स्वप्न देख सकें। शरीर की अनन्तता का स्वप्न शरीर के साथ-साथ अनन्त को भी पदार्थमय, सांसारिक और अनन्त नश्वरता से आवेष्टित कर देता है। अशोक की कविता में बच्चे जिस अनन्त में पतंग उड़ाते हैं वह अनन्त पदार्थमय ही है, किन्तु वह अनन्त जिसमें मौजूद दिवंगत माँ बच्चों की पतंग में खिलौने लटकाती है उसकी भी पदार्थमयता सम्भव है, क्योंकि वहाँ हो रही आत्मा भी शरीर का अनन्त स्वप्न देख रही है। अनन्त स्वप्न शरीर का है, फिर क्यों नहीं स्वप्न भी पार्थिव हो, अनन्त भी पार्थिव हो?

(3)

ऐसा नहीं कि अशोक वाजपेयी के यहाँ अनन्त केवल लौकिक रूपों में पदार्थमयता के साथ आता है। उसकी बेहद रहस्यपूर्ण और आध्यात्मिक अनुभूति से सम्पन्न अमूर्त छवियाँ भी हैं। 'अनन्त' के स्मरण भर से काल और स्पेस के अथाह विस्तार का रोमांचक बोध होता है। बोध के कतिपय विशिष्ट क्षणों में यह अनुभूति भयप्रद भी है लेकिन अशोक वाजपेयी की कविता अनन्त के आध्यात्मिक बोध से खिलकर अनन्त को उत्सवित करती है, उसमें शामिल होती है और अन्ततः उसमें विलुप्त हो जाती है। अनन्त के आध्यात्मिक बोध की कविताओं में अशोक के कवि की मुद्रा थोड़ी दार्शनिक नज़र आती है। अनन्त के आध्यात्मिक आशय के उत्कर्ष को प्रतिबिम्बित

करती अशोक के तीसरे कविता संग्रह 'अगर इतने से' में एक कविता है—'अनन्त में'। यह एक छोटी-सी कविता है। इसे यहाँ पूरा उद्धृत किया जाना चाहिए—"मैं शब्द को/शब्द में फँसाकर/बनाता हूँ/नसैनी/अनन्त में/नसैनी टूटती/शब्द बिखरते हैं/गान तिरोहित होता/मैं लुप्त होता हूँ/अनन्त में।" (पृ. 37)

अशोक के कवि को शब्द से बड़ा प्रेम है। हठपूर्वक उत्कट अनुराग से शब्द की महिमा का गान करने वाले अशोक इधर की हिन्दी कविता में सम्भवतः अकेले कवि हैं। वे शब्द की नितान्त पदार्थमयता पर भरोसा करने वाले कवि हैं। लेकिन शब्द के सहारे संसार का रहस्य अनावृत करने और उसमें डूबने वाले कवि अशोक संसार से ऊबकर जब कभी 'अनन्त' का रुख करते हैं, तब पार्थिव शब्द भी अपने चरित्र से विपथित होकर कवि के साथ अनन्त की रहस्यमय यात्रा में निकल पड़ते हैं। बल्कि शब्द ही कवि को अनन्त तक पहुँचाने की सीढ़ी बन जाते हैं। शब्द कवि को अनन्त की देहरी तक पहुँचाकर ही बिखरते हैं।

अशोक वाजपेयी ने शब्दों से जहाँ इस जगत में काम लिया है, पार जगत में भी वे शब्दों से काम लेते हैं और उनका संबल पाते हैं। अशोक का कवि शब्दों के सहारे ही अनन्त तक जाता और उसमें लुप्त होता है। अशोक का कवि इससे पहले और बाद के कवि-कर्म में भी, कभी भी, कहीं भी अनन्त में 'लुप्त' नहीं होता न ही लुप्त होने की इच्छा रखता है। इस दृष्टि से शायद इस कविता में ही पहली और आख़िरी बार 'अनन्त' एक रहस्यलोक है, जहाँ कवि विलीन होता है। कवि की एकमात्र इसी कविता में 'अनन्त' का सर्वोच्च अध्यात्म सम्भव हुआ है।

कवि के जो शब्द 'अनन्त' के अध्यात्म को सम्भव बनाते हैं, उन्हीं शब्दों का एक संयोजन भाषा है। भाषा में शब्द रहते हैं। कवि की एक कविता है—'भाषा एकमात्र अनन्त है।' भाषा की अनन्तता में उसमें अन्तर्निहित शब्दों की भी अनन्तता है और कवि के अनुसार यही एकमात्र अनन्त है। अर्थात् इनकी उपस्थिति की निरन्तरता कभी भंग नहीं होती। अशोक के कवि ने अन्यत्र शब्द और भाषा को पदार्थवाची माना है और यहाँ इस कविता में शब्द और भाषा की पदार्थमयता के अटूट नैरन्तर्य का बखान। यह नैरन्तर्य संसार की समूची लौकिक सक्रियताओं के विनष्ट होने के बाद भी अटूट रह सकेगा—"बच्चा गेंद उछालता है/सदियों के पार/लोकती है उसे एक बच्ची—/बूढ़ा गाता है एक पद्य,/दुहराता है दूसरा बूढ़ा,/भूगोल और इतिहास से परे/किसी दालान में बैठा हुआ—/न बच्चा रहेगा/न बूढ़ा,/न गेंद, न फूल, न दालान/रहेंगे फिर भी शब्द।/भाषा एकमात्र अनन्त है।" ('भाषा एकमात्र अनन्त है', पृ. 42) वस्तुतः संसार की पदार्थमयता का पवित्र अनुष्ठान करने वाले कवि अशोक वाजपेयी घूम-फिर कर संसार की पदार्थमयता में ही वापस लौटते हैं। उनके लिए इस संसार का रहस्य ही अनन्त है। चूँकि यह अनन्त संसार का है, इसलिए अनन्त स्वयं सांसारिक है। बीच-बीच में कभी ऊबकर या गफलत से

कवि इस संसार के अनन्त की सीमा तोड़कर अन्यत्र कहीं अवश्य चला जाता है। लेकिन थोड़ी देर के लिए ही। और यही कवि जब संसार के अनन्त और जागतिक गतिविधियों को स्थगित अथवा नष्ट होते देखता है, तब वह चिरजीवी शब्द और भाषा को ही अनन्त का दर्जा देकर संसार की पदार्थमयता के अनुष्ठान की निरन्तरता को भंग होने से बचा लेता है। 'बच्चा', 'बूढ़ा', 'गेंद', 'फूल', 'दालान' सबके अनन्त के न होने पर भी शब्द और भाषा का अनन्त बचा होगा। भाषा अन्ततः शीर्षतम पदार्थ है, अतः भाषा ही अन्ततः एकमात्र अनन्त है।

(4)

'कहीं नहीं वहीं' अशोक वाजपेयी का बेहद महत्त्वपूर्ण संग्रह है। इस संग्रह की कविताओं में 'अन्त' और 'अनन्त' के दिलचस्प खेल का सुन्दर कोलाज़ है। हालाँकि इस संग्रह की अधिकांश ऐसी कविताओं में अन्त, अन्त से पहले और अन्त के बाद की स्थितियों का ही दृश्य है, फिर भी अनन्त के प्रसंग में 'अन्त' विषयक कुछेक कविताओं की चर्चा प्रासंगिक होगी।

इस संग्रह की प्रारम्भिक कविताएँ लोप, अवसान और अनुपस्थिति की तीखी अनुभूति से आपूरित हैं। पहले की कविताओं में मृत्यु और अनुपस्थिति को लेकर इतना गहरा अवसाद और निराशा नहीं देखी गयी। इन कविताओं में एक ख़ास बात यह है कि ये अवसाद और उल्लास के दो ध्रुवों के बीच बड़ी तेज़ी से आवाजाही करती हैं। कभी हमेशा के लिए 'चले जाने' की हताशा फूटती दिखाई पड़ती है, तो कभी जाकर फिर वापस लौट आने की उमंग। और फिर कभी लौट आने के बाद भी अपनी चिर-परिचित पहचान को हमेशा के लिए खो देने का अवसाद। एक कविता है–'अन्त के बाद-1'। इसकी पंक्तियाँ हैं, "अन्त के बाद/कुछ नहीं होगा–/न वापसी/न रूपान्तर/न फिर कोई आरम्भ।/अन्त के बाद/सिर्फ़ अन्त होगा।" (पृ. 77) यह सम्पूर्ण अन्त की घोषणा है। अन्त के बाद कुछ नहीं। तो ऐसे 'अन्त' के बाद क्या? क्या अनन्त? यदि हाँ, तो कैसा अनन्त? क्या वही जो अन्त की सीमा से परे है? कविता में यह स्पष्ट नहीं है।

एक कविता है–'फिर घर।'–"हम एक घर छोड़कर/दूसरे घर जायेंगे/ऐसे जैसे कि वही घर हो।" (वही, पृ. 47) पहला घर जीवन का है और दूसरा जीवनेतर। दूसरे घर में जाना जैसे कवि के लिए बाध्यता है–'ऐसे जैसे कि वही घर हो।' ऐसे जैसे कि वही गन्तव्य, वही असली ठिकाना हो। ऐसे जैसे कि पहले घर में गलती से आ गये, या कुछ दिन के लिए आ गये मेहमान बनकर। पहले घर से दूसरा घर इतना अलग, इतना अपरिचित है तो पहला घर 'अन्त' ही होना चाहिए, जैसा कि है, और दूसरा घर अन्तेतर कोई स्थल, जैसा कि आभास होता है। इस अन्तेतर

स्थल को पूरी कविता के पाठ में भाँपा जा सकता है।

इन कविताओं से उलट भाव-बोध वाली कुछ कविताएँ हैं, जैसे 'अन्त के बाद-2'। इसकी पंक्तियाँ हैं, "अन्त के बाद/हम चुपचाप नहीं बैठेंगे।/फिर झगड़ेंगे/फिर खोजेंगे/फिर सीमा लाँघेंगे/–/अन्त के बाद/हम समाप्त नहीं होंगे–/यहीं कहीं जीवन के आस-पास/मँडरायेंगे–/यहीं खिलेंगे गन्ध बनकर/बहेंगे हवा बनकर/छायेंगे स्मृति बनकर।" (पृ. 25-26) कविता में 'अन्त' के बाद जो जगह है उसे लाँघकर वापस जीवन में लौटा जा सकता है। इस जीवन में गन्ध बनकर महका, हवा बनकर बहा और स्मृति बनकर छाया जा सकता है। यहाँ अन्त के बाद समापन नहीं, पुनरागमन सम्भव होता है। तो क्या अन्त के बाद जहाँ पहुँचते हैं वह अनन्त नहीं? उसमें बिला जाने की बजाय उसके साथ खेलकर वापस लौट आने का एक अवसर? और जब लौटेंगे तो क्या इसी शक्ल में, इसी पहचान के साथ?–"जब हम वापस आयेंगे/तो पहचाने न जायेंगे/....हम रूप बदलकर आयेंगे। ...हलाँकि घर, बगिया, पक्षी-चिड़िया/हरियाली-फूल-पेड़, वही रहेंगे/हमारी पहचान हमेशा के लिए गड्ड मड्ड कर जायेगा/वह अन्त/जिसके बाद हम वापस आयेंगे/और पहचाने न जायेंगे।" ('वापसी', पृ. 23-24)

अन्त के बाद लौटने से पहले अनन्त का पड़ाव लौटने वाले की पहचान गड्ड मड्ड कर देगा लेकिन लौटेगा वही, अनन्त के पड़ाव को अंगूठा दिखाता हुआ–"हमें नहीं चाहिए/वह दिव्य आलोक/वह निरभ्र नीरवता/सान्निध्य का वह ऐश्वर्य–/... अपने नामरूप को सहेजे हुए/किसी विराट में अपने को लीन किये बिना/हम इसी मटमैलेपन पर/वापस आयेंगे।" (वही, 'इसी मटमैलेपन पर', पृ. 41-42)

x x x

इस संग्रह की एक और महत्त्वपूर्ण कविता के ज़िक्र के बिना अशोक वाजपेयी की कविताओं की 'अनन्त' विषयक चर्चा अधूरी होगी। 'अनादि-अनन्त' शीर्षक यह कविता भाषायी संरचना में एक गद्य-कविता है। इस कविता में अनादि और अनन्त के दिलचस्प खेल का वर्णन किया गया है। छुकछुक गाड़ी का खेल। अनादि गाड़ी के शुरू में है और अनन्त गाड़ी के आख़िर में। लेकिन दोनों को अपनी अवस्थिति पसन्द नहीं। दोनों अपनी-अपनी जगह बदलना चाहते हैं। लेकिन सवाल यह है कि एक-दूसरे के जगह बदलने पर उनकी ख़ाली हुई जगह पर कौन बैठेगा? और दोनों अपनी-अपनी जगह छोड़ दें तो उनके बीच की जगह का क्या होगा? वहाँ कौन रहेगा? सोचकर दोनों रास्ता निकालते हैं–"अनादि ने सोचा कि जो अनादि है वही तो अनन्त होगा। अनन्त को लगा कि जो अनन्त है वही तो अनादि होगा। दूसरे की ज़रूरत नहीं जान पड़ती हरेक को ऐसा लगा।" फिर दोनों छुकछुक गाड़ी

का एक खेल खेलते हैं, उन्होंने "एक दूसरे के पीछे हो लिया और वे गोल घूमने लगे—" और इस कविता के आख़िर में अनादि-अनन्त का खेल इस प्रकार चलता है, "तब से अनादि के पीछे अनन्त के पीछे अनादि के पीछे अनन्त के पीछे अनादि के पीछे अनन्त खेल रहे हैं, अपनी ठीक ठीक जगह न हो पाने की ऊब मिटाने के लिए।"

कविता में अनादि-अनन्त का यह खेल काफ़ी हद तक शब्द-चमत्कार मालूम पड़ सकता है। लेकिन इस कविता की बुनावट में शामिल अशोक वाजपेयी की कविता के 'अनन्त-विचार' का वैभव एक शब्द-कौतुक की तरह भासमान है। अनादि-अनन्त का एक-दूसरे के पीछे गोल-गोल घूमने का खेल एक लयात्मक क्रिया है। यह क्रिया न कहीं से शुरू होती है न कहीं ख़त्म। प्रारम्भ और अन्त का प्रसंग ग़ायब ही है। जो भी है प्रारम्भ और अन्त से हीन एक शाश्वत प्रक्रिया मात्र। एक दूसरे आयाम से देखें तो कविता में अनादि को अनन्त में और अनन्त को अनादि में 'रिप्लेस' कर दिया गया है क्योंकि दोनों की अपनी नियत जगह पर स्थिति सटीक नहीं है। इस तरह एक पद में उसके नियत अर्थ से विपरीत अर्थ आरोपित है। यह एक सुन्दर काव्यात्मक उद्‌भावना है। एक अन्य आयाम में अनादि-अनन्त अपनी नयी व्यवस्था से भी सन्तुष्ट नहीं दिखते, बल्कि वे अपने भीतर अपने, और अपने विपरीत पद के आशय को एक साथ समाहित करना चाहते हैं। सो वे एक-दूसरे के पीछे गोल-गोल घूमकर अर्थ का विभ्रम पैदा करते हैं। गोल-गोल घूमने के चक्कर में अनादि कब अनन्त हुआ, और अनादि भी रह गया, पता नहीं चला। इसी तरह अनन्त गोल-गोल घूमता हुआ कब अनन्त भी रहा, साथ ही अनादि के परिसर में भी दाख़िल हो गया, भूमिकाएँ कब-कहाँ-कैसे बदलीं, किसी को नहीं मालूम, न मालूम करने का उपाय रहा। इनके बीच भी कोई है, जो पता नहीं, अनादि है या अनन्त, लेकिन वहाँ भी वही गोलमोल लयात्मक व्यवस्था है, जो उसके इर्द-गिर्द है अनादि-अनन्त से इंटरैक्ट करते हुए।

यह कविता अनादि-अनन्त के सतत क्रियाशील लयात्मक संयोजन के बहाने दोनों अभिव्यक्तियों को उनकी आर्थी मौलिकता और शुद्धता से अपदस्थ कर उनका पुनर्संयोजन करती है, जिससे अपनी उपस्थिति में वे अधिक सुन्दर और अर्थ-समृद्ध दिख सकें।

अशोक वाजपेयी की कविता अनन्त को पुकारती है। वह जहाँ खड़ी अनन्त को पुकारती है, वही अनन्त है। अनादि अनन्त। चूँकि यह अनन्त पदार्थमय है इसलिए इसका भी अन्त होना ज़रूरी है। अशोक वाजपेयी की समकालीन हिन्दी कविता के प्रसंग में अशोक-काव्य का यह सबसे रोचक प्रसंग देखिए कि अशोक का कवि अन्त को भी अनन्त मानने की दुस्साहसिक ज़िद किये हुए है। इसी ज़िद के साथ बेझिझक उनकी कविता अनन्त अन्त को पुकारती है।

अखंड शोक के विरुद्ध कविता का अशोक-पर्व

संसार की आदि कविता शोक के गहनतम क्षण में आदिकवि के आर्त कंठ से फूटी थी। पीड़ा भरी उस पुकार में संसार का सबसे बड़ा रहस्य छिपा था। संसार के दुखमय और अन्ततः नश्वर होने का रहस्य। इस रहस्य के अन्तःकरण को समझने-जानने और उसका अनावरण करने की चेष्टा में दुनिया के तमाम धर्म, सम्प्रदाय और दार्शनिक-आध्यात्मिक चिन्तक सदियों से लगे रहे हैं। इस विषयक चिन्तन और विचारों की निरन्तरता का कोई अन्त नहीं दिखता। यद्यपि पदार्थवादी चिन्तन के विभिन्न सम्प्रदायों ने जीवन और जगत की अज्ञेयवादी धारणा से इनकार कर पदार्थ की एकमात्र सत्यता को अन्तिम माना है लेकिन पदार्थ का 'अन्तिम सत्य' ही कहीं न कहीं उन्हें भी अपने भीतर उलझा गया है। पदार्थ की सत्ता-मीमांसा के विकसित चिन्तन में विचार-दृष्टियों की अनेक अन्तर्धाराओं और सबकी भिन्न-भिन्न सत्ता-मीमांसात्मक दृष्टिभंगियों ने पदार्थ की सुलझी जान पड़ती परिणति को नये-नये और अलग-अलग प्रत्ययों में विभक्त कर दिया है। ये बेहद गझिन और लगभग बेबूझ हैं। पदार्थ-चिन्तन के क्रम में निर्मित-विकसित ये प्रत्यय और विचार प्रायः चिन्तन की तार्किक सीमा से बाहर आकर भावपरक भाषा में पदार्थ और पदार्थ की अनुभूतिपरक उपस्थिति का विश्लेषण करने लगते हैं। पदार्थ में अनुभूति के प्रवेश से ही पदार्थ का अपना अलग दायरा बन जाता है। अन्य से कटा हुआ अपने दायरे में क़ैद पदार्थ अपने आप में एक रहस्य की तरह मालूम पड़ता है। इसकी अनन्यता और एकमेवता इसके रहस्य का सबब है। पदार्थ के रहस्य का पूरा अनावरण न हो पाने के कारण पदार्थ का रहस्य अभी बरकरार है।

दूसरी ओर जीवन का अपना मौलिक रहस्य-संसार है। यह संसार हमेशा से अज्ञेय, रहस्यमय और अमूर्त रहा आया है। शोक इसका स्थायी भाव है। विभिन्न धर्म और दर्शन संसार के शोक का सन्धान करने में व्यक्तिनिष्ठ होने के कारण मनुष्य के स्वभाव और उसकी विशिष्ट अनुभूतियों को बेहतर ढंग से समझ पाने में कुछ हद तक सफल रहे हैं। इसलिए उन्हें मनुष्य के हृदय में छिपी कोमल संवेदनाओं और प्रकृत प्रवृत्तियों का कुशल संसाधक माना जाता है।

शोक और पीड़ा की अनुभूति मनुष्य-मात्र को होती है। धर्म-दर्शन की भाववादी धारा ने मनुष्य की इन अनुभूतियों पर विशेष रूप से ध्यान केन्द्रित किया

है। दुख-शोक सहित करुणा जैसे मानवीय भाव कविता के बुनियादी भाव हैं। संसार की पहली और महान कविता का जन्म इन्हीं भावों की अनुभूति के चरम क्षण में हुआ। आदिकवि वाल्मीकि की परम्परा के एक अन्य महान् कवि भवभूति ने करुणा को काव्य का एकमात्र रस घोषित कर दुख-शोक और करुणा को कविता के केन्द्रीय भाव के रूप में मान्यता दी। इस प्रकार जीवन-जगत का कष्ट-शोक मिलकर, एक जगह संघनित होकर, जीवन और कविता का उपजीव्य बनते रहे। कविता और जीवन दोनों अपना रसायन इसी से पाती है।

माना गया है कि जीवन के नश्वर होने की चिन्ता ही दुख है। उसके मिट जाने की वेदना भरी आशंका से दुख और शोक का जन्म होता है। शोक से कविता। और कविता भी अन्ततः नश्वर है। नश्वरता का तत्त्व प्रमुख है जिसके सागर में जीवन और कविता डूबती-उतराती है। आदिकवि के बाद संसार की बहुत-सी महान कविता शोक और करुणा के विकल क्षणों में सम्भव हुई है। उन्होंने काल को भरसक जीत लिया है। ऐसा इसलिए भी हुआ कि उन कविताओं ने काल से होड़ लेकर अपनी दुर्दम्य जिजीविषा से काल को भी परास्त करने की शक्ति अर्जित कर ली।

लेकिन ऐसे सृजन-कर्म की भरमार भी बहुतायत से है जिसमें काल से होड़ लेने का माद्दा कम है। जिसमें दुख, वेदना, आँसू और करुणा का आभासी संसार भर झलकता है और जरा-सी खरोंच भर से इसके करुण संसार की कृत्रिमता उजागर हो जाती है। ऐसा सृजन-कर्म या कविता मनुष्य के दुख-शोक और करुणा का पण्य वस्तुओं की तरह व्यापार करती है। इस व्यापारिक मानसिकता ने मानवीय भावों और उसके आत्म-जगत पर गहरा प्रहार किया है। फलतः कविता का अन्तःकरण दरिद्र होता गया है। इस प्रकार कविता से जीवन और जगत के महान रहस्य का भी निर्वासन हुआ है। कविता में नश्वरता के लिए, उसके रहस्य के बोध के साथ, शोक मनाने की जगह न बची। एक कृत्रिम पीड़ा और वेदना ने जीवन और कविता की काया को आच्छादित कर लिया।

कवि अशोक वाजपेयी कहते हैं कि जीवन की नश्वरता का स्वीकार जीवन के परम रहस्य का स्वीकार है। नश्वरता परम रहस्य है। इस रहस्य को उसकी मूल चेतना के साथ स्वीकार करना चाहिए। इस मायने में अशोक वाजपेयी ने जीवन और कविता को ठीक उसी रूप में ग्रहण किया, जिस रूप में उसे उनके अनेक पूर्वज सहधर्मियों ने ग्रहण किया था। अर्थात् कविता और जीवन की नश्वरता को स्वीकार कर, उसके शोक, कष्ट और वेदना का साक्षात् कर। इसलिए अशोक वाजपेयी की कविताओं का एक महत् पक्ष अवसान, लोप, अनुपस्थिति और एक लगभग अकथ किस्म के अवसाद में डूबा-सना है—"द्वार के पार ओझल होने से पहले/थामने वाली कोई पुकार नहीं है—/सीढ़ियों पर लड़खड़ाते पाँवों को/नहीं है कोई सहारा—/हाथ को याद नहीं हाथ,/आँख की स्मृति नहीं आँख की—/नहीं का गलियारा/लम्बा और

अँधेरा,/रोज़मर्रा के उजाले में/जब-तब कौंधता/और भुला दिया जाता गलियारा।"
—'बहुरि अकेला', 'जो नहीं है', पृ. 67

"वह आग का घर/लपटों और धुएँ का घर/राख और अस्थियों का घर/वह आंसुओं हिचकियों का घर/चीख और आर्तनाद का घर/विषाद का घर/वह मुक्ति का घर/अवसान का घर/अनुपस्थिति का घर/...../नेति का घर/नहीं का घर/न होने का घर/और और घर नहीं।"
-वही, पृ. 62

उनकी कविता अपनी और जीवन की नश्वरता के रहस्य-बोध से जनमकर उस बेबूझ रहस्य को देखती और आर्तनाद करती है—"एक जन्म ही नहीं फुंकता/एक जीवन की ही नहीं होती अन्त्येष्टि/कुछ और जन्म भी झुलसते हैं/ कुछ और जीवन भी सरकते हैं/अन्त की ओर...।"—वही, पृ. 53

"आग के बीच/धुएँ से घिरा हुआ/खुलता है द्वार एक।/.....गगन की ओट किये हुए/दायें चन्द्रमा और बायें सूरज/इनके बीच छिपाते हुए/वह जो/आग में लपटों में/उस द्वार के पार/जाता है/कहाँ जाता है?"—वही, पृ. 54-55

वह शोक भी करती है और उसका अतिक्रमण भी। यह उनकी शोक कविताओं का जैसे स्थायी भाव है—"खँडहर की दीवार पर उग आयी घास/धरती का हरा संकेत/कि समय हो चुका/मिट्टी में वापस आने का।/.../समय दे रहा है दस्तक/उस घर के दरवाज़े पर/जिसमें अब कोई नहीं रहता।/समय अपना भिक्षापात्र लिए खड़ा है/उस द्वार के बाहर/जिससे अब किसी को बाहर आना है।"—वही, पृ. 69

अशोक वाजपेयी कवि हैं, दार्शनिक नहीं। जीवन में हममें से हर कोई जैसे थोड़ा-बहुत कभी-कभार 'दार्शनिक-सा' हो जाता है और गाहे-बगाहे थोड़ी 'तत्त्वज्ञान' की बातें कर लेता है, उसी प्रकार अशोक भी कभी-कभार कविता में थोड़ी-बहुत दार्शनिक उक्तियों की छौंक दे देते हैं। लेकिन वे मूलतः दार्शनिक नहीं, कवि हैं। और कवि भी ऐसा नहीं जो हमेशा मुँह लटकाये दुनिया भर का दुख ढोता रोता-बिसूरता हो। वह तो ऐसा है कि अपने और दूसरों के दुख पर जब रोना आये रो लिया, आँसू बहने थे सो बह गये, फिर आँख पोंछ गला ठीक किया, सँभले और 'नश्वरता' को मुँह बिराकर चल दिये वहाँ, जहाँ जीवन का उत्सव मनाया जाता हो। मतलब जहाँ कहीं किसी बहाने से महफिल सजी हो, रस-रंग मन रहा हो, अशोक वहीं उठकर चल देते हैं। अशोक कविता और साहित्य की अन्य विधाओं को जीवन का अनवरत उत्सव मनाने के बहाने के लिए चुनते ही हैं, साथ ही संगीत, नृत्य, चित्र, गायन जैसी तमाम कलाओं को भी उत्सव के स्थायी परिसर में शामिल कर लेते हैं।

अशोक वाजपेयी के समय की हिन्दी कविता के एक बड़े हिस्से की शिनाख़्त कविता के शोक-पर्व के रूप में की जानी चाहिए। अशोक वाजपेयी की कविता इस दृश्य का पटाक्षेप है। अशोक वाजपेयी ने कविता में इस धारणा को निरस्त कर दिया

कि शोक और करुणा के विकल क्षणों में ही सच्ची और महान कविता जन्म लेती है। उन्होंने न केवल अपनी पूर्वज, बल्कि अपने समय की कविता के सामने यह एंटीथीसिस रखी कि दुख और शोक के क्षणों में आसक्ति और अनुराग की कविता सम्भव है। भोपाल गैस त्रासदी के बाद शोक और हताशा के उन विकट दिनों में अशोक का तीसरा कविता-संग्रह 'अगर इतने से' प्रकाशित हुआ। उसमें 'पृथ्वी-क्रम' कविता-शृंखला के अन्तर्गत कई ऐसी महत्त्वपूर्ण कविताएँ शामिल हैं जो समय और पृथ्वी को आच्छादित करने वाले सघन-डरावने अन्धकार के बरक्स जीवनेषणा की लौ जगाने की उजली-सी कोशिश करती हैं। इस कोशिश में कवि की नन्ही बेटी दूबी और समस्त चर-अचर जगत सहयोगी बनता है। इसी संग्रह की 'भागमभाग' शीर्षक कविता की पंक्तियाँ हैं—"एक दाना लेकर भाग रही है चींटी,/एक तिनका अपनी चोंच में दबाये/पछियाती है एक चिड़िया/पेड़ों की शिराओं के रास्ते/पत्तियों की नोंक तक दौड़ रही है/हरियाली।/.../धूप को टोकनी की तरह सिर पर धरे/भाग रही है पृथ्वी।/और पृथ्वी को एक बिल्ली की तरह/अपने कन्धों पर बिठाये/संसार के उजालों की ओर/भाग रही है मेरी बेटी।"

ध्यान रहे, इस कविता की पृष्ठभूमि में एक विशिष्ट शोकग्रस्त समय का ठोस और ठहरा हुआ रुदन और अँधेरा है। यह कविता उस ठहरे समय को दरका कर उसमें जीवन की सक्रियता को पुनः सम्भव करने की कोशिश करती है। यह उस दुर्दान्त शोक-समय के हाहाकार और विलाप को स्थगित कर उसमें जीवन के प्रति अनुराग को एक बार फिर मुमकिन करती है। हताशा और अवसाद के ऐसे क्षण जीवन में बार-बार आते हैं जो जीवन की निरन्तरता को बाधित ही नहीं, उसको मार ही डालना चाहते हैं। अशोक की ये कविताएँ ऐसे जीवन-विरोधी क्षणों को चुनौती देती हैं और जीवन से उद्दाम अनुराग का उत्सव रचती हैं। इस प्रकार अशोक की कविताओं की सिंथीसिस यह है कि दुख और शोक के क्षणों में लिखी गयी आसक्ति और अनुराग की कविता में शोक की करुण अन्तर्धारा के साथ आसक्ति और अनुराग का अवसाद और धूमिलता भी शामिल है। अपनी समग्रता में यह कविता जीवन की समग्र धाराओं का एक केन्द्र में शामिल होता प्रतीत होता और अन्ततः शामिल न हुआ एक कोलाज़ है जिसमें रंगों की तमाम अन्तर्धाराएँ आपस में मिलतीं, गड्डमड्ड होती हैं, लेकिन उनके बीच से झाँकता हुआ जो रंग-दृश्य प्रमुख है उसकी स्पष्ट संज्ञा है—उत्सव और ऊर्जा। और उनकी फाँकों में कहीं-कहीं अनाम-सी उदासी की धुँधली रेखाएं सिर उठाती हैं—"यह कविताओं और प्रेम में बार-बार लौटता अनन्त/ऊपर जा रही नसैनी पर फिसलता पाँव/किले की दीवार की दरार में उग आयी घास/...../ यह ढलान पर ठिठकती-सी आयु/काग़ज़ों के बीच रखी और बिसरा दी गयी पवित्रता/धूल-बवंडर के पार/अचानक उठा अभय का हाथ/यही हमारा समय है/...../आँगन भर धूप, धूल से ढँकी-सी चाँदनी/रुक-रुक

कर होती बारिश/बार-बार जलती-बुझती आग/सहमकर बहती हवा/यही हमारा समय है।''—'यही हमारा समय है', 'अभी कुछ और', पृ. 107-108

X X X

अशोक वाजपेयी गहरे अर्थों में अवसादग्रस्त कवि हैं। अपने आत्मवृत्त में उन्होंने यह स्वीकार किया है कि उनकी कविता का जन्म अवसाद से हुआ है। एक अनकहा, अनबूझा अवसाद उनकी कविताओं पर शुरू से तारी है। अशोक को इस अवसाद का कारण नहीं मालूम। एक व्यक्ति के रूप में अशोक जितने हँसमुख, बातूनी, मस्तमौला और यारबाश नज़र आते हैं, अपने एकान्त में वे उतने ही उदास और खुद को अकेला महसूस करते हैं। अपने अकेलेपन का अहसास अशोक को काफ़ी दूर तक अवसाद के धुँधलके की ओर खींच ले जाता है।

दूसरी ओर इसके ठीक उलट उनकी बहुसंख्य कविताएँ शोक के विरुद्ध आनन्द का प्रस्ताव करती हैं—''मैं प्रस्तावित करता हूँ—/हरियाली पर पहली ओस/..../ऊँचे उड़ता और/नीलिमा से एकाकार होता अन्तिम पक्षी/पुनरपि ज्वलंत सूर्य की लालिमा ....।''—'प्रेम के रूपक', 'अगर इतने से', पृ. 47

और, ''मैं सुख का प्रस्ताव करता हूँ—/इस चिलचिलाती धूप में/.../सबकुछ को, इस समूचे बीहड़ संसार को/...../इस समय को अपने रंग में रँगते हुए/और पंखुरी-पंखुरी चुनते और बिखेरते सुख—/मैं इसी सुख का प्रस्ताव करता हूँ।''—'सुख का प्रस्ताव', 'अभी कुछ और', पृ. 17

समग्रतः अशोक की कविता की मूल आत्मा ही शोक के विरुद्ध है बावजूद इसके कि अच्छी-ख़ासी संख्या में उनके पास अवसाद, उदासी और अकेलेपन की कविताएँ हैं। लेकिन बीज-भाव तो 'अ-शोक' का ही है। उदासी और अकेलेपन के अवसादपूर्ण क्षणों में भी अशोक की कविता खुद को महफिल में शामिल करती है और उत्सवित होती है।

अशोक की उदास कविताएँ उनकी उन कविताओं के सामने दब जाती हैं, जो अपने गहन अनुराग के कारण उच्छल हैं, कामनाओं से दीप्त और प्रेम और रति से अनुरक्त हैं। उनकी मृत्यु विषयक कविताएँ भी गहन अवसाद की छाया के बावजूद उनकी प्रेम कविताओं की अनुराग भरी दीप्ति को आच्छादित नहीं कर पातीं, बल्कि वे प्रेम की कामना की विविधवर्णी छवियों को उभारने में प्रभावशाली पृष्ठभूमि की भूमिका निबाहने लगती हैं। मृत्यु-कविताएँ प्रेम-कविताओं को विविध आंयामों में जीवन्त करने में सहायक हो जाती हैं।

वस्तुतः अशोक वाजपेयी की मृत्यु विषयक कविताएँ अवसान, लोप और अनुपस्थिति की कविताएँ हैं ही नहीं। ये कविताएँ सिर्फ़ इनका भ्रम पैदा करती हैं।

मृत्यु प्रेम और अनुराग के अन्तराल में आने वाली उदासी है। प्रेम की सघनता और विरलता के बीच के स्पेस में उभरने वाला तत्त्व अवसाद और अकेलापन है। वह प्रेम ही है, जाकर लौट आने की दुर्दम्य लालसा से आपूरित।

मृत्यु की उपस्थिति के सघन अहसास के बिना प्रेम सम्भव नहीं। अनुपस्थिति का बोध उपस्थिति की ओर आकर्षित करता है। मृत्यु अनुपस्थिति है। वही प्रेम की उपस्थिति की इच्छा को उदग्र करेगा, वही प्रेम की पूर्वपीठिका है। अशोक की मृत्यु-कविताएँ उनकी प्रेम कविताओं की पूर्वपीठिका है। अशोक के लिए प्रेम का उत्सव मनाने से पहले मृत्यु को आमन्त्रित करना ज़रूरी है। निरे प्रेम में कोई जिज्ञासा नहीं, कोई रहस्य, कोई उत्तेजना नहीं। मृत्यु उत्तेजित करती है कवि को प्रेम के लिए। अवसान और लोप के बोध के बाद ही प्रेम और जीवन के रहस्य के प्रति जिज्ञासा जागती है, उसके प्रति उत्कट अनुराग पैदा होता है।

अशोक वाजपेयी ने अपनी कविता में मृत्यु को प्रेम के पक्ष में सदा के लिए छल लिया है। उन्होंने मृत्यु की समूची ताकत को कविता में प्रेम के जीवन के लिए निचोड़ लिया है और मृत्यु भौचक्की है कि उसकी क्षयकारक शक्ति जीवन और प्रेम की समृद्धि के लिए उपयोग में लाई जा रही है! और फिर उस प्रेम को आकार देने के लिए अशोक कविता में देह को ले आते हैं। मृत्यु की अनुपस्थिति और उसकी निराकार पृष्ठभूमि में पहले हल्की रंग-रेखाओं के साथ प्रेम प्रकट होता है और फिर इन्हीं रंग-रेखाओं में स्पष्ट होती है प्रेम की गहरी और जीवन्त पदार्थमय काया यानी देह। यही देह अशोक की कविताओं में उत्सव का केन्द्र है। इसी देह के पदाघात से पुष्पित होता है उत्सव का पुष्प। इस देह के इर्द-गिर्द समस्त संसार की सक्रियता, उसकी समस्त गतिविधियाँ सम्पन्न होती हैं। यह संसार के सभी रसों का केन्द्र है। यह महारस है। सभी रंगों का उत्स और अवसान बिन्दु यही है। अशोक ने देह की पदार्थमयता के बहाने संसार की पदार्थमयता, उसके रस, रंग और उसके होने की सुगन्ध को स्वीकार किया है। उनकी कविता देह के बहाने संसार को उत्सवित करती है। उनके यहाँ देह और संसार दोनों के बीच कोई फ़र्क़ नहीं। दोनों पदार्थमय हैं और नश्वर; और दोनों अपनी पदार्थमयता और नश्वरता का अतिक्रमण कर जाते हैं अपनी नश्वरता का अविरल अपूर्व उत्सव मनाकर।

अपनी एक महत्त्वपूर्ण कविता 'आत्मा शरीर का अनन्त स्वप्न' में कवि ने प्रेम में देह की अनश्वरता के तथ्य को स्पष्ट किया है। इस कविता में शरीर आत्मा का नहीं, आत्मा शरीर का स्वप्न देखती है, उसकी कामना करती है। ऐसा स्वप्न देखती आत्मा ही देह के रूप में अवतरित होकर नश्वरता को परास्त कर सकती है। इस कविता की पंक्तियाँ हैं—"वृक्ष एक शरीर है/पृथ्वी के शरीर से उगता हुआ और अटूट/फूल तभी तक फूल है जब तक वह एक अंग है वृक्ष का/..../जब तक तुम साधे हो उसके शरीर को/तभी तक/उसकी आत्मा भी तुमसे अटूट है/आत्मा शरीर का अनन्त स्वप्न देखती है।"—'अब यहाँ नहीं', पृ. 23

संसार और देह की पदार्थमयता और नश्वरता अशोक वाजपेयी के लिए शोक का कारण नहीं है। शोक उस नश्वरता का हो, जो अन्ततः नश्वर होने को अभिशप्त है, जिसकी अन्तिम नियति राख हो जाना, मिट जाना है। ऐसी नष्ट हो जाने वाली पदार्थमयता शोक का कारण है। किन्तु अशोक इस मिट जाने वाली पदार्थमयता को ही मिटा डालने की कीमिया ढूँढ़ निकालते हैं। हर नश्वर को अनश्वर में तब्दील कर देने की अद्भुत कला उनकी कविता जानती है। वह पदार्थ की नश्वरता पर उसी के शस्त्रों से चोट करती है और अन्ततः विजय पाती है। पदार्थ और उसकी नश्वरता की अपनी विचित्र लीला है। यही लीला पदार्थ को अ-पदार्थ और नश्वर को अ-ऩश्वर होने का अवसर सुलभ कराती है।

अशोक ने लीला के लिए देह को चुना है, जिसकी नश्वर पदार्थमयता सर्वविदित है। यह पदार्थमयता नश्वर अवश्य है, किन्तु इसकी लीला अमर-अपार है। देह में उत्सव के उद्वेलन ने इसकी अमरता को सम्भव किया है। अशोक अपनी कविता में देह को बार-बार उत्सव और आलोड़न से संपृक्त करते हैं। इस प्रकार वह अपनी पदार्थमयता का अतिक्रमण कर उत्सव की अनश्वरता की सीमाओं को छूने लगती है। अशोक वाजपेयी इस तरह कविता में देह के उत्सव को सम्भव बनाते हैं। लेकिन ऐसा नहीं है कि उनकी कविता में केवल देह ही उत्सव में रत होती है। इसका विस्तार अनुपस्थिति, लोप और अवसान की सुदूर पृष्ठभूमि तक है, जो प्रेम और देह के प्रतिपक्ष में स्थित समझे जाने वाले जीवन के अन्य आयामों को भी घेरती है और उन्हें भी लीला का निमित्त बनाती है। अपनी पदार्थमयता का अतिक्रमण करती देह जिस बिन्दु पर अनश्वरता, उत्सव के अमरत्व और अनुपस्थिति के सुदूर संसार का स्पर्श करती है, वह बिन्दु, वह संसार प्रकृति और विराट ब्रह्माण्ड के सीमाहीन विस्तार में फैला है। तब देह की पदार्थमयता भी किसी सीमा के अधीन न रहकर सीमाहीन के विराट वैभव में लीन हो जाती है। 'वह दिगम्बरा आकाश की शैया पर' शीर्षक यह कविता देखिए, इसमें देह की दिगम्बरता का चुम्बकीय पदार्थत्व भी है और उत्सव और लीला के विराट सृष्टि-व्यापार में अपनी अनश्वरता के साथ वैभवपूर्ण भागीदारी भी—"वह दिगम्बरा आकाश की शैया पर/उसकी कंचुकी उतारकर/ले गया है चन्द्रमा/उसका अधोवस्त्र/हर ले गया सूर्य/उसके अनावृत्त उरोज/दिपते हैं ताराओं से/उसे लेता है/हरी दूब की सौंधी गन्ध से/महकता अँधेरा/उसे बेधता है/ताजे दूध की तरह धारोष्ण आलोक।"—'अगर इतने से', पृ. 62

X X X

अशोक वाजपेयी कविता में भाषा और शब्दों का भी उत्सव मनाते हैं। कविता भाषा और शब्दों की लीला-भूमि है। कविता में भाषा और शब्दों की क्रीड़ा, उनका खेल अभूतपूर्व है। अशोक के सहधर्मी पूर्वजों के यहाँ भी यह क्रीड़ा किसी हद तक

सम्भव हुई है।

भाषा और शब्दों से कई तरह का काम लिया जा सकता है। उन्हें ढंग से बरतने वाला कोई भी मनचाहा काम उनसे ले सकता है। शब्दों की भीषण विध्वंसक भूमिका भी होती है और उनका सृजनात्मक उपयोग भी सम्भव है। यही शब्द सृष्टि का संहार करते हैं और यही उसे स्थित भी करते हैं। शब्दों के सहयोग से उसके बहाने सृष्टि लीलारत होती है और अपनी उपस्थिति का उत्सव मनाती है। हमारे समय में भाषा और शब्दों का सृजनात्मक उपयोग बहुत कम सम्भव रह गया है। उन्हें धूल और राख में तब्दील कर दिये जाने की कोशिश जारी है। अधिकतर वे ख़ून और कीचड़ से सने अपने होने का मातम मनाते पाये जाते हैं।

शब्दों के बारे में एक और सच्चाई यह है कि उनसे हर तरह का काम नहीं लिया जा सकता, किन्तु इस सच्चाई को समझने और स्वीकारने की दूरंदेशी बहुत कम जगहों पर मुमकिन रह गयी है। भाषा और शब्दों से गोले-बारूद और चाकू-तलवार का काम लिए जाने की मंशा के कारण न केवल भाषा और शब्दों की रूह पराजित है बल्कि इस रास्ते जिस संसार को बदलने की मंशा है वह संसार भी पहले से ज़्यादा निर्मम और क्रूर हुआ है। शब्दों के साथ ऐसा बर्ताव करने वालों की क्रूरता समय के साथ और भी क्रूरतम होती गयी है। दृश्य में शब्द ज़्यादा से ज़्यादा होते गये हैं, उनकी सम्पन्नता कम से कम होती गयी है। दृश्य में भाषा के विपन्न-दरिद्र शब्दों की भरमार है। रोते-कूँखते शब्द अपने नियामकों की तरह ही अपने होने की सुगन्ध और अर्थवत्ता गँवा चुके हैं। एक सामूहिक रुदन में शामिल किये गये भाषा के शब्दों से चीत्कार और फूत्कार उठती है लेकिन उनकी चीत्कार न तो करुणा को उद्रेकित करती है और न उनकी फूत्कार किसी नये बदलाव का आगाज़ साबित हो पाती है। अशोक वाजपेयी ठीक ही कहते हैं कि शब्दों से हर तरह का काम नहीं लिया जा सकता। रुदन और चीत्कार तो शब्दों के वश की बात हरगिज नहीं। शब्द दुनिया में बहुत बड़ा उलट-फेर भी नहीं कर सकते। उनसे किसी आमूल-चूल क्रान्ति की उम्मीद करना बेमानी है। क्योंकि शब्दों के वैचारिक जगत की एक सीमा है, जिसके बाहर उसकी गति सम्भव नहीं।

लेकिन शब्द कविता में अपने होने का उत्सव खुलकर मना सकते हैं। वे सृजन के असीम अपूर्व उत्सव में शामिल होकर उसका पवित्र अनुष्ठान कर सकते हैं। शब्द कविता की भौतिक काया को निर्मित करते हैं और वही शब्द कविता में उसकी रूह के रूप में उपस्थित होकर कविता की देह को जीवन्त करते हैं। इस प्रकार शब्द कविता को बाह्य और आभ्यन्तर दोनों तरफ़ से प्राणवान करके उन्हें समृद्ध करते हैं। अशोक वाजपेयी ने अपनी कविता में भाषा और शब्दों से सृजन का काम ही नहीं लिया है वरन् उनके शब्द सृष्टि की खुमारी दरकाने का काम भी करते हैं। उनके शब्द सृष्टि के भीतर सोयी उसकी उत्सव-चेतना को उकसाते हैं। वे उन्हें

याद दिलाते हैं कि सृष्टि को निर्मित भर कर देने से उनका काम पूरा नहीं होता, कविता की सृष्टि एक विशेष उद्देश्य से बेचैनी से उनकी प्रतीक्षा कर रही है। उन्हें कविता की सृष्टि के बाद सृष्टि के उत्सव को कविता में सक्रिय करना है। कविता में शब्दों का अनथक नाच, खुद को भुलाकर गाया गया अनुपम संगीत और सृष्टि का अनन्त महोत्सव बाकी है। भाषा और शब्द को अपने सृजन यानी कविता के संसार में इस महालीला को सम्भव करना है। अशोक वाजपेयी की चेष्टा इस लीला को सृष्टि के वितान तले एक स्थायी निरन्तरता सुलभ कराने की रही है। शब्दों की उत्सव-लीला की बानगी पेश करती उनकी एक सुन्दर कविता है—'शब्द।' इसके कुछ अंश हैं—"शब्द छूता है शब्द को/शब्द को शब्द चूमता है/दो शब्दों के बीच/सिर धरता है/एक शब्द।/शब्द को बेधता है शब्द/शब्द को भरता है शब्द/शब्द को मथता है शब्द।/शब्द नाचता है/मौन को/संक्षिप्त अनन्त में ढालते हुए।"—'थोड़ी-सी जगह', पृ. 15

अशोक वाजपेयी भाषा और शब्दों से जिस प्रकार का काम लेना चाहते हैं, उसके निहितार्थ बेहद ख़तरनाक मालूम पड़ सकते हैं। भाषा और शब्दों के जरिए कविता में अस्तित्व का अमूर्त उत्सव मनाने का विचार एक हद तक तो ठीक, लेकिन कविता से बाहर भाषा और शब्दों की सामाजिक भूमिका क्या होगी, कैसी होगी—यह अशोक वाजपेयी के उत्सव-विचार के सामने एक बड़ा प्रश्न है। इस प्रश्न को आसानी से दरकिनार नहीं किया जाना चाहिए। खुद अशोक को अपनी ओर से ऐसे प्रश्नचिह्नों का खुलकर सामना करना चाहिए।

भाषा और शब्द सोचने-विचारने और अभिव्यक्त करने का सबसे बड़ा और महत्त्वपूर्ण मानवीय माध्यम है। इनके बिना संसार के वाद-विवाद-संवाद-व्यापार की कल्पना ही नामुमकिन है। इनका उपयोग यदि केवल निरे उत्सव के प्रसंग तक सीमित कर दिया जाय तो कविता में 'विचार' की गुंज़ाइश काफ़ी कम रह जायेगी। 'विचार' के बिना कविता सम्भव नहीं, भले ही विचारधारा को हम दरकिनार कर दें। ऐसे में अशोक की कविता का बीज-भाव उत्सव विचार के तल पर खुद को किस हद तक प्रासंगिक और महत्त्वपूर्ण बनाये रख पाने में सक्षम होगा, यह सोचने वाली बात है। बेशक बड़ी संख्या में उनकी कविताएँ अस्तित्व के उत्सव-भाव से अलग-थलग, अपने समय की गम्भीर वैचारिक बहसों में एक सीमा तक खुलकर हिस्सा लेती हैं, बावजूद इसके अशोक की छवि कविता में शोक के विरुद्ध है, उत्सवधर्मिता उसका प्रमुख पक्ष है।

बहुत गहराई से जब हम अशोक वाजपेयी की कविता को पढ़ते हैं तब उनकी कविता का एक तीसरा चेहरा उजागर होना शुरू होता है। मुझे लगता है कि अशोक की कविताओं की उत्सवधर्मिता स्वयं में एक सम्पूर्ण विचार है। इस विचार को अन्य विचारों के मानकों से नहीं परखा जाना चाहिए। बेहतर यह होगा कि तमाम कमियों

के बावजूद उनकी कविता में उत्सव के विचार पर उसकी सम्भावनाओं को समेटते हुए खुलकर चर्चा की जाये।

x x x

अशोक वाजपेयी कविता में देह का उत्सव मनाते हैं। क्या यह देह अपने आप में एक भरोसेमन्द 'विचार' नहीं? अशोक अपने समय को देह की भीषण अवहेलना के समय के रूप में चिन्हित करते हैं। ऐसे समय और समाज में जहाँ देह की इतनी अवहेलना है, उसकी इतनी उपेक्षा, इतना निरादर किया जा रहा हो, वहाँ अशोक देह को मान देते हैं, उसे रति, प्रेम और शृंगार के लिए ससम्मान प्रस्तुत कर रहे हैं, तो क्या यह कर्म, यह समझ उनके समय की विचार-संकीर्णता को ध्वस्त करता एक व्यापक उदार विचार नहीं है?—अपनी कविता में देह के उत्सव-पक्ष पर उक्त विचार खुद अशोक एक साक्षात्कार में व्यक्त करते हैं। दूसरी ओर अशोक जब मृत्यु और अवसाद पर कविता लिखकर उसे जीवन के ही दूसरे आयाम के रूप में स्वीकार करते हैं तब इसी बहाने वे जीवन में व्याप्त तमाम निषेधों का अस्वीकार कर उन्हें एक विधायक दृष्टि से देखते हैं। वे मृत्यु और अवसान, लोप, अनुपस्थिति आदि को कविता की रोशनी से जीवन और उपस्थिति के जगमग संसार में बदल देते हैं और इनको भी जगत के उत्सव में शामिल कर लेते हैं। यह जीवन के समग्र स्वीकार की अकल्पनीय विधायक दृष्टि है। क्या यह दृष्टि अपने-आप में एक मनुष्याग्रही और मूल्यवान विचार नहीं है?

एक अन्य दिशा में अशोक वाजपेयी ने घर-परिवार, पास-पड़ोस और पूर्वजों के उपस्थित-अनुपस्थित संसार को अपनी कविता में सदैव आमन्त्रित किया है। पूर्वज और उनकी स्मृति समय से बँधी और समयातीत भी, एक ऐसी अनिवार्य उपस्थिति है, जिससे कविता ही नहीं, कविता से नाभिनालबद्ध मनुष्य-जाति का इतिहास आबद्ध है। अशोक ने इतिहास को समयातीत के रूप में स्वीकार किया है, समयातीत जो इतिहास से कहीं ज़्यादा व्यापक और देश-काल की सीमाओं के पार प्रसरित है। अशोक इसी उदार इतिहास, उसकी स्मृति और उसमें बसे हुए पूर्वजों का, अपनी कविता में निरन्तर उनके संग-साथ का उत्सव मनाते हैं।

अशोक वाजपेयी के लिए सबकुछ पड़ोस है या पड़ोस में है। समय भी, समयातीत भी, इतिहास, काल, पूर्वज और घर-परिवार भी। अशोक इन सबको स्मृति की मज़बूत डोर में एक साथ गूँथकर उसकी माला बनाते हैं। यही कविता की सच्ची पूजा है। सबकुछ स्मृति में और पड़ोस में का विचार कम से कम आधुनिक हिन्दी कविता के इधर के इतिहास में एक दुर्लभ विचार है। जब अशोक अपनी कविता में स्मृति और पड़ोस को रखकर उनके होने का उत्सव मनाते हैं, तब दरअसल वे स्मृति

और पड़ोस के मूल्यवान विचार पर गहरा विमर्श कर रहे होते हैं। विमर्श की प्रक्रिया के दौरान उनकी कविता स्मृति और पड़ोस की लीला में डूबी होती है। यह देखने वाले की आँख की रोशनी पर निर्भर करता है कि वह इस गतिविधि की शिनाख़्त विमर्श के रूप में करता है या निरे उत्सव की शक्ल में।

अशोक की कविता हर बीते हुए को जीवन्त और नया करने की इच्छा रखती है। जो नया होगा, ज़ाहिर है वह चमक फेंकेगा और एकबारगी भाएगा भी नहीं। पुराने स्वाद की आदी जीभ को नये व्यंजन का स्वाद ज़रा विचित्र ही मालूम होगा। अशोक वाजपेयी की कविता के आस्वाद के लिए शायद समय के एक लम्बे अन्तराल की दरकार है। अशोक अपने समय के प्रमुख विचारों और विमर्शों के समानान्तर अपने कुछ भिन्न से जान पड़ते विचारों और विमर्शों को प्रस्तुत करते हैं। ये विचारों और विमर्शों की सामान्य-सी निर्मित हो गयी रूढ़ छवियों के विपरीत विमर्श और विचार हैं। अतः इन्हें एकबारगी और प्रचलित अर्थों में विचार और विमर्श की श्रेणी में नहीं रखा जा सकता। बावजूद इसके अशोक के विचारों के महत्त्व और उनकी उपयोगिता को अस्वीकार नहीं किया जा सकता।

हमारे समय में उपेक्षित देह, प्रेम, मृत्यु, पड़ोस, समय, समयातीत, पूर्वज, स्मृति, इतिहास, घर-परिवार जैसे विषय अशोक की कविता में गम्भीर विमर्श की माँग करते विचारों की तरह उभरते हैं। अशोक की कविता इन उपेक्षित उपस्थितियों का उत्सव भी मनाती है ताकि इनकी रंगत और इनका दृश्य में बराबर होना साफ़-साफ़ दिखता रहे। अशोक की कविता शायद इन उपस्थितियों को इसलिए भी उत्सव में शामिल कर राग-रंग में मग्न दिखाती है कि इसी बहाने न केवल इनकी उपस्थिति को नोट किया जाता रहे बल्कि इन्हें दृश्य से बाहर धकेलने का दुस्साहस भी कोई न कर पाये, जैसा कि उनके समय में प्रायः होता रहा है।

अपनी कविता में उत्सव के पक्ष को सबल बनाने के लिए अशोक वाजपेयी ने कलाओं का भी सहारा लिया है। विभिन्न कलाओं की उपस्थिति से उन्होंने न केवल कविता को उत्सवमय बनाया, बल्कि कलाओं को भी उत्सव की नयी परिभाषा दी। वैसे कलाएँ अपने-आप में उत्सव का पर्याय हैं। अशोक ने कलाओं को कविता के संग-साथ में उत्सवित होने का ख़ास गुर दिया। कलाओं पर उनकी अधिकांश कविताओं में कलाएँ कविता का साथ पाकर और भी अर्थ-गझिन और सम्पन्न हुई हैं।

अशोक वाजपेयी की कविता पर निषेधात्मक अर्थ में उत्सवधर्मी होने का आरोप लगता रहा है। यह आरोप उनकी कविता के अतिरेकपूर्ण कला-प्रेम के कारण भी है। हमें यह नहीं भूलना चाहिए कि कविता भी अन्ततः एक कला है—एक विचारपूर्ण कला। कलाओं से भागकर कलामुक्त कविता का शरण्य सम्भव नहीं। एक खेदजनक बात हमारे ध्यान में कतई नहीं है कि हमने अपने समय में कलाओं के साथ कैसा

दुर्व्यवहार किया है, उन्हें उपेक्षित और अपमानित कर कविता सहित अपने तमाम साहित्यिक उपक्रमों से लगभग देश-निकाला दे रखा है। क्या कलाओं को यह अधिकार नहीं कि वे हमारे साथ, हमारी कविता और साहित्य के आसन पर समकक्षता-बोध के साथ थोड़ी देर बैठ सकें, बोल-बतिया सकें। आख़िरकार वे भी मानवीय संगति और सान्निध्य की हमारी अमूल्य विरास्त का हिस्सा हैं!

अशोक वाजपेयी ने अपने समय में सबसे ज़्यादा विभिन्न कलाओं के साथ मनुष्य के सनातन संग-साथ को समझा और अपने समय के तमाम बड़े कवियों के मुक़ाबले अपनी कविता और संस्कृति-कर्म में कलाओं के साथ एक मनुष्य की तरह अपने रिश्ते को निबाहा। बुद्धिसम्पन्न विशिष्ट जनों द्वारा तथाकथित 'विचारों' की लाठी से हाशिए में खदेड़ी जा चुकी कलाओं का पिछली अधसदी में अशोक वाजपेयी ने ही सम्मानजनक पुनर्वास सम्भव किया है। इस विरासत का जाने कितना कुछ बचा, सुरक्षित रहा, दृश्य में चर्चा में आया, यह अलग चर्चा का विषय है। बहरहाल, अशोक वाजपेयी को मनमाने अर्थों में 'कलावादी' घोषित कर हिन्दी के महान् खल-पात्रों की सूची में दर्ज कर लिया गया है। उनका नाम गूँजते ही विचारपतियों के मुखारविंद से एक गली की तरह उच्चरित होता है—वो कलावादी!

तो अशोक वाजपेयी की कविता की लीला-भूमि में कलाएँ भी जा विराजीं। कविता के अखंड उत्सव में उनकी भी भागीदारी निश्चित हुई। आस-पास जहाँ कविता का शोक-पर्व घोषित था, रुदन-विलाप और हाय-हाय की ठोंक-पीट थी, अशोक वाजपेयी ने ऐसे विकट समय में सभी तरह के व्यक्तिगत और सामूहिक शोक के विरुद्ध अखंड अशोक-पर्व का प्रस्ताव रखा। एक विचित्र प्रस्ताव!

जहाँ शोक है, वहीं मृत्यु, विलाप और रुदन की निरन्तरता है। जीवन की निरन्तरता में अगाध विश्वास रखने वाले कवि अशोक विलाप में भी उम्मीद की सम्भावना ढूँढ़ निकालते हैं। उन्होंने मृत्यु को जीवन से, उसके एक आयाम के रूप में जोड़कर देखा और उसकी जीवननिरपेक्ष सत्ता को ख़ारिज किया। अशोक कविता में नकली विलाप और अनावश्यक शोरगुल करने वालों की कड़ी शिनाख़्त भी रखते हैं। इनकी नीयत को ताड़ते हुए वे कविता में निरन्तर विलाप के विरुद्ध उठ खड़े होते हैं। वे सभी प्रकार के शोक के विरुद्ध कविता में अखंड अशोक-पर्व के पक्ष में खड़े होते हैं। वे घोषणा करते हैं कि 'कितना भी बड़ा क्यों न हो दुख, अन्ततः जीवन बड़ा होता है।' अशोक अपने समय की त्रासदी पर औरों की तरह, उनमें शामिल होकर नाटकीय विलाप नहीं करना चाहते। "मैं हँस रहा हूँ/क्योंकि तुम्हारे सामने रोना नहीं चाहता।" ('कुछ रफ़ू कुछ थिगड़े', पृ. 44)। अशोक का कवि अपनी और सार्वजनिक पीड़ा को प्रदर्शन की चीज़ बनाना ठीक नहीं समझता। बावजूद इसके कि उसमें वह पीड़ा उतनी ही गहरी है जितनी कि औरों में। लेकिन कवि की नैतिकता मौक़े-बेमौक़े विलाप के प्रदर्शनकारी हाहाकार को ग़ैरज़रूरी मानती

है। वह दुख, अवसाद और हताशा के क्षणों में भी अपने विलाप न करने के स्वभाव और अधिकार को सुरक्षित रखना चाहता है। उसके ऐसा करने से इनकार करने पर दूसरे उसे उत्सवप्रिय कहते हैं।

यहाँ मुझे चीनी लेखक मो यान की एक छोटी-सी कहानी याद आती है जो उन्होंने सन् 2013 में साहित्य का नोबेल पुरस्कार प्राप्त करने के अवसर पर दिये गये अपने वक्तव्य में क़ही थी। उनके ही शब्दों में कहानी इस प्रकार है—"1960 में जब मैं तीसरी कक्षा का विद्यार्थी था तो हमारे स्कूल वाले पीड़ा-प्रदर्शनी के लिए हमें एक टूर पर ले गये जहाँ हम अपने अध्यापक के निर्देशन में फूट-फूट कर रोये। अपने अध्यापक की सुविधा के लिए मैंने गालों से आँसू पोंछे नहीं और मैंने देखा कि मेरे कुछ सहपाठियों ने अपने हाथ में थूक कर उसे अपने चेहरे पर आँसू जैसा दिखाने के लिए रगड़ लिया। उन सब रोते छात्रों में—कुछ सच्चे कुछ झूठे—मैंने एक छात्र को देखा जिसका चेहरा बिल्कुल सूखा था और जो अपना चेहरा हाथों में बिना छिपाये चुपचाप बैठा रहा। यात्रा के बाद मैंने अध्यापक को उसके बारे में बताया और उसे अनुशासनात्मक चेतावनी दी गयी। बरसों बाद जब मुझे उस छात्र के बारे में बताने पर पछतावा हुआ तो अध्यापक ने बताया कि कम से कम दस छात्रों ने वैसा ही किया था, जो मैंने किया। दस साल या और पहले उस लड़के का निधन हो चुका था और उसकी याद से मेरी आत्मा बहुत विचलित होती। लेकिन इस घटना से मुझे एक सीख मिली और वह यह कि जब तुम्हारे चारों ओर हर कोई रो रहा हो, तो तुम्हें न रोने का पूरा हक है। जब आँसू प्रदर्शन के लिए ज़रूरी हैं, तब भी तुम्हारा न रोने का अधिकार महत्तर है।"

कविता के स्वराज की छवियाँ

अशोक वाजपेयी कविता के जिस स्वराज की बात करते हैं, आधुनिक हिन्दी कविता में सर्वप्रथम छायावाद के रूप में उसकी चेतना के दर्शन होते हैं। अशोक उसे कविता का अपना आन्दोलन मानते हैं जो सृजनात्मक कल्पना से ओत-प्रोत था। अशोक वाजपेयी के अनुसार वह अनेक तरह के विचारों का समुच्चय था, पर वह साहित्य के बाहर के किसी विचार या विचारधारा से अनुप्राणित नहीं था या उसका साहित्यिक संस्करण नहीं था। वह साहित्य का अपना स्वायत्त आन्दोलन था, जिसमें बाहर के विचारों का अत्यन्त सीमित योगदान था। अशोक भारतीय काव्य-परम्परा से कविता के स्वराज की जो संकल्पना ग्रहण करते हैं, आधुनिक हिन्दी कविता में छायावाद उसका पुरोवाक् था। उन्होंने जब अपने सक्रिय काव्य-जीवन की शुरुआत की, तब वे प्रयोगवाद और नयी कविता की चेतना से भी प्रभावित हुए। वे प्रयोगवाद और नयी कविता को कुछ विशेष अर्थों में छायावाद से जोड़कर देखने का आग्रह करते हैं। वस्तुतः आधुनिक हिन्दी में वे छायावाद के साथ-साथ प्रयोगवाद और नयी कविता को भी कविता का स्वायत्त आन्दोलन मानते हैं।

अशोक वाजपेयी की कविता का स्वराज विचार और संवेदना के तल पर, कम से कम आधुनिक हिन्दी कविता में, इन्हीं तीन काव्यान्दोलनों का ऋणी है। इन तीनों काव्यान्दोलनों में कविता की स्वायत्तता का जो गुम्फित उद्घोष है, अशोक वाजपेयी की कविता के स्वराज में उसकी अनुगूँजें साफ़ सुनी जा सकती हैं। इसलिए उनकी कविता का स्वराज प्राचीन के साथ-साथ हिन्दी की आधुनिक परम्परा को भी अन्तर्ध्वनित करता हुआ एक स्वायत्त संसार है।

उक्त तीनों काव्यान्दोलन अशोक वाजपेयी के निकट पूर्ववर्ती हैं, जिनसे अशोक की कविता ने प्रेरणा ली है। इनके प्रति अशोक के कवि-मन में अपूर्व कृतज्ञता का भाव है। नयी कविता को तो वे कविता के पुनराविष्कार का ही आन्दोलन मानते हैं। उसमें व्याप्त विचारों और भाव-बोध की विविधता की वे मुक्त कंठ से सराहना करते हैं। उन्होंने नयी कविता के प्रभाव को अपनी कविता में अतिरिक्त शिल्पाग्रह, वैयक्तिक किस्म की सामाजिकता, भाषा और शब्द के प्रति आग्रह, ऐन्द्रियता, चित्रमयता और कला-तत्त्व के रूप में ग्रहण किया और पिछले लगभग पचास वर्षों से साहित्य के स्वराज के लिए अशोक का जो सत्याग्रह है, उनको उस सत्याग्रह

का उद्गम प्रयोगवाद में दिखाई देता है। इस दृष्टि से वे 'तारसप्तक' को एक महत्त्वपूर्ण दस्तावेज़ के रूप में देखते हैं।

अशोक वाजपेयी की कविता एक ऐसे समय में स्वराज के लिए सत्याग्रह की माँग करती हुई सक्रिय हुई, जब हिन्दी कविता एक बुरे दौर में प्रवेश कर चुकी थी। यह सन् साठ के बाद अकविता का दौर था जो कविता के नाम पर अपनी वैचारिक दरिद्रता की नुमाइश कर रहा था। अशोक के अनुसार विद्रोह की रूमानियत और बड़बोलेपन से युक्त यह कविता विचारहीनता से ग्रस्त 'मध्यवर्गीय उठाईगीरपन की एक अभिव्यक्ति' थी। बकौल अशोक 'एक दूसरे स्तर पर वह कवियों के सामाजिक पिछड़ेपन की कुंठा को दुरुस्त करने का एक जरिया' भी थी। 'अकविता' के अतिरिक्त सन् साठ के बाद दर्जनों की संख्या में उद्भूत हुए अन्यान्य काव्यान्दोलन भी परिदृश्य में दिख रहे थे, जिनका बहुत ज़्यादा सम्बन्ध समकालीन मनुष्य की हालत के बयान-बखान से नहीं था। अपने समय के युवा लेखन से उसकी विचारहीनता के कारण युवा अशोक विक्षुब्ध थे। उन्होंने अपने समय की युवा कविता से अलग प्रेम, ललक, उछाह, मानवीय ऊष्मा और जीवनासक्ति का काव्य रचना शुरू किया। घृणा से भरे एक नकारात्मक समय में सम्भावना का उद्घोष करते हुए वे काव्य-परिदृश्य में अवतरित हुए और कविता के स्वराज की माँग करनी शुरू की।

स्वराज क्या है? 'स्वराज' मूलतः राजनीतिक अर्थ-सम्पन्न एक पद और प्रत्यय है। लेकिन इसके कवितागत आशय में भी स्वायत्तता और स्वाधीनता जैसे अर्थ उसी प्रकार अनुस्यूत हैं जिस प्रकार इसके राजनीतिक आशय के प्रयोग में। इस पद का राजनीतिक आशय में प्रयोग भारतीय स्वतन्त्रता संग्राम के दिनों से होता आ रहा है, लेकिन कविता के सन्दर्भ में इसका प्रयोग सबसे पहले अशोक वाजपेयी ने किया। इस प्रकार अशोक वाजपेयी ने कविता के स्वराज का एक मौलिक प्रत्यय हिन्दी को दिया और उसमें अपनी विचारोत्तेजक अवधारणाओं को अनुस्यूत कर इस राजनीतिक पद की नवीन सृजनात्मक उद्भावना की। अशोक ने 'स्वराज' की साहित्यिक शक्ल को सांस्कृतिक स्वराज में बदल दिया। इसके साथ ही विशुद्ध साहित्य और संस्कृति का वर्ण-विभाजन टूटकर चूर-चूर हो गया।

X X X

आधुनिक युग का निर्माण कतिपय भीमकाय विचारधाराओं और उन पर आधारित शक्तिशाली व्यवस्थाओं के रूप में हुआ। ऐसी विचारधाराओं की केन्द्रकामिता ने सत्ता के तीव्र संघर्ष को जन्म दिया। ये संघर्ष विराट सत्ताओं के बीच के थे जो एक-दूसरे को निगलने की होड़ में लगे थे। ये विचारधाराएँ अधिकतर समाजशास्त्रीय और राजनीतिक चिन्तन की उपज थी। उनका आखेट सबसे ज़्यादा वैचारिक क्षेत्र में

था और वैचारिक क्षेत्र का सबसे महत्त्वपूर्ण केन्द्र था कविता और साहित्य!

अशोक वाजपेयी लक्ष्य करते हैं कि बीसवीं सदी में विचारधाराओं के टकराव ने कविता और साहित्य को सबसे ज़्यादा लहूलुहान किया है। कविता पर अपना रौब और आतंक जमाकर उसे अपना उपनिवेश बनाने के भरपूर प्रयास किये गये हैं। कभी-कभी ऐसा भी हुआ कि विचारधारा को ही साहित्य का पर्याय बना दिया गया। अशोक इस पर भी नज़र रखते हैं कि इन विचारधाराओं का दबाव साहित्य के अलावा ज्ञान के अन्य अनुशासनों पर भी समान रूप से हावी हुआ। मानविकी के अधिकांश विषयों जैसे राजनीति, समाजनीति, दर्शन, आर्थिकी आदि को विचारधाराओं ने बड़ी चालाकी से अपनी गिरफ़्त में ले लिया। रचनात्मक साहित्य का एक बड़ा हिस्सा भी उनकी ज़द में आ गया। विचारधारा से प्रेरित हिन्दी की अधिकांश कविता नारेबाजी और राजनीतिक प्रचार तक सीमित हो गयी। जैसे एक बाहरी आतंक ने उस पर अनधिकार अपना आधिपत्य स्थापित कर उसकी मूल चेतना को ही ख़ारिज कर दिया। कविता अपनी स्वतन्त्र सत्ता से विस्थापित कर दी गयी और उसका स्वराज खो गया।

बीसवीं सदी की हिन्दी कविता के सामने कम ऐसे अवसर आये जब कविता ने अपने स्वराज को सुरक्षित रखकर उस पर अपना शासन कायम किया। छायावाद ने कविता के स्वराज के सांस्कृतिक रूप को न सिर्फ़ सुरक्षित रखा, बल्कि उसे सजग और समृद्ध भी किया। प्रयोगवाद और नयी कविता ने भी काफ़ी हद तक कविता के स्वराज को भाषा, शिल्प और संवेदना की भूमि पर सुरक्षित रखने का प्रयास किया। लेकिन जब-जब विचारधारा ने कविता पर अपना आधिपत्य जमाकर उसके स्वराज को हड़पने की कोशिश की, कविता कविता नहीं रही। विचारधारा ने जब मानविकी की विभिन्न विधाओं के सहयोग से कविता के स्वराज में प्रवेश करना चाहा तो कविता को कविता कह पाना मुश्किल हो गया।

हिन्दी में पहले-पहल कवि अशोक वाजपेयी ने कविता के स्वराज के पुनर्स्थापन की बात उठाई। वे कविता में विचारों का निषेध नहीं करते, बल्कि विचार-विशेष का, उसके आतंक का विरोध करते हैं। वे लिखते हैं—"कविता में विचारों का आत्यांतिक महत्त्व है। XXX विचारहीन कविता कभी भी मनुष्य की हालत की कोई सार्थक पहचान या कोई समझ उत्तेजित नहीं कर सकती।" अशोक कविता में विचारों की ज़रूरत तो स्वीकार करते हैं लेकिन विचारधारा से उन्हें गुरेज है, क्योंकि विचारों ने नहीं, बल्कि विचारधारा ने कविता के स्वराज को अतिक्रमित किया है। वे कहते हैं, "बीसवीं सदी का साहित्य विचारों के टकराव से अपने को अलग-थलग रखकर महत्त्वपूर्ण बल्कि मानवीय नहीं हो सकता, यह बात सभी मानते हैं। झगड़ा विचारधारा, उसकी ज़रूरत, केन्द्रीयता और आतंक को लेकर है। जो विचार-मात्र के विरोधी हैं, उन्हें मानव-विरोधी मानकर ख़ारिज किया जा सकता है। लेकिन जो विचारधारा के विरोध में हैं वे इतने मासूम और बेज़रूरी नहीं हैं कि उन्हें इस तर्क

से दृश्य या महत्त्व से खिसकाया जा सके।''

आख़िर वह कौन-सी बात है जो साहित्य के स्वराज में उन्हें विचारधारा का विरोधी तो बनाती है लेकिन विचार-विरोधी नहीं? बकौल उनके, विचारधारा—चाहे वह वाम हो या प्रतिक्रियावादी, उससे प्रेरित अधिकांश कविता तनावहीन और नामहीन होती है। विचारधारा से प्रेरित साहित्य प्रायः सरलीकृत होता है। वे मानते हैं कि विचारधाराओं ने पूरी दुनिया में युद्धों और आतंक का कहर ढाया है। (देखिए, 'कविता और राजनीति' शीर्षक आलेख, 'फिलहाल' में संकलित।)

अशोक वाजपेयी विचारों का किसी विचारधारा विशेष से संपृक्त होना अनिवार्य नहीं मानते। उनका कहना है कि ''विचार को किसी विचार-प्रणाली से जोड़ना अनिवार्य नहीं है और यह बिल्कुल ज़रूरी नहीं है कि किन्हीं विचारों का अपने सन्दर्भ को समझने के लिए इस्तेमाल करने वाला कवि किसी विचार-प्रणाली से प्रतिबद्ध ही हो।'' अर्थात् किसी विचार-प्रणाली से सम्बद्ध, किन्तु उसके प्रति अप्रतिबद्ध विचार कविता के स्वराज का नागरिक हो सकता है क्योंकि ऐसा 'अप्रतिबद्ध विचार' किसी सुनियोजित और सुचिन्तित विचारधारा की तरह कविता के स्वराज की मूल भूमि को चोट नहीं पहुँचाता, उसे अतिक्रमित नहीं करता। ऐसा विचार जो अभी विचारधारा का प्रवाह नहीं बना कविता के स्वराज में स्वतः अवस्थित है, परिशुद्ध है, आतंककारी नहीं है और अधिनायकवादी दम्भ से मुक्त है। वह अशोक की कविता के स्वराज में उसका हिस्सा होकर, किन्तु अपनी पहचान बचाये, स्वतन्त्र विचरण करता है।

अशोक वाजपेयी ने कविता के उस स्वराज की बात उठाई है जिसे हम कविता की निज की सत्ता के रूप में भी जानते हैं। स्वराज की नयी परिकल्पना में अशोक ने एक मौलिक स्पेस का निर्माण किया है, जिसमें कविता अपने स्वराज के लिए लगभग उसी तरह संघर्षरत है, जिस तरह एक पराधीन राष्ट्र या फिर समाज। और जिसे उपनिवेश बनाये जाने के बाहरी प्रयत्न जारी हैं, और जिस पर विचारधाराओं की शक्ल में शक्ति का आतंक जमाया जा रहा हो। लड़ाई की यह शब्दावली और उसके बिम्ब बिल्कुल नये हैं और भारतीय छवि और सन्दर्भ धारण किये हुए हैं।

आज़ादी की लड़ाई के दौरान महात्मा गाँधी एक ऐसे भारत की कल्पना करते थे, जो स्वराज प्राप्ति के बाद स्व-निर्भर हो और बाहरी शक्तियों के हस्तक्षेप से मुक्त। वे स्वराज के भीतर किसी भी प्रकार के उपनिवेशवाद के ख़िलाफ़ थे। लेकिन स्वराज की उनकी संकल्पना अपने ही तालाब में बन्द सड़ते पानी की नहीं थी। उन्होंने कहा था कि हमें अपने घरों की सभी खिड़कियाँ-दरवाज़े खुले रखने चाहिए, जिससे बाहर की ताजी हवाएँ यानी संस्कृतियाँ और विचार हम तक पहुँचती रहें, लेकिन इसकी सीमा इससे ज़्यादा न हो कि हमारी ही ज़मीन से हमारे पैर उखड़ जायें। अशोक वाजपेयी ने भी कविता के स्वराज में ठीक इसी प्रकार विचारधाराओं के उपनिवेशवाद का विरोध किया है और उसे विचारों के मुक्त विचरण-स्थल के रूप में प्रतिष्ठित

भी। उन्होंने भी अपने 'स्वराज' में कोई बन्द तालाब ठहरने नहीं दिया। वे कहते हैं कि विचारधाराओं के उपनिवेशवाद के विरुद्ध "साहित्य कोई अभयारण्य नहीं है कि कोई उसमें प्रवेश ही न कर सके, और न कोई मनोरम बगीचा कि कोई भी उसमें घुसकर बेजा क़ब्ज़ा कर ले। बल्कि वह इसी समाज, पास-पड़ोस, शोरोगुल के बीच की जगह है जहाँ आवाजाही की छूट होनी चाहिए।"

अशोक वाजपेयी ने अपनी कविता में बहुत-सी ऐसी संवेदनाओं को जगह देकर उन्हें अलग स्वराज के अन्तर्गत लाने की कोशिश की है, जिसमें थोड़ी-सी असावधानी भी उनकी काव्य-संवेदनाओं के स्वराज की सुरक्षा के लिए घातक सिद्ध होती। हालाँकि कविता के स्वराज में स्थित ये काव्य-संवेदनाएँ अपने-आप में अत्यन्त सबल और तीव्रतर हैं, बावजूद इसके, उनका स्वराज असुरक्षित दशा में है। विचारों नहीं, बल्कि विचारधाराओं के आतंक से उन्हें विशेष ख़तरा है। अशोक वाजपेयी ने जहाँ एक ओर विचारधाराओं के विरुद्ध कविता के स्वराज की, उसकी सुरक्षा की माँग उठाई है, वहीं दूसरी ओर उन्होंने कविता को अभयारण्य न मानकर अपनी काव्य-चेतना की विराटता और विनम्रता का परिचय दिया है। इस प्रकार उनकी कविता का स्वराज एक औदार्य और मसृणता धारण किये हुए है।

x x x

अशोक वाजपेयी ने कविता के स्वराज में विचारधारा और उसके उपनिवेशवाद का पुरजोर विरोध किया है। उन्होंने कविता के स्वराज की लोकतान्त्रिक कल्पना की है। कविता का एक ऐसा लोकतान्त्रिक स्वराज, जो बहुलतावादी है और जहाँ सबको अपनी आवाज़ ससम्मान रखने का समान अवसर और अधिकार उपलब्ध है। बहुलतावाद लोकतन्त्र की आधारशिला है और यही लोकतन्त्र अशोक वाजपेयी की कविता के स्वराज की नींव है। एक लोकतान्त्रिक राजनीतिक व्यवस्था में जिस प्रकार विभिन्न समूह अपनी बहुलता में एकात्मकता स्थापित करने का प्रयत्न करते दिखाई पड़ते हैं, अपनी बहुलता और विभिन्नता को सुरक्षित रखते हुए—ठीक उसी प्रकार एक लोकतान्त्रिक साहित्यिक व्यवस्था में विभिन्न विचार, विधाएँ और मत-मतान्तर अपनी बहुलता में एकात्मकता को प्राप्त करने की कोशिश करते हैं। अशोक कविता के स्वराज में जिस लोकतान्त्रिक व्यवस्था की कल्पना करते हैं, उसमें बहुलता का यही सर्वमान्य चरित्र दिखता है।

अशोक वाजपेयी के लिए लोकतान्त्रिक मूल्य आत्यांतिक हैं। विचारों के लोकतन्त्र में उनका अनोखा विश्वास उन्हें आधुनिक हिन्दी का एक अनूठा कवि बनाता है। स्वतन्त्रता, समानता और बन्धुत्व लोकतन्त्र के तीन प्रमुख मूल्य हैं। अशोक इन मूल्यों पर प्रगाढ़ आस्था रखने वाले कवि हैं। इसलिए उनकी कविता के स्वराज से किसी भी तरह के अधिनायकत्व की बू नहीं आती। वहाँ सभी प्रकार के

विचारों, विधाओं, मतों और मतान्तरों के मध्य समानता है, उनकी स्वतन्त्रता की सुरक्षा है और बन्धुत्व का आश्वासन भी।

वैसे तो इस लोकतान्त्रिक स्वराज में कोई विरोधी या प्रतिलोमी नहीं होता, लेकिन अगर उसकी शक्ल वह है तो भी वह स्वीकार्य है। स्वयं अशोक के शब्दों में, "साहित्य का प्रजातन्त्र अपने विरोधियों या प्रतिलोम का दमन या बहिष्कार करके नहीं चलता है।" बल्कि कविता के प्रजातन्त्र में सबकी बराबरी की बात वे बार-बार दुहराते हैं। समस्त चल-अचल जगत को इस संसार में शामिल करके उनका बराबरी का स्थान और सम्मान सुनिश्चित करते हैं। वे लिखते हैं, "कविता के संसार में अन्ततः सभी बराबर हैं। उसके प्रजातन्त्र में न कोई शासक है, न शासित और आधिपत्य और शोषण के सभी रूपों का वह प्रतिषेध करती है। मनुष्य और पक्षी, चट्टानें और शब्द, आकाश और नक्षत्र सब बराबर हैं।"

अशोक वाजपेयी की समकालीन कविता स्वराज का विचार नहीं करती, क्योंकि एक तो उसका बहुत बड़ा हिस्सा विचारों के उपनिवेशवाद से भीषण रूप से आक्रान्त है और दूसरी ओर वह पूर्णतया लोकतान्त्रिक नहीं है, बल्कि उसमें अपना लोकतन्त्र निर्मित करने की इच्छा भी नहीं दिखती। शायद विचारों के उपनिवेशवाद से आक्रान्त होने के कारण उसे अपने लोकतन्त्र की चिन्ता नहीं है और इसलिए उसे अपना स्वराज भी नहीं चाहिए।

समकालीन हिन्दी कविता स्वराज के अभाव और इस कारण लोकतन्त्र के अभाव के कारण प्रायः बहुत उदार और विनम्र कविता नहीं है। उसमें दृष्टियों और विचारों की रूढ़ियाँ ज़्यादा हैं। ऐसी कविता का न तो अपना स्वराज सम्भव हो सकता है, न लोकतन्त्र। और न उसमें निहित बहुलता और उसके प्रति सम्मान-भाव का उदय सम्भव है। दूसरी ओर विभिन्न राजनीतिक और सामाजिक विचारधाराओं से लैस ज्ञान के विविध अनुशासन कविता के स्वराज में प्रवेश कर उस पर क़ब्ज़ा करने को उदग्र हैं। अधिकांश समकालीन कविता उन्हें अपने भीतर शामिल करती है और इस तरह उनका आधिपत्य स्वीकार लेती है और उनका उपनिवेश बन जाती है। वे प्रायः अपना लोकतन्त्र खो देती हैं और स्वराज तो ख़ैर, माँगती ही नहीं। वह अन्यान्य विचारधाराओं और दृष्टियों की आपाधापी भरी उपस्थिति में अपना स्वयं का विचार और दृष्टि भी खो देती है।

इस परिदृश्य में अशोक वाजपेयी की कविता सबसे पहले स्वराज की माँग करती है। अशोक वाजपेयी अपने 'स्वराज' के विचार को स्पष्ट करते हुए विचार करते हैं कि यह दौर व्यक्ति के पूरी तरह से अवमूल्यन का दौर है। दृश्य में साहित्य को क्रान्ति, सामाजिक प्रतिबद्धता, एकान्त साधना आदि का संस्करण इस प्रकार बनाया जा रहा है कि उसके स्वभाव और धर्म की लगभग उपेक्षा हो रही है। अशोक वाजपेयी को व्यक्ति की अपनी स्वायत्तता और सत्ता पर आग्रह करना ज़रूरी लगता

है। वे पड़ोस और समयातीत पर, अपने शब्द-संघर्ष पर, निजी सम्बन्धों पर कविता लिखते हैं—प्रेम, मृत्यु, कला, शब्द, भाषा आदि को अपनी कविता में जगह देते हैं जो कविता के अपने स्वराज में ही सम्भव है। लेकिन इन काव्य-संवेदनों के विशिष्ट संसार अथवा स्वराज में अन्य विचारानुशासन भी प्रवेश करना चाहते हैं। एक द्वन्द्वपूर्ण सामाजिक और राजनीतिक व्यवस्था में कविता लिख रहे कवि की चेतना इससे मुक्त नहीं रह सकती। तो इन 'प्रवेशों' को कवि अशोक अन्यथा नहीं लेते। वे इन्हें अपनी कविता के स्वराज की लोकतान्त्रिक व्यवस्था के भीतर शामिल कर लेते हैं। वे इनकी बहुलता को अपने विशिष्ट काव्य-संवेदनों की लघुसंख्यकता के समानान्तर स्थान देकर सबका परस्पर सहकार सुनिश्चित करते हैं। वे 'वैचारिक बहुलता' की बात करते हैं। उनके अनुसार किसी एक विचार पर दृष्टिकेंद्रिकता स्वराज का लक्षण नहीं है। इस लोकतान्त्रिक बहुलता में किसी विचार-दृष्टि की तानाशाही उन्हें स्वीकार नहीं। वे कहते हैं, "अन्ततः हम सामान्य या सरलीकृत की तानाशाही या सर्वसत्तावादिता के बरक्स एक बहुलतावादी-दृष्टि की वकालत करते हुए आज की कविता में खरी और जीवनधर्मी जटिलता, वैचारिक स्वायत्तता और बौद्धिक दृढ़ता, सृजनात्मक शब्द की और उसके माध्यम से जीवन की प्राथमिकता, भाषिक पर्यावरण की रक्षा, सच्चाई से अपने वास्तविक जटिल सम्बन्ध की पहचान का आग्रह कर रहे हैं।"

कविता के स्वराज में प्रविष्ट विभिन्न ज्ञानानुशासन जब कविता के लोकतान्त्रिक चरित्र पर हावी होने लगते हैं, तो कवि को यह अनधिकार अतिक्रमण लगता है और वे इसकी मुखालफ़त करते हैं। कविता के लोकतन्त्र में किसी एक दृष्टि की सर्वसत्तावादिता बहुलता की अवधारणा को रद्द कर देती है। कवि अशोक की सदैव यह चिन्ता रही है कि कविता के स्वराज में दृष्टियों की बहुलता और उनके सम्मान को कैसे सुरक्षित रखा जाय।

x x x

अशोक वाजपेयी मिलान कुंदेरा के एक पद का इस्तेमाल करते हैं : साहित्य की 'रेडिकल स्वायत्तता'। यह एक अभिनव किस्म का स्वराज है। जिसमें "साहित्य, राजनीति और समाज परस्परावलम्बी तो हैं, पर आत्मप्रतिष्ठ भी।" इस रेडिकल स्वायत्तता के रहते न तो साहित्य राजनीति से मुँह फेरता है और न जीवन-विमुख होता है। रेडिकल स्वायत्तता के द्वारा साहित्य को राजनीति से जाँचा-परखा जा सकता है और राजनीति को भी साहित्य की कसौटी पर चढ़ाया जा सकता है।

अशोक वाजपेयी साहित्य की ऐसी रेडिकल स्वायत्तता या स्वराज के पक्षधर हैं जो जीवन-जगत के रस और राग से लबरेज हो, साथ ही अपने 'स्व' में स्थित-प्रतिष्ठ

हो; बाहरी दुनिया की हरकतों और स्पन्दनों से प्रभावित-उद्वेलित भी होता हो और आत्म में सर्व और सर्व में आत्म की आवाजाही को स्वीकार भी करता हो। यानी अशोक की कविता के स्वराज की प्रकृति समावेशी है। वहाँ किसी भी विचार या सच का तिरस्कार या अवहेलना नहीं है। सबके लिए एक सम्मानित आसन उपलब्ध है।

छोटे-छोटे सचों को पोसने-पालने वाली कविता का रेडिकल स्वराज यही है। अशोक की कविता का स्वराज रेडिकल इस कारण से भी है कि यह स्वराज जीवन-जगत और अपने समय से सम्बन्ध रखने के बाद अपने दूसरे आयाम में समय के बाहर, इतिहास के बाहर, अनन्त में अवस्थित है, दूसरे समय में अवस्थित है। अशोक के इस दूसरे समय के स्वराज में कलाओं का भी स्वराज है। दूसरे समय में अवस्थित कविता के स्वराज में कविता और कलाएँ परस्पर मित्रवत् हैं। यह दूसरा समय 'प्रतिसमय' है, 'समानान्तर प्रतिसमय'।

साहित्य विचारधारा से प्रेरित भी हो सकता है और सम्पूर्ण रूप से स्वायत्त भी। विचारधारागत साहित्य का अपना अलग शास्त्र है और स्वायत्त साहित्य का अपना अलग। अशोक वाजपेयी ने कविता का तीसरा शास्त्र निर्मित किया है, जो न तो पूर्णतः विचारधारागत है और न स्वायत्त। यह कविता का तीसरा रास्ता है। विचारधारा का अनुयायी होना अथवा सम्पूर्ण स्वायत्तता का पक्षधर होना—दोनों अशोक वाजपेयी को नहीं सुहाता, इसलिए उनकी कविता के स्वराज में न तो रूपवाद फिट बैठता है, न कोई प्रचलित राजनीतिक-सामाजिक विचारधारा। अशोक तो विचारधारा को साहित्य का सरलीकरण मानते हैं, चाहे वह विचारधारा वाम हो या दक्षिण। लेकिन वे विचारहीनता के भी समर्थक नहीं हैं। वे 'बौद्धिक टफ़नैस' के आग्रही हैं। वे विचारधारा और उसका प्रतिपक्ष स्वायत्तता के बरक्स स्वराज की अवधारणा खड़ी करते हैं, जिसके अन्तर्गत वे समग्र को शामिल कर लेते हैं। वहाँ विचारधाराओं पर बहस भी शामिल है, अन्यान्य विचारों का सम्मान भी सुनिश्चित है और शुद्ध स्वायत्तता के नाम पर जीवन और मनुष्य विरोधी हरकतें भी नहीं हैं। कविता का स्वराज वस्तुतः सबका स्वराज है। जो भी उपस्थित है, गरिमामय है, जिसका सम्मान किया जाना चाहिए—सब कविता के स्वराज में समाविष्ट है। वहाँ विचारधारा का भेद नहीं है, वाद का दुराग्रह नहीं है। इन्हीं अर्थों में अशोक वाजपेयी की कविता के स्वराज की परिकल्पना रेडिकल है।

x x x

हालाँकि अशोक वाजपेयी कविता के स्वराज में किसी विचारानुशासन की सर्वसत्तावादिता के विरुद्ध रहे हैं, लेकिन विडम्बना यह है कि वे खुद कभी-कभार कविता के प्रसंग में उसकी सर्वसत्तावादिता के पक्षधर मालूम पड़ते हैं। वे कविता के स्वराज में लोकतान्त्रिक बहुलता की वकालत तो करते हैं, लेकिन बाज दफ़ा

उनकी लोकतान्त्रिकता बहुत बारीकी से कविता की तानाशाही में बदल जाती है और सभी अन्यो (यानी बहुल इकाइयों) को वे कविता में मर्ज़ कर उसे समग्रतावादी स्वरूप देने लगते हैं। जैसे राजनीति, धर्म, दर्शन, अर्थ आदि सभी अनुशासनों को कविता में अंगीभूत कर लेने की कोशिश करते हैं। इस दृष्टि से अशोक वाजपेयी के स्वराज-विचार को अलोकतान्त्रिक और सर्वसत्तावादी कहा जा सकता है।

उनकी कविता में वे सामाजिक अक्स, राजनीतिक छवियाँ, और धर्म, दर्शन, विज्ञान, अर्थ आदि अनुशासनों की आनुभविक उपस्थिति बहुत कम मिलती है जिनकी समान सत्ता की उपस्थिति कविता के स्वराज में अशोक सैद्धान्तिक तौर पर देखना चाहते हैं। उनकी कविता में निजी और पास-पड़ोस के अनुभवों की भरमार है। वे अनन्त और समयातीत की बात करते हैं, वे मृत्यु और प्रेम की बात करते हैं और नितान्त कवितागत अनुभवों को शब्द देते हैं। उनके यहाँ जीवनानुभव कम हैं। क्या यह स्थिति उनके कवि के निरे कवितानुभव पर केन्द्रित होने का परिणाम नहीं है? अगर हाँ, तो सिर्फ़ कवितानुभव पर केन्द्रित कवि अगर कविता को ही अपने तथाकथित स्वराज का केन्द्र मानकर उसमें से अन्य विचारानुशासनों को निर्वासित कर दे, तो क्या आश्चर्य?

अशोक वाजपेयी ने अपने कवितानुभवों से ऐसे विचारों को निर्वासित तो नहीं किया है, उन्हें स्वयं में समाहित अवश्य कर लिया है, ताकि कविता के स्वराज में कविता की केन्द्रीयता बनी रहे और अन्य ज्ञानानुशासनों को अनदेखा करने का संगीन आरोप भी उन पर आसानी से न लग सके। कवि अशोक कविता के स्वराज की लोकतान्त्रिकता और बहुलता की अपनी वैचारिकी को ताक पर रखकर अपनी कविता में व्यावहारिक तौर पर समग्रतावाद या संकलनवाद का महीन रास्ता अपनाते हैं, जो सर्व-सत्तावाद की ओर जाता दिखाई पड़ता है। कारण, अशोक वाजपेयी किसी ज्ञान-क्षेत्र से सम्बन्धित एक विचार को समग्र और समावेशी नहीं मानते। यह ज्ञान के अन्य क्षेत्रों के विचारों के सम्बन्ध में संकीर्णता पैदा करता है। इसके विपरीत उनका सुझाव है कि साहित्य में सभी ज्ञान-क्षेत्रों के विचारों का समावेशन और संश्लेषण हो सकता है—होना चाहिए, क्योंकि साहित्य अपने क्षेत्र में किसी विचार का अपमान नहीं करता, बल्कि उनका स्वागत करता है, उनका सह-अस्तित्व सुनिश्चित करता है। इस उदार विचार के पीछे अशोक का पूर्वग्रह स्पष्ट है।

वे अपनी वैचारिक उदारता के तर्क से अन्य विचारानुशासनों को एकांगी और असमावेशी साबित करना चाहते हैं क्योंकि कविता के स्वराज में वे उनके ख़तरे को भाँप रहे है। शायद इसलिए वे उन्हें कविता के स्वराज में कमतर साबित करने का प्रयास करते हैं। उनका मन्तव्य कविता को केन्द्र में लाने का है, जिसमें समस्त विचारानुशासनों का समावेशन कर उसे सर्वसत्तावादी भूमिका में ला खड़ा करने की उनकी महीन युक्ति है। निश्चय ही इससे कविता का कुछ हद तक भला होगा।

कवितानुभवों को केन्द्रीयता प्राप्त हो जायेगी, लेकिन एक अशुभ स्थिति भी सामने आ खड़ी होगी, जब कविता से जीवनानुभव क्रमशः निरस्त हो जायेंगे। अशोक वाजपेयी खुद इस बात को स्वीकार करते हैं कि कविता निरे जीवनानुभव से नहीं, कवितानुभव से भी लिखी जाती है। ज़ाहिर है, वे अपनी कविता के स्वराज में कवितानुभव की भूमिका स्वीकार करते हैं। इसी मुद्दे पर वे आज की अधिकांश हिन्दी कविता से असन्तुष्ट हैं, क्योंकि आज की कविता में उन्हें जीवन तो दिखता है, पर कविता नहीं।

अन्यान्य विचारानुशासनों का जीवन से कितना और कैसा सम्बन्ध है, यह अलग विचार का विषय है, लेकिन कविता का जीवन से रिश्ता अविच्छिन्न है। कविता को अपना उपजीव्य जीवन से चाहिए। दूसरे विचारानुशासन अगर जीवन और मानवीय अनुभवों से सीधे जुड़ते हों, तो कविता को उनका भी सहयोग चाहिए। वे कविता को समृद्ध करेंगे। कविता अगर अपना एक अलग स्वराज निर्मित करती है और वह लोकतान्त्रिक और बहुलतावादी है, तो कविता सहित अन्य सभी विचारानुशासनों की वहाँ समकक्ष अवस्थिति चाहिए।

अशोक एक स्तर पर बार-बार इस बहुलता और प्रजातान्त्रिक समकक्षता की वकालत करते हैं, लेकिन हर बार उनकी कविता के स्वराज के केन्द्र में कविता आ खड़ी होती है और उसकी सर्वसमावेशी भूमिका सामने आ जाती है। वे कविता के सच में अन्य सभी सचों को समाहित कर लेना चाहते हैं। लिखते हैं, "साहित्य (या कविता) का सच अनेकशः विभाजित सच नहीं होता–सारी बहुलता और जटिलता के बावजूद वह अविभाज्य होता है। इस अर्थ में शायद साहित्य का सच, धर्म का सच, राजनीति का सच, विज्ञान का सच, विश्लेषण और समझ के लिए अलग होते हुए भी अन्ततः एक ही सच के पहलू होते हैं।"

ज़ाहिर है कि अशोक सभी अनुशासनों के सच के केन्द्र में कविता के 'अविभाज्य' सच को स्थापित करने की मंशा रखते हैं। साहित्य के अविभाज्य सच में अन्य सभी सच शामिल हैं। उनके इस आग्रह या लगभग हठ का जो कारण समझ में आता है वह यह कि जब अन्य अनुशासन और विचार-दृष्टियाँ अपनी केन्द्रीयता के हठ को पाले हुए हैं तब भला कविता अपने स्वराज में अपनी केन्द्रीयता की ज़िद क्यों न करे! इस मन्तव्य को स्पष्ट करता हुआ उनका एक वक्तव्य भी है, "धर्म, विज्ञान, राजनीति, विचारधाराएँ आदि अनुशासन साहित्य की वैचारिक सत्ता आसानी से स्वीकार करने को तैयार नहीं हैं, जबकि साहित्य अन्य अनुशासनों की तरह, मानवीय स्थिति, अस्तित्व, समाज, व्यक्ति आदि को देखने और समझने, विन्यस्त और बदलने की वैचारिक दृष्टि भी है।" उनके अनुसार चूँकि साहित्य अथवा कविता की स्वतन्त्र वैचारिक दृष्टि को अन्य अनुशासनों की वैचारिक सत्ताएँ उस प्रकार वैधता नहीं प्रदान करतीं, इसलिए कविता को भी अपने स्वराज में उन अनुशासनों की स्वतन्त्र

वैचारिक सत्ता का निषेध करना होगा। इस प्रकार कवि अशोक के लिए कविता और एकमात्र उसकी वैचारिक सत्ता महत्त्वपूर्ण हो उठती है। कविता के स्वराज के लोकतन्त्र और उसकी बहुलवादी संस्कृति का उन्हें ध्यान तो है, लेकिन वे बरबस और शायद ज़रा जल्दबाजी में कविता की केन्द्रीयता का आख्यान भी कर जाते हैं।

अशोक कविता के स्वराज में अन्य विचारानुशासनों की मुकम्मल जगह को लेकर अनिश्चित हैं। उदाहरण के लिए राजनीति आधुनिक समय में एक महत्त्वपूर्ण और अपरिहार्य विचारानुशासन है। अशोक कविता के स्वराज में कविता और राजनीति के बीच प्रजातान्त्रिक समकक्षता को स्वीकार तो करते हैं (देखिए, कविता का गल्प, पृ. 28) लेकिन दूसरी ओर कविता और राजनीति के बीच के सम्बन्ध की प्रजातान्त्रिकता को लेकर आशंकित भी हैं। उन्हें लगता है कि राजनीति का सत्य पूर्वनिर्धारित है, जबकि कविता सच्चाई की निरन्तर तलाश करती है। राजनीति प्रभुत्वशाली, सुसंगत और अन्तर्विरोधहीन है, जबकि कविता का सच विनम्र, अनिश्चित और अन्तर्विरोधमय है।

अशोक राजनीति के पूर्वनिर्धारित सत्य और उसकी प्रभुत्वाकांक्षा को लेकर चिन्तित हैं। वे उसे शंका की नज़र से देखते हैं। राजनीति की प्रभुत्व-इच्छा की तरह वे कवि-व्यक्ति पर समाज की प्रभुत्व-इच्छा से भी आशंकित हैं। वे उन्हें अपनी कविता का सहचर मानने की लाख कोशिश करते हैं पर अन्ततः अपनी कविता में वे जिस स्वराज की रचना करते नज़र आते हैं वह राजनीति और समाज की सार्वजनिकता से कुछ अलहदा एकान्त है। कविता के अन्तरंग और एकान्त को उसकी शक्ति में परिवर्तित कर अशोक उसे अनेक सत्ताओं के समानान्तर एक प्रमुख प्रतिपक्ष की तरह स्थापित कर देते हैं। राजनीति और समाज आदि सत्ता-केन्द्रों के बरक्स कविता के प्रतिपक्ष की भूमिका क्या होगी, इस पर अशोक लिखते हैं, "आज कविता का बुनियादी संघर्ष उस निजता और अन्तरंग को बचाने का है, जिसे सार्वजनिकता लीलने पर उतारू है। कविता समाज का ज़रूरी एकान्त है ताकि हम कभी-कभार अपनी आत्मा के झुटपुटे में उतर सकें, अपने होने की बुनियादी उधेड़बुन का सामना कर सकें।"

अशोक वाजपेयी कविता के स्वराज में अन्य विचारानुशासनों की जगह के बारे में कभी बहुत विनम्र हैं तो प्रायः उग्र भी। यह उग्रता तब दीख पड़ती है जब कोई अनुशासन कविता के स्वराज को अतिक्रमित करने का प्रयास करता है। अशोक उसका तीव्र प्रतिकार करते हैं। कविता पर राजनीति के आक्रमण की स्थिति में उसका प्रतिकार करते और अन्य अनुशासनों को इसकी सलाह देते हुए अशोक कहते हैं कि "इस प्रतिकार के अभाव में मनुष्य की सिसृक्षा और भाषा की पराजय होगी। यह लड़ाई नैतिक है और सत्ताधर्मी तात्कालिक राजनीति और मनुष्य की स्थायी राजनीति के बीच।"

कुल मिलाकर अशोक वाजपेयी की कविता के स्वराज की जो अवधारणा है, वह समग्रतः लोकतान्त्रिक और बहुलतावादी नहीं है। जहाँ-जहाँ उसमें लोकतान्त्रिक बहुलता का आख्यान है, वहाँ-वहाँ वह बहुत मौलिक चरित्र रखते हुए अपने-आप में अनूठा है। कविता के स्वराज में विभिन्न विचारधाराओं के साहचर्य का अद्‌भुत अनुष्ठान अशोक जैसे समर्थ कवि के ही वश की बात है। लेकिन दूसरी ओर कविता के स्वराज की अवधारणा एक भ्रम की सृष्टि भी करती है, क्योंकि यह स्वराज वस्तुतः लोकतान्त्रिक और बहुलतावादी नहीं है। यह विशुद्ध कविता का स्वराज है। अशोक वाजपेयी की कविता के स्वराज के वैशिष्ट्य को पहली दृष्टि में लोकतान्त्रिक और बहुलतावादी कह सकते हैं लेकिन अन्तिम रूप से वह सर्वसत्तावादी कविता का अपना एकल राज है, जहाँ अन्य अनुशासनों की भूमिका दोयम है।

x x x

अशोक वाजपेयी की कविता का स्वराज मुख्य समय के पड़ोस में एक दूसरे कल्पित समय में अवस्थित है। उनके अनुसार, मुख्य समय सामाजिक और राजनीतिक समय है, जहाँ विभिन्न विचारों और विचारानुशासनों की हाहाहूती है। वे मुख्य समय का आतंक अपने समय की हिन्दी कविता में शिद्दत से महसूस करते हैं। उनका कहना है कि "इस शताब्दी ने समय की कुछ विराट परिभाषाएँ की हैं : लगभग दैत्याकार कि उनमें आपका समय छुटभैया और व्यर्थ प्रतीत होता है। समय तो मुक्ति का, क्रान्ति का और मौलिक परिवर्तन का, अभियान और विजय का, जाति और समाज का, विज्ञान, संचार और तकनालाजी का है। उसमें आपके निजी समय के लिए मौक़ा कहाँ है?" अर्थात् सारा समय सामाजिक है, निजी समय की उसमें कोई गुंज़ाइश नहीं। मनुष्य की निजता को सामाजिक समय के साथ-साथ राजनीतिक और आर्थिक समय ने भी घेर-ढाँप रखा है और वह भी अपनी जटिल संरचना या गुम्फित रूपों में नहीं, बल्कि अत्यन्त सरलीकृत आदर्शों की शक्ल में। यही हमारा मुख्य समय है और उसकी पहचान भी। और इसी समय का आग्रह पिछले लगभग सौ वर्षों से साहित्य में केन्द्रीय होता गया है।

अशोक समझते हैं कि अपने समय से सम्बन्ध या वफ़ादारी प्राचीनों के यहाँ विशेष महत्त्व नहीं रखती थी, लेकिन आज वह ज़रूरी हो गया है। आज समय समाज का समानार्थी शब्द या विचार हो गया है। ऐसी दुर्घटना अशोक वाजपेयी को इतिहास में पहली बार हुई मालूम पड़ती है।

इस मुख्य ऐतिहासिक-सामाजिक समय में साहित्य अथवा कविता जैसे अनुशासन के लिए कोई सम्मानजनक जगह नहीं है : अशोक ऐसा मानते हैं। वहाँ कविता एक पराधीन विधा है और पराधीन विधा का अपना क्या स्वराज? कविता जिन

कोनों-अँतरों में अपने को सुरक्षित रखने की कोशिश कर अपना स्वराज निर्मित करती है, वे कोने-अँतरे भी मुख्य सामाजिक-राजनीतिक समय की गिरफ़्त से बाहर नहीं रह गये हैं। अशोक कविता को ऐसे कोनों-अँतरों से भी बाहर निकालना चाहते हैं। वे मुख्य समय से कविता को निकालकर एक ऐसे समय में जगह दिलाना चाहते हैं, जो समयातीत है। यह समयातीत 'दूसरा समय' है। अशोक कविता में मुख्य समय और दूसरे समय के बीच एक पुल निर्मित करना चाहते हैं, बल्कि समय को दूसरे समय, जिसे वे समयातीत भी कहते हैं, के पड़ोसी के रूप में देखना चाहते हैं। समय से बाहर निकलकर समयातीत के खुले अनन्त में साँस लेती उनकी कविता अपना विशिष्ट स्वराज अर्जित करती है। 'घुँटे और सँकरे समय' से निकलकर समयातीत में जाने की उनकी इच्छा उन्हीं के शब्दों में व्यक्त है, "अगर हम घुँटे-सँकरे समय से निकल सके तो कविता हमको दूसरे समय में ले जा सकती है जहाँ समय और समयातीत पड़ोसी हैं। कविता अपने समय और इस दूसरे समय में एक साथ जीना है।"

दूसरा समय कविता का सम्पूर्ण स्वराज है। भले ही वह सामाजिक-राजनीतिक समय से निरन्तर प्रतिकृत होता है, लेकिन वह उस दिये गये मुख्य समय का अतिक्रमण भी करता है और अपना निजी समय रचता है। यह दूसरा समय, जहाँ कविता का स्वराज अवस्थित है, मुख्य समय का प्रत्याख्यान है। दूसरे समय में स्थित कविता के स्वराज को प्राप्त कर अशोक का कवि ख़ुद को भाग्यशाली समझता है। वहाँ एक परछी है जिस पर बैठकर कवि लिखता है, "मुझे इस परछी में बैठने के कारण उसका (दुनिया का) सच, उसका बेहद जटिल संपुंजन और भयावहता, उसका सौष्ठव और विषमता कुछ समझ में आती और कुछ 'इतने पास अपने' भी लगती है।" ऐसे स्वराज में उनकी कविता को होना अच्छा लगता है जिसमें, "मल्लिकार्जुन मंसूर, कुमार गन्धर्व गाते हों, अज्ञेय, मुक्तिबोध और शमशेर कविता लिखते हों, हबीब तनवीर और कारंत नाटक खेलते हों, रज़ा और स्वामीनाथन चित्र बनाते हों : ऐसा समय अर्थपूर्ण और समृद्ध है।"

अशोक वाजपेयी की कविता का स्वराज समयातीत में है। क्या कविता का समय से बाहर समयातीत में अपना स्वराज ढूँढ़ना उसका पलायनवाद है? क्या वह जिसे मुख्य समय यानी सामाजिक-राजनीतिक समय मानती है, उसके द्वन्द्व और संघर्ष से ओट ले लेना है? क्या वह समयातीत के बहाने किसी ऐसे अनन्त की ओर प्रस्थान है, जो वायवीय है, शून्य में है या फिर वह एकदम अस्तित्वरहित परिकल्पना है? यदि कवि की कविता के स्वराज की कहीं कोई वास्तविक सत्ता है तो द्वन्द्व और संघर्षरहित होने के कारण कहीं वह निरी उत्सवधर्मी तो नहीं? और यह भी कि समयातीत में स्थित कविता का स्वराज क्या पूरी तरह से मुख्य सामाजिक और राजनीतिक समय से टूटा हुआ है या उनके बीच कोई डोर बाकी है?

पहली बात, अशोक वाजपेयी की कविता का अपने स्वराज की खोज के लिए समयातीत में शरण लेना पलायनवाद नहीं है। समयातीत या दूसरा समय मुख्य समय से जूझता-लड़ता हुआ समय है। अशोक वाजपेयी दूसरे समय को बिल्कुल तटस्थ और निरपेक्ष समय नहीं मानते। वे उसे 'समय' के बरक्स 'समानान्तर समय' के रूप में देखते हैं। और इस 'प्रति-समय' अथवा 'समानान्तर समय' को मुख्य सामाजिक-राजनीतिक समय, जो दैत्याकार और आतंकदायी है, का प्रत्याख्यान मानते हैं। वस्तुतः दूसरा समय मुख्य समय के वर्चस्व का अतिक्रमण है। यह प्रति-समय कवि को इसलिएं भी चाहिए कि वह अपने समय को सह और उसका सामना कर सके।

समयातीत में अपने स्वराज को लगातार सृजित करती कवि की कविता सामाजिक और राजनीतिक समय का प्रत्याख्यान करती हुई उससे निरन्तर प्रतिकृत भी होती रहती है। यह उसका आदान-प्रदान है। और इसलिए, जैसा कि दूसरा सवाल है, वह मुख्य सामाजिक-राजनीतिक समय के द्वन्द्व, संघर्ष और तनावों से ओट नहीं लेती है। 'समय के पास समय' जैसे कविता-संग्रह के अलावा अशोक वाजपेयी के अनेक काव्य-संग्रहों में शामिल उनकी अनेकों कविताओं में मुख्य समय का तनाव, उसके द्वन्द्व और संघर्ष की लहूलुहान छवियाँ देखने को मिलती हैं। 'समय के पास समय' संग्रह की अधिकांश कविताओं ने सामाजिक संघर्ष के सशक्त कवि के रूप में उनकी उज्ज्वल छवि को स्पष्ट किया है।

लेकिन ऐसी भाव-भूमि की कविताएँ उनके कवि का नैसर्गिक स्वभाव नहीं है। बल्कि कविता में तथाकथित सामाजिक प्रतिबद्धता, बनावटी क्रान्तिकारिता और आत्महीन सपाट सार्वजनिकता के विरुद्ध उन्होंने एक समानान्तर कविता की ही पैरवी हमेशा की है। उन्होंने "सामाजिक परिवर्तन और समय की राजनीति के बजाय समयातीत की उच्चतर राजनीति" की है।

यह सवाल भी मौजूं है कि उनकी कविता जो बार-बार समयातीत का आग्रह करती है, क्या उसके पीछे 'अनन्त' के प्रति कोई स्थायी उत्सुकता का भाव है? क्या समयातीत शून्य में स्थित कोई वायवीय कल्पना है? वे अनन्त की बात बार-बार करते हैं। इसलिए विनोद में उन्हें 'अनन्त का कवि' भी कह दिया जाता है। सम्भवतः 'अनन्त' पद उनके लिए एक रूढ़ि से कुछ अधिक नहीं। यह रूढ़ि 'दूसरा समय' और 'समयातीत' के अर्थ में है। अनन्त अपने शब्दकोशीय अर्थ में उनके यहाँ मौजूद नहीं है। वह एक दिव्य शोभाकारक शब्द है। उनकी कविताओं में जहाँ-जहाँ 'अनन्त' का प्रयोग आया है, वह 'दूसरा समय' और 'समयातीत' के अर्थ को प्रकट करता आया है। चूँकि 'दूसरा समय' और 'समयातीत' अशोक की कविता में एक सत्तात्मक उपस्थिति है, इसलिए उनकी कविता में अनन्त भी शून्य और वायवीय नहीं। अनन्त ही दूसरा समय है, उसकी परछी है, जिस पर कवि की कविता के स्वराज की अवस्थिति लक्षित होती है।

इस अनन्त की डोर भी समयातीत की तरह मुख्य समय से बँधी रहती है। वह भी समय की खरोंचें सहता रहता है। इस 'स्पेस' में अवस्थित कवि की कविता का स्वराज भी इन खरोंचों से हमेशा अप्रभावित नहीं रहता।

मुख्य समय से बाहर कवि की कविता का स्वराज जहाँ कहीं भी अवस्थित है, उसकी वास्तविक और निजी सत्ता अवश्य है। लेकिन क्या वह तनावहीन और उत्सवधर्मी है? स्थूल सामाजिक अर्थों में तनाव, द्वन्द्व और संघर्ष की परिभाषा करने वाले लोगों को अशोक वाजपेयी की कविता तनाव, द्वन्द्व और संघर्षहीन ही दिखाई देगी। लेकिन अशोक की कविता बहुत महीन तरीके से अपने भीतर सामाजिक द्वन्द्वों और तनावों को विन्यस्त करती है। हालाँकि ऐसी कविताएँ उनके पास बहुत कम हैं। लेकिन संख्या में ऐसी कविताएँ कम होने के तर्क से उनकी कविता के सामाजिक महत्त्व को घटाया नहीं जा सकता। दूसरी ओर उनकी कविता में कवि-व्यक्ति के निजी अन्तरंग तनावों की सघन बुनावट है। उनके ऐसे काव्यानुभव अत्यन्त जटिल और संश्लिष्ट हैं। शब्द, भाषा सहित समूचे काव्य-शिल्प पर ज़बरदस्त अधिकार होने के कारण उनकी अनुभूति महीन-गझिन होकर अभिव्यक्त होती है। उनकी विशिष्ट काव्यानुभूति ने हिन्दी कविता को दूसरे समय के नाम पर जो पड़ोस उपलब्ध कराया है, उस पर गम्भीर विमर्श की दरकार है।

उनकी कविता का स्वराज निश्चित रूप से उत्सवधर्मी भी है। वह अपनी इच्छानुसार स्वयं में नृत्य, संगीत, चित्र, गायन, मूर्ति आदि विभिन्न कलाओं को लीला के लिए आमन्त्रित करता है। कविता के स्वराज में कलाएँ मनुष्य को भरा-पूरा और समृद्ध बनाने के लक्ष्य से प्रवेश करती हैं और कवि उनके वहाँ होने को आश्वस्त भाव से 'सेलीब्रेट' करता है। समग्रतः हम देख सकते हैं कि कवि अशोक वाजपेयी जिस समय, जिस दूसरा समय या समयातीत में कविता के स्वराज के अवस्थित होने की बात कह रहे हैं, वह मुख्य समय से संपृक्त और अभिन्न है। उनकी कविता वस्तुतः इसी समय के आस-पास कहीं अपना स्वराज सृजित कर वहाँ अवस्थित है। अपनी कविता के लिए एक बेहतर स्वराज-स्थल पाने के स्वाभाविक लोभ में वे दूसरे समय या समयातीत की इच्छा कर रहे हैं। समयातीत में स्वराज की इच्छा पलायनवाद नहीं है और कलाओं के साथ संयोग कर उत्सवधर्मी होने की इच्छा भी स्वाभाविक है।

x x x

अशोक वाजपेयी की कविता दो प्रकार के यथार्थ की कल्पना करती है। यथार्थ का एक रूप सत्य है और दूसरा रूप सच या सचाई। यह सिर्फ़ तत्सम या तद्भव का भेद नहीं है। निश्चय ही ये दोनों शब्द समानार्थी और इस वजह से एक जैसे मालूम पड़ते हैं। लेकिन इन दोनों शब्दों के यथार्थ स्वरूप को लेकर अशोक वाजपेयी की

धारणा भिन्न है। सत्य उनके सामने एक विराट दैत्याकार उपस्थिति है। सत्य समय को पूरा घेरता है। वह समय का उत्पाद भी है। वह वर्चस्वी स्वभाव धारण करने वाली निरंकुश सत्ता है, इसलिए वह अपने क्षेत्र से बाहर अतिक्रमण भी करता है। वह अपने समान आस-पास के दूसरे वृहदाकार सत्यों को भी अतिक्रमित करता है। अशोक की समझ है कि सभी सत्य वर्चस्वकामी और सत्तालोलुप हैं। वे स्वभावतः निरंकुश हैं और अपनी अन्तिम सत्ता के प्रति अतिविश्वासी।

दृश्य समय में ऐसे सत्य विपुल हैं, जो एक दूसरे के बरक्स और विरुद्ध भी, अपनी स्वतन्त्र, निरंकुश और अनिवार्य सत्ता की घोषणा करते रहते हैं और इस तरह एक सत्तामीमांसा का जन्म होता है। इस सत्तामीमांसा में जो विराट सत्य शामिल होते हैं, अशोक के अनुसार उनमें 'दर्शन का सत्य', 'राजनीति का सत्य', 'धर्म का सत्य', 'सूचना का सत्य' आदि प्रमुख हैं। सत्यों की बहुरूपता अशोक के मन में सन्देह पैदा करती है। एक 'सामाजिक सत्य' भी है—क्रूरता, दमन और नरसंहार से लहूलुहान; अशोक ऐसे सत्यों की सत्ताकामी दृष्टि को साफ़ लक्ष्य करते हैं। उनकी चिन्ता का कारण इन सत्यों का हिन्दी कविता में अनिवार्यतः महत्त्वपूर्ण हो उठना है।

अशोक वाजपेयी इन सत्यों के बरक्स कविता में सचों या सचाइयों का महत्त्व-स्थापन करते हैं। वे सत्य और सचाई को दो अलग-अलग चीज़ मानते हैं : सत्य वृहदाकार और एकमात्र होने का दावा करता हुआ, इसलिए ग़ैरज़रूरी, और सचाई छोटी-छोटी—इसलिए कविता के सन्दर्भ में आवश्यक है। उनके अनुसार कविता के स्वराज में सत्य का साम्राज्य नहीं, बल्कि छोटी-छोटी सचाइयों का परस्पर सहकार ज़रूरी है।

कविता के स्वराज में जिन सचाइयों का निवास अशोक सुनिश्चित करते हैं, वे सभी सचाइयाँ सत्य के बरक्स तो हैं, लेकिन वे किन्हीं सत्यों का अतिक्रमण नहीं करतीं। कविता की सचाई न तो सत्य को और न अन्य सचाइयों को अपना उपनिवेश बनाती है। कविता के स्वराज में जिन सचाइयों की भूमि है, वह निरापद है। कविता के स्वराज में बसी ये सचाइयाँ छोटी-छोटी और जीवन-जगत से संपृक्त हैं। ये आपस में हमजोली सखी-सहेलियों की तरह मिल-बैठकर अपने-अपने सुख-दुख, आशा-इच्छा और हर्ष-विषाद का बयान-बखान करती हैं।

आख़िर कवि की कविता छोटे सचों से ही अपना स्वराज क्यों निर्मित करती है? वस्तुतः समकालीन समय और इतिहास पर विराट सत्य इस कदर हावी हैं कि कवि विराट सत्यों से ज़िद ठानकर 'छोटे सचों' की शरण में चला जाता है और इस प्रकार समकालीनता और इतिहास से विरत होकर छोटे सचों के अभयारण्य समयातीत में प्रवेश कर जाता है यानी समय से बाहर।

बड़े सत्यों की शरणस्थली हमारा मुख्य समय है और समयातीत में छोटे-छोटे सच अभय पाते हैं।

कविता की छोटी-छोटी सचाइयाँ कोई दावा नहीं करतीं। अपनी 'क्षुद्रता' में उनमें 'समग्रता' का अहंकार नहीं है। जबकि मुख्य समय में स्थित वृहदाकार सत्य ऐसा दावा करते पाये जाते हैं जोकि ज्ञान की असीमता का दम्भपूर्ण अस्वीकार है। अशोक लिखते भी हैं कि "सत्य का दावा करना अन्ततः संसार के परम रहस्य का अस्वीकार है जबकि साहित्य तो सदियों से उस रहस्य से ही अपना जीवत्व पाता रहा है।"

अशोक वाजपेयी की कविता जिन सचाइयों को अपने स्वराज में बसाती है, वे बहुत पास-पड़ोस की सामान्य-सी दिखती सचाइयाँ हैं। उनमें दिव्य किस्म की कोई पवित्रता नहीं है, अपनी अपवित्रता और सामान्यता में ही वे प्रभापूर्ण और रहस्यमय हैं। इन सचाइयों में अध्यात्मरहित लोकोत्तर वैभव है, इनमें कीड़ों से लेकर देवताओं तक की समान उपस्थिति है। कविता में सचाइयों की उपस्थिति को लेकर अशोक का कवि चिन्तित है। इसलिए उनकी "कविता की चिन्ता अधिक से अधिक सचाई है, सत्य नहीं। सचाई जो अपने असंख्य ब्योरों में सजीव और सक्रिय है और जिसे किसी सामान्यीकरण में एकत्र या संग्रथित नहीं किया जा सकता।" सो अशोक की कविता में सचाइयों के असंख्य ब्योरे जहाँ-तहाँ बिखरे पड़े हैं, वहाँ भाषा विभिन्न रूपों में उनका साथ देती सक्रिय है और शब्दों की प्रभविष्णुता उन्हें लगातार सजीवता प्रदान करती चलती है।

समय से बाहर समयातीत में कविता अपनी ही सचाई से, जो कि छोटे-छोटे अनेक सचों का समुच्चय है, अपना गल्प गढ़ती है। गल्प यानी गप्प यानी कल्पित कथा। कविता समयातीत में छोटे-छोटे सचों का स्वराज निर्मित कर अन्ततः स्वयं उस स्वराज का हिस्सा बन जाती है। इस तरह अशोक वाजपेयी की कविता लहूलुहान सामाजिक सत्यों के बरक्स छोटे-छोटे सचों का रोचक आख्यान करती है—वह गल्प कहती है।

रूढ़ यथार्थवादियों की नज़र में कविता का गल्प यथार्थ से पलायन का एक सुन्दर बहाना हो सकता है। लेकिन कविता यथार्थ की पुनर्रचना और उसका पुनर्आविष्कार भी तो है। अशोक की कविता अगर पलायन है भी, तो वह विराट सत्यों की कुरूपता से है, छोटे-छोटे सच अपने यथार्थ रूप में उनके यहाँ मौजूद हैं ही, और आख़िरकार उनकी कविता अपने स्वराज में जिन छोटी-छोटी सचाइयों को यथार्थ रूप में प्रस्तुत करती है, वे सभी सचाइयाँ मिलकर 'मनुष्य का स्थायी प्रजातन्त्र' रचती हैं और "उसमें सब सचाइयों के लिए जगह है और किसी एक सचाई के साम्राज्यवाद या तानाशाही के लिए निरन्तर प्रतिरोध।"

उनकी कविता के लिए छोटे-छोटे सच कवच की तरह हैं, उनसे बाहर वह नहीं जा सकती। ये सचाइयाँ उसके लिए निरन्तर सुरक्षा का बोध भी है। बाहर सत्य का आतंक है। उनकी कविता उससे सदैव बचाव चाहती है। उनकी कविता का सच, जोकि उनकी अपनी खोजी-पाई-बनाई गयी है दूसरे किसी सत्य में अन्तर्भूत होने से

बचने की लगातार कोशिश करता है।

अशोक वाजपेयी के लिए 'सच' या 'सचाई' एक आत्मीय पद है जबकि 'सत्य' कुछ भारी-भरकम और ऐसी दूरी को प्रतीकित करता हुआ, जिसे अभी तय किया जाना बाकी है। वास्तव में अपनी तद्भवता में 'सच' या 'सचाई' अधिक आत्मीय और निकट का शब्द लगता है। इस शब्द के आशय में भी बहुलता और लघुता का सन्दर्भ है, जबकि सत्य 'एक' और विराट मालूम पड़ता है। अशोक की कविता ने सत्य की विराटता और उसकी सत्ताशील दृष्टि को चुनौती देते हुए उसके समानान्तर एक दूसरी सत्ता-दृष्टि को खड़ा किया है, जो अनेक छोटी-छोटी सचाइयों की सामूहिक सत्ता-दृष्टि है। इस बहाने उनकी कविता एक नयी सत्ता-मीमांसा को जन्म देती है। विराट के बरक्स क्षुद्र, समग्र की बजाय अंश, एक के ख़िलाफ़ अनेक। यहाँ लड़ाई कितनी टक्कर की है, यह अशोक की कविता के समानान्तर उनकी समकालीन कविता को पढ़ते हुए पता चलता है। अशोक ने जिन सत्ता-दृष्टियों को चुनौती देते हुए कविता में नये सत्ता-विमर्श को जन्म दिया, वह कविता के अध्ययन और विचार के नजरिए में आमूल-चूल बदलाव की माँग करता है। सत्य बनाम सच की सत्ता-दृष्टियों को अभी गम्भीर विमर्शपरक बनाने की ज़रूरत है। वरिष्ठ आलोचक मदन सोनी ने अशोक की सत्ता-दृष्टि की विशेषता के बारे में लिखा है, ''अशोक वाजपेयी की सत्ता-दृष्टि की सबसे मौलिक और प्राथमिक चारित्रिकता स्वयं 'सत्ता-दृष्टि' को समस्यात्मक बनाने की उसकी कोशिश में है। उनके यहाँ उस सत्य का ही अस्तित्व सबसे अधिक सन्देह के घेरे में है, जो सम्भवतः किसी भी सत्ता-दृष्टि की अनिवार्य पूर्वापेक्षा है।''

सत्य की सत्ता-दृष्टि को सन्देहास्पद और समस्यात्मक बनाने का काम उन्होंने अपनी कविता और आलोचना-कर्म में साथ-साथ किया है। उनकी कविता में, जहाँ तथाकथित (बड़े) सत्य अनुपस्थित हैं वहीं छोटी-छोटी सचाइयों की अनिवार्य और अबाध आवाजाही है, उनकी उन्मुक्त क्रीड़ा और लीला है। वहाँ 'सत्य' स्वतः बहिष्कृत हैं और एक प्रतिपक्षी सत्ता-दृष्टि के अंग हैं। (छोटे) सचों की कवि की स्व-पक्षी सत्ता-दृष्टि है। इनके बीच एक स्पेस और निरन्तर तनाव जारी है।

अशोक वाजपेयी की कविता के स्वराज में बहुत कुछ सुन्दर और मनोरम है। उस संसार में नानारूपात्मक दृश्यता है जिसमें जीवन के उत्सव और करुणा का दुर्लभ और गहरा संयोजन है। वहाँ जीवन की गोधूलि है, मृत्यु का अँधेरा है, एक जाकर कभी न लौटती हुई पगडंडी है, एक धुन्ध से ढँकी हुई उदास नदी है, झरकर धूल में खो जाते पत्ते हैं। लेकिन फिर चारों ओर से घेरता अनन्त है, देह की उज्ज्वल आभा है, पड़ोस में जगता हुआ जीवन है, पुरखों की परछी है, कलाओं और कलाकारों के थामते हुए हाथ हैं, भाषा का सहारा है, शब्दों का ताप है और कई शक्लों में उभरता उम्मीद का दूसरा नाम है।

x x x

अशोक वाजपेयी की कविता भाषा की स्मृतियों की ओर लौटती है। वह वहाँ सुनाई देती ध्वनियों को सुनकर उन्हें पुनर्ध्वनित करती है। अशोक कहते हैं कि "कविता अन्ततः अन्तर्ध्वनियों, स्मृतियों से भरी भाषा है..." उनके अनुसार, कविता के रूप में "भाषा कवि के लिए निरा माध्यम नहीं, वह अनुभव भी है" और "कविता दृष्टि, या विचार या अनुभव भर से नहीं, शब्द से भी लिखी जाती है।"

यहाँ महत्त्वपूर्ण बात यह है कि अशोक कविता को अन्ततः भाषा मानते हैं। हाँ, उसमें उसकी स्मृतियाँ और अन्तर्ध्वनियाँ भी संगुंफित हैं। भाषा मनुष्य का अद्वितीय आविष्कार है, और क्रमशः प्राप्त उत्तराधिकार भी। अशोक की कविता इस उत्तराधिकार को कृतज्ञता से ग्रहण करती है। वह भाषा के प्रसाद को उसकी पवित्रता के साथ प्राप्त करती है। अशोक के कवि के लिए भाषा एक पवित्र उत्तराधिकार इसलिए भी है कि उसमें विगत की स्मृतियाँ और अन्तर्ध्वनियाँ समाहित हैं। कविता भाषा में इनका अनुभव करती है।

अशोक वाजपेयी की कविता भाषा को याद करती है, वह उसे पुकारती है। वह उसके रहस्य में आविष्ट हो जाती है। उनकी कविता सुदूर से अपने दाय को सँभाले समकाल में प्रवेश करती है। शायद इसलिए कुछ लोगों को उनकी कविता में परम्परागत कविता और काव्य-भाषा की अनुगूँज सुनाई पड़ती है। वरिष्ठ कवि-चिन्तक नन्दकिशोर आचार्य अशोक की कविता के भाषिक स्मृति-लोक को और विस्तार में देखते हैं। वे उस स्मृति-लोक की लम्बी यात्रा का भी बखान करते हैं। उनके शब्दों में, "अशोक जी की कविता में कुछ प्रयुक्तियाँ हममें अज्ञेय या शमशेर की ही नहीं, प्रसाद, निराला और पन्त के काव्य-लोकों की स्मृतियाँ भी जगा सकते हैं, लेकिन वह केवल इतना भर करके रूक नहीं जाते, बल्कि हमें एक यात्रा में से गुज़ारते हैं, जो अशोक की कविता पर आकर विराम लेती है—आगे के रास्तों को भी खोलती हुई।"

ये हिन्दी कविता और काव्य-भाषा के लगभग भुला दिये गये स्मृति-लोक हैं। अशोक की काव्य (-भाषा) में ये स्मृतियाँ सक्रिय हुई हैं। उनमें पुरानी ऐन्द्रिकता और बिम्ब सक्रिय हुए हैं। परम्परा में अवस्थित कविता के प्रभामय संसार का। इस प्रकार लौटना 'तत्सम' का 'तत्सम' के रूप में पुनः वापस लौटना है। लेकिन अशोक की कविता रूढ़ अर्थों में प्रत्यागमन नहीं करती। वह 'तत्सम' को एक नवीन 'तद्‌भवता' देने का प्रस्ताव करती है। इस प्रकार अशोक की कविता भाषा के तल पर भी, एक ऐसा स्वराज निर्मित करने का प्रयास करती है जो न किन्हीं प्राचीनों का सीधा-सीधा अनुगमन है, और न समकालीनता के भदेस का यथावत् स्वीकार।

उनकी कविता का जो 'तत्सम' है, वह अपनी पुरानी शक्ल में धुँधला पड़ चुका है। अनेकों ऐसे काव्यानुभव जो पुराने शब्दों की क़ैद में अपनी अर्थवत्ता से अपसरित

हो गये थे, अशोक के काव्य में पुनर्जीवित होते हैं। वरिष्ठ कवि-चिन्तक उदयन वाजपेयी ने इस दृश्य को स्पष्ट करते हुए लिखा है, "अशोक वाजपेयी की कविताई पारम्परिक काव्य-शब्द के आइने को इस तरह बार-बार साफ़ करती है कि उसमें ठहरा शून्य का बिम्ब, मृत्यु का चेहरा, जो उसकी आलंकारिता में छिपा कई बार नज़र नहीं आता था, साफ़ दिखाई देने लगे। इस तरह यह कविताई अपनी बुनावट में प्राचीन काव्यात्मक वैभव की ओट में छिपे त्रासदी के बीहड़ को देखने की ओर भी हमें उन्मुख करती है।"

अशोक वाजपेयी ने अपनी कविता के लिए प्राचीन काव्य की अन्तर्वस्तु को ही चुना और भाषा के माध्यम से उसकी स्मृतियों और अन्तर्ध्वनियों को आत्मसात भी किया, लेकिन जैसा कि उदयन वाजपेयी कहते हैं कि उन्होंने प्राचीन काव्य के वैभव की ओट को हटा दिया जो वस्तुतः उस कविता को अलौकिक छवि प्रदान करता रहस्यात्मक आवरण था। उन्होंने त्रासदी के जिस बीहड़ की ओर कविता का मुख मोड़ा, उसके पीछे मनुष्य की वैभवता का त्रास छिपा था। ऐसा 'तत्सम' को नवीन 'तद्भवता' देकर सम्भव हुआ। लेकिन यह तद्भवता समकालीन और आतंकित करने वाली नहीं है।

ध्यान रहे कि अशोक वाजपेयी की कविता अपनी काव्य-परम्परा के नित-नवीन प्रवाह में है, वह स्थिर परम्परा का पिष्टपेषण और अन्धा अनुकरण नहीं करती। न अनुभूति के स्तर पर और न शिल्प के स्तर पर। उनकी कविता में पुरानी वैभवशाली कविता की स्मृतियाँ और अनुगूँजें अवश्य सुनाई देती हैं, पर वे स्मृतियाँ और अनुगूँजें उनकी कविता को आमूल-चूल नहीं बदल देतीं। मृत्यु, प्रेम और अपने समय से बाहर होने के अनुभव प्राचीनों के यहाँ भी हैं, पर अशोक की कविता में उन अनुभवों की आधुनिक और मौलिक उद्भावना है।

उनकी कविता अपने समकालीनों से इसी कारण अलग है। उनके अधिकांश समकालीनों में पाया जाने वाला ठेठ तद्भव काव्यानुभव बहुत बार अपनी परम्परा से विच्छिन्न होने के कारण उतना समृद्ध और प्रामाणिक नहीं जान पड़ता। परम्परा से उसका जुड़ाव किसी रूढ़ि के रूप में भी नहीं है। अशोक अपने समय की ऐसी कविता से बहुत निराश और दुखी रहे हैं। परितोष कुमार मणि को दिये एक साक्षात्कार में उन्होंने कहा है कि "हमारे समय में कविता का शब्द-संकोच हुआ है, अपठनीयता आ गयी है, अख़बारीपन आ गया है, सारा कुछ अभिधा में व्यक्त होने लगा है। किसी शब्द की कोई अनुगूँज नहीं बची है। संसार में महान कविता वह होती है जो दूसरी कविता की याद दिलाती है।"

अशोक वाजपेयी की कविता इस मायने में भी पूरे समकालीन परिदृश्य में इसके ठीक उलट है। समग्रतः उनकी कविता भाषिक और आनुभविक तल पर अपनी काव्य-परम्परा के साथ जुड़कर उसकी स्मृतियों और अर्थ-ध्वनियों का वहन करती

हुई अपने समय की कविता के समानान्तर एक विशिष्ट पहचान अर्जित करती है। इस तरह इस कविता का विरल वैशिष्ट्य-सम्पन्न स्वराज निर्मित होता है।

x x x

अशोक वाजपेयी की कविता मुख्य साहित्यिक संसार का एक हाशिया प्रतीत होती है। उनकी कविता जिस स्वराज का आग्रह करती हुई उसे सृजित करती है, वह उनके समकालीन काव्य-संसार से बाहर का विरल संसार है। वह अपने समय के प्रमुख और उद्वेलनकारी विमर्शों में शामिल नहीं है, बल्कि वह एक निहायत सुरक्षित दुनिया का हिस्सा जान पड़ती है। उनकी कविता अपने समय के मुख्य विमर्शों के हाशिए में एक नये विमर्श की ज़मीन तैयार करती है। उनकी कविता जिन हाशिए के मुद्दों पर विमर्श चाहती है, वे मुद्दे समकालीन समय के विमर्शों से बाहर तो हैं ही, खुद अशोक की कविता भी सायास विमर्श से बाहर कर दी गयी है।

मूलतः यह समय भीषण राजनीतिक है। विचार का हर क्षेत्र राजनीति के क़ब्ज़े में है। साहित्य का विचार भी इससे अछूता नहीं है। उत्तरआधुनिक वैचारिकी, जो कि मूलतः उत्तरपूँजीवादी वैचारिकी है, ने साहित्य के क्षेत्र में जिन 'हाशियो' को प्रेरित कर उन्हें विमर्श के लिए सक्रिय किया है, वे उसकी नयी सत्तामीमांसात्मक रणनीति का हिस्सा हैं। उत्तरपूँजीवादी दर्शन के नये विमर्श जिन विमर्शों को खुद से इतर रखे हुए हैं, वे आज भी मनुष्य के लिए ज़रूरी मूल्य हैं।

जिन मूल्यों से सच्ची कविता और नये मनुष्य की उद्‌भावना सम्भव है, अशोक की अधिकांश समकालीन कविता उनसे आँख बचाकर निकल जाती है। अशोक के कवि और उनकी कविता की मूल्य-छायाओं को सिर्फ़ उनके कतिपय पूर्ववर्तियों में ही देखा और महसूसा जा सकता है। वे जिस कविता के पैरोकार हैं, उनके कुछ निकट पूर्ववर्तियों में भी उस कविता की समृद्धि लक्ष्य की जा सकती है। लेकिन अपने समय में अशोक अपनी किस्म के अकेले कवि हैं। इसी अद्वितीयता के कारण अशोक की कविता को कुछ लोग कविता नहीं मानते और जो लोग मानते हैं, उन्हें उनकी कविता सीमित विषयों की मालूम पड़ती है। निश्चय ही अशोक वाजपेयी का काव्य-वितान विषयों की दृष्टि से उतना विस्तृत नहीं है, लेकिन जिन थोड़े से विषयों को प्रमुखता के साथ उन्होंने काव्य-विषय बनाया है, उनकी सघन गहराई में उनकी कविता अन्तिम तल तक उतरती है। जीवन और मृत्यु के विभिन्न पक्षों को उनकी मार्मिकता में समझने और उनके लौकिक रहस्य में उतरने की असम्भव सम्भावना का सन्धान उनकी कविता ने किया है।

तथाकथित हाशियों की धूम के इस समय में अशोक वाजपेयी की कविता का स्वराज-विचार एक महत्त्वहीन हाशिये-सा उपेक्षित पड़ा है। इस विडम्बना को अशोक

वाजपेयी की कविता के विशिष्ट स्वराज का परिणाम माना जाना चाहिए। उनकी कविता का स्वराज इस मायने में त्रासद है और अपने अकेलेपन में गौरवपूर्ण भी।

x x x

अशोक वाजपेयी की कविता का स्वराज साहित्यिक से ज़्यादा सांस्कृतिक है। उनकी कविता के स्वराज में सांस्कृतिक विषयों की प्रचुर आवाजाही है। जिन कलाओं से संस्कृति की पहचान बनती है वे कलाएँ अशोक की कविता के स्वराज के पड़ोस में हैं। अशोक की कविता में पड़ोस की अवधारणा महत्त्वपूर्ण है। वे जब कविता रचते हैं और उसके स्वराज की कामना करते हैं तो उस स्वराज के पड़ोस में विविध कलाओं को स्थान देने का प्रयास करते हैं। इससे उनकी कविता के स्वराज में सांस्कृतिक रंग गहरा उठते हैं।

साहित्य और कलाओं के स्वराज के पड़ोस-भाव को अत्यन्त आत्मीय दृष्टि से देखते हुए कवि ओम निश्चल से एक बातचीत में अशोक कहते हैं, "मुझे लगता है कि हमारा एक स्वाभाविक पड़ोस है, हम एक ही बस्ती के लोग हैं। xxx (अपनी कविता में) मैंने इस पड़ोस को थोड़ा जगाने की, इस पड़ोस को यह जताने की कि तुम पड़ोस हो, कि तुम एक-दूसरे के पड़ोसी हो—यह बताने की कोशिश की है।" पड़ोस-भाव को दृढ़ करने के लक्ष्य से अशोक की कविता ने अपने स्वराज में कला के जितने रूपों को जितनी संख्या और मात्रा में स्थान दिया, वह आधुनिक हिन्दी कविता की एक महत् उपलब्धि है। उनका खुद का भी दावा है कि कलाओं पर उन्होंने सबसे अधिक कविताएँ लिखी हैं। वे कहते हैं कि कविता और कलाओं के बीच दूरी भारतीय परम्परा में नहीं रही है। बल्कि उनमें परस्पर सहकार रहा है। लेकिन पश्चिमी आधुनिकता के प्रभाव से बीसवीं सदी में यह दूरी बनती गयी। बल्कि बीसवीं सदी की शुरुआत में भी कला और कविता का थोड़ा-बहुत रिश्ता बना हुआ था। भारतेन्दु, प्रसाद, पन्त, निराला और महादेवी आदि का साहित्य-संस्कृति-कर्म इसका दृष्टान्त है। उस समय भी चित्रकला, संगीत और दूसरी कलाओं के प्रति कवियों और साहित्यिक-जनों की समझदारी और आदर-भाव था। लेकिन धीरे-धीरे यह सम्बन्ध, समझ और आदरभाव छीजता चला गया।

अशोक वाजपेयी ने अपने समय में, अपनी कविता में कलाओं का पुनर्वास सुनिश्चित किया है। अपनी कविता के स्वराज के पड़ोस में उन्होंने नृत्य, चित्र, संगीत आदि विविध कलाओं का समानान्तर स्वराज सृजित किया है। यह संयुक्त स्वराज सदा पराजय और नश्वरता के विरुद्ध है। अशोक के कवि के लिए कलाओं का स्वराज सच्चाई का हिस्सा है, साथ ही जीवनदायी और सृजनक्षम भी। इसलिए ऐसी कलाओं के सहकार से कविता की शक्ति और सम्भावना में इजाफ़ा ही होता है।

अशोक वाजपेयी की कविता कलाओं के बहाने संस्कृति के अहम तत्त्वों को अपने भीतर शामिल करती है और इस तरह कविता के अधिकांश साहित्यिक तत्त्व सांस्कृतिक प्रभावों से आविष्ट हो जाते हैं। तब अशोक के लिए कविता और संस्कृति अलग-अलग चीज़ें नहीं रह जातीं। विशुद्ध साहित्यिकता से अपसरण कर विविध सांस्कृतिक छवियों में आलोकित होना अशोक वाजपेयी की कविता के स्वराज का एक विरल लक्षण है।

X X X

अशोक वाजपेयी की कविता भले ही एक दूसरे समय में अपना स्वराज सृजित करती जान पड़ती हो, लेकिन एक दूसरे आयाम में वह अपने सुरक्षित दिखते स्वराज से अपसरण भी करती है। उनकी कविता का स्वराज कोई ऐसा अनजाना अगम्य लोक नहीं है, जहाँ 'समय' की गति नहीं। वहाँ समय उसी रूप और स्पन्दन के साथ मौजूद है, जैसा कि कहीं और। वे 'अनेक जटिलताओं, सरलताओं, अन्तर्विरोधों और तनावों से अँटे पड़े समय' को ही अपना समय मानते हैं। उनकी कविता इसी अन्तर्विरोधी समय से जूझती कविता है लेकिन जूझने का उनका तरीका सीधा और आक्रामक नहीं है।

अशोक कविता के स्वराज के लिए दूसरे समय की कल्पना तो करते हैं, लेकिन वे यह भी जानते हैं कि "कविता की समय से मुक्ति नहीं : वह एक समय से छूटती है तो दूसरे समय के चंगुल में फँस जाती है।" कुल मिलाकर समय चाहे जैसा भी हो, वह अशोक की कविता को अपने चंगुल में अवश्य लेता है और अपनी खरोंचे भी देता है। इसलिए अशोक कहते हैं, "कविता के लिए न तो कोई स्वर्णयुग है न ही समय और इतिहास से अस्पृश्य कोई अबोध स्वर्ग या अभयारण्य ही। वह कहीं और भागती नहीं, यहीं जूझती है। समय या इतिहास का कोई भी घमासान हो, कविता उसके बीचों-बीच रहती है। कविता की काया पर समय की खरोंचें और इतिहास के नखक्षत साफ़-साफ़ नज़र आते हैं।"

अशोक की कविता के सन्दर्भ में यह दुविधाजनक स्थिति हो सकती है कि क्या वह अपने स्वराज की माँग पर अडिग है या एक ऐसे कविता-समय में खुद को शामिल हो जाने देती है, जिसकी बुनियादी चिन्ता में कविता के स्वराज जैसी अवधारणा का कोई स्थान नहीं। अशोक की आलोचना और अन्य चिन्तनपरक कृतियों में यह दुविधा प्रबल है—पाठक और स्वयं कृतिकार के लिए भी। अशोक के आलोचक तरुण कुमार इसका एक समाधान देते हैं। उनका मानना है कि जिस दूसरे समय या प्रतिसमय में कविता का अपना स्वराज है, वह वस्तुतः समय के भीतर रहकर एक नये समय की रचना है, वह समय के भीतर गहरे धँसकर

उसके ओर-छोर से अपने को मिला देना है। वह सतत वर्तमान में होना है, समय से निष्कासित नहीं। इसलिए अशोक समय से 'निष्कासित' या समयातीत कवि नहीं हैं और उनकी कविता का स्वराज भी समय के भीतर ही अवस्थित है—उसके अन्तर्विरोधों, तनावों और जटिलताओं से जूझता हुआ। इस अर्थ में अशोक की कविता मुख्य समय की संघर्ष-चेतना से युक्त है। लेकिन उसके संघर्ष ऊपरी स्तर पर कम, भीतरी तल पर ज़्यादा हैं।

x x x

अशोक वाजपेयी की कविता का स्वराज हिन्दी कविता में एक 'रेनेसां' है। अपनी कविता के स्वराज के जरिए वे हिन्दी कविता को ऐसी शक्ल और वाणी देते हैं जो एक विराट ऐतिहासिक अभाव की पूर्ति करने में सक्षम है। उनकी रचनात्मक सक्रियता पिछले लगभग पचास वर्षों से इस अभाव को पाटने में जुटी हुई है।

सुधीश पचौरी मानते हैं कि अशोक वाजपेयी एक रेनेसांमैन हैं—पुनर्जागरण-पुरुष। लेकिन वे ग़लत वक़्त में हुए रेनेसांमैन हैं। सुधीश कहते हैं कि अशोक पुराने रेनेसांमैनों की तुलना में एक छोटे रेनेसांमैन हैं। लेकिन हमारा समय, जो रेनेसां के बिल्कुल विपरीत जा रहा है, उसमें छोटे ही सही, अशोक जैसे रेनेसांमैन का परिदृश्य में होना अत्यन्त सुखद घटना है। हमारा समय स्वप्नविहीन समय है, कम से कम सार्थक स्वप्नों से विहीन अवश्य ही। सुधीश पचौरी इस समय की पहचान एंटी यूटोपियाई समय के रूप में करते हैं और अशोक के रचना-कर्म को इस समय के विरुद्ध एक मनोहर यूटोपिया बनाता हुआ पाते हैं। उनके शब्द हैं, "एक एंटीयूटोपिया समय में वे (अशोक) एक मनोहर यूटोपिया बनाते हैं और उसे सम्भव करने में अपनी जान लड़ा देते हैं। xxx एक स्वप्नविहीन समय में वे साहित्य के लिए, संस्कृति के लिए एक सपना देखते हैं और अपने इस यूटोपिया के चक्कर में वे 'लिमिटेड' को भी 'अनलिमिटेड' कर डालते हैं और साहित्य-संस्कृति के रूपों की सीमाएँ तड़कने लगती हैं।"

अशोक की कविता स्वप्न देखने के लिए तमाम तरह के बन्धनों को अस्वीकार करती है। उनकी कविता को 'अनलिमिटेड' होकर केवल अपनी मुक्ति की नहीं, समय की मुक्ति की भी दरकार है। अशोक की कविता जिन बिन्दुओं पर रेनेसां की चेतना समाहित किये हुए है, सुधीश के अनुसार वे बिन्दु हैं, समय से बाहर जाने की उसकी माँग, इतिहास से मुक्ति की छटपटाहट, अनन्त की खोज, कविता के प्रजातन्त्र और उसकी बहुलता का स्वीकार, तमाम कलाओं के साथ कविता का पड़ोस निर्मित करने की कोशिश, भाषा और शब्द के ब्रह्मत्व की कल्पना, कविता की उत्सव और शृंगारधर्मिता, देह का राग और काया की अमरता का गान, ईश्वररहित

अध्यात्म आदि।

अशोक वाजपेयी की कविता लोकप्रिय कविता और 'लो कल्चर' का विरोध करती है। उनके समय की आम कविता सामान्य और सरल की पक्षधर है और बाजदफ़ा विचारधारागत स्तर पर उनसे प्रतिबद्ध भी। अशोक वाजपेयी की कविता इससे सहमत नहीं, लेकिन इससे उनकी कविता प्रतिगामी नहीं हो जाती। 'सामान्य' और 'तद्भव' के हल्ले में अगर अशोक की कविता थोड़ा तत्सम का पक्ष लेती नज़र आती है, तो वास्तव में उनकी कविता भेड़चाल से अलग भूमिका का निर्वाह करती है। कविता और कलाओं का क्षेत्र सुरुचि का भी है। इस सुरुचि को बनाये-बचाये रखना कविता का कर्तव्य है। यह कविता और कलाओं में सुरुचि के लोप का दौर है। अशोक की कविता अगर इसे थोड़ा भी सुरक्षित रखने का काम करती है, तो वह किसी रेनेसां से कम महत्त्व का काम नहीं।

विचारधारा के नाम पर लोकप्रिय कविता लिखा-पढ़ा जाना बहुत आसान है। हमारे समय की तथाकथित लोकप्रिय कविता के परिसर से सच्ची कविता बाहर है। वहाँ कुरुचि और 'लो कल्चर' का इस प्रकार आधिपत्य है मानो कविता का एकमात्र धर्म उनकी सेवा-टहल करना है। बेशक कभी-कभी यह कविता के दायरे में हो सकता है लेकिन यह उसका नित्य और सनातन धर्म नहीं।

असहमति का आलोचना-कर्म

(1)

अशोक वाजपेयी का सक्रिय काव्य-कर्म सन् '57-'58 से शुरू होता है। साठ के बाद के वर्षों में एक सम्भावनाशील युवा कवि के रूप में उनकी पहचान बनने लगी थी और '66 में उनका वह पहला संग्रह आ जाता है—'शहर अब भी सम्भावना है'—जिसे सत्तर के दशक की युवा कविता का मील का पत्थर कहा जा सकता है।

अशोक वाजपेयी जिस समय में रहते हुए जिस समय को रच रहे थे, कविता में, वह एक बीहड़ समय में अपनी अलग पगडंडी बनाने जैसा दुष्कर काम था। उस समय अशोक वाजपेयी न केवल एक कवि बल्कि एक रेडिकल संस्कृतिकर्मी के रूप में अपनी बुनियाद तैयार कर रहे थे जिसके कारण आगे चलकर उन्होंने हिन्दी ही नहीं तमाम भारतीय भाषाओं के बीच एक दुर्लभ और विरल सांस्कृतिक योद्धा के रूप में अपनी पहचान बनाई। इसी दरम्यिान उन्होंने अपने रचना-समय का एक क्रिटिक तैयार करना शुरू किया, जो बेहद कठोर और निर्मम था। दिल्ली के सेंट स्टीफेंस कॉलेज के छात्र-दिनों में और दयालसिंह कॉलेज में अध्यापकी करते हुए अशोक वाजपेयी ने दिल्ली के साहित्यिक और ख़ासकर सांस्कृतिक गलियारों में श्रोता-दर्शक और हिस्सेदार के रूप में अपनी लगभग अनिवार्य-सी उपस्थिति दर्ज करा ली थी। रंगमंच, शास्त्रीय संगीत, नृत्य प्रभृति विभिन्न कलाओं से निकट का सम्बन्ध उन्हीं दिनों बना। इससे पहले सागर विश्वविद्यालय में पढ़ते हुए किशोर-युवावय अशोक ने शुद्ध विज्ञान का विद्यार्थी होते हुए भी विश्वविद्यालय के हिन्दी विभाग के साहित्यिक-सांस्कृतिक कार्यक्रमों के बरक्स अपने कुछ साथियों के साथ साहित्यिक सक्रियता बनाये रखी थी। मुक्तिबोध, अज्ञेय, श्रीकान्त वर्मा जैसे मूर्धन्यों के व्याख्यान उन्होंने विश्वविद्यालय में उसी दौर में करवाये जबकि नयी कविता का आन्दोलन शिखर पर था और विश्वविद्यालय के हिन्दी विभागाध्यक्ष आचार्य नन्ददुलारे वाजपेयी नयी कविता के कठोर आलोचक हुआ करते थे।

सत्तर के दशक में अशोक वाजपेयी की सांस्कृतिक-साहित्यिक गतिविधियों में विस्तार हुआ। इसी बीच वे भारतीय प्रशासनिक सेवा में आये। जहाँ वे एक ज़िम्मेदार कवि के रूप में अपने रचना-समय को देख-जाँच रहे थे, वहीं दूसरी ओर उन्होंने अपने समय की पड़ताल के लिए गद्य और आलोचना का सहारा लिया।

उनकी कविता में समय कई तरह से आता है। वह समयपार समयातीत और समयबद्ध समयातीत दोनों रूपों में है। वे कविता में जिस समय को निर्मित-विकसित करते हैं वह अल्पमुखर है, मितभाषी है और अक़सर मूल-समय का प्रतिपक्ष है। वह प्रतिसमय है। मूलसमय में प्रतिसमय की कथा कही जा सकती है किन्तु मूलसमय छूटा रह जाता है। अशोक मूलसमय को अपने गद्य और आलोचना में लेते हैं। वे अपनी आलोचना में मूलसमय की शल्यक्रिया करते हैं। आलोचना में इसके लिए अवकाश है, वहाँ कविता की तरह मितभाषी होना अक़सर ज़रूरी नहीं।

अशोक वाजपेयी की आलोचना में उनकी साहित्य-कला और संस्कृति-दृष्टि एक ठोस बुनियाद का काम करती है। इसमें अल्पवय से ही क्रमशः अर्जित की हुई उनकी तीखी और बेधक दृष्टि सक्रिय है। सन् '70 में प्रकाशित उनकी पहली आलोचना पुस्तक 'फिलहाल', जिसे वे 'आज की कविता का एक लेखा-जोखा' मानते हैं, वास्तव में सत्तर के दशक की हिन्दी कविता की आलोचना का पहला उद्‌भावक और प्रस्थान-ग्रन्थ है। इसके आलेख सत्तर के दशक में ही पुस्तक में एकत्र प्रकाशन से पहले उस ज़माने की विभिन्न महत्त्वपूर्ण पत्र-पत्रिकाओं में प्रकाशित हो चुके थे।

लेकिन अशोक वाजपेयी की कविता के प्रसंग में 'फिलहाल' की चर्चा क्यों ज़रूरी है? वस्तुतः जब हम अशोक वाजपेयी की काव्य-दृष्टि पर बात कर रहे होते हैं तब हमारे लिए यह जानना भी ज़रूरी हो जाता है कि अशोक की दृष्टि में कौन-सी चीज़ कविता नहीं है! चूँकि अशोक की कविता अपने समय की अधिकांश कविता का प्रतिपक्ष है अतः यह ज़ाहिर-सी बात है कि उनके समय की अधिकांश कविता-दृष्टि से अशोक की कविता-दृष्टि भिन्न होगी और अशोक की कविता-दृष्टि से अलग दूसरी कविता-दृष्टि में जो भिन्न चीज़ है वही 'भिन्न चीज़' कविता नहीं है। अशोक कविता रूपी इस 'भिन्न चीज़' को कैसे देखते हैं, कैसे उसकी जाँच-पड़ताल करते हैं, कैसे उसे कविता विरोधी साबित करते हैं और अन्ततः किस प्रकार उसका मूल्यांकन करते हैं, यह जानना अशोक की कविता के पाठक के लिए दिलचस्प है।

अशोक वाजपेयी अपने आलोचना-कर्म की भूमि पर अपनी काव्य-दृष्टि से भिन्न चीज़ को कविता न मानकर उसे ख़ारिज कर देते हैं और अपनी काव्य-दृष्टि का प्रस्थापन करते हैं। यह काम उनकी कविता की भूमि पर सीधे-सीधे नहीं सम्पन्न होता, हो भी नहीं सकता। क्योंकि उनकी कविता की भूमि में बाहर की चीज़ों और अनावश्यक शोर-गुल का कोई स्थान नहीं है। वह चीज़ों को बहुत काटती-पीटती कविता नहीं है। वह बहुत ज़्यादा तार्किक भी नहीं है। वैसे भी जहाँ बहुत ज़्यादा तर्क होगा, कविता नहीं होगी। अशोक की कविता को तो तर्क की कैंची से बहुत आसानी से काटा और मार गिराया जा सकता है। उनकी कविता के यहाँ ऐसे बहुत सारे अवसर हैं। लेकिन कविता का मामला तर्क से नहीं निपटाया जा सकता। अशोक की कविता का मामला भी इसी तरह का है।

अशोक वाजपेयी अपनी कविता की भूमि में शब्दों के साथ निहत्थे हैं। कविता की भूमि से बाहर वे अपने समय में विराट फैले कविताभास के कोहरे को लक्षित करते हैं। तब उन्हें लगता है कि अपनी कविता में न सही, कविता के बाहर गद्य और आलोचना की ज़मीन पर आकर अपने समय के कविताभास के ख़िलाफ़ एक लड़ाई ज़रूर लड़नी चाहिए। इस प्रकार अपनी कविता के परिसर से बाहर अशोक वाजपेयी अपने समय की युवा कविता का 'एक लेखा-जोखा' 'फिलहाल' में संगृहीत आलेखों के माध्यम से तैयार करते हैं। 'फिलहाल' सत्तर के दशक की युवा कविता के प्रसंग में यह बताता है कि कविता क्या है, क्या नहीं है और कैसी होनी चाहिए? और यह भी कि अभी जो कविता है, क्या वास्तव में वह कविता है? अगर नहीं तो फिर वह क्या है?

'फिलहाल' में संगृहीत 'दृश्यालेख', 'युवा लेखन : साहस और उग्रता की पड़ताल', 'अकविता : एक नयी रूमानियत', 'कविता और राजनीति', 'विचारों से विदाई' और 'समकालीन कविता : धार्मिक संवेदना के सिलसिले में' प्रभृति आलेख सत्तर के दशक की युवा कविता की मानसिक उधेड़बुन को नोट करते हैं। इस उधेड़बुन को दर्ज़ करने के लिए कवि अशोक वाजपेयी को आलोचक अशोक वाजपेयी बनना पड़ता है, लेकिन किसी 'आपद्धर्म' के तहत नहीं, एक 'बुनियादी कर्म' के तहत। अशोक आलोचना को दूसरे दर्ज़े का नहीं पहले दर्ज़े का काम मानकर उसमें हिस्सा लेते हैं जबकि उनके समय में उसे दूसरे दर्ज़े का काम आसानी से माना जा चुका था। अशोक वाजपेयी दूसरों की कविता के सन्दर्भ में इस कर्म को स्वीकारते हुए कहते हैं कि इससे "समकालीन कविता को समझने-बूझने और इस समझ से हमारे समय के मनुष्य की हालत के बारे में अपने अहसास को प्रासंगिक और गहरा करने की कोशिश" ('दृश्यालेख', पृ. 9) सम्भव है। अपने समय के अधिकांश आलोचकों को 'दक़ियानूस, विपन्न और काहिल' पाकर अशोक ख़ुद यह ज़िम्मेदारी उठाते हैं।

अपने कवितासमय को लेकर अशोक वाजपेयी की बड़ी चिन्ता उस कविता में निरन्तर बजते समसामयिकता के ढोल से है। तथाकथित नये के तुमुल शोर में अशोक देखते हैं कि कविता से 'ऐतिहासिक विवेक' एकदम ग़ायब हो गया है। कविता परम्परा और इतिहास के दाय से वंचित कर एक भयावह किस्म की तात्कालिकता के हवाले कर दी गयी है। अशोक पुस्तक के पहले ही आलेख 'दृश्यालेख' में इस परिवेश की भयावह तस्वीर खींचते हैं कि किस तरह युवा कविता अपनी भाषाई और सांस्कृतिक जड़ों से कटकर स्मृतिहीन, सपाट, सतही और मानवीय रूप से दरिद्र हो गयी है।

जड़विहीन समकालीन और नितान्त तत्काल में होकर सत्तर के दशक की युवा कविता ने एक तरह से आत्मघात का काम किया। यह परम्परा के विरुद्ध एक उग्र अतिवाद था जिसमें विवेक का स्थान नहीं। इस विवेक के रहते समकालीनता

प्राचीनता से सुरक्षित कोई अलग कोना नहीं होती, बल्कि प्राचीनता का निर्मल प्रवाह होती है। अशोक की दृष्टि में "अधिकांश नया साहित्य समकालीनता से कटा हुआ सुरक्षित साहित्य होता चला गया है।" ('युवा लेखन : साहस और उग्रता की पड़ताल', पृ. 49) नये लेखक ने यह काम विद्रोह के नाम पर किया है। लेकिन अशोक कहते हैं कि वह एक दक़ियानूसी से विद्रोह कर अक़सर दूसरी दक़ियानूसी की शरण में चला गया है। इस मामले में भी उसने यही किया है। वह एक अतिवाद से दूसरे अतिवाद में चला गया है। अशोक वाजपेयी सत्तर के दशक की युवा कविता में अनावश्यक उग्रता और आक्रामकता से चिन्तित होते हैं क्योंकि ऐसी कविता 'मानवीय सन्दर्भ और विकलता' से दूर और अर्थ से रिक्त कविता है। अशोक वाजपेयी इसे एक षड्यन्त्र मानकर इसके गुप्त मंसूबों की ओर ध्यान दिलाते हैं कि ऐसी कविता ऊपर-ऊपर से स्थापित सत्ता के विरुद्ध होते हुए अंदर से उसे बल प्रदान करती है। यही नहीं, इस साहित्य में "मानवीय सम्बन्धों के तनावों और अन्तर्विरोधों की सूक्ष्म पड़ताल" भी नहीं है। यह साहित्य "अधिकाधिक उसके (कवि के) नितान्त निजी नाटक का लेखा-जोखा होता गया" है। (वही, पृ. 47) अशोक इस कविता को 'मानवीय अनुपस्थिति का साहित्य' कहकर ख़ारिज करते हैं।

हालाँकि सत्तर के दशक की युवा कविता की वे तमाम प्रवृत्तियाँ, जो अशोक वाजपेयी गिनाते हैं, किसी न किसी रूप में कमोबेश अन्यत्र भी दर्ज की जाती रही हैं, लेकिन उस दौर को जितना चौकन्ना और निडर होकर अशोक ने देखा और बयां किया, उसकी दूसरी नजीर नहीं मिलती। हिन्दी साहित्य के कई हलकों में यह आज भी माना जाता है कि नामवर सिंह के 'कविता के नये प्रतिमान' के बाद यदि किसी दूसरी और उतनी ही प्रभावशाली और महत्त्वपूर्ण आलोचना-कृति का नाम लेना हो तो 'फिलहाल' का नाम सबसे पहले ध्यान में याद आता है।

अशोक वाजपेयी ने 'फिलहाल' में शायद सबसे पहले यह नोट किया कि अधिकांश युवा कवियों की मुद्रा अबौद्धिक, अबोधता और भोलेपन की है। उनमें 'विचार का साहस' नहीं है। "युवा कविता में विचार-विरोध और ऊब या अबौद्धिकता का एक और पक्ष कविता में इधर बढ़ी सपाटबयानी से भी जुड़ा हुआ है।" और "सपाटबयानी के ख़तरे का एक दूसरा पक्ष भी है। इधर की कविता में शिल्प की धारणा भी ख़ासी अवमूल्यित हुई है।" (वही, पृ. 13) अशोक वाजपेयी ने कविता में 'विचार' के अनुस्थित होने के ख़तरनाक परिणाम को सत्तर के दशक की युवा कविता में शिद्दत से महसूस किया था। 'विचारों से विदाई' का ही दुष्परिणाम था कि कविता अप्रत्याशित रूप से अबौद्धिक, सपाट और शिल्पविहीन हुई। यही नहीं, वह कविता 'मनुष्य की हालत की कोई सार्थक पहचान या समझ उत्तेजित' कर पाने में भी सफल नहीं हो पायी। अशोक वाजपेयी ने युवा कविता की पहचान समूह-संस्कृति के सन्दर्भ में की और शायद इसीलिए उन्हें वह कविता "एक स्तर पर हमारे मध्यवर्गीय उठाईगीरपन की एक अभिव्यक्ति" भर मालूम पड़ती है।

अशोक वाजपेयी की अपनी कविताओं में हिन्दी के रचनात्मक मुहावरे के साथ जुड़ी जो स्मृतियाँ, प्रतीक-व्यवस्था, चित्रमालाएँ, विन्यास आदि हैं, "उनका तो युवा-संवेदना से कोई सम्बन्ध बाकी नहीं रहा है" और अशोक कहते हैं, "विचारों से विदाई ले लेने के बाद तो इस लेखन का उस पूरे जातीय संसार से, हिन्दी के मातृलोक से, कोई सरोकार ही नहीं रहा है।" ('विचारों से विदाई', पृ. 135)। कई कारणों से अशोक वाजपेयी को युवा लेखन में एक किस्म की 'नैतिक श्रेष्ठता' का भाव, और 'शहीदाना' अन्दाज़ की झलक भी दिखती है। अशोक स्त्री और समाज के प्रति सत्तर के दशक के कवियों की कुंठा पर गम्भीर चोट करते हैं। उनकी समझ है कि समाज महज एक 'भीड़' नहीं और न स्त्री महज एक 'भोग्य वस्तु।' अशोक ने अपनी कविता में स्त्री और व्यक्तित्ववान समाज को हमेशा एक गरिमामय जगह दी है, उनकी पवित्रता और उपस्थिति का सम्मान किया है। इसलिए अशोक अपने युवा-समय की कवि-दृष्टि से सहमत नहीं होते और उसके प्रति कठोर आलोचनात्मक रवैया अख़्तियार करते हैं। यह अनायास नहीं कि उस घोर स्त्री-विरोधी समय में अशोक प्रभूत संख्या में प्रेम कविताएँ लिखते हैं। 1966 में प्रकाशित उनका पहला कविता-संग्रह 'शहर अब भी सम्भावना है' अशोक वाजपेयी को एक महत्त्वपूर्ण प्रेम-कवि के रूप में स्थापित करने के लिए पर्याप्त है। यहीं से अशोक की भावी कविता के बीज विषयों में 'प्रेम' शामिल हुआ और अब तक वहाँ मौजूद है।

अशोक के यहाँ समाज का मुहावरा भी अपने समय के तथाकथित सामाजिक कवियों की तरह नहीं रहा है। समाज और विद्रोह उनके लिए कोई रूमानी दुनिया नहीं है। उनकी कविता की दुनिया ठोस और मानवीय सम्बन्धों को सम्बोधित करती दुनिया है, तनावहीन, सीधी, सरल और सपाट नहीं। इसलिए अशोक अपने समय की कविता की रूमानियत और चीज़ों का सामान्यीकरण करने की प्रवृत्ति की तीखी आलोचना करते हैं।

अशोक वाजपेयी का परवर्ती लेखन साहित्य की स्वायत्त सत्ता के आग्रह का पवित्र अनुष्ठान है। पिछले लगभग पाँच दशकों से साहित्य के लिए स्वराज उनकी एकमात्र ज़िद है। मानविकी के तमाम अनुशासनों का कविता में किसी प्रकार का हस्तक्षेप उन्हें बर्दाश्त नहीं। ख़ासकर राजनीति जैसे अनुशासन से अशोक की चिढ़ है। लेकिन ऐसा शुरू से नहीं था। अशोक राजनीति के कलुष और कपट को समझते हुए भी एक समय साहित्य या कविता के लिए उसे एक हद तक ज़रूरी मानते थे। लेकिन राजनीति ऐसी जो सरलीकृत न हो, अन्यथा वह कविता को भी सरलीकृत करके उसे नारों और घोषणापत्रों में बदल देगी। फलस्वरूप राजनीतिक विचारधारा के नाम पर उस पर संकीर्ण मतवाद और रुचि का एकाधिपत्य हावी हो जायेगा।

'फिलहाल' में संगृहीत 'कविता और राजनीति' शीर्षक आलेख में अशोक वाजपेयी कविता में राजनीति जैसे अनुशासन के प्रवेश को बड़ी सावधानी से स्वीकार करते हैं। वे राजनीति की नीयत से अच्छी तरह वाक़िफ़ हैं और यह भी जानते हैं कि

कविता कभी राजनीति नहीं बन सकती, न उसकी सहचर। ऐसे में "कविता मनुष्य की हालत या उसकी समकालीन यन्त्रणा को बदल नहीं सकती—एक ऐसे संसार में जिसमें भाषा और कविता अप्रासंगिक और अवमूल्यित होते जाते हैं, कविता मनुष्य के अपमान और अमानवीयकरण के विरुद्ध निजी 'प्रोटेस्ट' भर कर सकती है।" क्या सत्तर के दशक की युवा कविता यह 'प्रोटेस्ट' निजी या सामूहिक स्तर पर कर पा रही थी? शायद नहीं। वह सामूहिक स्तर पर जिस राजनीति के चंगुल में थी, उसने उसे निजी स्तर पर भी, उसके निजी सहित सामूहिक प्रोटेस्ट को एक तरह से 'हाईजैक' कर लिया था। ऐसे समय में उस कविता से संयत मुद्रा—बोली-भाषा और मर्यादित किन्तु सजग दृष्टि की उम्मीद नहीं की जा सकती थी। वह कविता जिस 'राजनीतिक दृष्टि' के हवाले थी, वह विध्वंसक, अराजक और मनुष्य-विरोधी दृष्टि थी। उस आपाधापी भरे दौर में अशोक वाजपेयी का कवि-चिन्तक पतनशील कविता में एक नयी राजनीति की माँग कर रहा था। लेकिन अशोक अन्ततः निराश हुए। राजनीति के प्रति अशोक की यह निराशा बाद के दिनों में और सघन हुई और आगे चलकर वे कविता में राजनीति ही नहीं, मानविकी सहित समस्त ज्ञानानुशासनों के अबाध प्रवेश से कठोर रूप से असहमत हो गये।

अशोक वाजपेयी ने एक कुशल शल्यचिकित्सक की तरह साठ के बाद के पतनशील युवा लेखन की शल्यक्रिया की है। एक ऐसा लेखन जिसका कोई उत्तरजीवन नहीं। अशोक वाजपेयी उसकी क्षयग्रस्तता की परख काफ़ी पहले कर लेते हैं। एक दौर में कुछ लोगों के द्वारा उस लेखन के 'फक्कड़पने' को प्रमाण बताकर उसकी तुलना पश्चिम के अवांगार्द लेखन से की गयी थी, लेकिन अशोक वाजपेयी ने सप्रमाण यह सिद्ध किया कि पश्चिम के अवांगार्द लेखन से उस लेखन की कोई तुलना नहीं। वह उसकी नकल भी नहीं है। अशोक ने दिखाया कि पश्चिम में अवांगार्द लेखन के विकास के लिए विभिन्न कलाओं से विन्यस्त एक ख़ास किस्म की संस्कृति विकसित है जिसमें चित्र, फ़िल्म, संगीत, रंगमंच आदि इकाइयाँ शामिल हैं। हमारे यहाँ यह आधार उस किस्म का नहीं है। अतः इस 'उठाईगीर' लेखन को अवांगार्द लेखन का दर्ज़ा देकर उसे विशिष्ट बनाने की कोशिश व्यर्थ है। बल्कि यह कविता जिस 'उठाईगीर संस्कृति' से विकसित-पोषित है उसने अपनी उग्रता और आक्रामकता के चलते 'मानवीय साक्षात्कार' का कोई ठोस प्रयास नहीं किया। अतः इस कविता की समग्र नियति मानवीय निषेध में प्रतिफलित हुई।

x x x

अशोक वाजपेयी के समय की युवा कविता के एक बड़े हिस्से को हम 'अकविता' के रूप में जानते-पहचानते हैं। 'फिलहाल' की विचार-भूमि इस कविता के 'दलिद्दर' की भी तल्खी से शिनाख़्त करती है। अशोक वाजपेयी ने अकविता सम्प्रदाय के

जगदीश चतुर्वेदी, श्याम परमार, गंगा प्रसाद विमल और सौमित्र मोहन जैसे अकवियों की कविता की ठोस मानवीय ब्योरों से हीन स्थिति और सँकरी, सपाट, सरलीकृत और तनावरहित दुनिया का दरवाज़ा अपनी आलोचना में खोल दिया है। अशोक आत्मसंघर्ष और आत्मसाक्षात्कार को सच्ची कविता की प्रमुख प्रवृत्ति मानते रहे हैं। उन्हें अकवियों की कविता की केन्द्र और नामहीनता पर भारी कोफ्त होती है। वे प्रमुख अकवियों की भाषा की एकायामिता और शिल्प-संरचना के ठसपन के कारण उत्पन्न हुई रचनात्मक उत्तेजना के अभाव की स्थिति को कठोरता से अपनी आलोचना का मुद्दा बनाते हैं। एक प्रमुख अकवि सौमित्र मोहन 'बड़बोलेपन', 'रूमानी स्फीति' और एक हद तक 'बातूनीपन' से मुक्त होते हुए भी अपनी कविता में तनावहीनता की स्थिति पैदा करते हैं। अशोक के अनुसार उनमें 'ठंडी ऐंद्रिकता' है "और कविता भाषा और बुनियादी तौर पर 'लिरिकल' कल्पनाशीलता की..... फ़िज़ूलख़र्ची बनकर रह जाती है।"

अशोक वाजपेयी ने अकवियों की अनेक कविताओं के साक्ष्य से उनके भयावह प्रतीकों और चौंकाने वाली बिम्ब-लड़ियों के पीछे छिपी लिजलिजी भाव-स्थिति, अतिरंजना और मानवीय दृष्टि से अनुपयोज्य उनके पूरे संयोजन को अनावरित किया है। अशोक ने उस कविता की भयावह परिणतियों के बारे में लिखा, "यह संसार के अमानवीयकरण के विरुद्ध मानवीय को प्रतिष्ठित करने का जोख़म लेना नहीं, बल्कि उसका शिकार हो जाना है। यह सोचकर दहशत ही होती है कि ये कविताएँ अमानवीयकरण के विरुद्ध चीख नहीं, उसका उत्सव मनाती किशोर उत्साह की गीतकल्पी रचनाएँ हैं।" ('अकविता : एक नयी रूमानियत', पृ. 61)

अशोक वाजपेयी अक़सर कविता में भाषा की प्रतीक-परम्परा और पारम्परिक ध्वनि-व्यवस्था का आग्रह करते हैं, जोकि किसी हद तक उनकी खुद की कविता की भी ख़ासियत है। अकविता में पूरा का पूरा भाषिक संयोजन एक सिरे से ग़ायब मिलता है। वह कविता भाषा की पूरी परम्परा, उसकी संकेत-व्यवस्था, भाषा के उत्तराधिकार और अर्थ-छवियों से अलग-थलग पड़ चुकी अपने आप में सीमित एक स्वायत्त इकाई है। प्रभाकर माचवे जैसे उस समय के नये कवि की कविताओं पर बात करते हुए अशोक तब की युवा कविता की मुख्य प्रवृत्ति के रूप में इसी प्रकार की गड़बड़ भाषिक व्यवस्था की बात उठाते हैं। माचवे के संग्रह 'मेपल' के सन्दर्भ में अशोक वाजपेयी को इस भाषिक गड़बड़ी के पीछे ज़्यादातर 'हड़बड़ी का काव्यशास्त्र' गतिशील नज़र आता है। एक सघन-सूक्ष्म तनाव को जल्दबाजी में सुलझा लेने की अधीरता और बेचैनी कवि को असंयमित कर देती है। अकविता के प्रायः सभी कवियों में अभिव्यक्ति को लेकर इसी तरह की हड़बड़ी और बेचैनी है। कुछ भिन्न सन्दर्भों में अशोक तब के सम्भावनाशील युवा कवि प्रयाग शुक्ल, मणि मधुकर, दूधनाथ सिंह, नीलाभ, कमलेश और धूमिल की कविताओं को अकविता के 'समग्र

निषेध'—विचार के समानान्तर रखकर अलग से विवेचित करते हैं। कमलेश और धूमिल की पहचान उन्होंने युवा कविता के बेहतर कवियों के रूप में की। कमलेश की कविता की बिम्बधर्मिता, मिथकीय स्वप्न-जगत और भाषा के ऐन्द्रजालिक और संयत मुहावरे ने अशोक को ख़ासतौर पर आकर्षित किया। धूमिल भी आत्मविश्वास से पगे एक ठोस कवि मालूम हुए। ताजा उभरते विनोद कुमार शुक्ल, ऋतुराज की कविता से उम्मीद बँधी थी।

लेकिन कुल मिलाकर सत्तर के दशक की कविता का बुनियादी मुहावरा अशोक वाजपेयी की काव्य-दृष्टि के विपरीत था। अशोक ने अपनी काव्य-दृष्टि से उस दौर की कविता की पहचान का सटीक प्रयास अपने आलोचना-कर्म से किया। अशोक उस समय में तो निर्विवाद मौजूद थे, किन्तु उनका, उनकी कविता और आलोचना का पक्ष उनके समय का पक्ष नहीं था। अशोक का सृजनात्मक कर्म अपने समय और उसके तथाकथित सृजन-कर्म के प्रतिपक्ष में खड़ा एक प्रतिरोधी कर्म रहा। 'फिलहाल' में उनका यह प्रतिरोधी कर्म पहली बार दर्ज हुआ। लेकिन ऐसा भी नहीं है कि अशोक वाजपेयी सत्तर के बाद के समय और सृजन से आश्वस्त हो गये। अपने समय, जिसे वे प्रायः 'मुख्य समय' कहते हैं, के साथ अशोक वाजपेयी का संघर्ष आगे चलकर परवान चढ़ा और वे अपने समय में 'समय' पद के ही सबसे बड़े क्रिटिक बनकर सामने आये।

(2)

अशोक वाजपेयी की आलोचना-पुस्तक 'फिलहाल' सत्तर के दशक की युवा हिन्दी कविता का एक विश्वसनीय और प्रामाणिक लेखा-जोखा थी। आगे चलकर उन्होंने 'पूर्वग्रह' निकालना शुरू किया। समय के साथ 'पूर्वग्रह' अपने समय की हिन्दी की सबसे चर्चित और विवादास्पद पत्रिका बन गयी। पत्रिका के नामकरण ही नहीं, इसके चरित्र के पीछे भी सम्पादक अशोक के कुछ ख़ास पूर्वग्रह सक्रिय थे। 'पूर्वग्रह' में प्रकाशित होने वाली अन्य सामग्री और आलोचना के पूर्वग्रहग्रस्त होने को अशोक ने साफ़ स्वीकार किया और उसे प्रायः जायज़ भी ठहराया। वास्तव में अशोक वाजपेयी के आलोचनात्मक पूर्वग्रह 'फिलहाल' के रचना-दौर में ही पर्याप्त विकसित हो गये थे। 'पूर्वग्रह' में उसके आयाम और ज़्यादा स्पष्ट हुए। एक तरह से 'पूर्वग्रह' अशोक वाजपेयी के बहुआयामी पूर्वग्रहों का खुला और व्यापक मंच था। अशोक इसमें एक सम्पादक और कर्ता-धर्ता के रूप में ही नहीं, एक रचनाकार-आलोचक और चिन्तक-विचारक के रूप में भी प्रस्तुत हो रहे थे। 'पूर्वग्रह' में समय-समय पर प्रकाशित उनकी आलोचनात्मक टिप्पणियों, आलेखों आदि का एक संग्रह 1984 में 'कुछ पूर्वग्रह' शीर्षक से पुस्तकाकार प्रकाशित हुआ। 'फिलहाल' के बाद चौदह वर्षों के अन्तराल में प्रकाशित अशोक वाजपेयी की यह दूसरी आलोचना कृति है।

'कुछ पूर्वग्रहों' से संचालित अपनी इस आलोचना कृति के बारे में अशोक पुस्तक की भूमिका में ही साफ़ कर देते हैं कि आलोचना "उदासीन, तटस्थ या पूर्वग्रहहीन नहीं हो सकती।" अशोक ने रचना और आलोचना दोनों में पूर्वग्रह को ज़रूरी माना। उनका कहना है कि निष्पक्षता की तरह पूर्वग्रहहीनता भी एक मिथ मात्र है। 'कुछ पूर्वग्रह' के बहाने अशोक वाजपेयी ने रचना के पूर्वग्रहों की छानबीन आलोचना के पूर्वग्रहों के जरिए की है और इसमें उन्हें कोई ज़्यादती नहीं मालूम पड़ती।

सन् साठ के बाद हिन्दी की युवा कविता एक भयानक दौर में प्रवेश कर चुकी थी। सातवें दशक में इसके साक्षी स्वयं अशोक रहे थे। 'फिलहाल' उसी का दस्तावेज़ है। एक समय तो लगने लगा था जैसे दृश्य से सच्ची कविता का अवसान हो गया, लेकिन सन् 1980 के पूर्वार्द्ध में अचानक कुछ ऐसा घटा कि अशोक वाजपेयी को 'पूर्वग्रह' में ज़ोर देकर 'कविता की वापसी' की घोषणा करनी पड़ी। सन् '80 के पूर्वार्द्ध में ही एक साथ तीन-चार पीढ़ियों के पन्द्रह-बीस उत्कृष्ट कविता-संग्रह छपकर आये और पूर्व की 'विचारहीन कविता' को विदाई दे दी गई। इस दौर की कविता में अशोक को मानवीय गरमाई की वापसी नज़र आती है। वह दूसरों पर सारी ज़िम्मेदारी थोपने की बजाय अपनी ज़िम्मेदारी खुद लेती है। वह अपनी सीमा और सामर्थ्य से वाक़िफ़ हर जोखिम उठाने को तत्पर कविता है। वह 'ऐतिहासिक विवेक' जो पूर्व की युवा कविता से लगभग छीज-सा गया था, अशोक उसे पुनः वापस लौटता हुआ पाते हैं। इस काव्य-दृश्य में अशोक "कवि की निजी आवाज़ और उसकी कविता के निजी संसार को पुनःप्रतिष्ठा" मिल रही पाते हैं।

अशोक वाजपेयी के 'कविता की वापसी' के नारे की तीव्र प्रतिक्रिया हुई। एक सामान्य तर्क था कि कविता भला दृश्य से गयी कहाँ थी। लेकिन अशोक जवाब देते हैं कि जब कविता के केन्द्र में कवि खुद आकर स्थापित हो जाये, कविता की स्वायत्तता, उसकी निजता पर हमला हो जाये, तब निश्चय ही कविता का होना सन्दिग्ध हो जाता है। 'कविता की वापसी' ही इस वजह से सम्भव हुई कि कविता के केन्द्र में अब कवि नहीं, खुद कविता आसीन है। अब कविता में विचारधारा और वैचारिक प्रतिबद्धता महत्त्वपूर्ण न होकर शिल्प-सजगता और भाषा की ध्वनियाँ-अन्तर्ध्वनियाँ सक्रिय हुई हैं। अशोक वाजपेयी ने इस दृश्य को इस तरह बयां किया है, उनके शब्द हैं, "कविता का संसार बहुत बरसों से मध्यमवर्गीय चेतना और वर्जनाओं तक सीमित रहा है। xxx उसकी विकृतियों और महत्त्वाकांक्षाओं का कई बार तो ऐसा आधिपत्य-सा हुआ कि एकबारगी लगने लगा जैसे सहज प्रेम, कोमलता, उछाह, ललक आदि को हमेशा के लिए कविता से देश निकाला मिल गया...।" लेकिन अब "चुपचाप और विनम्रता के साथ समकालीन दृश्य पर कविता फिर से छा गयी है....।" ('अपना रथ पै हम जोते रहे', 'कुछ पूर्वग्रह', पृ. 18)

अशोक वाजपेयी सन् '80 के वर्ष की उपलब्धियों से अत्यन्त आह्लादित दिखते हैं। 'कुछ पूर्वग्रह' में उस दौरान लिखी उनकी एक टिप्पणी शामिल है–'अपने घर में

शब्द : 1980 का कविता-वर्ष।' इस वर्ष शब्द सचमुच अपने घर में हैं, कविता के घर में, अपनी सही जगह पर इसलिए इस कविता-वर्ष में प्रकाशित अनेक महत्त्वपूर्ण संग्रहों की कविता संवेदना और संरचना दोनों स्तरों पर अशोक को उत्तेजित करती हैं। शब्द-साधक उस कविता के वैभव को सामने पाकर अशोक वाजपेयी का कवि और आलोचक आत्मविश्वास से दीप्त हो उठता है।

लेकिन इस वैभवशाली कविता की समझ के लिए जो कठिन तैयारी चाहिए, अशोक वाजपेयी अपने आस-पास उसका घोर अभाव महसूस करते हैं। अशोक अपने कुछेक साहसी साथियों के साथ इस काम का जोख़िम उठाते हैं। पुस्तक में 'तीसरा साक्ष्य' शीर्षक से एक छोटा-सा आलेख है, जिसमें अशोक आठवें दशक की आलोचना (या काव्यालोचना) का चरित्र उद्घाटित करते हुए उसे अकादमिक और धन्धई-दो वर्गों में विभक्त करते हैं। यह, अशोक के शब्दों में ''प्रायः ठण्डा, निरुद्वेग और बाहर वाला साक्ष्य, ज़िम्मेदारी दूसरों पर डालता हुआ, दूसरों पर अभियोग लगाता हुआ'' आलोचना-कर्म है। जबकि अशोक इनके बरक्स एक 'अल्पसंख्यक' और 'कल्पनाशील साहस' से लबरेज तीसरा साक्ष्य कविता के लिए प्रस्तुत करने की बात करते हैं। अशोक वाजपेयी इस साक्ष्य को 'सृजनात्मक आलोचना' की संज्ञा देते हैं।

अशोक वाजपेयी की यह दूसरी आलोचना पुस्तक वस्तुतः खुद अशोक द्वारा सुविचारित 'सृजनात्मक आलोचना' का उत्कृष्ट साक्ष्य है–आलोचना का तीसरा साक्ष्य। उन्होंने अपने आलोचना-कर्म के दूसरे और शानदार पड़ाव पर भी अपने समय की कविता की नब्ज़ पर अपनी समझ और सूझ बनाये रखी है। अन्तर केवल इतना है कि जहाँ कविता का सातवाँ दशक उन्हें हताश-निराश करता था, वहीं बाद के दौर में उनके भीतर 'कविता की वापसी' की उम्मीद जगने लगी थी।

X X X

बीसवीं सदी के ढलते वर्षों में अशोक वाजपेयी की दो महत्त्वपूर्ण आलोचना पुस्तकें एक साथ एक ही वर्ष प्रकाशित हुईं। 'सीढ़ियाँ शुरू हो गयी हैं' और 'कविता का गल्प' शीर्षक दोनों कृतियों का 1996 में प्रकाशन 'फिलहाल' के बाद एक बार फिर समसामयिक हिन्दी कविता को समस्याग्रस्त कर देता है। एक बार फिर वे अपने कविता-समय को असहमत आलोचक दृष्टि से देखने लगते हैं।

अशोक की दिक़्क़त यह है कि उनकी अपनी कविता की जो अकेली सारणी या पगडंडी है, उस पर उनकी समसामयिक कविता का लगभग पूरा ही हिस्सा चलने से इनकार कर देता है या फिर टाल-मटोल करता है। और अशोक-काव्य की बुनियादी चिन्ता जो कि शब्द और भाषा के बहुआयामों पर केन्द्रित है, उनकी समकालीन कविता के अधिकांश की चिन्ता और चिन्तन से ग़ायब है। अपने शुरुआती

कविता-कर्म के दौरान ही अशोक का सामना अपने समय की ऐसी युवा कविता से हुआ जो अन्य के अलावा शब्द और भाषा के स्तर पर भी बेहद अवमूल्यित हो चुकी कविता थी। पहली आलोचना पुस्तक 'फिलहाल' में वे इस कारण भी उस कविता की किसी सम्भव जगह को बार-बार ख़ारिज कर रहे थे। वे बार-बार भाषा की किन्हीं ध्वनियों-अन्तर्ध्वनियों की बात दुहरा रहे थे, जो शायद कवि को उसकी परम्परा और उत्तराधिकार में प्राप्त सच्ची कविता के किसी शास्त्र से सम्बन्ध रखता था। बीसवीं सदी के अवसान के वर्षों में अशोक वाजपेयी हिन्दी कविता का वही पुराना रूप अपनी आलोचना में दर्ज करते हैं। 'सीढ़ियाँ शुरू हो गयी हैं' में उन्होंने लिखा—"...आज की हिन्दी कविता में ...पुरानी कविता की अन्तर्ध्वनियाँ या कि पुनर्रचना लगभग बिल्कुल ही नहीं है।" (पृ. 67) हालाँकि 'कहाँ समय, कहाँ पड़ाव' शीर्षक से यह टिप्पणी 'पूर्वग्रह' पत्रिका के 101वें अंक का सम्पादकीय-अंश है, जो कि 1991 में लिखा गया और प्रकाशित हुआ था, लेकिन इससे एक बात साफ़ होती है कि अशोक वाजपेयी सदी के आख़िरी दशक की शुरुआत में भी समकालीन हिन्दी कविता को एक बार फिर 'रिवर्स' करके देखने लगे थे। उन्हें उस समय की अधिकांश कविता 'कविताभास' मात्र मालूम पड़ रही थी। इसी दौर में विचार और विचारधारा के नाम पर कविता में नूराकुश्ती का आलम फिर परवान चढ़ रहा था। 'संघर्ष', 'जनसंघर्ष', 'प्रतिरोध', 'मनुष्यता', 'ईमानदारी', 'प्रतिबद्धता' जैसे सुन्दर-सुन्दर पदों और पदबन्धों से कविता को धारदार और कालजयी बनाने का प्रयास विभिन्न स्तरों पर एक अनुष्ठान की भाँति जारी था। अशोक वाजपेयी जीवन को सामान्यीकृत करते ऐसे साहित्य से एक सृजनधर्मी के नाते बेहद दुखी थे। इसी लेख में उनकी नाराजगी व्यक्त है—"... इस समय जो युवा और युवतर पीढ़ियाँ हिन्दी में सक्रिय हैं, वे संघर्षजनित भावुकता से घिरी हैं और आलोचना-बुद्धि उनका सहज स्वभाव नहीं है। जनसंघर्ष और उसके अनुरूप आत्मसंघर्ष की कुछ भावुक युक्तियाँ, कुछ चमकदार सामान्यीकरण, थोड़ी-सी करुणा और कुछ मोटी-मोटी समझ इन पीढ़ियों का कुल उपकरण हैं। ...इन पीढ़ियों के एक तबके का काव्यशास्त्र सरलता और सहजता का काव्यशास्त्र बताया या बनाया जा रहा है—" (पृ. 72)

कविता में इस बार यह सब 'विचार' और 'विचारधारा' के नाम पर हो रहा था। कविता एक बार फिर अख़बारी, भाषायी स्फीति से भरपूर, विचार और नवाचारहीन बिम्बों और ऐन्द्रिय अनुभूति से रहित, बुद्धि और प्रश्नाकुलता से विपन्न और अनुत्तरदायित्वपूर्ण हुई थी। कविता ने अपनी मूल प्रतिज्ञा आत्माभियोग और आत्मालोचना के विचार को त्याग दिया। अशोक इस कविता को सत्ता और सत्ता-केन्द्रों के आसपास इकट्ठा होता देख पाते हैं।

'कविता का गल्प' पुस्तक में संगृहीत 'कविता का देश' शीर्षक अपने एक व्याख्यान में अशोक वाजपेयी ने यह विस्तार से बताया है कि किस प्रकार सदी के आख़िरी दशक की युवा कविता ने हिन्दी कविता की पारम्परिक उपलब्धियों से अपना

नाता एकबारगी तोड़-सा लिया है। छायावाद की मूल्यवान उपलब्धियों को नयी कविता ने अपनाया, लेकिन इधर की कविता ने छायावाद और नयी कविता दोनों के बेशकीमती दाय को निर्ममता से भुला दिया। अपने उत्तराधिकार का तिरस्कार इस कविता को भारी पड़ना था। फलतः इस कविता में विचारों और भाव-बोधों की विविधता का भारी अभाव दृष्टिगोचर है। इनके अभाव में कविता के साथ चीज़ों का वैसा 'इंटरैक्शन' सघनता से घटना सम्भव नहीं हो पाया। इस दुर्भाग्यपूर्ण स्थिति पर अशोक वाजपेयी की टिप्पणी है, "चूँकि इधर धीरे-धीरे विचारधारा या विचारों के साथ कविता का द्वन्द्वात्मक सम्बन्ध शिथिल पड़ गया, यह बौद्धिकता भी शिथिल पड़ गयी है। इधर के कवियों के विचार चूँकि पहले से ही दिये हुए हैं और अन्ततः कविता उनका सत्यापन-भर है और उसमें जो विलोम जाता है वह वर्जित या बहिष्कृत है, एक तरह का बौद्धिक ठसपन आना अनिवार्य ही है।" (पृ. 30)

ऊपर हिन्दी कविता के जिस चरित्र का वर्णन अशोक वाजपेयी ने किया है, उसे यदि ज्यों का त्यों मान लिया जाय तो कविता का यह परिदृश्य बेहद प्रतिगामी लग सकता है। लेकिन यह अशोक की अपनी दृष्टि है जो कविता के उनके स्वनिर्मित प्रतिमानों से तय हुई है। अशोक के कवि का अपना ख़ास स्वाद है और ज़ाहिर-सी बात है किसी एक के ख़ास स्वाद की कविता से एक वृहद् समय की रचनाशीलता का स्वाद तय नहीं हो सकता, न होना चाहिए। और तो और ऐसी कोई भी हरकत खुद ऐसा चाहने वाले रचनाकार अशोक के आलोचकीय सिद्धान्तों के प्रतिकूल भी होगी। आख़िर खुद अशोक भी तो यह चाहते हैं कि एक समय की रचनाशीलता में विचारों और भाव-बोधों की विविधता अनिवार्य होनी चाहिए। वे अतीत की हिन्दी कविता की जिन मूल्यवान उपलब्धियों को छायावाद और नयी कविता में ढूँढ़ निकालते हैं और समसामयिक कविता के समक्ष उनका महिमामंडन कर उनसे सीख लेने का प्रस्ताव करते हैं। वह कविता भी आख़िर अपने भीतर विचारों और भाव-बोधों की विविधता को आदर देने के कारण ही महान थी!

लेकिन यह बात भी उतनी ही गौरतलब है कि इधर की युवा कविता विचार और भाव-बोध के स्तर पर उतनी सजग और समृद्ध नहीं है, जितनी कि पूर्व की अन्य मूल्यवान कविता, जिनकी ओर अशोक भी इशारा कर रहे हैं। विचार के नाम पर वैचारिक असहिष्णुता का अद्भुत दृश्य हिन्दी कविता में शायद पहले कभी नहीं देखा गया। अशोक वाजपेयी परिवर्तित समय की कविता के स्वभाव पर टिप्पणी करते हुए कहते हैं कि "हिन्दी में इस समय वैचारिक असहिष्णुता और छुआछूत का जो वातावरण है और उसमें एक तरह की आपसी शत्रुता छा गयी है वह अभूतपूर्व है।"

(3)

अशोक वाजपेयी वैचारिक असहमति का सम्मान करते हैं लेकिन साहित्य और

कविता के क्षेत्र में वैचारिक असहिष्णुता उन्हें परेशान करती है। अपने समय से संवादधर्मी परिवेश ग़ायब होता देखकर अशोक चिन्तित हैं। वे अपने समय की कविता से कई कारणों से नाराज़ हैं।

उन्होंने अनेक अवसरों पर दिये गये अपने भिन्न-भिन्न साक्षात्कारों में, जो कि एक लम्बी कालावधि के दौरान दिये गये हैं, अपने समय की कविता पर जगह-जगह तल्ख टिप्पणियाँ की हैं। इन नाराज़ टिप्पणियों की मूल भावना यह ज़ाहिर करती है कि अशोक वाजपेयी केवल हिन्दी कविता के किसी एक विशेष काल-खंड की कवितागत प्रवृत्ति से असन्तुष्ट नहीं हैं, बल्कि 'कविता की वापसी' के एक ख़ास समय-खंड को छोड़कर वे अपने समय में लिखी जा रही ढेर सारी युवा कविता से असन्तुष्ट हैं। अलग-अलग लोगों द्वारा अलग-अलग समय में उनसे की गयी बातचीत में इस बात का प्रमाण मिलता है।

भाषा और शब्द को लेकर वे अपने साक्षात्कारों में सदैव सजग हैं। वरिष्ठ कवि-आलोचक विजय कुमार को 'उद्भावना' के लिए सन् 1997 में दिये गये एक साक्षात्कार में अशोक ने भाषा को लेकर समकालीन कविता के ग़ैरज़िम्मेदार रवैये को एक बार फिर दुहराया—"भाषिक संरचना भी इस दौरान एकस्तरीय है—अभिधा का ऐसा आतंक है कि भाषा की अनेक शक्तियां कविता में अनुपयोज्य हो उठी हैं। x x x कविता भाषा के प्रति ज़िम्मेदारी के बजाय तथाकथित समाज के प्रति ज़िम्मेदारी के वश में लिखी जा रही है। x x x इस सीधी-सच्ची बात की इन दिनों पूरी तरह से अवहेलना हो रही है कि भाषा ही कवि की सामाजिकता है।"

'समाज' और 'सामाजिकता' अशोक के समय की अधिकांश हिन्दी कविता में अवमूल्यित पद हैं। शायद इसी वजह से अशोक इस कविता में 'सौन्दर्यबोध' का अप्रत्याशित क्षरण देख पाते हैं। इस क्षरण का ही वीभत्स परिणाम है कि कविता में 'सौन्दर्यबोध' की चर्चा अशोक को अपने समय की कविता में एक 'मनुष्य-विरोधी' चर्चा जान पड़ती है। 'सौन्दर्यबोध' की जगह अब 'संघर्षबोध' जैसा सामान्यीकृत प्रत्यय ज़्यादा माकूल हो गया है।

'सन्दर्भ जगत प्रकाशन' के लिए चन्द्रभूषण को दिये गये एक साक्षात्कार में यद्यपि अशोक वाजपेयी ने पहली नज़र में कविता के परिसर के थोड़े स्थानीय, बौद्धिक और प्रयोगशील होने को सराहा है लेकिन कुल मिलाकर कविता पर वे अपनी चिर-परिचित बात को कुछ नये शब्दों में फिर दुहरा देते हैं जैसे कि "कविता में दुस्साहसिकता, कल्पना की उड़ान, नवाचार की प्रवृत्ति शिथिल हुई है। ...कविता में व्यंजना और अन्तर्ध्वनियाँ भी विपन्न हुई है। गहरी आंतरिकता और कठिन आत्मसंघर्ष का भी विशेष साक्ष्य कविता में नहीं दीख पड़ता।" आदि।

यही नहीं, अशोक अपने समय की कविता की सामाजिक भूमिका पर भी सवाल उठाते हैं। उनका सवाल है कि क्या किसी कविता की सामाजिक थीम-भर उस

कविता को सामाजिक सच्चाई से सम्पन्न बना देने के लिए पर्याप्त है? कविता का विषय तो उसका अर्थ नहीं होता? अपने आत्मवृत्त में अशोक एक जगह लिखते हैं कि ''कविता समाज में हमारी हिस्सेदारी को बढ़ाती है, पर इसलिए नहीं कि वह हर हालत में समाज से प्रतिबद्ध होती है।'' ('पाव भर जीरे में ब्रह्मभोज', पृ. 40) अशोक कविता और समाज के रूढ़ और मान्य रिश्ते की परिभाषा में बुनियादी बदलाव चाहते हैं। समाज या सामाजिकता का विचार जो इतना एकरैखिक दिखता है, बल्कि इसे ऐसा मान और मनवा लिया गया है, अशोक एक कुशल शल्य चिकित्सक की तरह इस विचार की निर्मम जाँच करते हुए उसकी बनावट को नया आकार देने का प्रयास करते हैं। हमारे समय में समाज से प्रतिबद्ध अधिकांश कविता कितनी असामाजिक और अनुत्तरदायी रचना है, इसकी मिसाल अन्यत्र ढूँढ़े नहीं मिलती। विचार और विचारधाराओं के महान् सेनापति इस तथ्य से आँखें मूँदे बैठे हैं। कहना चाहिए कि इस असामाजिक कृत्य में उन सबकी भी अहम भागीदारी है। यह दैत्याकार समय उन्हीं की कारगुजारियों का अनिवार्य उत्पाद है। यही लोग कविता को तथाकथित महाशक्ति के रूप में अपने समय से लोहा लेते देखना चाहते हैं। इस प्रकार उनकी मंशा एक आभासीय युद्ध की अनन्त पटकथा लिखते रहने की है। इस तरह यह समय कविता का बलात् अपहरण कर उसे एक नकली सामाजिकता की लड़ाई में जबरन झोंक देता है। अशोक को इस रहस्य का पता है। इसलिए वे साफ़ कर देते हैं कि ''संसार जिन महाशक्तियों से बदला जाता है उसमें साहित्य या कविता नहीं है। कविता का सौभाग्य है कि वह महाशक्ति नहीं है।''

फिर वह क्या है? वह क्या कर सकती है? अशोक लिखते हैं–''वह शक्ति है जो कुछ लोगों के संस्कार और संवेदना को, समझ और सहानुभूति को किसी हद तक बदल सकती है।'' ('पाव भर जीरे में ब्रह्मभोज', पृ. 42) कविता जिन-जिन चीज़ों को बदल सकती है उनमें मनुष्य के प्रेम, भाषा, शब्द, परिवार, पड़ोस आदि की रक्षा और प्राथमिकता के सरोकार प्रमुखता से शामिल हैं। ऊपरी तौर पर ये सरोकार भले ही उतने सामाजिक न दिखते हों, लेकिन बहुत गहरे तल पर ये मनुष्य के अनिवार्य सामाजिक सरोकार हैं। अशोक ललित कार्तिकेय, अरविन्द त्रिपाठी और बोधिसत्व के साथ एक समवेत बातचीत में समकालीन कविता के सामाजिक सरोकारों के साथ-साथ प्रतिबद्धता, यथार्थ और यथार्थवाद, व्यक्तिवाद, प्रगतिशीलता और जनवाद आदि मुद्दों पर दृढ़ता से अपना मत रखते हैं। समकालीन कविता में प्रतिबद्धता के उन्मादी शोर के बारे में पूछे जाने पर अशोक वाजपेयी कहते हैं–''बड़ी भारी विडम्बना यह है कि प्रतिबद्धता के नाम पर एक अजीब किस्म का अपढ़ माहौल छा गया है। एक तरह की बेईमानी भी मान्यता पा गयी है : आपकी प्रतिबद्धता दुरुस्त हो तो बिना पढ़े भी काम चल सकता है।''

इसी तरह यथार्थ और यथार्थवाद पर–"यथार्थवाद यथार्थ का समतुल्य नहीं है। वह यथार्थ को समझने-बखानने की एक युक्ति है। यथार्थ का जो हिस्सा प्रायः

अमूर्त या मुबहम है वह यथार्थवाद से नहीं पकड़ा या समझा जा सकता इसका अर्थ यह नहीं कि वह यथार्थ का हिस्सा नहीं।'' उल्लेखनीय है कि इधर की कविता में प्रतिबद्धता के साथ-साथ यथार्थ और यथार्थवाद पर एक ख़ास विचारधारा के अनुयायियों का एकाधिपत्य और विजय का तुमुल नाद है। वे इन पदों को भी अपने तईं परिभाषित करने का निर्विरोध एकाधिकार चाहते हैं। वे और उनका साहित्य, साहित्य को अधिकाधिक समाजोन्मुख बनाने का सन्दिग्ध कार्य करते हैं, लेकिन अशोक के शब्दों में, ''विडम्बना यह है कि अब साहित्य जितना जनोन्मुख होता गया है—समाज उतना ही साहित्य से दूर चला गया है।'' ऐसा दुर्भाग्य साहित्य या कविता के आभासीय समाजवाद के कारण घटित हुआ है। अशोक वाजपेयी ने कविता की ऐसी आभासीय सामाजिकता पर हमेशा प्रश्नचिह्न लगाया है। इस कारण उन्हें और उनकी कविता को व्यक्तिवादी होने का छिछला आरोप भी झेलना पड़ा। लेकिन ''बिना व्यक्ति हुए कोई सामाजिक कैसे हो सकता है?''—अशोक पलटकर पूछते हैं। कहते हैं कि ''सच्चे सामाजिक वही हैं जिनका दृढ़ व्यक्तित्व है।'' उन्होंने निराला, अज्ञेय, जयशंकर प्रसाद, मुक्तिबोध, शमशेर, जैनेन्द्र कुमार, रामचन्द्र शुक्ल, हजारी प्रसाद द्विवेदी आदि का उदाहरण देकर स्पष्ट किया कि ये सभी मूर्धन्य एक साथ व्यक्तित्व-सम्पन्न थे और सामाजिक भी। और यह भी कि व्यक्तित्वहीन सामाजिकता सम्भव नहीं। कहा है—''मैं व्यक्तित्वहीन सामाजिकता का विरोधी रहा हूँ।'' वे दृश्य पर छाई कविता की सामाजिकता पर किसी एक विचार-सम्प्रदाय अथवा गुट की मालकियत को भी ख़ारिज करते हैं—''मैं समाज पर प्रगतिशीलों-जनवादियों की बपौती का भी विरोधी रहा हूँ।''

अशोक वाजपेयी द्वारा उठाये गये सवालों और उनके तर्कों से असहमत हुआ जा सकता है, उन्हें सिरे से दरकिनार नहीं किया जा सकता। उनकी टिप्पणियाँ बड़ी तीखी हैं एकबारगी तिलमिला देने वाली। अपने समय की कविता पर अशोक वाजपेयी की नीति पर सवाल उठाया जा सकता है नीयत पर नहीं। वे किन्हीं विचारों, साहित्यिक गुटों और सम्प्रदायों के ख़िलाफ़ हो सकते हैं लेकिन कविता के विरुद्ध नहीं। उनके लिए कविता जीवन-मरण का प्रश्न है। कविता को लेकर टुच्चापन और ओछी हरकतें उन्हें स्वीकार नहीं। भले ही यह ओछापन 'समाज-सामाजिकता', 'विचार-विचारधारा', 'संघर्ष' और 'प्रतिबद्धता' जैसे पवित्र शब्दों की आड़ में किया जा रहा हो। अशोक वाजपेयी बहुत गहरे आशय में इनमें से किसी भी प्रत्यय या विचार के विरुद्ध अथवा उससे असहमत नहीं, बल्कि बुनियादी तौर पर कविता सहित उनका समस्त साहित्य मनुष्य और उसकी समाजधर्मी भूमिका का स्पष्ट पक्षधर है। लेकिन कतिपय विचार और प्रत्यय जब अपने मूल आशय से विचलित और विपथित कर दिये जायें, जिससे कि समाज में कवि और कविता की भूमिका सन्दिग्ध होने लगे, तब अशोक जैसे जीवन और कविताधर्मी कवि को मजबूरन कवि

और उसकी कविता की सामाजिक भूमिका और नीयत पर सवाल उठाना पड़ता है। अपने समय की कविता से अशोक के सारे सवाल और असहमत टिप्पणियाँ इसी प्रसंग की उपज हैं।

प्रश्न उठता है कि इन तमाम स्थितियों पर नाराज़ होते हुए आख़िरकार अशोक वाजपेयी की कविता का स्वप्न क्या है? वह अपने समकाल में किस किस्म की कविता को सम्भव होते देखना चाहती है? क्या खुद अशोक वाजपेयी अपनी कविता के रूप में अपने समय की कविता को परखने का कोई नया प्रतिमान देने को इच्छुक हैं? मुझे लगता है कि इस मामले में अशोक को विगत हिन्दी कविता की कुछ ख़ास स्मृतियाँ, कुछ ख़ास उपलब्धियाँ बार-बार अपनी ओर आकर्षित करती हैं। आधुनिक हिन्दी के दो विशिष्ट काव्यान्दोलनों की याद उनको बार-बार आती है। इन कविताओं की अनुगूँजों से अपनी कविता का पीछा वे अन्त-अन्त तक नहीं छुड़ा पाते। अपने काव्य-जीवन की शुरुआत में ही उन्हें लगने लगा था कि सामाजिक सच्चाइयों के बरक्स उनकी कविता में निजी सच्चाइयों के लिए जगह कम पड़ रही है। ऐसी गहन चिन्ता के क्षणों में उन्हें छायावाद और नयी कविता की व्यक्तित्व-सम्पन्न सामाजिकता की नीति से ताकत मिली। अतः अपने संघर्ष को सार्वजनिक तौर पर अतिभावुकता में गाने-बजाने की जगह उन्होंने कविता और जीवन की सूक्ष्मता और जटिलता में उलझने का दुरूह रास्ता चुना। नयी कविता पढ़कर उनमें यह अनुभव गहराया कि कविता जीवन से भागे हुए लोगों की शरणस्थली या तपोवन नहीं है "बल्कि उसमें हमारा अड़ोस-पड़ोस और संसार सीधे प्रवेश कर सकता है।" बहुत मुमकिन है कि खुद अशोक की कविता में अड़ोस-पड़ोस, घर और परिवार के प्रति विशेष आग्रह नयी कविता की 'अड़ोस-पड़ोस' वाली थ्योरी के कारण सम्भव हुआ है। यह स्मरणीय है कि अशोक का रचना और संस्कृति-कर्म नयी कविता के शिखर वर्षों में ही प्रारम्भ हुआ और नयी कविता के अनेक मूर्धन्य कवियों जैसे मुक्तिबोध, शमशेर, रघुवीर सहाय, श्रीकान्त आदि के लेखन से वे काफ़ी हद तक प्रभावित भी रहे। बाद के दिनों में अशोक ने छायावाद के साथ-साथ नयी कविता को कविता के पुनराविष्कार का आन्दोलन माना। वे अपने आलोचना-कर्म में अपने समय की कविता से भाषा, शब्द और शिल्प को कविता में गौरव देने की आग्रह कर रहे थे। वे कविता के व्यक्तित्व को जैसी दृढ़ता और ठोस मानवीय स्थितियों से सम्पन्न करने के लिए आवाज़ उठा रहे थे, उसकी पूर्वपीठिका नयी कविता में एक हद तक निर्मित हो चुकी थी।

तो क्या अशोक वाजपेयी अपनी कविता के जरिए नयी कविता या उस जैसे किसी अन्य काव्यान्दोलन की शुरुआत हिन्दी में करते हैं? एक साक्षात्कार में शिवेन्द्र सिंह ने अशोक वाजपेयी से यही सवाल किया। उत्तर देते हुए अशोक वाजपेयी ने कहा कि "मुझे ऐसा नहीं लगता कि मेरी कविताएँ या स्थापनाएँ किसी

नये आन्दोलन की शुरुआत हैं। बल्कि सच तो यह है कि वे एक आन्दोलन का हिस्सा हैं जिसे प्रायः नयी कविता का आन्दोलन कहा जाता है और जो अभी ख़त्म नहीं हुआ।" तो अशोक नयी कविता आन्दोलन के साथ अपनी कविता और इस विषयक स्थापनाओं की असमाप्त निरन्तरता को बिना हील-हुज्जत स्वीकार करते हैं। लेकिन वे यह भी जोड़ देते हैं कि इस बहुलतापूर्ण काव्य-परिवेश में किसी एक विचार या आन्दोलन की छत के नीचे सभी का एकत्र हो पाना मुमकिन नहीं। कहते हैं, "मेरे साथ चल रहे कवियों में दृष्टियों, विचारधारा और शैलियों की इतनी विविधता और मतभेद है कि उन्हें किसी एक आन्दोलन का अंग मानना कठिन है। बल्कि इस बहुलता, इस 'बहुवचन' पर आग्रह मैं बराबर करता रहा हूँ।" दृष्टिबहुल काव्य-समय के कारण अशोक इस समय कविता के किसी एक आन्दोलन का होना ज़रूरी नहीं समझते।

अशोक वाजपेयी नयी कविता की जिस असमाप्य परियोजना को जारी रखना चाहते हैं, उसमें निहित दृष्टियों की विविधता और बहुलता अशोक की दृष्टि की 'बहुवचनात्मकता' से कहीं ज़्यादा व्यापक और बहुआयामी थी। अशोक उस बहुआयामी परियोजना को एक तरफ़ अपनी कविता और स्थापनाओं के जरिए जारी भी रखने की मंशा रखते हैं वहीं दूसरी ओर अपने समय की कविता में सक्रिय तमाम विलोम-तत्त्वों से असहमत भी हैं, भले एक ख़ास दृष्टिकोण से ये तत्त्व कविता-विरोधी मालूम पड़ते हों। अशोक की आलोचना घातक तत्त्वों की परख तो सटीक करती है लेकिन कविता के जनतन्त्र में इन तत्त्वों की उपस्थिति को सीधे-सीधे ख़ारिज किया जाना ठीक नहीं है। बेशक इनकी लगातार पहचान ज़रूरी है और इनके विरुद्ध सच्ची रचना और आलोचना की एक सतत कार्यनीति होनी चाहिए, जिससे कि ऐसे तत्त्व सच्ची कविता के मानवीय संघर्ष को व्यर्थ करने की कोशिश में सफल न होने पायें। हर समय की रचनाशीलता में ऐसे तत्त्व बड़े पैमाने में घुले-मिले होते हैं। अशोक वाजपेयी का कवितासमय भी ऐसा ही दुर्भाग्यपूर्ण समय है। अशोक ने इस समय के साथ अपने रचनात्मक संघर्ष को एक चुनौती की तरह स्वीकार किया है।

X X X

सन् 1957-58 से लेकर इक्कीसवीं सदी के दूसरे दशक के इन शुरुआती वर्षों तक अशोक वाजपेयी हिन्दी कविता के भीषण तनावग्रस्त समय के सजग साक्षी रहे हैं। इस बीच उन्होंने अपनी कविता-यात्रा भी जारी रखी और अपने तीखे आलोचना-कर्म के द्वारा अपने कवितासमय की शल्यक्रिया में तत्परता से हिस्सा लिया। इस दौरान उनकी स्थापनाएँ लगभग थिर-सी रहीं। वे किसी प्रकार की सैद्धान्तिक दुविधा और

विचलन के शिकार लगभग नहीं हुए। 'फिलहाल' के दिनों में ज़रूर उन्हें कविता के साथ राजनीति के सम्भाव्य रिश्तों की गरमाहट कुछ समय के लिए महसूस हुई, लेकिन जल्द ही कविता के परिसर में राजनीति की उपस्थिति उन्हें खलने लगी। वे कविता में राजनीति की विधायक भूमिका मुक्तिबोध, शमशेर, रघुवीर सहाय और श्रीकान्त वर्मा के बाद सम्भव होता नहीं देख पाए। उन्होंने पाया कि "राजनीति का पिछलगुआ बनकर साहित्य का कहीं भी भला नहीं हुआ है।" फलतः अशोक ने अपने लिए आगे रचना में राजनीति के प्रति निषेधात्मक भूमिका अख़्तियार कर ली।

राजनीति के प्रश्न को जाने दें तो अशोक वाजपेयी ने अपने समय की कविता को जिन प्रतिमानों से जाँच-परखकर मूल्यांकित किया है, उनमें कहीं भी बुनियादी विपथन नहीं है। यद्यपि वे अपने समय की कविता से लगातार जिरह करते रहे हैं। सुधीश पचौरी के शब्दों में, "वे एक 'फाइटर' की तरह उतरते हैं और 'अन्य' की व्यर्थता सिद्ध करते हैं। xxx क्योंकि अपने से 'अन्य' की उनकी पहचान बेहद साफ़ और तीखी रहती है।"

आज रचनाकर्म के इस पड़ाव पर भी अशोक वाजपेयी अपने समय को लेकर सजग और आलोची भाव से भरे हैं। इस बीच हिन्दी में कवियों की कई पीढ़ियाँ बढ़ीं और विकसित हुई हैं। नयी सदी में बिल्कुल युवतर कविता का उत्तेजक आगमन हुआ है। इनके साथ अन्य कई पीढ़ियों के कवि भी सक्रिय हैं। दृश्य में खुद अशोक की उपस्थिति भी गरमाई लिए हुए है। लेकिन अशोक वाजपेयी को इस काव्य-दृश्य में राहत देने जैसी कोई बात नहीं दिखती। सुधीश पचौरी ने इस स्थिति का बयान करते हुए लिखा है, "जिस उत्सवधर्मिता और शहादती भाव को अशोक अपनी समीक्षा-योजना में बारहा फटकारते चलते हैं, वैसी और वही समारोही और 'बचाव' और 'बचे रहने' की हीरोइक्स आज चौतरफ़ा बज रही है!" ज़ाहिर है कि नीति और नीयत के सन्दर्भ में कोई रेडिकल बदलाव इस दौरान कविता में घटित नहीं हुआ है। अशोक की उम्मीद कायम है जैसा कि पहले थी। सच्ची कविता के भविष्य की उम्मीदों से भरे अशोक वाजपेयी के कुछ विचारों के साथ मैं इस प्रसंग को विराम देना चाहूँगा। अशोक वाजपेयी ने कभी 'कुछ पूर्वग्रह' में संगृहीत अपनी एक रचना में कहा था, जोकि अब भी मौजूं है कि—"....मैं अभी भी उम्मीद लगाये हूँ कि एक दिन तथाकथित तथ्यों से ऊबकर लोग उन जीवन-छवियों की ओर आयेंगे जो साहित्य धीरज और शान्ति से प्रस्तुत करता है, उस सच की ओर जो साहित्य के पास है और तथ्यों के घटाटोप में बिला नहीं गया है। हो सकता है हमें इसके लिए काफ़ी देर तक प्रतीक्षा करनी पड़े। पर इतना भरोसा है कि ऐसी प्रतीक्षा व्यर्थ नहीं जायेगी।"

परिशिष्ट

परिशिष्ट-क

प्रेम और मृत्यु (-कविता) में क्या होता है?

प्रेम में क्या होता है और प्रेम-कविता में क्या होता है? इसी तरह यह कि मृत्यु में क्या होता है और मृत्यु-कविता में क्या होता है?

प्रेम का सम्बन्ध जीवन के उद्‌भव से, उसके बीज-तत्त्व से है। दैहिक तल पर ही सही, दो आत्माओं का प्रेम-मिलन जीवन के उद्‌भव का कारण बनता है। प्रेम की बुनियाद में ही गहरी आसक्ति और एक-दूसरे के प्रति गहन अनुराग सक्रिय है। फलस्वरूप इसकी परिणति में जो जीवन उपलब्ध होता है उसकी सूक्ष्मतम कोशिकाओं में भी जीवन के प्रति अदम्य कामना के रूप में प्रेम विन्यस्त पाया जाता है। ललक, उत्साह, उल्लास, ऊर्जा और उछाह इस प्रेम के रूपक हैं। ये प्रेम के भी रूपक हैं और प्रेम-कविता के भी।

प्रेम में जीवन के नये-नये अनुभव निर्मित होने शुरू होते हैं। उन अनुभवों को प्रेम अपने तईं सँजोकर रखना चाहता है। ये अनुभव अभी नये होने के कारण निर्दोष भी हैं। उनमें वह छाया अभी पड़नी नहीं शुरू हुई या उनमें अभी वैसे तत्त्व शामिल होने नहीं शुरू हुए, जिनके कारण प्रेम में कलुष आता है और जिस कारण उसके घटित होते रहने की सम्भावना क्षीण पड़ सकती है।

प्रेम अपने आदि-स्वरूप की निरन्तरता में लगातार घटित होने वाली प्रक्रिया है। प्रेम में वर्तमान जीवन के अनुभव ही नहीं, उस प्रेम की स्मृतियाँ भी सक्रिय रहती हैं जो प्रेम की आदि-कामना के रूप में उसे उत्तराधिकार में मिली है और उसमें निहित है। आदि-कामना की प्राक्-स्मृति को सुरक्षित रखने के लिए प्रेम को अनन्त जीवन जीना पड़ता है। प्रेम-कविता में यह उत्तर-जीवन सम्भव होता है।

प्रेम विशिष्ट अर्थ में 'काम' है। मनुष्य के शरीर को निर्मित करने वाली करोड़ों-अरबों कोशिकाएँ वस्तुतः काम-कोशिकाएँ हैं। इनमें भी एक-एक कोशिका में करोड़ों-अरबों काम-केन्द्र हैं। काम का प्रमुख लक्षण है—खींचना, दूसरे को अपनी ओर आसक्त करना। इस कारण ही प्रेम में इतना आकर्षण है। यह आकर्षण एक तरफ़ विपरीतधर्मी देह को अपनी ओर खींचता है वहीं दूसरी तरफ़ अपनी उदात्तावस्था में संसार के प्रत्येक पदार्थ के प्रति आसक्त होकर सार्वजनीन बनता है।

'काम' के अर्थ में प्रेम में दो देहें परस्पर आसक्त होकर एक तीसरी देह की रचना करती हैं। वे उत्तराधिकार के रूप में तीसरी देह को अपनी स्मृतियाँ सौंपती हैं। ये स्मृतियाँ देह की हैं, काम की हैं, आसक्ति और अनुराग की हैं। नयी देह इन्हें आख़िर तक अपने में सँजोए रखती है—अपने नये प्रेमानुभवों से परिवर्द्धित

और समृद्ध करती हुई।

प्रेम के रूप में मनुष्य की काम-कोशिकाएँ उसकी आसक्ति को दीप्त करती हुई आदि-प्रेम की उसकी स्मृति को भी उद्दीप्त करती हैं और वर्तमान जीवन में भी प्रेम के तमाम प्रसंगों को न भूलने लायक बनाती हैं। प्रेम-प्रसंगों में हिस्सेदार होने और उनके विगत होने पर उनकी स्मृतियों का ताँता आजीवन लगा रहता है। जीवन के तमाम घात-प्रतिघात, द्वन्द्व और संघर्ष में भी प्रेम की स्मृति क्षीण नहीं होती। मनुष्य कई दफ़ा अपनी कविताओं में प्रेम की स्मृतियों को जीवित रखने की कोशिश करता है। और प्रायः प्रेम के ही एक रूपक आसक्ति के जरिए अपनी सन्ततियों में उत्तर जीवन के लिए प्रेम की स्मृतियों को अन्तरित कर देता है। इस विधि से वह अपने प्रेम को लगभग अमर और अपराजेय बना देता है।

यही विधि प्रेम-कविता में काम करती है। यद्यपि प्रेम-कविता में इसका रूप थोड़ा उदात्त होता है। उसमें भी आसक्ति होती है लेकिन वह आसक्ति देह के तल पर प्रेम के एक रूपक 'काम' के रूप में नहीं होती। प्रेम-कविता में प्रेम का 'काम-तत्त्व' प्रायः प्रच्छन्न होता है जबकि रोज़मर्रा के जीवन में देह के तल पर प्रेम का रूपक 'काम' प्रच्छन्न नहीं भी हो सकता है।

x x x

जीवन की सभी सुखद स्मृतियाँ प्रेम की हैं। जो चीज़ें अथवा जिन चीज़ों की स्मृतियाँ सुख देती हैं, वे प्रिय होती हैं। और सभी प्रिय वस्तुओं का सम्बन्ध प्रेम से है। बिना लगाव और रुझान के हम कोई काम नहीं करना चाहते। बिना झुकाव और रुचि के हम किसी से मिलना और प्रायः बात तक करना नहीं पसन्द करते। हम कोई सम्बन्ध तक कायम करना नहीं चाहते। जीवन का हर काम हम अपनी इच्छा और मर्ज़ी से करना चाहते हैं जब तक कि उसके लिए कोई बाहरी बाध्यता न हो। तो हमारी सारी सक्रियता प्रेम की भावना से निर्धारित और संचालित होती है। प्रेम की भावना से जुड़ी गतिविधियाँ सबल रूप से मनुष्य की स्मृति में सुरक्षित रहती हैं। मनुष्य इन स्मृतियों को अन्त-अन्त तक हर हाल में बचाये रखना चाहता है। चूँकि ये सब प्रेम के भाव से जुड़ी, प्रेम की स्मृतियाँ हैं और देह में हमेशा के लिए इनका रहवास मुमकिन नहीं, अतः वह इन्हें एक तल पर शाब्दिक माध्यम से प्रेम-कविता में और एक अन्य तल पर दैहिक माध्यम से अपनी सन्ततियों की जैव-कोशिकाओं में स्थानान्तरित कर देता है। इन दोनों में प्रेम-कविता का तरीका सबसे बेहतर और टिकाऊ मालूम पड़ता है क्योंकि उसमें व्यक्ति की अपनी स्मृतियाँ सीधे-सीधे मौलिक रूप में अंकित हो जाती हैं। इस तरीके से वे ज़्यादा प्रामाणिक और विश्वसनीय बन जाती हैं।

बावजूद इसके देह प्रेम का सबसे बड़ा भौतिक आलम्बन है। इसके बिना प्रेम की

कल्पना नहीं की जा सकती। देह प्रेम की स्मृतियों का भी सबसे जीवन्त आलम्बन है। शायद इसलिए प्रेम देह के नष्ट होने की कल्पना से भय खाता है और हर हालत में देह को बचाये रखना चाहता है।

यहाँ मैं 'प्रेम की स्मृति' के सम्बन्ध में एक बात स्पष्ट कर दूँ। क्या मैं प्रेम को मात्र 'स्मृति' की वस्तु मानकर चल रहा हूँ जिसको देह और उसकी कामना धारण करती है? क्या प्रेम मनुष्य की विगत स्मृति का ही एक हिस्सा मात्र है जिसका मनुष्य की वर्तमान सत्ता से कोई सीधा सम्बन्ध नहीं? क्या प्रेम एक सदैव जारी अनुभव नहीं है जैसा कि उसे व्यापक रूप से मान लिया गया है? हाँ, मेरा भी यही विचार है कि प्रेम पहले अनुभव है जो आगे चलकर स्मृति में बदल जाता है। बल्कि मैं इसे थोड़ा-सा सुधारकर कहूँ कि प्रेम निरन्तर स्मृति में बदलता अनुभव है, बल्कि जब तक उसका अनुभव परिपक्व होता है वह स्मृति में तब्दील हो चुका होता है।

प्रेम का अनुभव नहीं होता, उसकी स्मृति होती है। प्रेम का जब अनुभव हो रहा होता है तब वह अनुभव वस्तुतः प्रेम की पूर्वस्मृति से निःसृत होता है। यह पूर्वस्मृति प्रेम के आदि-रूप की है जो उसे देह के उत्तराधिकार के रूप में मिली हुई है। उत्तराधिकार में उसे आसक्ति और अनुराग का भी वह प्रबल तत्त्व मिला हुआ है जिसमें घुला प्रेम का प्राक्-अनुभव और स्मृति एक साथ संघनित है। प्रेम में इसी प्राक्-अनुभव की याद आती है जो वर्तमान जीवन में होने वाले प्रेम-अनुभवों को सत्यापित करता है। अतः जिन्हें हम प्रेम का नया अनुभव कहते हैं वे पुराने अनुभवों की याद होते हैं। इसलिए प्रेम में स्मृतियों का इतना महत्त्व है।

प्रेम का अनुभव हो रहा है अथवा प्रेम का अनुभव हुआ है—का इतना ही मतलब है कि प्रेम की स्मृतियाँ सक्रिय हुई हैं। एक कवि उसे कविता में उतारता है प्रेम के 'नये अनुभव की कविता' कहकर।

x x x

चर्चा में पीछे छूट गया एक सूत्र यह था कि प्रेम का सबसे बड़ा भौतिक आलम्बन देह होने के कारण प्रेम देह के नष्ट होने की कल्पना मात्र से भय खाता है और हर हालत में उसे बचाये रखना चाहता है।

ठीक यही स्थिति देह के सम्बन्ध में भी है। वह भी प्रेम को बचाये रखने के लिए अपनी सुरक्षा को अनिवार्य समझता है। वह भी अपने बग़ैर प्रेम की गति को सम्भव नहीं मानता। प्रेम की स्मृति को देह ही सँजोए रख सकती है। प्रेम-कविता में भी प्रेम की स्मृति सहेजी जाती है, जिसे सम्भव कोई देह करती है। इसलिए जैविक तल पर देह की मृत्यु प्रेम और उसकी स्मृति दोनों के लिए निर्णायक अन्त है। एक अन्य

तल पर, जा चुकी देह और उसके प्रेम व स्मृति का अभिलेख प्रेम-कविता में काफ़ी हद तक शेष और सुरक्षित रहता है। मृत्यु उसे मार नहीं पाती। प्रेम-कविता की जिजीविषा और उसका उत्कट उत्साह उसे महान प्रेम-कविता के रूप में अनन्त-काल तक जीवित रख सकता है।

लेकिन जैविक तल पर मृत्यु देह को तो मार ही डालती है, उसके प्रेम और स्मृति को भी नष्ट कर देती है। मृत्यु में पहला आघात व्यक्ति के 'स्मरण-केन्द्र' पर होता है। वह इसी केन्द्र को सबसे पहले ध्वस्त करती है। मृत्यु महाविस्मरण की महान घटना है। यह घटना स्मृति पर गहरी और निर्णायक चोट करती हुई घटित होती है। यह चोट देह को भूलने पर मज़बूर करती है। देह की आसक्ति, उसकी कामना में विन्यस्त काम और प्रेम को, और उसकी सुदूर लम्बी यादों को भूलने पर विवश करती है। वह जीवन से देह की अनुरक्ति के लम्बे संग-साथ के सूत्र को तोड़कर उसे एक ऐसे 'वैक्यूम' में धकेल देती है जहाँ अस्तित्व की अनन्त शून्यता है, जहाँ अस्तित्व की पदार्थमयता निःशेष है।

विस्मरण के गहन अन्धकार के कारण ही मृत्यु से इतना भय है। इसकी कल्पना और विचार से भी मनुष्य को परहेज है। मनुष्य की सारी प्रेम-कविताएँ इसी भय और आतंक से मुक्ति की कविताएँ हैं। मनुष्य नहीं चाहता कि देह से आसक्ति और उस आसक्ति की स्मृति का कभी क्षरण हो। वह प्रेम-कविता में उस आसक्ति और उसकी स्मृति को सुरक्षित रख लेना चाहता है। तभी तो वह सदियों से प्रेम-कविता लिख रहा है। उसे अगर देह से मुक्ति भी चाहिए तो प्रेम-कविता में ही चाहिए। क्योंकि उसी के परिसर में प्राप्त हुई मुक्ति उसे अमर करेगी, पुनः-पुनः देह के दायरे में जीवित करती हुई।

x x x

सजग प्रेम का एक कवि जब मृत्यु-कविता की ओर उन्मुख होता है, तब वस्तुतः वह प्रेम और कामना के महाविस्मरण में गिर चुका होता है। तब जीवन और प्रेम की समस्त स्मृतियाँ एकबारगी अवरुद्ध हो जाती हैं। उसकी सूराख से कुछ भी बाहर नहीं जाता।

चूँकि मृत्यु और उसकी अनुभूति के क्षण का प्रचंड आघात अप्रत्याशित और असह्य होता है अतः ठीक उसी विशिष्ट क्षण के अहसास की कविता यानी—'मृत्यु-कविता', जीवन की तमाम ऐहिक आसक्तियों और प्रेम की स्मृति के विपरीत, विराग और आघात की कविता होती है। उसे अचानक आसक्ति और प्रेम की स्मृति के नष्ट हो जाने का आभास होता है जो उसके उत्साह, उल्लास और

उत्तरजीवन की कामना को शिथिल कर देती है। अन्ततः मृत्यु में यह सब नष्ट हो ही जाता है। और जो जीवन नष्ट हुआ, उसके महाविस्मरण की स्थायी स्थिति बन जाती है। आघात के उस क्षण की पूर्व कल्पना या पूर्व अनुभव को कविता में ढालते वक़्त उस कविता का भी एक विशिष्ट स्वभाव तय हो जाता है। वह 'कविता' से 'मृत्यु-कविता' हो जाती है। वह कविता वास्तव में जीवन-ऊर्जा की बात नहीं करती। वह ऊर्जा जो प्रेम है, काम है, आसक्ति है और न जाने कितने रूपों में रति का रूपक है।

x x x

कभी-कभी प्रेम-कविताओं की तरह मृत्यु-कविताओं में भी आसक्ति के लक्षण देखे जा सकते हैं। ठीक वैसे ही जैसे मृत्यु के चरम क्षण में अचानक जीवन और उस जीवन में किया गया प्रेम याद आता है। एकाएक उस प्रेम की स्मृति मृत्यु के भीषण क्षण में भी कौंध उठती है। अब जैसे कवि अशोक वाजपेयी को ही लें तो उनका मानना है कि उनकी प्रेम-कविताएं उनकी मृत्यु-कविताओं का ही दूसरा पक्ष है। अर्थात् उनकी प्रेम-कविताओं में जो आसक्ति का भाव दीख पड़ता है, उनकी मृत्यु-कविताओं में भी वही आसक्ति का भाव है और उतना ही। दोनों तरह की कविताओं में जीवन के प्रति अनुराग है और दोनों में ही जीवन का अवसाद लक्षित होता है।

यह कोई अस्वाभाविक बात नहीं है कि प्रेम में असुरक्षा की जो भावना है वही वह अवसाद है जो मृत्यु के क्षण में उत्पन्न होता है। और मृत्यु के क्षण में पुनर्नवा होने की जो उज्ज्वल आकांक्षा है वही प्रेम में अनुराग बनकर प्रकट होता है। इसलिए जो कवि प्रेम और मृत्यु-कविताओं में समानधर्मिता की खोज करते हैं वे अपनी जगह ठीक ही हैं। ऐसे कवियों को यदि प्रेम और मृत्यु दोनों में अवसाद और उल्लास के समान लक्षण दिखाई पड़ जाते हैं तो यह अन्यथा नहीं है। वास्तव में प्रेम-कविता में वही होता है जो मृत्यु-कविता में होता है। प्रेम-कविता जिस आसक्ति से शुरू होती है, मृत्यु-कविताएँ उसी आसक्ति को विस्तारित करती हैं। प्रेम-कविता में प्रेम का अनुभव और उसकी स्मृति जगह बनाती है तो मृत्यु-कविता में मृत्यु का भय और अवसाद जगह घेरता है जो प्रकारान्तर से जीवन से आसक्ति का ही रूप है। तभी तो वह मृत्यु से भय खाता है। एक व्यक्ति के लिए जैसे मृत्यु प्रेम और आसक्ति का पटाक्षेप है उसी प्रकार एक कवि की मृत्यु-कविताओं में प्रेम और आसक्ति का पटाक्षेप होता है। लेकिन अन्त से पहले दोनों में प्रेम और आसक्ति की लौ सर्वाधिक तेज़ होती है। वह लौ मृत्यु से खुद को अन्त-अन्त तक बचा लेने की जद्दोज़हद करती है। यही प्रेम और मृत्यु-कविताओं की समानधर्मिता है।

परिशिष्ट-ख

प्रेम में देह, देह में प्रेम

सदियों से प्रेम का प्रबल चेहरा प्लेटोनिक किस्म का रहा है। दुनिया-भर की अमर प्रेम कहानियाँ, जो लोक की स्मृति में दर्ज हैं, अपने प्लेटोनिक स्वभाव के कारण जानी जाती हैं। ये प्रेम कहानियाँ केवल लोक की स्मृति में नहीं, उसके मौखिक और लिखित साहित्य में भी, आदर के साथ स्थान पाती हैं। इनका प्रतिबिम्बन व्यापक रूप से शिष्ट साहित्य एवं शिष्ट कला के विभिन्न रूपों में सम्भव हुआ है। प्रेम की बात छिड़ते ही रूमानी-सा माहौल स्वभावतः बन जाता है। बिन रूमानी हुए प्रेम पर चर्चा प्रायः होती ही नहीं है। इसकी अनुभूति मात्र से देह-प्राण खिल उठते हैं।

प्रेम को प्लेटोनिक रूप में समझने-महसूसने का सिलसिला बहुत पुराना है। कितना पुराना, शायद इसका अनुमान लगाना बेमानी बात होगी। मनुष्य के स्वभाव का अभिन्न हिस्सा होने के कारण प्रेम की पुरातनता मनुष्य जितनी ही है। लेकिन यह कह पाना मुश्किल है कि मनुष्य ने पहले-पहल प्रेम को जिस रूप में महसूसा और जाना था, उसमें भावनात्मक अथवा रूमानी तत्त्व प्रमुख था या देह-तत्त्व, जिसे प्रायः सेक्स से जोड़कर देखा जाता है। जो भी हो, एक भावनात्मक दुर्बलता के रूप में प्रेम ने मनुष्य को अपने जिस रूप में पूरी तरह से गिरफ़्त में लिया, वह उसका प्लेटोनिक और रूमानी रूप ही रहा है। हर देश-काल के भूगोल के लोक ने प्रेम के ऐसे ही क़िस्सों को अपनी स्मृति, परम्परा और संस्कृति में शामिल किया है, उन्हें तरजीह दी है जिनमें देह और काम का भाव विरल हो गया है। और यदि वह किसी रूप में थोड़ा-बहुत मौजूद भी है तो उसका उदात्तीकरण कर उसे प्लेटोनिक स्तर पर स्थित कर दिया गया है। लोक-रूपों से बाहर साहित्य और कलाओं के शिष्ट स्वरूप के काफ़ी महत्त्वपूर्ण हिस्से ने भी प्रेम के उदात्त स्वरूप को मान्यता दी है। प्रेम को लेकर एक गहरा रूमानी भाव इस साहित्य में भी है। पश्चिम में जो स्वच्छन्दतावाद अथवा रोमांटिसिज़्म नाम का वृहद् साहित्य और कला-आन्दोलन प्रेम, कल्पना और उन्मुक्त भावोच्छ्वास की भाव-त्रयी से तदाकार होकर उद्भूत हुआ, भावनाओं के अनियन्त्रित आवेग में उसने प्लेटोनिक रोमान के अनेक अनछुए शिखरों को छू लिया। हिन्दी में छायावाद प्लेटोनिक प्रेम की कविता का श्रेष्ठ उदाहरण है। प्रयोगवाद और नयी कविता में भी इस भावोच्छ्वास का अपनी तरह से विकास हुआ। सन् 80 के बाद की हिन्दी कविता में भी प्रेम के इस रूप की बहुतेरी झलकियाँ देखने को मिलती

हैं। अशोक वाजपेयी की अनेक प्रारंभिक कविताएँ प्रेम के आवेग से उत्तेजित और उच्छवसित हैं। दुनिया की तमाम भाषाओं की प्रेम कविताओं में ऐसी अभिव्यक्तियाँ बड़े परिमाण में मिल जाती हैं।

आख़िर यह प्रेम इतना नाजुक और भावुक मामला क्यों है? इतना संवेदनशील और अनियंत्रित क्यों है कि प्रायः इसमें डूबने वाले प्रेमी को 'पागल' तक कह दिया जाता है। और यह 'पागलपन' भी ऐसा है कि 'पागल' हुआ प्रेमी 'किसी काम का नहीं' रह जाता। उसे 'ख़राब' हो गया-सा मान लेते हैं। क्या सचमुच प्रेम ऐसी कोई 'बीमारी' है, जो प्रेम करने वाले को 'बेकाम' की चीज़ बना देती है? ऐसा कैसे होता है?

हम अक़सर यह नोट करते हैं कि एक व्यक्ति, जो प्रेम में गिरता है, उसकी शरीर-मुद्रा, भाव-भाषा, व्यवहार और गतिविधियों में भारी बदलाव दिखने लग जाता है। उसमें गम्भीर दैहिक, भावनात्मक और व्यवहारगत परिवर्तन प्रकट होकर विकसित होने लगते हैं। प्रेम की सफलता और विफलता की स्थिति में ये परिवर्तन अलग-अलग कोटि के होते हैं, प्रायः विपरीत भी। लेकिन इतना तय है कि यह प्रेम करने वाले की शख़्सियत को काफ़ी हद तक बदल देता है। इसी व्यक्तित्वान्तरण को आमतौर पर, दूसरों द्वारा, प्रेमी के 'पागलपन' के रूप में नोट किया जाता है। यह 'पागलपन' धार्मिक और आध्यात्मिक स्तर पर भी है। वहाँ भी इसी तरह का व्यक्तित्वांतरण घटित होता है। दुनिया में अनेक ऐसे धार्मिक-आध्यात्मिक पन्थ और सम्प्रदाय हैं जिनमें 'परम-तत्त्व' तक 'पहुँचने' के लिए 'ज्ञान', 'कर्म' आदि जैसे मार्गों को अनुपयुक्त मानकर 'प्रेम' के मार्ग से पहुँचने और उसे पाने का विधान है। उनमें प्रेम किसी मूर्त व्यक्ति विशेष के प्रति नहीं होता, बल्कि अमूर्त-अदृश्य परमात्मा के प्रति होता है। फिर भी उसके प्रति अपने प्रेम को सम्भव करने के लिए उसे, यानी परमात्मा को, एक ठोस उपस्थिति के रूप में परिकल्पित कर लिया जाता है। ऐसे धार्मिकों में परमात्मा के प्रति प्रेम उसी प्रकार का, और उतना ही प्लेटोनिक होता है जितना कि एक व्यक्ति-प्रेमी का व्यक्ति-प्रेमी के बीच सम्भव है। इस मामले में सूफ़ियों का सम्प्रदाय एक अग्रगण्य और प्रमुख धार्मिक सम्प्रदाय है। सूफ़ी परमात्मा को प्रेयसी की ठोस उपस्थिति के रूप में देखते-पाते हैं। ऊपर से देखने पर यह प्रेम दोनों तरफ़ से 'इंडिविजुअल' प्रेम है। परमात्मा के प्रति प्रेम की ठोस इंडिविजुअलिटी के कारण ही एक सूफ़ी ऐसा प्रेम कर पाता है जो सांसारिक प्रेम जैसा मालूम पड़ता है। उसके हाव-भाव, बोली-बानी, शरीर-मुद्रा सबमें ठीक उसी प्रकार का परिवर्तन दृष्टिगत होता है जैसा अगर एक इंडिविजुअल प्रेमी दूसरे इंडिविजुअल प्रेमी के प्रेम में गिरता, तो होता। एक सूफ़ी भी उसी तरह 'पागल' हो जाता अथवा समझा जाता है जिस तरह कोई अन्य सामान्य प्रेमी। वह भी एक दूसरे प्रेमी की तरह बेकाम की चीज़ घोषित कर दिया जाता है। उसका भी व्यक्तित्वान्तरण एक सांसारिक प्रेमी

की तरह उसी रूप में होता है। उसमें भी वही दैहिक, मानसिक, भावनागत और व्यावहारिक परिवर्तन दिखाई पड़ते हैं जो एक सांसारिक प्रेमी के शरीर-मन-भावना और व्यवहार में होते हैं।

एक सूफ़ी अपने तथाकथित इंडिविजुअल प्रेम को अपने धार्मिक और आध्यात्मिक व्यवहार के सूत्रों से जोड़कर उसका उदात्तीकरण ज़रूर करता है। यह उसकी सर्वोच्च कामना है। ज़रूर वह इंडिविजुअल प्रेम के बहाने परमात्मा के सार्विक प्रेम को प्राप्त करने की इच्छा करता है। उसकी 'इंडिविजुअल प्रेयसी' 'अखिल प्रेयसी' में विस्तारित हो जाती है। लेकिन एक सूफ़ी को व्यवहार, भावना, भाषा आदि सभी स्तरों पर 'टोटल चेंज' अन्ततः 'मूर्त और उपस्थित' अथवा 'मूर्त और उपस्थित के आभास वाला' प्रेम ही करता है। यह टोटल चेंज उसकी भौतिक काया में होता है। इसलिए वह धार्मिक या आध्यात्मिक बाद में है, पार्थिव 'प्रेमी' पहले है।

एक सूफ़ी भी 'प्रेम' में मनोदैहिक परिवर्तनों के फलस्वरूप असामान्य व्यवहार करने वालों की श्रेणी में परिगणित कर लिया जाता है और व्यक्ति के रूप में किसी अन्य साधारण प्रेमी के साथ भी यही घटना घटती है। दोनों इसी 'असामान्यता' के कारण तथाकथित स्वस्थ और सन्तुलित समाज में 'पागल' और 'विक्षिप्त' घोषित कर दिये जाते हैं। 'पागल' और 'विक्षिप्त' घोषित होने से पहले सभी प्रकार के प्रेमी अपनी परिवर्तित हो रही मनोदैहिक स्थितियों के कारण एक अतार्किक, अबूझ और विशिष्ट रूप से कल्पित जगत में संक्रमण कर जाते हैं। जहाँ वे निर्वाक् शून्यता की गिरफ़्त में आकर उससे आविष्ट होते हैं। उस छायाभासी रोमैंटिक संसार में तर्क, बुद्धि और प्रश्नाकुलता का अवकाश नहीं। वैसे भी रोमैंटिक वृत्ति का तर्क और बुद्धि से सनातन वैर है।

तो प्रेम में तर्कातीत हो जाने के कारण ही सारा 'पागलपन' है। निरी बुद्धि और निपट संशय से मुँहफेरे खड़े होने के कारण ही उसमें नाजुकपन है। 'सामान्य' विधि और अनुशासन के दायरे में न रुक-ठहर पाने के कारण वह 'ख़राब' और 'बेकाम' की चीज़ होता है। इसलिए वह संसार में होता हुआ भी अपना स्वप्न संसार के बाहर ढूँढ़ता है।

x x x

कभी प्रेम में कोई देह गिर सकती है तो कभी किसी देह में प्रेम गिर सकता है। इस 'गिरने' को हम दो अलग-अलग प्रत्ययों में बाँटकर देख सकते हैं—एक, प्रेम में देह और दो, देह में प्रेम। 'प्रेम में देह' के प्रत्यय में जब कभी देह प्रेम में 'गिरती' है तो वह, यानी देह, अपने होने की स्मृति का अतिक्रमण कर जाती है। वह प्रेम के उस लोक में 'शिफ्ट' हो जाती है जिसे हम आमतौर पर प्लेटोनिक जगत कहते हैं। तब

देह का होना अक़सर विरल हो जाता है। जब प्रेम के अधिकार में देह होती है तब प्रेम देह को एक तरह से मार ही डालता है। प्रेम उसकी रिक्त हुई जगह पर काबिज़ हो जाता है। वहाँ वह देह की स्मृति और उसके आभास को भी विरल कर देता है। प्रेम देह में जाकर देह की सत्ता को पूरा ही तोड़ डालता है। देह प्रेम के जादू से आविष्ट होकर अन्ततः उसके रहस्य की भूल-भूलैया में खो जाती है।

लेकिन प्रेम ही हमेशा देह को आविष्ट नहीं करता, देह भी अक़सर प्रेम को अपने अधिकार में ले लेती है। तब देह प्रेम को क़ब्जाकर अपने पदार्थमय स्वभाव की प्रभुता उस पर स्थापित कर देती है। अब देह प्रमुख हो जाती है और प्रेम उसके अनुषंग में आता है। देह के प्रमुख और प्राथमिक होने पर उसके अनुषंग में आया प्रेम देह के 'बाई प्रोडक्ट' के रूप में सामने आता है। देह अपने 'नाकुछपन' में भी प्रेम पर हावी हो जाती है। वह प्रेम को अपने गहरे तल में खींच ले जाती है। तब प्रेम देह के सँकरे दायरे में महदूद होकर देह के व्याकरण से ही परिभाषित होने लगता है। देह प्रेम के रहने का एक अस्थायी शरण्य-सी बन जाती है और इस ठौर और ठीये में जब-तब मनमाने बदलाव की गुंज़ाइश भी बनी रहती है।

'प्रेम में देह' के विचार में भी प्रेम देह को अपना ठीया बनाता है किन्तु प्रेम जल्द ही इस ठीये का अतिक्रमण कर जाता है। बल्कि वह देह को उसके विशुद्ध भोगपरक भौतिक आशय में देह रहने ही नहीं देता। वह उसे आविष्ट कर उस पर पूरा अधिकार बना लेता है। तब देह की मौजूदगी मात्र एक उत्तेजक कायिक सत्ता के रूप में नहीं रह जाती, उसका प्रतिकार प्रेम के द्वारा किया जा चुका होता है। वहाँ देह अवशेष रूप में ज़रूर बची रहती है लेकिन वह प्रेम के संयत ऐन्द्रिक वैभव को अनुभव-समृद्ध और प्रदीप्त मात्र करती है।

इसके ठीक उलट 'देह प्रेम में' एक उत्तेजनापूर्ण आनुभविक प्रत्यय है। वहाँ खुद देह प्रेम को नियंत्रित और निर्धारित करती है, उसमें मनमाना अर्थ भरती है। वहाँ देह को प्रेम का सम्मोहन आविष्ट नहीं करता, बल्कि प्रेम को देह की उत्तेजना और कामना घेर लेती है। प्रेम को घेरती देह विशुद्ध पदार्थमय ऊष्मा लिए हो सकती है। प्रायः होती ही है। वहाँ प्रेम देह की सीमा को अतिक्रमित नहीं करता, बल्कि वह उसकी कोठरी में सिमट और सिकुड़ जाने की नियति के अधीनस्थ होता है। देह का विशुद्ध पदार्थमय व्याकरण प्रेम को परिभाषित करने लगता है। यह सारा खेल देह की विशिष्ट भौतिक प्रकृति या स्वभाव के अनुकूल होता है।

X X X

हम सभी यह जानते हैं कि मानव-शरीर का अपना एक स्वतन्त्र रसायन शास्त्र है, कार्य-व्यापार है। देह की समूची कार्य-प्रणाली को देखने-समझने और व्याख्यायित

करने का विज्ञान का अपना विशिष्ट नजरिया और अपने उपकरण हैं। अन्यान्य मानवीय भावों और संवेदनाओं के साथ-साथ 'प्रेम' के भाव को भी वह वस्तुनिष्ठ और तार्किक नजरिए से व्याख्यायित और विश्लेषित करता है। उसका अपना गणित है कि मानव-देह के समस्त क्रियाकलापों सहित उसके समस्त भाव-व्यापार और संवेदी स्थितियाँ भी देह की भौतिक और रासायनिक प्रणाली से निर्धारित, नियन्त्रित और संचालित होती हैं। 'प्रेम' का भाव भी ऐसा ही एक भाव है। शरीर-शास्त्र प्रेम के भाव के प्लेटोनिक स्वरूप को ख़ारिज करता है या फिर उसे भी अपने नियमों-उपनियमों के माध्यम से व्याख्या-योग्य बनाता है। वह 'देह में प्रेम' की अवस्थिति को सचमुच में यह स्वीकारते हुए वैधता प्रदान करता है कि देह में अवस्थित प्रेम कहीं भी, कभी भी, देह की भौतिक सीमा का अतिक्रमण नहीं करता। उसका होना देह के होने के कारण ही सम्भव है। देह से बाहर उसकी कोई सत्ता नहीं। दरअसल शरीर-शास्त्र देह को आधारभूत मानकर प्रेम की भावसत्ता का भारी अवमूल्यन कर देता है। वह प्रेम को देह के तल पर उतारकर उसकी व्यापक तौर पर मान ली गयी उदात्त, अलौकिक, दैवीय और गरिमामय छवि को अपदस्थ कर देता है।

शरीर-शास्त्र के पास 'प्रेम में देह' जैसे प्रत्यय की कोई सन्तोषजनक अवधारणा और व्याख्या अब तक नहीं है किन्तु 'देह में प्रेम' के प्रत्यय को वह मस्तिष्क के संरचना-शास्त्र की सहायता से आसानी से व्याख्यायित और विश्लेषित कर देता है। चूँकि देह की प्रायः समस्त क्रियाओं का नियन्त्रण-केन्द्र मस्तिष्क और उसमें सक्रिय रासायनिक क्रियाएँ-प्रतिक्रियाएँ हैं और वही मनुष्य के विचार और भाव-व्यापार का संचालन भी करता है, अतः शरीर-शास्त्र के अनुसार, एक 'भाव' होने के नाते प्रेम का 'भाव' भी मानव-मस्तिष्क के नियमन की परिधि के भीतर आता है। इस परिधि के भीतर सोचें तो जब देह में प्रेम 'जागता' है तब चूँकि वह देह के भीतर जागता है, सो देह, दिमाग और उनका समवेत विज्ञान प्रेम का मालिक है। वह देह में प्रेम को अपने हिसाब से नचाता, जगाता और सुलाता है। देह का अपना दिमाग इसके लिए उत्तरदायी है।

जब हम 'देह में प्रेम' की बात करते हैं और उसे शरीर-शास्त्र से जोड़कर देखने-समझने की कोशिश करते हैं तब वास्तव में हम उसे बरास्ते शरीर-विज्ञान एक ऐसे वस्तुनिष्ठ तरीके से व्याख्यायित-विश्लेषित करने पर मजबूर होते हैं जहाँ प्रेम करने-पाने और अनुभव की सीधी-सरल चीज़ न होकर शुष्क अकादमिक अध्ययन की कठोर वस्तु मात्र बनकर रह जाता है। विज्ञान और वैज्ञानिक खोजों के तुमुल जयनाद के इस युग में संसार की प्रत्येक कोमल और नाजुक चीज़ इसी प्रकार वस्तुनिष्ठ अध्ययन और निपट शोध की बेलाग वस्तु बन कर रह गयी है। हर चीज़ एक विशिष्ट प्रविधि के अधीन और बाकी सबसे अमानवीयता की हद तक उदासीन और निरपेक्ष है। प्रेम को 'पढ़ने' के लिए शरीर का विज्ञान, निस्संग प्रविधि का

नजरिया प्रस्तावित करता है।

'देह में प्रेम' क्या चीज़ है? यह कैसे उत्पन्न होता है? देह में इसकी अवस्थिति कैसे है?—'देह में प्रेम' की धारणा की चर्चा करते हुए ये कुछ सवाल सामने आते हैं। शरीर-विज्ञान के पास प्रेम की दैहिकता की खोज करते हुए उसका एक वस्तुनिष्ठ अकादमिक शास्त्र विकसित हुआ है। दीर्घ समय के शोध और अध्ययन के उपरान्त देह में मौजूद मस्तिष्क की वह कार्य-प्रणाली कुछ हद तक स्पष्ट हुई है जो देह में प्रेम के उद्भव के लिए ज़िम्मेदार है।

वैसे 'देह में प्रेम' के प्रत्यय को लेकर चलने वाले वैज्ञानिक अनुसन्धानों का लम्बा इतिहास रहा है। इस इतिहास में जायें तो चिकित्सा-शास्त्र के मशहूर विद्वान हिप्पोक्रेट्स के एक सिद्धान्त का सहारा लेकर डूज़ी हाउज़र ने 'प्रेम' को दैहिक तल पर व्याख्यायित करने का पहला प्रयास किया। हाउज़र का मानना था कि रक्त, श्लेष्मा, काली और पीली पित्त—मनुष्य-शरीर में इन चारों धाराप्रवाहों का मिश्रण ही प्रेम के उद्भव का कारण बनता है। लेकिन इस अध्ययन से बात कुछ बनी नहीं। 17वीं शताब्दी तक के अनेक अध्ययनों में प्रेम के अहसास को एक बीमारी की तरह लिया जाता रहा। थॉमस विलीस ने अपने अध्ययन में मानव-विचार, व्यवहार और विभिन्न प्रकार की भावनाओं जिनमें प्रेम की भावना भी शामिल है, के लिए मानव-मस्तिष्क की, प्रमुख कारक के रूप में शिनाख़्त की। सत्रहवीं सदी के उत्तरार्द्ध में जब इस विषयक अनुसन्धानों की गति तेज़ हुई तब 'प्रेम' को एक 'न्यूरोलॉजिकल प्रतिक्रिया' मानकर इसे मस्तिष्कगत रोगों में परिगणित किया जाने लगा। मानव-मस्तिष्क की अत्यधिक संवेदनशीलता को इस बीमारी का कारण बताया गया। बाद में वर्ष 1800 आते-आते प्रेम को सीधे तौर पर देह के तल से जोड़कर देखा जाने लगा और उसकी परिभाषा यौनिकता और यौन-सम्पर्क के सन्दर्भ में की जाने लगी। डॉ. फ्रैंक टैलिस ने अपनी पुस्तकों में इसका विस्तार से वर्णन किया है। लगभग उन्हीं दिनों एक दूसरे लेखक डॉ. रे वॉघन पियर्स ने बताया कि देह के तल पर प्रेम से ग्रस्त जोड़ों की मानसिक क्षमता में भारी गिरावट होती है। प्रेम की अनुभूति से उनके मस्तिष्क से रक्त जननांगों में प्रेषित होता है। डॉ. पियर्स ने इस स्थिति को 'मानसिक भुखमरी' का नाम दिया।

डॉ. जे. रिचर्ड कुकरली के अनुसार मनोवैज्ञानिक तरीके से काम करने वाले व्यक्ति का मस्तिष्क अनेक किस्म की रासायनिक प्रतिक्रिया देता है। इससे शरीर में कुछ रसायनों का निर्माण होता है और जैविकीय बदलाव आते हैं जो मानव-शरीर के लिए लाभकारी हैं।

आधुनिक वैज्ञानिक अनुसन्धानों ने इस तथ्य को सिरे से ख़ारिज कर दिया है कि प्रेम में दिल या हृदय की कोई महत्त्वपूर्ण भूमिका होती है। बल्कि उनके अनुसार इसके लिए मस्तिष्क ही ज़िम्मेदार है। हृदय का सम्बन्ध केवल इतना है कि प्रेमानुभूति

की तीव्रता में हृदय-गति बढ़ जाती है और रक्तशिराएँ संकुचित हो जाती हैं। लेकिन अन्ततः मस्तिष्क का कार्य निर्णायक है।

चूँकि विज्ञान ने प्रेम को देह में खोजा-पाया है अतः वह देह को, उसकी पदार्थमयता को सर्वोच्च मानता है। उसने प्रेम की अवस्थिति देह के बहुत छोटे और नाजुक हिस्से दिमाग़ में तलाश की है। यह केन्द्र है प्रेम का और देह का भी। यहीं से प्रेम उत्पन्न होकर देह में फैलता है और देह के अधीन हो जाता है। शरीर-विज्ञानियों ने मस्तिष्क के 'लिम्बिक सिस्टम' को प्रेम से सम्बद्ध भावनाओं के स्रोत के रूप में ढूँढ़ निकाला है। यह सिस्टम मनुष्य के भावनात्मक कार्यकलापों और स्मृति से सम्बद्ध गतिविधियों को नियमित और संचालित करता है। प्रेम की जटिलताओं की तरह मानव-मस्तिष्क के इस महत्त्वपूर्ण हिस्से की बनावट काफ़ी जटिल है और इसके कई उपभाग हैं। 'लिम्बिक सिस्टम' का एक बड़ा महत्त्वपूर्ण भाग 'हाइपोथैलेमस' है जो प्रेम में मुख्य भूमिका निभाता है। यह पीयूष ग्रन्थि के द्वारा स्रावित होने वाले कई महत्त्वपूर्ण हार्मोन्स को नियन्त्रित करता है और साथ ही मनुष्य की भावनात्मक प्रतिक्रियाओं का विवेचन भी करता है। मनुष्य का यौन-व्यवहार भी मस्तिष्क के इसी हिस्से से नियन्त्रित होता है।

आधुनिक शरीर-शास्त्रियों ने मस्तिष्क में ऐसे रसायनों का पता लगाया है जिनकी सक्रियता-निष्क्रियता मानव-देह में प्रेम के उत्पन्न होने का कारण बनती है। जैसे सिरोटोनिन और डोपामीन नामक रसायन। ये रसायन लिम्बिक सिस्टम की ही उपज हैं। सिरोटोनिन नामक रसायन का स्राव जब मस्तिष्क में अधिक होता है तब यह प्रेम की भावना को बढ़ा देता है। यह मूड यानी मिज़ाज को नियन्त्रित करता है फलस्वरूप प्रेम में इसकी भूमिका महत्त्वपूर्ण होती है। इसी प्रकार डोपामीन रसायन है जो व्यवहार, मिज़ाज, सुखद अनुभूति और प्रकारान्तर से प्रेम की भावना से जुड़ा है।

विज्ञान और वैज्ञानिक अनुसन्धानों ने बहुत आसानी से प्रेम के केन्द्र को देह की रासायनिक क्रियाओं-प्रतिक्रियाओं के जंजाल में ढूँढ़ निकाला है। वहाँ बहुत वस्तुनिष्ठ तरीके से प्रेम देह में स्थापित है। उसे 'कंट्रोल' किया जा सकता है। विज्ञान ने उसे एक 'चीज़' की तरह खोजा और पाया है। इससे अपने तरीके से विज्ञान की समृद्धि बढ़ी है, उसकी दृष्टि विकसित हुई है।

लेकिन प्रेम में जब देह गिरती है तब उसके पास गिरने का कोई कारण, कोई तर्क, कोई व्याख्या, कोई विश्लेषण नहीं होता। वह बस गिरती है। उलट इसके, जब 'देह में प्रेम' गिरता है तब वह 'प्रेम' कुछ वैज्ञानिक, कुछ तार्किक, कुछ नफ़े-नुक़सान का सोच-विचार करने वाला हो जाता है। तब प्रेम देह में क़ैद है मुक्त नहीं, सो प्रेम सबकुछ देह की भाषा में सोचता है। वह देह की भाषा में सोचेगा तो पीछे-पीछे वस्तुनिष्ठता चली आयेगी, फिर आयेगा विचार, व्याख्या, विश्लेषण,

उपयोगिता-अनुपयोगिता का सिद्धान्त, प्रश्न और संशय.....। इस प्रकार देह की मौजूदगी प्रमुख होती है। प्रेम की नहीं। प्रेम होगा भी तो देह के सन्दर्भ में, उसका अनुषंग, उसका उप-उत्पाद।

'प्रेम में देह' के प्रत्यय में प्रेम मुक्त होता है। वह खुद के अलावा देह को भी मुक्त करता है। वह देह का उल्लंघन कर सार्वभौम स्पेस में विकसित होता है। इसलिए 'प्रेम में देह' का प्रत्यय कुछ-कुछ वायवीय, अमूर्त और प्लेटोनिक-सा मालूम पड़ता है। वह पूरी तरह 'सब्जेक्टिव' है। दूसरा प्रत्यय 'देह में प्रेम' 'आब्जेक्टिव' है। उसे विस्तार की ज़रूरत नहीं। वह एकरैखिक दिशा में विकसित होता है इसलिए पूरा स्पष्ट, व्याख्येय और विचार की परिधि में है।

इन दोनों प्रत्ययों के बीच का मूलभूत अन्तर ज़ाहिर है। 'प्रेम में देह' का प्रत्यय, जो प्लेटोनिक है, उसमें 'कला-कला' वाला खेल कुछ ज़्यादा मालूम पड़ता है, जो 'देह में प्रेम' को जानने वालों को नहीं सुहाता। 'देह में प्रेम' वाले 'कला-कला' के खेल की जगह 'उपयोगिता-अनुपयोगिता' की बात विचार कर कोई खेल खेलते हैं। खेलने से पहले सोचते हैं खेलते हुए भी सोचते हैं कि क्या खेलने का कोई उपयोग होगा? वहाँ प्रेम भी उपयोग की वस्तु है। उसे देह से उस हद तक जोड़ देना है जब तक कि प्रेम के बहाने प्रेम, और प्रेम के बहाने देह की गरिमा तार-तार न हो जाये। देह में प्रेम को जानने वाले देह से भी चूक जाते हैं और प्रेम से भी। वहीं प्रेम में देह में डूबने वाले देह में भी घुलते हैं, उसको गौरव देते हैं और प्रेम भी उनसे अछूता नहीं रहता। वे अनछुई पवित्रता पर भरोसा नहीं करते।

परिशिष्ट-ग

अपने सच के बारे में भी संशयग्रस्त हूँ : अशोक वाजपेयी

(अशोक वाजपेयी से प्रकाश का संवाद)

प्रकाश : अशोक जी, आप पिछले लगभग पाँच दशकों से हिन्दी कविता और आलोचना के क्षेत्र में प्रमुखता से सक्रिय हैं। इस विस्तृत काल-खंड की कविता और इसकी परिवर्तनशील प्रवृत्तियों के आप सजग साक्षी रहे हैं। इस कालावधि की कविता को आप आज किस तरह देखते हैं? दूसरे शब्दों में, इस काल-खंड की कविता का मूल्यांकन आज आप किस प्रकार करेंगे?

अशोक वाजपेयी : देखिए, एक तो आधी सदी में परिवर्तन बहुत तेज़ हुआ है। लेकिन एक अर्थ में जो परिवर्तन शुरू में ही हो गया, वही टिकाऊ हो गया। यानी बाद में जो परिवर्तन हुए हैं, पिछले पच्चीस-तीस बरस में, वे इस बुनियादी परिवर्तन का ही विस्तार या संस्करण हैं। इनमें कोई रेडिकल बात या रेडिकल विचलन नहीं है उससे, जो परिवर्तन का शास्त्र बना था। मुहावरों और शैलियों का, व्यक्तित्वों का फ़र्क़ है। लेकिन जो मुक्ति कविता ने पचास-साठ के दशक में अर्जित की, वही मुक्ति आगे भी चलती रही। उसी मुक्ति का एक तरह से बाकी कवि प्रयोग या उपयोग करते रहे।

दूसरी बात यह है कि परिवर्तन तो अवश्यम्भावी होते हैंय समय के साथ होंगे ही, और बहुत सारे ऐसे परिवर्तन हैं जो होने के बाद उस परम्परा का एक ज़रूरी हिस्सा बनते हैं। मेरे हिसाब से यही हुआ है। इसको जाँचने-परखने की जो विधियाँ विकसित हुई हैं, वो कुल मिलाकर अपर्याप्त ही हैं। इसलिए एक बड़ी परम्परा तो इस दौरान कवि-आलोचकों की बनी। अज्ञेय, मुक्तिबोध, विजयदेव नारायण साही, मलयज, रमेशचन्द्र शाह, विष्णु खरे, नन्दकिशोर आचार्य इत्यादि। और इन्होंने भी बहुत महत्त्वपूर्ण स्थापनाएँ, अवधारणाएँ दी हैं। लेकिन आलोचना की जो तथाकथित मुख्यधारा है, उस पर इसका कोई ठोस प्रभाव पड़ा नहीं जान पड़ता। न तो उसने इन बदली हुई याकि नयी किस्म की अवधारणाओं और विधियों का विशेष उपयोग किया, और न ही खुद कोई नयी अवधारणाएँ विकसित कीं। ऐसा तो नहीं हो सकता कि सारा परिवर्तन कविता में ही हो, आलोचना में इस तरह का परिवर्तन या समतुल्य परिवर्तन न हो; पर ऐसा हुआ। कविता द्रुतगामी है, आलोचना मन्दगति है!

प्रकाश : आपने व्यवस्थित रूप से लिखना शुरू करते ही पहला मोर्चा अकविता जैसे निषेधात्मक कविता-आन्दोलन के ख़िलाफ खोला। क्या आपको लगता है कि अकविता सहित साठोत्तरी कविता की बुनियादी प्रवृत्तियाँ पूरी तरह दफ्न हो गयीं या

फिर उस कविता की प्रेत-छाया बाद के कविता-आन्दोलनों पर भी मँड़राती रही है? अभी की युवतर कविता का सन्दर्भ भी जोड़ना चाहूँगा।

अशोक वाजपेयी : मेरे हिसाब से तो अकविता आन्दोलन एक अल्पजीवी वृत्ति ही सिद्ध हुआ। उसमें कुछ सनसनी फैलाने की वृत्ति और यौन या इस तरह की चीज़ों को लेकर कुछ अतिरिक्त मुखरता थी। उससे आगे वह चला नहीं। एक तरह की वह रोमानियत ही था। मैं नहीं समझता कि उसकी कोई प्रेत-छाया मँडराती है। उसके जो कुछ अच्छे कवि थे, मसलन एक अर्थ में किसी हद तक धूमिल और बाद में चन्द्रकान्त देवताले और सौमित्र मोहन.....वे तीनों ही स्वयं अकविता की छाया से निकल आये, भले उस दौरान उनका उदय हुआ हो और शुरू में वे उसके प्रभाव में रहे हों। लेकिन आज आप उस अर्थ में किसी को अकवि नहीं कह सकते। वैसे तो ख़राब कवि बहुत हैं और अकवि उस अर्थ में भी बहुत हैं कि जिनको कविता लिखना आता ही नहीं है। लेकिन उस अर्थ में जिस अर्थ में अकवियों ने अपने को पेश किया—अकवियों ने अपने उत्तराधिकार को चुनौती दी थी। उनका कहना था कि यह हमारा उत्तराधिकार नहीं है। (हँसते हुए) लेकिन यह ठीक से कभी नहीं बताया कि हमारा उत्तराधिकार है क्या? उनकी जो वृत्ति थी, वह किसी भी तरह के उत्तराधिकार को ख़ारिज करने की थी। मैं नहीं समझता कि बाद की कविता में उत्तराधिकार के इस तरह की ख़ारिजी के लक्षण देखे जा सकते हों। हर कवि या हर समय अपने व्यापक उत्तराधिकार से कुछ-न-कुछ विशेष चुनता है जो उसके अनुकूल हो, जो उसको अपने समय को समझने और अपनी कविता को बढ़ाने में मदद करते हों। ये तो ठीक है। लेकिन उत्तराधिकार-वंचित कविता ज़्यादा देर नहीं चल सकती।

प्रकाश : आपने नयी कविता आन्दोलन के उत्कर्ष के दिनों में उस कविता से प्रेरित होकर लिखना शुरू किया था। आप उस कविता के समर्थक रहे हैं। क्या आपको यह अच्छा लगेगा कि आपकी पहचान नयी कविता की परम्परा को उत्तरजीवन देने वाले कवि के रूप में की जाये?

अशोक वाजपेयी : देखिए, यह तो सही है कि मैंने अपनी शुरुआत, एक तरह से कारगर शुरुआत नयी कविता आन्दोलन से उत्साहित होकर ही की थी। आप नयी कविता आन्दोलन को ध्यान में रखें तो वह एक बहुलतावादी आन्दोलन था। उसमें कई तरह की वैचारिक दृष्टियाँ एक साथ सक्रिय थीं। उसमें अज्ञेय थे, शमशेर थे, मुक्तिबोध थे, नागार्जुन थे, त्रिलोचन थे, बाद में धर्मवीर भारती थे और नरेश मेहता थे, श्रीकान्त वर्मा, विजयदेव नारायण साही थे। उसकी एक सबसे बड़ी खासियत यह थी कि उसकी मुक्ति सिर्फ़ भाषा और परम्परा में मुक्ति का चुनाव नहीं था बल्कि वह वैचारिक मुक्ति की कविता थी और वैचारिक बहुलता की भी कविता थी। इसलिए मैं अपने को गौरवान्वित ही अनुभव करूँगा कि अगर मुझे नयी कविता का

कवि माना जाय।

नयी कविता ने जो बुनियादी प्रतिज्ञाएँ कीं, कविता के धरातल पर शिल्प को स्थापित किया, उससे आज की कविता ग़लत अर्थ में तो हटी है। यानी ख़राब कविता को इस परम्परा में नहीं माना जाना चाहिए। आज की जो अच्छी कविता है, वह उस परम्परा का ही विस्तार है।

प्रकाश : अगर अस्सी के दशक के काव्य-समय को छोड़ दें तो आपका जो आलोचनात्मक लेखन है आप हमेशा उसके माध्यम से अपने समय की कविता को कमतर और नाकाफ़ी साबित करने की कोशिश करते रहे हैं। यह शिकायत का भाव लगभग स्थायी है। इसके लिए आपने शब्द, भाषा और शिल्प आदि के कठोर प्रतिमान बना रखे हैं। क्या सचमुच पिछली आधी सदी और इधर के दस-पन्द्रह वर्षों की हिन्दी कविता इतनी कामचलाऊ रही है?

अशोक वाजपेयी : देखिए, कई बार आलोचना में कुछ नाटकीयता या अतिरेक आ जाता है। लेकिन मुझे लगता है कि अधिकांश कविता कामचलाऊ बुद्धि से ही प्रेरित है। उसमें गहराई से समय, समाज, व्यक्ति, उनके द्वन्द्व, उनके सम्बन्ध, उनके संवाद को समझने की कोशिश बहुत कम है। जितनी है वह अपने हिसाब से काफ़ी है। यह कोई नयी बात नहीं है। क्योंकि आख़िर छायावाद में चार हज़ार कवि थे, बचे चार। यह काफ़ी है छायावाद को कीर्ति और उपलब्धि के शिखर पर रखने के लिए। इसकी बहुत चिन्ता कौन करता है कि उन तीन हज़ार नौ सौ छियानबे कवियों का क्या हुआ! तो एक बात। दूसरी बात यह है कि समकालीन आलोचना की एक वृत्ति समकालीनता को हर हालत में अतिरंजित करने, उसकी मूल्यवत्ता को अतिरंजित करने, उसकी सार्थकता को अधिक सघन और समृद्ध बताने में मुब्तिला रही है। तो इसके बरक्स मुझे लगा कि किसी को तो कुछ कठोर सच बोलना ही चाहिए। वो मैं थोड़ा-बहुत बोलता हूँ। इसका अर्थ यह नहीं कि मैं इस पूरे दौर को ही ख़ारिज करता हूँ।

प्रकाश : लेकिन कभी-कभी ज़्यादा अतिरेक हो जाता है....

अशोक वाजपेयी : हाँ, तो हो जाता होगा। क्योंकि एक कवि के नाते मुझे ग़ुस्सा भी आता है। कि क्या बकवास हो रही है, क्यों हो रही है। इन कवियों का अपने को इस तरह पेश करना कि इनसे पहले कुछ है ही नहीं! दूसरे इस तरह से व्यवहार करना.....अपने लेखन का कोई बौद्धिक औचित्य न प्रस्तुत करना, ये सब बातें भी चिढ़ पैदा करती हैं। और इधर की कविता में एक और वृत्ति है जो बहुत ही दुर्भाग्यपूर्ण है। कविता में लोग बदला निकालते हैं दूसरे कवियों से, दूसरे लोगों से। उनका नाम लेकर भी लिख देंगे।

प्रकाश : जैसे कविता प्रतिद्वंद्विता या दुश्मनी का मामला हो....

अशोक वाजपेयी : .....जैसे कविता का काम यह है कि दूसरों पर आरोप

लगाओ। वह कवि दूसरे को अदालत में खड़ा करने का हक कैसे रखता है जो ख़ुद अपनी कविता की अदालत में खड़ा नहीं होता! तो इन सब बातों को लेकर मैं कहता रहा हूँ। लेकिन जो अच्छी कविता है उसका समर्थक भी रहा हूँ। अब भले कविता में मैं यह कहता हूँ, इसकी आलोचना मैंने विधिवत् इसलिए नहीं लिखी है कि इसकी ज़रूरत मुझे नहीं लगती।

दूसरा, इसमें आलोचनात्मक उद्यम की जगह बहुत कम है। क्योंकि अर्थ तो सब अभिधा में घटा दिया गया है। यह कविता इतनी अभिधा-आक्रान्त कविता है कि इसमें अर्थ क्या खोजेंगे आप? इतनी स्मृतिहीन, अन्तर्ध्वनिहीन कविता है, इसमें क्या खोजकर आप आलोचना से निकालेंगे? इसलिए मेरा यह रुख रहा है।

प्रकाश : आपने कहीं लिखा है कि आलोचना के लिए वैचारिक पूर्वग्रह का होना ज़रूरी है। आपकी आलोचना के तीखेपन में यह पूर्वग्रह प्रायः झलक उठता है। निश्चय ही आपकी काव्य-दृष्टि भी पूर्वग्रहग्रस्त है कहीं-न-कहीं। यह पूर्वग्रह इतना कठोर और ठोस क्यों है कि कुछ लोगों की नज़र में यह रुचि की तानाशाही और विचारों के वैविध्य पर हमला मालूम पड़ता है?

अशोक वाजपेयी : पूर्वग्रह का मैं एक विधेयात्मक ढंग से इस्तेमाल करता रहा हूँ जबकि उसका एक निषेधात्मक पक्ष भी है। मैं कहूँगा कि सबके पूर्वग्रह होते हैं। सवाल ये है कि जब वे किसी रचना का सामना करते हैं तो रचना के अपने पूर्वग्रह और रचनाकार के अपने पूर्वग्रह होते हैं। इन दोनों पूर्वग्रहों का जब टकराव, संवाद, नोंक-झोंक होता है तो आलोचक के पूर्वग्रह का क्या होता है? तो इससे आलोचना की सार्थकता तय होती है। एक बात। दूसरी बात यह है कि आप ज़िन्दगी भर कविता पढ़ते रहे तो कविता की एक रुचि बनती है। और आपको लगता है कि कविता को इस तरह से देखा जाना चाहिए। अब उससे किसी को लगे कि ये बहुत वैचारिक कठोरता है तो ये मुलायम-मुलायम....

प्रकाश : और आपके प्रति भी तो एक तरह का पूर्वग्रह है लोगों में.....

अशोक वाजपेयी : हाँ, बनता है। लेकिन मुझे उसकी चिन्ता नहीं। जो आदमी ख़ुद पूर्वग्रहों को स्वीकार करता है वह इस बात के लिए तैयार है ही कि दूसरों के अपने पूर्वग्रह होंगे ही उसके बारे में। लेकिन सिवाय इसके कि जब-तब एक तरह के वाक्विलास से उन पूर्वग्रहों पर प्रहार किया जाये.....एक तरह की रिटोरिक का इस्तेमाल करके....कायदे से उसको ध्वस्त करने का काम बहुत कम किया गया है। किसने बताया है कि मैंने क्या देखने से या क्या मानने से इन्कार किया है और जो मैंने माना या जिसको मैंने देखा उसमें क्या ख़ामी है या क्या खोट है। तो आप सिर्फ़ यह कहके कि आपके पूर्वग्रह हैं तो हमारे भी पूर्वग्रह हैं....यह कोई वैचारिक उद्यम तो हुआ नहीं। इसमें आपने मुझे गाली दी, मैंने आपको गाली दे दी। ख़त्म हो गया। यह कोई विचार-विनिमय का क्षेत्र नहीं हुआ।

प्रकाश : आप साहित्य के लोकतन्त्र और उसके बहुलतावाद पर अटूट भरोसा करने वाले लेखक हैं। बावजूद इसके आप अपने काव्य-प्रतिमानों से बाहर की कविता के कटु आलोचक हैं। आपके द्वारा प्रस्तावित कविता के लोकतन्त्र में सिर्फ़ आपके ही काव्य-प्रतिमान चलेंगे या दूसरों के भी? इस सन्दर्भ में मैं कविता के लोकतन्त्र और उसके बहुलतावादी स्वरूप पर आपके अद्यतन विचार जानना चाहूँगा।

अशोक वाजपेयी : किसी भी लोकतन्त्र में अनेक तरह की दृष्टियाँ होती हैं और अनेक तरह की दृष्टियों को कहने, आपस में संवाद करने, नोंक-झोंक करने, जब तब सहकार करने का अवसर और खुलापन होना चाहिए। कोई यह माने कि मेरी ही दृष्टि सही है और दूसरी सब ग़लत हैं, यह लोकतान्त्रिक नहीं है। अगर आप मेरा आलोचनात्मक और संस्थागत आचरण ध्यान में रखें तो मैंने ऐसे बहुत सारे लोगों को समर्थन, आदर, जगह, अवसर, पुरस्कार इत्यादि दिये हैं या दिलवाये हैं जिनकी वैचारिक दृष्टि से मेरी असहमति है। मसलन मार्क्सवादियों को ही लें। मार्क्सवादी अक़सर मुझे अपना विरोधी मानते हैं, लेकिन वो बताएँ कि उनके किसी मार्क्सवादी ने किसी गैर-मार्क्सवादी लेखक को ऐसा अवसर दिया हो, जो मैंने दिया है। लोकतन्त्र इसमें है। इसमें आप अपनी वैचारिक दृष्टि को थोड़े छोड़ देंगे दूसरों के लिए। यह लोकतान्त्रिकता नहीं हुई, अवसरवादिता हुई एक तरह की। लेकिन आप ये मानिए कि आपके अलावा भी दृष्टि रखने वाले लोग हैं और ऐसे लोग अलग सोच सकते हैं। इनको इसका पूरा हक़ है। बहुत सारे लोग हैं जिनके नाम लिए जा सकते हैं....मैनेजर पांडेय, नन्दकिशोर नवल इत्यादि-इत्यादि। उनसे मेरी असहमति भी है लेकिन.....विद्यानिवास मिश्र, निर्मल वर्मा, अज्ञेय इत्यादि....उनसे जब-तब सहमति भी है जब-तब असहमति भी है। लेकिन उनके सम्मान या उनके महत्त्व को स्वीकार करने में या उसको सामाजिक-सार्वजनिक रूप से प्रक्षेपित करने में मैंने कोई कोताही कभी नहीं की।

लोकतन्त्र का मतलब यह थोड़े है कि मैं अपनी दृष्टि छोड़कर आपकी दृष्टि अपना लूँ। मैं अपनी दृष्टि पर ज़िद करके अड़ा रहकर भी, आपकी दृष्टि अगर कुछ महत्त्वपूर्ण करती है, तो इसका एहतराम करने में न चूकूँ। ये लोकतान्त्रिक है। इसमें मेरा रिकार्ड, मैं आश्वस्त हूँ कि काफ़ी ठीक है।

प्रकाश : आपकी ऐसी बातों से मुझे कभी-कभी सन्देह होता है कि आप हिन्दी के ही लेखक हैं क्योंकि हिन्दी में आमतौर पर जब कभी परस्पर असहमति होती है एक लेखक की दूसरे लेखक के साथ वैचारिक स्तर पर.....तो बात प्रायः व्यक्तिगत दुश्मनी की हद तक चली जाती है। तब मामला साहित्य और विचार का नहीं रह जाता। इससे अलग आपने अपने वैचारिक विरोधियों की भी जितनी मदद की है फिलहाल हिन्दी में ऐसा कोई दूसरा लेखक मेरे ध्यान में नहीं आ रहा.....

अशोक वाजपेयी : हाँ, मैं हिन्दी में थोड़ा अटपटा लेखक हूँ। मैं अपने विरोधी

को अपना शत्रु नहीं मानता। हालाँकि मेरा विरोधी अक़सर मुझे अपना शत्रु मानता है! मैं नहीं मानता। वह माने तो माने!

प्रकाश : आपने कविता के स्वराज की बात की है जिसमें ज्ञान की अन्य विधाओं का प्रवेश लगभग वर्जित है। आपके अनुसार बाहरी ज्ञान-अनुशासनों की विचार-सारणी कविता को अपना उपनिवेश बनाकर उसके स्वराज का हरण कर लेती है। कविता की स्वायत्तता पर भरोसा रखने वाले पश्चिमी कला-आन्दोलनकारी भी एक समय कुछ ऐसी ही बात कर रहे थे। तो आपके और पश्चिम के घोषित कलावादियों के बीच बुनियादी फर्क़ क्या है?

अशोक वाजपेयी : अव्वल तो मैंने कविता के ऐसे किसी स्वराज की हिमायत नहीं की, जिसमें ज्ञान की बाकी विधाएँ वर्जित हों.....

प्रकाश : लेकिन 'सीढ़ियाँ शुरू हो गयी हैं' के आलेखों में.....

अशोक वाजपेयी : मैं उस पर आ रहा हूँ। मेरा कहना यह है कि संसार को समझने, सहने, बदलने, उससे प्रतिकृत होने की अनेक विधियाँ हैं। उनमें से कविता एक है। कविता का जो सच है वह अद्वितीय है लेकिन वह जो दूसरे सच हैं यानी राजनीति का सच, धर्म का सच, विज्ञान का सच—उनसे आक्रान्त नहीं है। कविता ही एकमात्र ऐसा अनुशासन है जो अपना कोई उपनिवेश नहीं बनाता, अपनी कोई सत्ता स्थापित नहीं करता। राजनीति करती है, धर्म करता है, विज्ञान करता है। कविता नहीं करती। कविता ने ऐसा कभी नहीं किया। उसने कभी कोई सत्ता स्थापित नहीं की। इसलिए उसका जो सच है वह सबसे अलग है। लेकिन इन सबके साथ उसका संवाद है, वह सबसे मिली-जुली है। हमारा स्वराज कोई अरण्य नहीं है, कोई वानप्रस्थ आश्रम कि जिसमें कोई और नहीं आयेगा। लेकिन किसी और का पिछलगुआ वह बने, किसी और के सच का उपनिवेश उसे बनाया जाय, यह मुझे बर्दाश्त नहीं।

पश्चिम के जो कलावादी आन्दोलन थे, वे अपनी परिस्थितियों से पनपे थे। लेकिन उनमें और मेरे रुख में एक समानता ज़रूर है कि जब 'समाज-समाज' के नाम पर एक तरह की सामाजिकता का घोर आतंक पैदा किया जा रहा है और जब इसमें से निजता को, व्यक्तित्व को और अपने ढंग से सोचने को बहिष्कृत किया जा रहा हो तो इस पर इसरार करना कि हमारी अपनी ज़मीन है कि हम उस पर किसी को बेजा क़ब्ज़ा नहीं करने देंगे और यह ज़मीन सिर्फ़ 'समाज-समाज' कहने से ही नहीं बनती है। उसके और भी कारक तत्त्व हैं जिसमें व्यक्तित्व भी है, समाज भी है, स्मृति भी है। इस पर ज़ोर देना जो मैं देता रहा। उन कलावादी आन्दोलनों से थोड़ा अलग।

बार-बार यह कहा गया है और राजेन्द्र यादव से लेकर किसने नहीं कहा है! अभी अरुण कमल ने कह दिया है कि साहब, हम तो एक ऐसे लोकतन्त्र का, ऐसी

साहित्यिक स्वायत्तता का स्वागत कर रहे हैं जिसका समाज से कोई लेना नहीं।

समाज बदलने की कोई एक ही दृष्टि है क्या? यह निहायत तानाशाह रवैया हुआ। समाज बदलने की, समाज को समझने की, उसमें रहने की, उसको सहने की अनेक दृष्टियाँ हैं। आपकी दृष्टि आपको मुबारक! मेरी दृष्टि मुझे भी तो मुबारक होनी चाहिए! मुझे क्यों हक़ नहीं है कि समाज के बारे में अपनी राय दूसरे ढंग से रखूँ? मार्क्स ने एक ढंग से सोचा था, गाँधी ने दूसरे ढंग से सोचा, नेहरू ने तीसरे ढंग से सोचा, लोहिया ने चौथे ढंग से सोचा। सबके लिए लोकतन्त्र में जगह है। आप ये कहें कि नहीं, मार्क्स की ही दृष्टि सही थी, गाँधी की दृष्टि ग़लत थी। या कि गाँधी की सही थी और मार्क्स की ग़लत थी। बेहूदा! इसलिए बार-बार यह कहना ठीक नहीं कि हम समाज-निरपेक्ष स्वायत्तता की वकालत करते हैं। मैंने कभी नहीं की है। न साहित्यिक लेखन में न कविता में और न बौद्धिक उपक्रमों में। लेकिन समाज को समझने की एक ही दृष्टि है और उस पर आपका मौरूसी हक है ये मैं नहीं मानता।

प्रकाश : कविता का स्वराज और कविता की स्वायत्तता के सिद्धान्त के बीच आधारभूत अन्तर क्या है? 'स्वराज' और 'स्वायत्तता'—ये केवल शब्दों का खेल भर तो नहीं?

अशोक वाजपेयी : स्वराज एक अधिक व्यापक शब्द है। स्वायत्तता तो सिर्फ़ इस अर्थ में है कि हम स्वायत्त हैं लेकिन अपनी स्वायत्तता को एक खुली स्वायत्तता मानते हैं जो दूसरी स्वायत्तताओं से प्रतिकृत होती है। लेकिन बेजा क़ब्ज़ा करने नहीं देंगे। हम स्वायत्त इस अर्थ में हैं, हम अलग या कटे हुए नहीं हैं और न ऐसा होना ज़रूरी है ऐसे साहित्य के लिए।

स्वराज की कल्पना अधिक व्यापक है। स्वराज की कल्पना यह है कि कविता में जो दृष्टि पाई जाती है उस दृष्टि के द्वन्द्व और उसकी बहुलता में उसका उपयोग व्यापक जीवन में भी होता है। उसका उपयोग, उसकी प्रासंगिकता व्यापक जीवन में भी है। सामाजिक जीवन में है और निजी जीवन में भी है। भाषा में है और भाषा से बाहर भी है। विचार में है और विचार से बाहर भी है। तो स्वराज की कल्पना स्वायत्तता की अवधारणा का एक व्यापक विस्तार है।

प्रकाश : इन दोनों अवधारणाओं के बीच कोई बुनियादी समानता आपको नज़र नहीं आती?

अशोक वाजपेयी : एक के बिना दूसरा नहीं हो सकता। यानी कविता अगर स्वायत्त नहीं होगी तो उसका स्वराज भी नहीं होगा और अगर कविता का स्वराज है तो उसकी स्वायत्तता होगी ही। यानी स्वयं स्वराज के अन्दर कई तरह की स्वायत्तताएँ होंगी। एक-रूप स्वायत्तता और एक-रूप स्वराज, ऐसी किसी स्वायत्तता या ऐसे किसी स्वराज की कम-से-कम मैं वकालत-हिमायत नहीं कर सकता।

प्रकाश : आज कविता के स्वराज की वैचारिकी के बरक्स दृश्य में एक ख़ास विचारधारा के प्रभुत्व तले प्रचुर लेखन हो रहा है। ऐसे अनेक लेखक जब-तब कविता के स्वराज की वैचारिकी का विवेकहीन अतिक्रमण भी करते पाये जाते हैं। ऐसी दशा में कविता के स्वराज की आपकी वैचारिकी का भविष्य क्या है?

अशोक वाजपेयी : देखिए, अव्वल तो यह जो लिखा जा रहा है उसको विचारधारा से प्रेरित या विचारधारा का ही काव्य-संस्करण मानना शायद उचित नहीं। बहुत सारे लोग विचारधारा का प्रयोग एक तरह की वैधता प्राप्त करने के लिए करते हैं। वह उनके कवि-कर्म का आवयविक तत्त्व नहीं है। एक तरह की अवसरवादिता उसमें है। उस बहाने उनको मान्यता मिल जायेगी, जो अन्यत्र सुलभ नहीं। बहुत सारे युवाओं में विचारधारा की जो समझ है वह भी बड़ी उथली और सतही है। ये अन्याय हो रहा है और बड़ी ग़रीबी है, बड़ा शोषण है—हर व्यक्ति इसके विरुद्ध होगा, इसको दूर करने के लिए सन्नद्ध होकर। लेकिन ज़रूरी नहीं कि वह विचारधारा का हिस्सा बन जाये। यह तो ऐसी सच्चाई है जिसका आपको सामना करना ही है—अगर आपमें कोई मानवीयता है, अन्तःकरण है। इसका प्रतिरोध भी करेंगे। इतने मात्र से आप विचारधारा के घेरे में नहीं आ जाते। भले उसकी शुरुआत उससे हो।

दूसरी बात यह कि फिर भी वही दुनिया आप कविता में गढ़ते हैं, बनाते हैं। असल में वे लोग ही, जो, जब उनकी विचारधारा के कारण उन पर कोई प्रहार होता है या उनके विचार के कारण कोई...तो वे अक़सर कविता के स्वराज की ही वकालत करते हैं। भले इन शब्दों में न करते हों, क्योंकि तब उनको वही सहारा मिलता है कि भई हमारा काम ये थोड़े ही है कि अनुवाद करना, विचारधारा का।

विचारधारा के कुछ गुण भी हैं और अवगुण भी। अवगुण तो हम सब जानते हैं। यह एक तरह की कट्टरता पैदा करती है। यह सचाई को एक बने-बनाये ढाँचे में देखने की वृत्ति भी है, जिसमें आपको कुछ नहीं करना, क्योंकि विचारधारा ने पहले से यह सब काम कर रखा है। ये सब उसके अवगुण हैं...कट्टरता, एक तरह का बिरादरी भाव। लेकिन दूसरी तरफ़, ये सब मीडियाकरों में पैदा हुए अवगुण हैं। लेकिन जहाँ सच्ची प्रतिभा होती है जैसे मुक्तिबोध, शमशेर, नागार्जुन इत्यादि, वहाँ विचारधारा से लैस होने वाला कवि उसका अतिक्रमण भी कर लेता है। वह अतिक्रमण कविजनोचित अतिक्रमण है। इनमें से कोई भी कवि किसी विचारधारा के बाड़े में महदूद नहीं किया जा सकता। और इसलिए अक़सर कवियों को विचारधारा के कारण समझने का प्रयत्न भी गैरआलोचनात्मक है। उसमें आप क्या कर रहे हैं? स्वयं शमशेर कह रहे हैं कि मार्क्सवाद मेरे लिए आक्सीजन है। आप यह कहके कि वे मार्क्सवादी हैं, क्या खोज कर रहे हैं?

खोज तब हो, जब आप यह बताएँ कि उस आक्सीजन ने उनके स्नायुतंत्र में कहाँ, क्या ऐसा किया है जो कि अन्यथा न हो वह। विचारधारा का एक प्रतिभा

बहुत अच्छा इस्तेमाल कर सकती है क्योंकि वह उसका अतिक्रमण करने की हिम्मत कर सकती है। लेकिन मीडियाकर जो हैं और ज़्यादातर मीडियाकर हैं, उसका इस्तेमाल नहीं कर सकते। उसके माध्यम से वैधता, मान्यता की तलाश करते हैं।

मैं नहीं समझता कि आप, मसलन हमारे जो दूसरे अच्छे कवि हैं—मंगलेश डबराल, राजेश जोशी, अरुण कमल इत्यादि—इनको आप निरी विचारधारात्मक पदावली में समझा सकते हैं और ऐसा करके इनके साथ न्याय कर सकते हैं।

इसके अलावा और भी तथ्य हैं। जो विचारधारा से ज़रूरी तौर पर समरस नहीं भी हो तो बड़े कवि में, महत्त्वपूर्ण कवि में विरुद्धों का सामंजस्य होता ही है। हमारे बड़े आलोचक कह गये हैं। यह देख पाने की वृत्ति आलोचना होती है। जो नहीं देख पाता इस तरह से, वो क्या? वे तो विचारधारा का उसी तरह इस्तेमाल करते हैं, जैसे विचारधारा के बहुत सारे प्रवक्ता लाठी की तरह करते हैं, दूसरों को पीटने के लिए। कविता को समझने का ज़रूरी आलोचनात्मक उद्यम किये बग़ैर बहुत सारे तथाकथित मार्क्सवादी आलोचक असल में आलोचक हैं ही नहीं। क्योंकि आलोचना का बुनियादी काम ही नहीं जानते हैं। भजन-कीर्तन तो है, आलोचना नहीं है। अगर कबीर ने किया है जैसा भजन या कीर्तन, रैदास ने किया है, तुलसी ने किया है कि मो सम कौन कुटिल खलकामी—ये भजन आलोचना है, क्योंकि ये आत्मालोचना है। अच्छी आलोचना आत्मालोचना के बिना सम्भव नहीं। और हमारी आलोचना मार्क्सवादी और ग़ैरमार्क्सवादी, दोनों तरह की आलोचना की बुनियादी ख़ामी इस आत्मालोचना का अभाव है।

प्रकाश : 'कविता के स्वराज' का इलाका किन हाथों में सुरक्षित नज़र आता है? किनसे उम्मीदें हैं?

अशोक वाजपेयी : अब यह कहना तो बहुत मुश्किल है कि किन हाथों में...। नाम लेने से कुछ छूट जायेगा तो सब खौंखियाकर दौड़ पड़ेंगे। ...हम ये तो नहीं कह सकते कि कविता का स्वराज पूरी तरह से सुरक्षित और मज़बूती से स्थापित है। क्योंकि कविता का स्वराज कभी पूरी तरह से स्थापित होता ही नहीं। वह हमेशा एक नाजुक काम कर रहा होता है। लेकिन उस अर्थ में जिस अर्थ में कविता के स्वराज की व्याख्या करता हूँ; अगर उस व्याख्या को ध्यान में रखें तो यह स्वराज हमेशा ख़तरे में रहेगा और हमेशा बचा रहेगा। दोनों चीज़ें एक साथ। वह हमेशा ख़तरे में है और हमेशा उस पर आक्रमण-प्रहार होते रहेंगे। चाहे विचारधारा के नाम पर हो, चाहे गैरविचारधारा के नाम पर हो, चाहे विचारधारा-विरोध के नाम पर हो इत्यादि-इत्यादि। सब होते रहेंगे। आचरण में भी वह स्खलित होता रहेगा। हमारे यहाँ तो देवता भी आचरण से भ्रष्ट होते हैं। लेकिन इन ख़तरों में पड़ने के बावजूद वह बचा रहेगा, क्योंकि उसमें कुछ ऐसा है जो कविता के अद्वितीय मर्म और तत्त्व को सम्बोधित करता है।

प्रकाश : आपने एक समय युवा कविता के सन्दर्भ में कविता में अध्यात्म की ज़रूरत पर बल दिया था। आपके अनुसार इसके अभाव में कविता में नैतिक शून्यता की स्थिति आ खड़ी होती है। आज हिन्दी में आध्यात्मिक कविता न के बराबर लिखी जा रही है बल्कि उसके ज़िक्र मात्र से पुनरुत्थानवादी, प्रतिक्रियावादी इत्यादि जाने क्या-क्या कहे जाने का डर है। आज की युवा कविता एक बार फिर नैतिक शून्यता की हालत में है। क्या आप फिर से कविता में अध्यात्म की ज़रूरत पर बल देना चाहेंगे?

अशोक वाजपेयी : हमारे यहाँ अध्यात्म को लेकर बड़ा अनाचार हुआ है। राजनीतिक शोषण, धर्मान्धता और साम्प्रदायिक कट्टरता हुई है। इसके साथ अध्यात्म शब्द को खड़ा करना कुछ ठीक नहीं है। लेकिन जैसे स्वराज को, वैसे ही अध्यात्म को मैंने अपनी तरह से परिभाषित करने की चेष्टा की है। मैं यह मानता हूँ कि अध्यात्म का बुनियादी अर्थ साहित्य के सन्दर्भ में यही होगा कि हम इस बात का अनुभव करें कि हम एक बृहत्तर सचाई का हिस्सा हैं। एक ब्रह्मांड है उसका हम हिस्सा हैं और यह ब्रह्मांड अन्तर्गुम्फित है। इसमें हर चीज़ एक-दूसरे से जुड़ी हुई है। एक बात। दूसरी बात ये कि हम एक-दूसरे के प्रति ज़िम्मेदार हैं। यानी सिर्फ़ दूसरे व्यक्तियों के प्रति ही नहीं, नदियों, पर्वतों, नक्षत्रों, पशु-पक्षियों, अन्य प्राणियों सबके प्रति हम ज़िम्मेदार हैं। वैसे ही वे भी हमारे प्रति ज़िम्मेदार हैं। बल्कि कई बार तो यह लगता है कि वे अपनी ज़िम्मेदारी बख़ूबी निभा रहे हैं, हम अपनी ज़िम्मेदारी में लगातार कटौती और कोताही कर रहे हैं। चौथी बात कि इस ब्रह्मांड को उसकी विराट विपुलता में बचाने की ज़िम्मेदारी हमारी है। और अन्ततः यह बात कि कैसा भी कठिन समय क्यों न हो, कैसी भी परिस्थिति क्यों न हो, अपनी मानवीयता और अपने अन्तःकरण को जीवित रखना ज़रूरी है। मेरे लिए अध्यात्म का यह अर्थ है। अब इस अर्थ को लेकर अगर आप जाँचना शुरू करें तो मैं नहीं समझता कि हम यह शिकायत कर सकते हैं कि वर्तमान साहित्य में कोई नैतिक शून्यता है। यह कहना अतिशयोक्ति है। बहुत सारा है जो नैतिक संवेदनहीनता को ज़ाहिर करता है। लेकिन जो महत्त्वपूर्ण है, चाहे वो कथा-साहित्य हो, कविता हो इत्यादि, उसमें संवेदनशीलता है। वह महत्त्वपूर्ण है, नैतिक दृष्टि से।

दूसरी बात यह कि हमेशा हर युग में ऐसे लेखक होते हैं जिनकी दृष्टि ब्रह्मांड पर होती है। हमारे यहाँ निराला, प्रसाद, अज्ञेय, मुक्तिबोध, शमशेर...जिनके काव्य में, और कथाकारों में जैसे कृष्णा सोबती। ऐसे भी लेखक होते हैं जिनकी दृष्टि इतने बड़े ब्रह्मांड को अपनी जद में लेना ज़रूरी नहीं समझती, लेकिन नैतिक संवेदनशीलता उनमें फिर भी होती है। यह बात बारीकी से जाँचने की है। बहुत सारे वो लोग जो बहुत समाज-समाज चिल्लाते हैं, सामाजिक प्रतिबद्धता का बड़ा ढिंढोरा पीटते हैं वो दरअसल सामाजिक नहीं, यानी आप किसी ऐसे समाज की कल्पना करें जिसमें

व्यक्ति के लिए जगह ही न हो, ऐसी सामाजिकता की कल्पना करें जिसमें निजता की कोई अन्तर्ध्वनि न हो, ऐसी निजता की कल्पना करें जिसमें सामाजिकता की कोई अनुगूँज न हो। ऐसा सच में सम्भव नहीं। सच्चे साहित्य में, उसी सिद्धान्त के अनुसार, चीज़ें एक-दूसरे से गुँथी हुई हैं। जैसे प्रेम कविता का भी सामाजिक अर्थ है और सामाजिक कविता का भी निजी आशय है। हम अपने समय की जटिलता को सरलीकृत करके न देखें और न इस समय को।

और फिर मैं आपको याद दिलाऊँ कि ये बातें हम साहित्य के बारे में कह रहे हैं और यह भी कि महत्त्वपूर्ण साहित्य हमेशा अल्पसंख्यक होता है। साहित्य के भूगोल में, साहित्य के देश में भी वह अल्पसंख्यक होता है। ये साहित्य, वो साहित्य, दुनिया भर का साहित्य। अगर वह इस अर्थ में, जिस अर्थ में हम कह रहे हैं कि वह महत्त्वपूर्ण है तो वह मनुष्य के बुनियादी नैतिक और आध्यात्मिक प्रश्नों से अछूता नहीं हो सकता। उसकी कोई और गति या नियति सम्भव नहीं है। सिवाय इसके कि उसको पढ़ने की जो आलोचनात्मक विधियाँ होनी चाहिए वो हमारे पास नहीं हैं। हमारे पास बारीकी को समझने के जो औजार हैं वो बहुत ही भोथरे हैं।

प्रकाश : किसी कविता का अध्यात्म विषयक होना उसका मेरिट है या डिमेरिट? अगर अन्य विषयों और अनुभवों पर अच्छी कविता लिखी जा सकती है तो अध्यात्म पर क्यों नहीं? और ऐसी कविता को व्यापक स्वीकृति क्यों नहीं मिलनी चाहिए?

अशोक वाजपेयी : देखिए, नयी कविता ने एक स्थायी क्रान्ति की, वह क्रान्ति थी कि कुछ गिने-चुने विषय ही कविता के विषय न हों। दरअसल हर मानवीय विषय कविता का विषय है, वह चाहे अध्यात्म से हो, चाहे राजनीति से हो, चाहे और कुछ। सब कुछ मानवीय कविता का विषय हो सकता है। उसमें कोई हदबंदी, कोई चकबन्दी और ये होगा, वो नहीं होगा, बकवास है। बड़ा कवि वह है जिसके पास विषय का एक बड़ा परिसर है। उसको वह विकसित करता है। उस परिसर में सब आयेंगे ही।

असल में हमने आध्यात्मिक को धार्मिक से ऐसा जोड़ रखा है कि लगता है कि धार्मिक का स्वतन्त्र कोई अर्थ नहीं। हमारी ज़्यादातर कविता धर्मनिरपेक्ष कविता है, उसके लिए धर्म का कोई मतलब नहीं। धर्म है कि वह तो समाज के लिए होने, समाज को नेतृत्व करने का दावा करता है। सामाजिक सच्चाई को देखने और व्यक्त करने का दावा करता है। धर्म हमारी बड़ी सामाजिक सच्चाई है। लेकिन हमने धर्म को, धर्म के सारे विचार को साहित्य से बहिष्कृत कर दिया है, धर्मनिरपेक्षता के नाम पर। उससे आपके सामाजिक प्रतिनिधित्व का जो दावा है, वही खोखला साबित होता है। ग़लत ही सही, हो सकता है कि उपयुक्त न हो आपके हिसाब से, किन्तु धार्मिकता हमारी ठोस सामाजिक सच्चाई है। उसको आप कैसे सम्बोधित करते हैं? उसकी उपेक्षा करके आप सामाजिक सच्चाई के बहुत बड़े हिस्से को साहित्य से

ओझल कर देते हैं। एक बात। दूसरी बात कि हमारे समय में अध्यात्म धर्मों से मुक्त हुआ है, और अब साहित्य और कलाओं में उसका घर है। इसलिए एक ज़माने में जो काम अध्यात्म धर्म में करता था वह अब साहित्य और कलाओं में करता है। उसको पहचानने की ज़रूरत है। लेकिन इसका अर्थ धार्मिक होना नहीं है। इसका अर्थ सिर्फ़ इतना है कि मनुष्य की आध्यात्मिक आकांक्षा है, उसका, उसके अस्तित्व का, मानवीय अस्तित्व का अनिवार्य हिस्सा है अध्यात्म।

प्रकाश : कहीं-न-कहीं इसकी सामाजिक उपयोगिता भी स्वीकार की जा सकती है जो आमतौर पर हम नहीं करते...

अशोक वाजपेयी : हाँ, आज की अधिकांश कविता या साहित्य अगर बहुसंख्यक लोगों से संवाद नहीं करता तो इसका कारण सिर्फ़ साक्षरता की कमी नहीं है। उसका कारण साहित्य में सांस्कृतिक साक्षरता का अभाव है। आपको ही नहीं पता कि आपकी संस्कृति के मूल कारक तत्त्व क्या है?

अगर वे हैं वैसे, जैसे वे हैं तो फिर उनको सम्बोधित करना ज़रूरी है। भले आप उससे असहमत हैं। लेकिन वह भी नहीं करते आप। कम-से-कम ठोस ढंग से नहीं करते।

प्रकाश : आपने 'ईश्वरहीन अध्यात्म' की बात कही है। आप पास-पड़ोस की लौकिक चीज़ों में अध्यात्म ढूँढ़ निकालते हैं। लेकिन लौकिक अर्थ में अध्यात्म कभी भी, कहीं भी स्वीकृत न रहा। फिर क्या यह एक भिन्नार्थी पद का मनमाने आशय में सुविधापूर्ण अन्तरण नहीं है? बिना ईश्वर, रहस्य और पारलौकिकता के, अध्यात्म का भाव न तो कभी हमारे यहाँ और न ही पश्चिम की दार्शनिक और धार्मिक चिन्तनधारा का हिस्सा रहा है।

अशोक वाजपेयी : अगर न रहा तो न सही। मेरा पहला जवाब यह हो गया कि इसका जो अर्थ मैं कर रहा हूँ उस अर्थ में आपको यह लगे कि मैं एक अपनी व्याख्या कर रहा हूँ, तो इसका मुझे हक है। मैं लेखक हूँ। शब्दों में नया अर्थ निवेश करना लेखक का बुनियादी काम है। सो मैं भी कर रहा हूँ। अगर आपको आपत्ति इस बात पर है कि मैंने अध्यात्म की जो व्याख्या की, उसमें ईश्वर का ज़िक्र नहीं किया...(दरअसल उसमें उसकी कोई जगह है भी नहीं)। तो यह एक ईश्वरहीन अध्यात्म है। इसमें क्या खोट और कठिनाई है? अध्यात्म को मान लेने में ईश्वर को मान लेने की अनिवार्यता कहाँ? और ईश्वर को न माने, तब भी यह अध्यात्म चल सकता है। इसमें क्या दिक्क़त? हमारी परम्परा में या पश्चिम की परम्परा में इसका समर्थन मिलता है कि नहीं मिलता है इसको लेकर मुझे चिन्ता नहीं। दूसरी बात कि मैं ईश्वर को मनुष्य के सबसे क्रान्तिकारी आविष्कारों में एक मानता हूँ। इसलिए मैंने अपनी कविता में ईश्वर के साथ काफ़ी मुठभेड़ की है। ये आप जानते ही हैं। लेकिन इसका अर्थ यह नहीं है कि अध्यात्म को अनिवार्य रूप से ईश्वर के साथ

जोड़ा। बल्कि मेरे हिसाब से अगर हम इस तरह के अध्यात्म की धारणा स्वीकार कर लें या कम-से-कम विचारणीय मान लें तो ईश्वर की ज़रूरत नहीं रह जाती। और आप उसके नाम पर जो अत्याचार और घृणा और क्या-क्या नहीं फैलाते, उससे बच जाते।

मेरा काम कोई नया धर्म प्रतिपादित करना थोड़े है। मेरा काम तो अपने साहित्य के लिए ज़रूरी एक जीवन-दृष्टि का दृश्य-पट बनाना है। उसमें मुझे ईश्वरहीन अध्यात्म सम्भव लगता है। किसी और को न लगे तो न लगे। मैं इस पर तो इसरार कर नहीं रहा हूँ कि आप मेरा अध्यात्म मान लीजिए। न मानिए।

प्रकाश : आपकी मृत्यु विषयक कविताओं में पारलौकिकता और लौकिकता का गहरा द्वन्द्व है। उन कविताओं का स्वभाव सुनिश्चित नहीं है कि उनका निर्णायक आग्रह किस ओर है। सचमुच जीवन की ओर या सम्पूर्ण मृत्यु की ओर?

अशोक वाजपेयी : पारलौकिकता भी एक बहुत लौकिक अवधारणा है। इस अर्थ में लौकिक है कि मनुष्य ही पारलौकिक सचाई के बारे में सोच सकता है या उसको कह सकता है। कुत्ते-बिल्ली नहीं कर सकते। पशु-पक्षी नहीं कर सकते। पेड़-पौधे नहीं कर सकते। यह शुद्ध रूप से मानवीय कृत्य है। इस अर्थ में पारलौकिक की धारणा भी अन्ततः एक लौकिक आविष्कार है। अगर ऐसा है और मैं ईश्वर को न मानूँ, फिर भी सदियों से करोड़ों लोग अपने-अपने ढंग से, अलग-अलग भूगोलों में इसको मानते रहे हैं। यह ठोस सचाई है जिसका हमें सामना करना है। मैं पारलौकिक में विश्वास करूँ, न करूँ लेकिन एक पारलौकिक दुनिया सदियों से मानी जाती रही है। और उस दुनिया में विश्वास ने महान साहित्य, महान कला पैदा की हैं।

तो यह तो ठोस सचाई है। लेकिन यह मेरा इच्छित स्वप्न नहीं है। मैं इसको विचार में लेता हूँ। एक कवि के रूप में, मनुष्य के नाते इससे जो अनिश्चय और असमंजस पैदा होता है, वह मेरी मृत्यु सम्बन्धी कविताओं में है। मैं यह नहीं कह पाता, चाहकर भी, कि यह परम अन्त है। 'अन्त के बाद' शीर्षक से मेरी दो कविताएँ हैं। एक कविता इस विचार को सामने रखती है कि अन्त के बाद सिर्फ़ अन्त होगा और दूसरी यह कि अन्त के बाद अन्त नहीं होगा। दूसरी ओर ऐसे कवि भी हैं जिनको किसी एक सचाई की सुविधा है। उनको ठीक-ठीक पता है कि कौन क्या है। उन्हें सचाई पता है और झूठ भी। दो टूक जानने-कहने वाले कवि हैं। लेकिन ज़्यादातर ऐसे कवि अच्छे कवि नहीं होते। कविता न तो सफ़ेद होती है न स्याह। भूरी-मैली, बीच में होती है।

प्रकाश : जब आप मृत्यु जैसे अमूर्त प्रत्यय को भी पदार्थवाची मान लेते हैं तो उसका रहस्य यूँ ही चुक जाता है। किन्तु क्या मृत्यु इसलिए भी कुछ-कुछ रहस्यमय नहीं कि मृत्यु के बाद मनुष्य कहाँ जाता है? जैसे कुमार गन्धर्व पर लिखी आपकी

लम्बी कविता में शवदाह का दृश्य है जिसमें अग्नि को पार कर वह कलाकार क्षितिज में ओझल हो जाता है। कविता पूछती है कि वह अग्नि के पार कहाँ जाता है? क्या इस जिज्ञासा में मृत्यु के प्रति कवि का गहरा रहस्य-भाव नहीं है?

अशोक वाजपेयी : मैं तो रहस्य और विस्मय को हमेशा से साहित्य के लिए बहुत अनिवार्य-भाव मानता रहा हूँ। अगर लेखक के मन में सचाई को लेकर, समय को लेकर, भाषा को लेकर रहस्य-भाव न हो, और दूसरी तरफ़ विस्मय-बोध नहीं हो तो वह बड़ा लेखक नहीं हो सकता। क्योंकि यह न केवल साहित्य के लिए, बल्कि बहुत सारी मानवीय गतिविधियों के लिए भी अनिवार्य तत्त्व है।

विज्ञान का बहुत सारा कुछ रहस्य से पैदा हुआ है 'यह क्या है'! इसको जानने की चेष्टा में विज्ञान है। तो रहस्य और विस्मय, एक स्तर पर बिल्कुल ही अवधारणात्मक चीज़ें हैं और एक अर्थ में ठोस हैं। और फिर मृत्यु के बाद क्या होता है यह जिज्ञासा तो अनादि काल से है। नचिकेता में भी है, उपनिषदों में भी है, वेदों में भी है और उसका कोई अन्तिम निश्चय हमने नहीं किया है, न हम कर पायेंगे। अलग-अलग लोगों की अलग-अलग अटकलें हैं। तो उसी को एक तरह से, जिस हद तक सम्भव है, मैं अपनी मृत्यु सम्बन्धी-कविताओं में लेता हूँ।

मृत्यु एक बहिष्कृत-सा विषय है। ख़ासकर निजी मृत्यु। सार्वजनिक मृत्यु पर विलाप तो बहुत है लेकिन निजी मृत्यु पर बहुत नहीं है। 'बहुरि अकेला' का आपने ज़िक्र किया है। इसमें बहुत सारे ऐसे बिम्ब और प्रतीक हैं जो परम्परा में मृत्यु से सम्बन्धित रहे हैं और उनकी स्मृति का जो लोक बनता है वह हमारे सामने है। दूसरी ओर दुख है, अवसाद है जो कि ठोस रूप से आपको, कवि को द्रवित और उद्वेलित कर रहा है। इन दोनों को व्यक्त करने के लिए आप क्या करेंगे? क्योंकि दोनों ही हिस्से सचाई के हिस्से हैं, अहसास की दुनिया में आते हैं। तो मैंने उसी को कहने की कोशिश की है।

प्रकाश : आपको मृत्यु-कविताएँ भयभीत नहीं करतीं? मैं 'आविन्यों' का सन्दर्भ देना चाहूँगा।

अशोक वाजपेयी : यह कहना तो सम्भवतः उचित या पर्याप्त न होगा कि मुझे मृत्यु भयाक्रांत नहीं करती। लेकिन भयाक्रान्ति का कोई प्रसंग कभी ऐसा आता है जैसा कि 'आविन्यों' में आया...। वहाँ इतना अकेलापन था और क़ब्रें थीं। ईसाई सन्तों की छह सौ साल पुरानी, और आप निपट अकेले। वहाँ जो भय व्यापता था वह पूरी तरह से सिर्फ़ मृत्यु का भय नहीं है, एक तरह से अबूझ का भय है। जिसको आप बूझ नहीं पा रहे हैं कि क्या है? हममें से ज़्यादातर को अबूझ का भय सताता है। ऐसी चीज़, जिसको हम देख न पायें—अँधेरे में भय लगता है कि क्या है, कहाँ क्या है? उस तरह का भय। दूसरी तरफ़ आप दार्शनिक स्तर पर सोच सकते हैं। कह सकते हैं कि आपको भयाक्रान्त होने की या भयातुर होने की कोई ज़रूरत नहीं

है। बौद्धिक आधार पर इसकी पुष्टि और समर्थन पा सकते हैं। लेकिन जीवन सिर्फ़ बुद्धि से नहीं चलता, भावनाओं से भी चलता है। भय भी एक बुनियादी मानवीय अनुभव है। उससे आप बच नहीं सकते। आप तभी तक जान-बूझकर उसको अपने साहित्य से, कविता से अलग रख सकते हैं जब तक आपके पास कोई कारगर बचाव हो।

प्रकाश : क्या आपकी मृत्यु विषयक कविताएँ मृत्यु के भय से आक्रान्त होकर नहीं लिखी गयी हैं? थोड़ा और स्पष्ट करें।

अशोक वाजपेयी : नहीं-नहीं, ऐसा नहीं है। देखिए, मृत्यु है उसके बहुत सारे पक्ष हैं। उनमें से एक पक्ष उसके अबूझ होने से पैदा होने वाला डर भी है। लेकिन वही एकमात्र पक्ष नहीं है। उसके दूसरे पक्ष भी हैं। कई बार दूसरे पक्षों का भी ज़िक्र है, लेकिन भय भी उनमें से एक ज़रूर है।

प्रकाश : उसका जो भाववादी पक्ष है अर्थात् भाववादी दृष्टि, जो मृत्यु को मात्र रूपांतरण मानकर उसकी वास्तविक सत्ता और भय को ही ख़ारिज.....।

अशोक वाजपेयी : उस पक्ष को हमने साथ लिया है। मेरा अपना पक्ष क्या है इसका ठीक से पता नहीं है और मैंने उसे बताने की कोशिश भी नहीं की है। मेरा काम कविता लिखना है। यह बताना थोड़े ही है कि मृत्यु के बारे में मेरा क्या विचार है।

प्रकाश : आप कलाओं की बात उठाते हैं। उनके शास्त्रीय और सुसंस्कृत रूप को प्रमोट करते हैं। क्या इस रूप में कलाओं की व्यापक सामाजिक स्वीकार्यता सम्भव है? वह भी तब, जब एक ओर देश की अधिकांश आबादी को अक्षर-ज्ञान भी मयस्सर नहीं, और दूसरी ओर डिग्रीधारी शिक्षितों को पॉप संगीत के अलावा कुछ नहीं समझ में आता?

अशोक वाजपेयी : एक तरह से ऐसा करने के पीछे इनको लोकप्रिय मान्यता दिलाने का मेरा कोई लक्ष्य नहीं है। क्योंकि लोकप्रियता को मैं सन्देह की दृष्टि से ही देखता रहा हूँ। बहुत सारी लोककथाएँ हैं जो लोक में रची-बसी हैं वहाँ भी धीरे-धीरे ख़तरा पैदा हो रहा है। लेकिन वे अभी भी बची हुई हैं। भारत जैसे देश में कलाओं में जितने लोग हैं, तथाकथित शास्त्रीय, भद्र और अभिजात कलाओं में, उनसे कई गुना ज़्यादा लोग लोक-कलाओं में हैं, हस्तशिल्प में हैं। तो उनको तो लोकप्रिय बनाने की आपको कोई ज़रूरत ही नहीं है। वे पहले से लोकप्रिय हैं। आप उसको अधिक-से-अधिक जगह दे दें, समकक्षता की वकालत करें, जो मैं करता रहा हूँ।

दूसरी तरफ़ आपकी अपनी रुचियाँ हैं। उनमें शास्त्रीय कलाओं की समझ बढ़े, समाज में उनकी जगह बनें, जैसे कि साहित्य की भी जगह बने समाज में...भले यह कठिन है। जटिल है। लेकिन समाज में उनकी जगह बने, इसका प्रयत्न है।

प्रकाश : लेकिन पढ़ा-लिखा समाज भी तो कलाओं की ओर आकर्षित नहीं है...

अशोक वाजपेयी : इस देश को सबसे अधिक ख़तरा इसके पढ़े-लिखे समाज से है। इस देश की संस्कृति या इसकी सभ्यता को नष्ट करने में एक लगभग देशव्यापी-अभियान चलाने का श्रेय भी तो पढ़े-लिखों को ही है। पढ़े-लिखे लोग इस समय भारत में सांस्कृतिक रूप से ज़्यादा निरक्षर हैं बजाय ग़ैर पढ़े-लिखों के।

प्रकाश : क्या शास्त्रीय कलाओं की प्रायः अमूर्तता को रहस्य और उसके अनुभव से जोड़कर देखा जा सकता है? अधिकतर कलाओं में संकेत प्रमुख हैं। उनका सूत्र पकड़कर आस्वादक जहाँ पहुँचता है वह कोई अपरिभाषेय इलाका है जिसको आस्वादक अपनी कल्पना से भेदता और परिभाषित करता है। इस प्रकार वह एक अमूर्त उपस्थिति को अपनी कल्पना से मूर्त करता है। क्या इस अमूर्त इलाके को कला का रहस्यमय क्षेत्र कहना ठीक होगा?

अशोक वाजपेयी : मैंने कहा ही है कि साहित्य और कलाओं के लिए रहस्य का भाव अनिवार्य है। इसलिए कि वे संसार के रहस्य को सम्बोधित भी करती हैं और स्वयं अपना रहस्य नियोजित भी करती हैं। दूसरी बात यह कि अमूर्त कहने से हमारे यहाँ इधर के वर्षों में एक तरह का हवाईपन और ग़ैरवास्तविक का बोध होने लगा है। वास्तव में मूर्त का हमारे यहाँ ऐसा आतंक है कि हम भूल जाते हैं कि दरअसल बहुत सारा मूर्त अमूर्त से ही पैदा हुआ है। ईश्वर से अधिक अमूर्त क्या होगा! और सारी मूर्तियाँ उसी की हैं। तो अमूर्तन के बिना मूर्तिमत्ता सम्भव नहीं है। आप अनुष्ठानों को ले लें ; आप मिट्टी का एक लौंदा रखते देते हैं, उस पर सिन्दूर लगा देते हैं, मातृका पूजन करते हैं। अब यह अमूर्तन नहीं तो क्या है? सिवाय इसके कि इस अमूर्तन को आप समझते नहीं। इसे अमूर्त कहकर पुकारते नहीं।

भाषा अपने-आप में अमूर्त है। 'मेज़' शब्द का 'मेज़' नाम की वस्तु से क्या सम्बन्ध है? कुछ नहीं। अगर हमने पहले तय कर लिया होता कि हम मेज को कुर्सी कहेंगे और कुर्सी को 'मेज़' कहेंगे तो वैसा हो जाता।

तो अमूर्तन के बिना न तो साहित्य सम्भव है और न कलाएँ सम्भव हैं। उनकी समस्या अमूर्तन और मूर्तन के बीच द्वन्द्व की है। जो जितना बड़ा कलाकार होगा, अमूर्तन और मूर्तन के बीच द्वन्द्व उसके यहाँ उतना ही व्यापक, उतना ही सार्थक होगा। वह किसी एक के पक्ष में झुके कि दूसरे के पक्ष में झुके, वह उसकी मानसिकता और दृष्टि पर निर्भर करता है। दोनों तरह से वह महत्त्वपूर्ण कलाकर्म और साहित्य कर रहा होता है।

प्रकाश : आपके काव्य-चिन्तन में समय और समयातीत की अवधारणाएँ आपस में बहुत उलझी हुई हैं। वहाँ समय और समयातीत के बीच कभी-कभी कोई पुल है जो एक को दूसरे से जोड़ता है। लेकिन उन दोनों के बीच कोई स्पष्ट विभाजक रेखा नहीं है। अगर मैं आपके सामने इन दोनों में से अनिवार्यतः किसी एक को चुनने का

आग्रह करूँ तो आप खुद को समय का कवि मानेंगे या समयातीत का?

अशोक वाजपेयी : अव्वल तो मेरे मानने, न मानने से फ़र्क़ क्या पड़ता है। दूसरे मानें जैसा मानते हैं।

मुझे लगता है कि बिना समय में बिंधे आप समयातीत तक नहीं पहुँच सकते हैं। लेकिन बिना समयातीत को सम्बोधित किये आप अपने समय में भी ठीक से रस-बस नहीं सकते। मेरे लिए तो यह सचमुच बड़ा उलझा हुआ है...।

प्रकाश : लेकिन बात तो वहीं आकर रुक गयी...।

अशोक वाजपेयी : हाँ, क्योंकि बात वहीं रुकी हुई है। ये जो दो टूक मानने की वृत्ति है मेरा तो सारा झगड़ा इसी से है। मेरा झगड़ा इस बात से है कि आप सिर्फ़ समय, सिर्फ़ समयातीत—ऐसा मानकर चलना चाहते हैं। जबकि यह न तो व्यावहारिक है न तो सर्जनात्मक। हमको समयातीत भी चाहिए लेकिन समयातीत तक हम पहुँच ही सकते हैं समय के माध्यम से। समय की अवहेलना करके, उसको नज़रअन्दाज़ करके आप समयातीत में नहीं जा सकते। और समयातीत को समय से काटकर कोई शून्य में अवस्थित नहीं कर सकते। दोनों आवश्यक हैं। समयातीत में 'समय' शब्द तो है ही न! तो इसलिए इनके बीच चुनाव का विकल्प नहीं है। कम-से-कम मेरे लिए तो नहीं। जिसके लिए हो, वह वैसा चुने।

प्रकाश : लेकिन क्या 'समयातीत' एक 'यूटोपियन' टर्म की तरह नहीं है जिसका अवधारणात्मक इस्तेमाल आप अपने साहित्य में केवल कौतुक आदि के लिए करते हैं।

अशोक वाजपेयी : अगर आप साहित्य में या कलाओं में कल्पना की भूमिका को इस कदर अवमूल्यित कर दें कि अवास्तविक है तो यह बेहद बेजा होगा। जबकि कल्पना जोड़ती है। कल्पना एक बहुत बुनियादी तत्त्व है सृजन का। बिना कल्पना के सृजन कैसा? यह कल्पना इधर भी है और उधर भी। यानी यह जो समय है यह भी अपने आपमें कल्पना है। भले ही उसका ज़्यादातर अनुभव आप मूर्त तत्त्वों से करते हैं लेकिन है तो वह कल्पना।

समय नाम की कोई चीज़ है? ऐसा तो नहीं है। समयातीत भी एक कल्पना है। कल्पना इन दोनों को जोड़ती है यानी समय और समयातीत को। कवि को इस कल्पना की ज़रूरत है। बाकी किसी को इसकी ज़रूरत नहीं लगती तो न लगे। जो लोग सिर्फ़ समय में धँसे रहकर अच्छा लिखते हैं, सो लिखें।

प्रकाश : आज के मनुष्य-विरोधी समय में सबसे बड़ा हमला स्मृति पर हुआ है। आप दूसरी थीमों के साथ स्मृति के भी कवि हैं। आज आपको मनुष्य की स्मृति को नष्ट होने से बचाने में स्मृति की कविताई की क्या भूमिका नज़र आती है?

अशोक वाजपेयी : देखिए, जैसे कल्पना वैसे स्मृति। इनकी बड़ी ज़रूरत भी है और भूमिका भी। साहित्य भूलने के विरुद्ध कार्रवाई है। और इस समय के जो सारे

प्रभावशाली उपकरण हैं, संयन्त्र हैं, सामाजिक व्यवहार को निर्मित करने वाली विधाएँ हैं, तन्त्र हैं, वे सभी हमको भूलने की ओर ले जाते हैं। वे हमको, अनन्त वर्तमान में क़ैद करते हैं कि सब कुछ वर्तमान है लेकिन जो पहले का बचा हुआ है वह भी वर्तमान है। खजुराहो का मन्दिर भी तो वर्तमान ही है। भले ही वे दसवीं शताब्दी के हैं। इसलिए सब कुछ वर्तमान है। जो वर्तमान नहीं है, वह है ही नहीं, या उसके होने का कोई अर्थ नहीं।

मनुष्य की दो स्मृतियाँ हैं। एक तो हर मनुष्य की अपनी निजी स्मृति है कि कहाँ पैदा हुआ, घर-परिवार, दोस्त, रिश्तेदार, शिक्षा इत्यादि।

उसकी एक जैविक स्मृति है। उसको यह याद आता है कि सत्रहवीं सदी में भी मनुष्य था, शताब्दी पूर्व भी मनुष्य था, कि उन्होंने ये किया, वो किया। कुत्तों को थोड़े याद आता है कि सत्रहवीं शताब्दी में कोई कुत्ता भी था!

तो ये स्मृतियाँ, कल्पना, रहस्य और विस्मय—ये चार-पाँच चीज़ें मिलकर ही रचने की इच्छा और क्षमता बनाती हैं। ऐसे समय में जब सब लोग, सब सार्वजनिक प्रयत्न भुलाने में लगे हों, कम-से-कम एक सार्वजनिक प्रयत्न तो ऐसा होना चाहिए, जो साहित्य और कलाओं का है, जो हमें याद कराने में लगे।

अब उसकी बात ज़्यादा लोग नहीं सुनेंगे, अनसुनी जायेगी, तो जाये। लेकिन उसने अपना काम पूरा किया कि याद दिलाने की कोशिश की।

प्रकाश : आपने पिछले कुछ वर्षों में आत्मभर्त्सना और अभियोग-स्वीकार की ढेरों कविताएँ लिखी हैं। इन कविताओं में आपने अपनी निर्मम आलोचना की है। जबकि आप पर अभियोग लगाने वालों की लम्बी क़तार पहले से मौजूद है। ऐसे लोग अब आपके आत्म-स्वीकार को आपका नया हथकंडा बता रहे हैं।

अशोक वाजपेयी : अगर वह आत्मालोचन या आत्मभर्त्सना मर्मस्पर्शी हो और कुछ लोगों को प्रभावित करे तो ठीक है। अब नहीं करे किसी को, हथकंडा लगे किसी को, एक नयी मुद्रा लगे, इस पर क्या किया जा सकता है। सिवाय इसके मैं उनसे कहूँ कि शुक्रिया! यह तो एक लेखक की नियति हो ही सकती है। ऐसे लेखकों की बड़ी संख्या है जिन्हें इस तरह के पूर्वग्रहों का शिकार होना पड़ा है।

प्रकाश : हिन्दी में आत्मभर्त्सना करने वाले रचनाकारों की लम्बी परम्परा रही है। सूर, कबीर, तुलसी...अनेकों में आत्मनिन्दा और आत्म-ग्लानि का भाव है। एक रचनाकार के लिए कितना ज़रूरी है यह आत्मालोचन?

अशोक वाजपेयी : मैं समझता हूँ कि साहित्य, वह भी रचनात्मक साहित्य में एक आलोचक, एक आलोचना-तत्त्व हमेशा सक्रिय होता है। उसका नैतिक औचित्य बढ़ जाता है अगर उसमें आत्मालोचना भी शामिल होती है। लेकिन ऐसे बड़े लेखक और कवि भी हैं जिनमें ऐसी आलोचना, ऐसी आत्मालोचना नहीं देखी गयी। तो इसे अनिवार्य तत्त्व तो नहीं माना जा सकता; लेकिन हो तो एक नैतिक आभा ज़रूर

साहित्य को देता है।

प्रकाश : भाषा और शब्दों से कौतुक करने की ओर आपका विशेष आग्रह है। कलावादी होने का आरोप इस कारण भी है। उदाहरण के लिए 'अनन्त' और 'देवता' जैसे कुछ ख़ास अर्थों में रूढ़ हो गये शब्दों का आपकी कविताओं में मनमाने अर्थ में व्यापक इस्तेमाल हुआ है। 'देवता' में 'देवतापन' नहीं है, 'अनन्त' में 'अनन्तपन' नहीं है। ऐसा कौतुक क्यों?

अशोक वाजपेयी : शब्दों से खेलना तो कवि का बुनियादी हक है और अवधारणाओं से भी खेलना। कवि से यह उम्मीद करना कि वह अपना एक सुनिश्चित अवधारणात्मक ढाँचा पैदा करे या कि ऐसे किसी ढाँचे को स्वीकार करे जैसा कि विचारधारा के बहुत सारे नायक और अनुयायी मानते हैं, ऐसा मैं ज़रूरी नहीं मानता।

कवि का काम अवधारणाओं से भी खेलना है, तथ्यों से भी खेलना है, अगर उससे कुछ सार्थक उपज होती है। यानी आप खेल रहे हैं और कुछ हो नहीं रहा है तो कोई मतलब नहीं निकलेगा।

निराला का एक गीत है ताक कमसिनवारि। उसमें उसी 'ताक कमसिनवारि' का दस-पन्द्रह-बीस तरह से प्रयोग है—ताक कम सिनवारि, ताक कम सिन वारि, सिनवारि, सिनवारि, ता कमसि नवारि, ताक कमसि नवारि वगैरह। कोई अर्थ नहीं। पूरी कविता निरर्थक है। उसकी अपनी एक लय है। उसमें अनर्थक शब्दों का खिलवाड़ है। तो ये भी एक काम है जो कविता जब-तब करती है। सो करे। इससे न तो निराला कलावादी हो जाते हैं और न मैं कलावादी हो जाता हूँ।

प्रकाश : आपकी कविता की रचना-प्रक्रिया के बारे में जानने की इच्छा है। उसके फर्स्ट ड्राफ्ट से लेकर अन्तिम रूप ग्रहण करने तक।

अशोक वाजपेयी : ऐसा है कि मेरे पास समय का थोड़ा अभाव-सा रहा। सरकारी नौकरी में ऐसी स्थिति थी, ऊपर से मैंने अपने ऊपर इतना सारा काम संस्कृति इत्यादि का ले रखा था। तो मेरे पास बैठकर सजाने-सँवारने-सुधारने इत्यादि की फुर्सत ही नहीं होती थी। इसलिए मैंने एक आन्तरिक अनुशासन सम्भवतः ऐसा पैदा कर लिया कि मैं पहले प्रारूप का लेखक हूँ, चाहे आलोचना हो, चाहे कविता हो।

प्रकाश : मतलब आपने अपनी कविताओं पर दुबारा काम ही नहीं किया?

अशोक वाजपेयी : ऐसी बहुत कम हैं। हज़ार कविताओं में पचास ऐसी होंगी जिन पर उस तरह से दुबारा काम किया। ज़्यादातर टाइप करके ही लिखा। (अपनी नयी टाइप की गयी कुछ कविताएँ दिखाते हैं।) इनमें कोई एकाध शब्द छूट जाये तो ऊपर से कर लेता हूँ। ऐसा ही लिखता हूँ। हर हफ्ते 'कभी-कभार' में तीन पृष्ठ लिखने पड़ते हैं, वह भी सीधे टाइप करता हूँ।

प्रकाश : वो सृजन की जो प्रक्रिया आपकी...

अशोक वाजपेयी : ...हर व्यक्ति की अलग-अलग होती है। बहुत सारे लोग हैं

जो कतरब्योंत करते हैं, सुधारते हैं, उसको पड़ा रहने देते हैं। बाद में उसको ठीक करते हैं, कई बार उसको ख़ारिज कर देते हैं...।

प्रकाश : मैं आपको हिन्दी साहित्य का 'वन मैन आर्मी' मानता हूँ। एक तरफ तमाम विरोधी, प्रगतिशील और तथाकथित प्रगतिशील। और दूसरी तरफ़ आप लगभग अकेले—मुट्ठी भर समानधर्मा लेखक-मित्रों के साथ। लगभग आधी सदी तक बिना थके लोहा लिया। इस साहस और ऊर्जा का स्रोत कहाँ है?

अशोक वाजपेयी : पता नहीं, यह जो आपने वर्णन किया है, सही है कि नहीं है। लेकिन मैं बहुत सारी चीज़ों के बारे में संशयग्रस्त हूँ। अपने सच के बारे में भी संशयग्रस्त हूँ। इसके बावजूद मुझमें आत्मविश्वास की कोई कमी नहीं है। क्योंकि बदनीयती से मैंने कभी कुछ नहीं किया। गलतियाँ की होंगी। हमारे यहाँ तो देवता भी गलतियाँ करते हैं। ज़रूर मैंने भी की होंगी। लेकिन किसी बदनीयती से कभी कुछ नहीं किया और मुझे अपने बुनियादी विश्वासों की वेध्यता को स्वीकार करते हुए भी उनमें कोई कमी नज़र नहीं आती। मुझे आत्मविश्वास का वरदान और आत्मसंशय का शाप दोनों एक साथ मिले हैं। कोई खामी नज़र नहीं आती।

मुझे समाज-विरोधी कहा गया है। मैं जानता हूँ कि मैं समाज-विरोधी नहीं हूँ और डंके की चोट पर यह पूछ सकता हूँ कि मैंने जितना समाज के लिए किया है उतना तथाकथित सामाजिक प्रतिबद्धता वालों ने किया हो तो बताएँ।

तो इन सब बातों से अब मैं विचलित नहीं होता हूँ। एक ज़माना था तब बुरा लगता था। ग़लतबयानी क्यों हो रही है? ग़लत व्याख्या क्यों हो रही है? दुर्व्याख्या क्यों हो रही है? जब मल्लीनाथ ने कालिदास की टीका लिखी तो उसे संजीवनी टीका कहाँ उस पर थोड़ा अचरज ज़ाहिर किया गया कि आप कालिदास को संजीवनी दे रहे हैं? तो उन्होंने कहा कि मैंने इसलिए इसे संजीवनी टीका कहा क्योंकि कालिदास दुर्व्याख्या के विष से मूर्च्छित हैं। दुर्व्याख्या-विष से जब कालिदास मूर्च्छित थे तो मैं किस खेत की मूली हूँ? और चूँकि लोग ऐसा कहते हैं, मैं अपना रुख बदल लूँ या कि मैं उनके साथ समझौता-वार्ता करने लगूँ, ऐसा मैंने कभी किया नहीं है। गलत-सही 'अपना रथ पै हम जोते रहे'।

प्रकाश : आपने हिन्दी संस्कृति को अकेले इतना कुछ दिया, जो विष्णु खरे के शब्दों में अकबर, टैगोर और नेहरू के संस्कृति के क्षेत्र में अवदान के बराबर है, उसकी कड़ी में है। फिलहाल सांस्कृतिक दिशा में आपकी क्या योजनाएँ हैं?

अशोक वाजपेयी : योजनाएँ तो बहुत हैं। रज़ा फाउंडेशन के माध्यम से बहुत सारे नये उपक्रम करना, जिनमें हिन्दी में शास्त्रीय संगीत और शास्त्रीय कलाओं के बारे में आलोचनात्मक समझ और विश्लेषण का—विस्तार की एक कोशिश है। 'स्वरमुद्रा' नाम से एक पत्रिका निकाली है। उसके अन्तर्गत हिन्दी में आलोचनात्मक संवाद की एक श्रृंखला शुरू की है। दूसरी योजना है कला-आलोचना और ललित

कलाओं की, रंग-सैद्धान्तिकी की आलोचना की।

एक द्वैवार्षिकी शुरू करना चाहता हूँ जिसमें कला-इतिहास, कला-आलोचना, ख़ासकर युवाओं को एकत्र करके उनसे संवाद, विचार, आत्मालोचन। तीसरे, मैंने एक प्रस्ताव दिया है कि देवीशंकर अवस्थी सम्मान जिन आलोचकों को मिल चुका है, उनको फिर से एकत्र किया जाय और उनसे कहा जाय कि बताएँ इस समय वे क्या कर रहे हैं?इससे जो युवा आलोचना का परिदृश्य है, पता चलेगा।

एक आदिवासी कलाकार विशेष ढंग से अपनी आत्मकथा लिख रहा है। शब्दों नहीं, चित्रों के माध्यम से। उसके प्रकाशन में हम मदद कर रहे हैं। एक बड़े कला-इतिहासकार हैं वी.एन. गोस्वामी। उन्होंने 101 महान भारतीय चित्र चुने हैं, उन्नीसवीं सदी की शुरुआत से अन्त तक। उन चित्रों पर बहुत अच्छे छोटे-छोटे निबन्ध हैं। उसको पेंगुइन प्रकाशित कर रहा है। उसमें हम मदद कर रहे हैं। फ़िल्मकार कुमार शाहनी की रचनाओं का संग्रह निकाले जाने की बात है। उसमें मदद कर रहे हैं। 'कथादेश' पत्रिका वित्तीय कठिनाई में है, बन्द होने के कगार पर है। उसकी मदद मैं निजी रूप से कर रहा हूँ और रज़ा फाउंडेशन की ओर से भी। ऐसे बहुत सारे उद्यम हैं।

हम एक सीरीज़ चलाते हैं इंडिया इंटरनेशनल सेंटर में—'आर्ट मैटर्स।' उसमें महीने के अन्त में संवाद है—'भारतीय बहुलता और भारतीय सौन्दर्यशास्त्र' पर। भारतीय बहुलता और भारतीय सौन्दर्यशास्त्र का क्या रिश्ता है? क्या हमारा सौन्दर्यशास्त्र भी उतना ही बहुलतावादी है जितनी कि भारतीय बहुलता?

फिर हमने वी.एस. गायतोंडे, दयाकृष्ण, केलूचरण महापात्र, हबीब तनवीर, कुमार गन्धर्व, अज्ञेय, मणि कौल—इनकी स्मृति में वार्षिक व्याख्यानमाला शुरू की है। अगले तीन-चार महीने में ये व्याख्यान होंगे।

फिर दो पत्रिकाएँ और निकालते हैं। 'समास', जो उदयन वाजपेयी देखते हैं। 'समास' सभ्यता, साहित्य और विचार पर केन्द्रित है। एक पत्रिका 'अरूप' को हम अंग्रेज़ी में निकालते हैं। यह कविता, ललित कला, संगीत, नृत्य, सिनेमा, स्थापत्य आदि में अमूर्तन पर एकाग्र है।

प्रकाश : कला और जीवन में से किसी एक को चुनना हो तो किसे चुनना पसन्द करेंगे?

अशोक वाजपेयी : मैं एक नहीं चुनूँगा। बिना जीवन के न कला चुनूँगा, न बिना कला के जीवन चुनूँगा। और जो चुनाव के लिए मुझे मज़बूर करेगा तो मैं कहूँगा कि या तो दोनों चुनूँगा या दोनों नहीं चुनूँगा।

प्रकाश : और कला और कविता में से?

अशोक वाजपेयी : तब तो कविता ही चुनूँगा। क्योंकि उसी का थोड़ा-बहुत अभ्यास मुझे है।

❑❑